Max Frisch

Sein Leben, seine Bücher

Volker Weidermann

Max Frisch

Sein Leben, seine Bücher

Kiepenheuer & Witsch

MIX
Papier aus verantwor-
tungsvollen Quellen
FSC® C014496

Verlag Kiepenheuer & Witsch, FSC-N001512

3. Auflage 2010

Umschlaggestaltung: Rudolf Linn, Köln
Umschlagmotiv: © *Max Frisch 1951 im Central Park, New York*,
mit freundlicher Genehmigung des Max Frisch-Archivs, Zürich
Autorenfoto: © F.A.Z. GmbH
Gesetzt aus der Sabon und der Akzidenz Grotesk
Satz: Fotosatz Reinhard Amann, Aichstetten
Druck und Bindung: GGP Media GmbH, Pößneck
ISBN 978-3-462-04227-6

Für Freia

Inhalt

Vorwort

Nein, das geht natürlich nicht. Eine Biografie über Max Frisch – das ist ja genau der Schrecken, gegen den er ein Leben lang angeschrieben hat. Das fest gefügte Gebäude eines Lebens, zusammengefügt aus unverrückbaren Bausteinen, die Stein für Stein den lebendigen Menschen einmauern, bis die Wände ihn schließlich ganz umschließen und jede Bewegung unmöglich machen. Eine Biografie ist kein Spiel, eine Biografie – das ist der Tod. Der Tod des beschriebenen Menschen, der Tod seines Werkes, Tod der Liebe.

Dagegen anzuschreiben, das ist ein zentrales Motiv seines Schreibens von Anfang an. Flucht. Beweglichkeit. Neuerfindung des Ich. Sehnsucht nach einem anderen Leben, anderen Menschen, anderen Büchern – das ist das Ziel des Schreibens, das Motto des Lebens von Max Frisch: Leben als Entwurf, Leben als Möglichkeit, als immer wieder neu zu erfindende Ich-Geschichte. Ist diese Ich-Geschichte nach dem Tod eines Menschen auserzählt? Ist es Zeit, hundert Jahre nach der Geburt die Mauern um dieses Leben endgültig hochzuziehen? Um das Leben und Schreiben von Max Frisch? Nein, natürlich nicht. Eine Biografie über diesen Mann muss sich genau dieser Herausforderung stellen, muss den Versuch unternehmen, das Leben dieses phänomenalen Schriftstellers als Möglichkeit zu beschreiben. Als eine von vielen möglichen Geschichten seines Lebens und Schreibens – als ein Spiel, zusammengesetzt aus Bildern, Geschichten und Erinnerungen, ein Spiel zwischen Vergangenheit und Gegenwart.

Wer war Max Frisch? Diese einfache Frage wird dieses Buch nicht beantworten. Max Frisch hat eine Vielzahl von Leben gelebt, hat eine Vielzahl von Entwürfen ausprobiert, ist einen weiten Weg gegangen: vom einsamen Ich-Sucher in Dubrovnik und männerstolzen Bergautor in den Schweizer Alpen zum konservativen geistigen Landesverteidiger in Uniform, vom Architekten zum Dramatiker, vom Bin-Sprengmeister zum Brecht-Schüler, vom politischen Wirkungsautor zum Dichter der Subjektivität, von rechts nach links, von einem Leben zum anderen. Immer auf der Suche, immer unterwegs. Wohin?

»Die Zeit verwandelt uns nicht. Sie entfaltet uns nur«, hat er in seinem ersten Tagebuch geschrieben. »Indem man es nicht verschweigt, sondern aufschreibt, bekennt man sich zu seinem Denken, das bestenfalls für den Augenblick und für den Standort stimmt, da es sich erzeugt. Man rechnet nicht mit der Hoffnung, dass man übermorgen, wenn man das Gegenteil denkt, klüger sei. Man ist, was man ist. Man hält die Feder hin, wie eine Nadel in der Erdbebenwarte, und eigentlich sind nicht wir es, die schreiben; sondern wir werden geschrieben. Schreiben heißt: sich selber lesen. Was selten ein reines Vergnügen ist; man erschrickt auf Schritt und Tritt, man hält sich für einen fröhlichen Gesellen, und wenn man sich zufällig in einer Fensterscheibe sieht, erkennt man, dass man ein Griesgram ist. Und ein Moralist, wenn man sich liest. Es lässt sich nichts machen dagegen. Wir können nur, indem wir den Zickzack unsrer jeweiligen Gedanken bezeugen und sichtbar machen, unser Wesen kennenlernen, seine Wirrnis oder seine heimliche Einheit, sein Unentrinnbares, seine Wahrheit, die wir unmittelbar nicht aussagen können, nicht von einem einzelnen Augenblick aus –.«

Darum geht es hier in dem vorliegenden Buch: um Täuschungen und Selbsttäuschungen, um Zickzack-Pfade und mögliche Wahrheiten, um Fehler, Zweifel und Selbstkritik. Mit Max Frisch ist man nie am Ende. Das ist der Zauber seines Werkes. Er hat sich immer wieder neu erfunden, hat die Beweglichkeit seines Denkens, die Zweifel an sich selbst in seine besten Bücher immer mit hineingeschrieben. Das hält sie lebendig, das macht sie modern. Max Frisch ist bis heute einer der modernsten Autoren der deutschsprachigen Literatur geblieben. Weltläufig, wie sehr er auch an seinem kleinen Heimatland hing und mit ihm haderte, politisch, wie radikal er im Alter seine politischen Wirkungsdramen auch infrage stellte. ER war maximal subjektiv und prägte dabei doch das kollektive Gedächtnis der Schweiz und vor allem Nachkriegsdeutschlands wie kaum ein zweiter Autor. Ja, er, der in seinen Büchern immer wieder zeigte, dass es ein gemeinsames Gedächtnis nicht gibt, hat durch sein Schreiben so etwas wie die Möglichkeit eines solchen gemeinsamen Gedächtnisses erzeugt. Immer wieder wandten sich Leser an ihn mit persönlichen Fragen und Nöten, weil sie dachten, er kenne sie. Er müsse sie kennen, denn er hatte doch von ihnen geschrieben. Und wirklich hatte das immer wieder am Anfang seines Schreibens gestanden: die Suche nach Gemeinsamkeiten mit den Menschen da draußen, das Bedürfnis nach Kommunikation, nach einem Gespräch mit dem Leser. »Die Angst, allein zu sein im Dschungel der Unsagbarkeiten«, hat er es einmal genannt. Die Angst, allein zu sein.

Dass diese Angst viele Millionen Leser mit ihm teilten, dass sich Millionen Leser von dieser Angst angesprochen fühlten, das ist vielleicht der erstaunlichste Triumph des Lebens und des Schreibens von Max Frisch.

1.   Er beginnt

»Ich denke immer und unablässig nur an mich«
Über das Anfangen

Da sitzt ein junger Mann mit einer Schreibmaschine auf den Knien und weiß nicht, worüber er schreiben soll. Er muss sich beeilen, die Maschine ist nur geliehen, am nächsten Morgen muss er sie zurückgeben. Bis dahin braucht er eine Geschichte für die Zeitung, eine gute und lange Geschichte. Er wird nach Zeile bezahlt, und er braucht Geld.

Drei Monate zuvor ist sein Vater überraschend gestorben, er war erst Architekt, dann Liegenschaftsvermittler, nicht sehr erfolgreich. Wenn er einmal ein gutes Geschäft gemacht hatte, gab er das frisch verdiente Geld gleich mit vollen Händen aus. So war nie für längere Zeit Geld da, es reichte immer so gerade. Trotzdem sollten die Söhne studieren, durften sogar ihr Fach frei wählen. Der Ältere, Franz, entschied sich für Chemie, er hatte schon früh die Familie an regnerischen Sonntagnachmittagen mit explosiven Experimenten unterhalten. Eine Halbschwester haben die beiden Brüder auch. Emma Elisabeth, vier Jahre älter als Franz, hat der Vater nach dem frühen Tod seiner ersten Frau mit in die Ehe gebracht. Max, zwölf Jahre jünger als die große Schwester, will Schriftsteller werden, darum studiert er Germanistik. Als der Vater stirbt, ist er im vierten Semester an der Universität. Der Vater hinterlässt einen Berg Schulden, den der Bruder, der schon im Beruf steht, bereit ist, langsam abzutragen. Trotzdem wird es für Max und die Mutter finanziell sehr eng. Dem jungen Studenten wird von seinem Professor ein kleines Stipendium angeboten, um sein Studium fortzuführen, doch er lehnt ab. Er ist der Universität überdrüssig, kann dem wissenschaftlichen Arbeiten nur wenig abgewinnen, er will arbeiten, schreiben, eigenes Geld verdienen, sich bewähren im Leben.

Jetzt sitzt er also da, in der Wohnung seiner Tante in Zürich, wo seine Mutter und er nach dem Tod des Vaters untergekommen sind, er hat die Schreibmaschine auf den Knien und denkt nach, was er schreiben soll. Eine Überschrift hat er schon: »Ich erhänge mich«. Aber er erhängt sich natürlich nicht und schreibt auch nicht darüber, er hat sie nur gewählt, um die Leute neugierig zu machen auf den Text, in dem es dann aber um beinahe nichts gehen wird, außer eben um einen Mann, der eine Schreibmaschine auf den Knien hat und nicht weiß, was er schreiben soll. Bis er plötzlich, mitten im Text, von einem Schock berichtet: »Wie Eiscream läuft es mir durch den Rücken«, schreibt er ebenso euphorisch wie unbeholfen. Die Tasten der Leihmaschine hätten ihn angesehen, »als wollten sie etwas lächeln«. Und was? »Hier sind wir, mein Lieber, und du brauchst uns nur in der richtigen Reihenfolge anzurühren, so geben wir dir das monumentalste Dichtwerk aller Zeiten, mein Lieber.« Und er begreift: »In diesem kleinen schwarzweißen Tastenbrettchen schlummert die ganze Literatur der Zukunft.«

Es ist der Juni des Jahres 1932. Max Frisch ist einundzwanzig Jahre alt. Sein ganzes Werk liegt noch vor ihm.

Nur eine Woche nach dem Tod des Vaters hat er einen Text über sich selbst geschrieben, über Max Frisch, über den Tod des Vaters und den Beginn des neuen Lebens. Über seine Hoffnungen, die er mit dem Schreiben verbindet, über die Hoffnungen des Lebens, über die große Sorge, das Beste schon verpasst zu haben, vielleicht schon zu alt zu sein, um neu zu beginnen. »Was bin ich« nannte er den Text, den er in zwei verschiedenen Versionen schrieb. Eine Zürcher Studentenzeitung nahm ihn sofort an und druckte ihn, die Zeitschrift »Schweizer Spiegel«, der er eine andere Fassung zugeschickt hatte, druckte ihn nicht, sondern ließ ihn liegen. Der zuständige Redakteur schwankte wohl, ob er die selbstbegeisterte Ich-Bespiegelung des Autors für den lächerlichen Größenwahn eines großsprecherischen Scharlatans oder die berechtigte Anfänger-Euphorie eines großen Talents halten sollte. So hob er den Text auf, bis endlich klar war, dass etwas dran war an dem jungen Mann von damals und an seinem Text, der von seinen schwierigen Anfängen berichtete. Als man den Text schließlich wirklich druckte, fügte man ihm die redaktionelle Anmerkung hinzu: »Der Beitrag lag seit 1932 auf unsrer Redaktion. Schon damals hatten wir die Absicht, ihn erst zu publizieren, wenn der Autor sich einen Namen gemacht habe.« Das war 1948, sechzehn Jahre nachdem der junge Max Frisch den Text eingeschickt hatte.

Wie fängt einer an? Wie fängt einer an, der Geld verdienen muss und schreiben will? Der von einem Beruf als Berufung träumt, der all die verachtet, die Geld verdienen, um leben zu können, und leben, um Geld zu verdienen? Max Frisch beschreibt sich selbst auf dem Flur einer Zeitungsredaktion, verachtet sich selbst für seine Angst vor dem Gespräch mit dem Redakteur, »einfach läppisch, dass ich immer dieses Herzpochen habe«, lacht er über sich: »Aber hör jetzt bloß auf mit dieser Herzpocherei; wahrscheinlich tut er dir überhaupt nichts.« Er hängt seinen Gedanken nach, überlegt, ob er aufstehen sollte, wann immer jemand an ihm vorbeigeht, denkt aber immer erst daran, wenn derjenige schon wieder vorbei ist, und stellt sich schließlich verwirrt dem Redaktionsgehilfen vor, in früher James-Bond-Manier: »Wie bitte? Mein Name ist Frisch. Max Frisch, stud. Phil. Ich bin bestellt auf zehn Uhr.« Der Gehilfe bittet ihn, ruhig wieder Platz zu nehmen, Frisch wendet die Peinlichkeit und Selbstverachtung in Verachtung gegen den armen Gehilfen: »Das ist ja bloß so ein Kuli. Und wie er durch den Korridor läuft auf seinen schiefen Sohlen! Hast wohl dein fünfzehnjähriges Dienstjubiläum schon hinter dir? Und wenn man all deine Läufe durch diesen öden Korridor zusammennähme, so hättest du damit vielleicht die Erde umwandern können. Unsere ganze Erde. Warum hast du es nicht getan? Beruf heißt nicht Strafanstalt.« Und er verhöhnt den armen Mann innerlich noch ein bisschen weiter, träumt seine eigenen Hoffnungen in ihn

17

hinein, meint, wenn er auf seiner Erdumwanderung durch »seltsame Dörfer, durch Länder mit unauslöschlichen Farben« gekommen wäre, dann wäre er jetzt vielleicht ein Maler oder ein Forscher. Aber so ist er eben nur ein Kuli geworden, und der junge Student hier ist noch gar nichts, nicht einmal Student ist er mehr, sondern arbeitslos. Mit großen Vorstellungen vom Leben in einer noch sehr dürftigen Wirklichkeit. Das Vorstellungsgespräch verläuft mittelerfolgreich. Ob er Praxis habe, wird er natürlich gefragt, der sich als Journalist vorgestellt hat. »Nein«, muss er da sagen, und er kennt es ja schon, diese »Kaffeemühle«, wie er es nennt, will er Praxis sammeln, heißt es: »Ja, haben Sie denn schon etwas Praxis?«, und er sagt Nein, und dann sagt das Gegenüber, dass es ihm leid tue und er nichts für ihn machen könne und immer so weiter, das Leben als eine »glatte, grifflose Wand«. Und er träumt sich wieder davon, in die Idee seines Lebens hinein: »Und wenn ich Romane schreiben würde? Oder Novellen? Oder Komödien? Und wenn ich hineingreifen würde in diesen Strom von Ideen und Empfindungen, wenn ich diese schillernden Farben ans Ufer reißen würde und, statt sie alle verströmen zu lassen, sie in feste Worte gießen würde, wenn ich denen da sagen würde, wie es aussieht in mir ...«

Wie es aussieht in mir – darum geht es Max Frisch von Anfang an, auch in seinen journalistischen Texten. Jetzt beschreibt er, eine Woche nach dem Tod des Vaters, wie er sich dessen Handschuhe überstreift, noch vor Kurzem, so schreibt er, habe er gedacht, er würde sie »nie anziehen, ohne an Vater zu denken. Und jetzt denke ich immer und unablässig nur an mich: was bin ich?«.

Mit Scham, schrieb Frisch Jahre später, schaue er inzwischen auf seine frühen journalistischen Arbeiten. Nicht nur die Pose war ihm peinlich, diese vorgespiegelte Lebenssicherheit, die nur seine fundamentale Unsicherheit verbarg, sondern vor allem, dass er den Journalismus missbraucht habe »als schlechte Literatur«. Als eine Gelegenheit, von sich selbst zu sprechen, wo von den Gegenständen zu sprechen gewesen wäre.

Sein Gegenüber, der Redakteur, lässt Max Frisch hier, am Anfang seiner Karriere, aber erst einmal gar keine Möglichkeit, in einem Text von sich zu sprechen. Immerhin gibt er ihm überhaupt einen Auftrag: fünfzehn Druckzeilen für die Beschreibung eines Schaufensters. Mehr ist für den Anfänger nicht drin. Aber es ist mehr als nichts. Es ist ein Auftrag, und es ist, als gäbe er ihn sich selbst, wenn er schreibt: »Max. Fangen wir an, Max.«

Und er fängt an.

»Das war es doch, das Leben«
Traum vom Theater. Träume vom Ruhm

Wer fängt an? Was ist das für ein Mann da mit den zurückgekämmten dunklen Haaren, den etwas schiefen Zähnen und der kleinen Nase, die er nachts immer wieder massiert, in der Hoffnung, sie etwas stattlicher zu machen? Seine Anzüge sind aus feinem englischen Stoff, aber alle eine Nummer zu groß. Seine Augenlider hängen leicht herab, damals schon. Eine Lähmung der Lider, die sich im Alter noch verstärken wird, neben der Brille und der Pfeife geradezu das Markenzeichen des späten Frisch, wie ihn alle von den Porträts auf den Suhrkamp-Taschenbüchern kennen. Er hat später einmal erklärt, wie das kam. Er hätte im Halbdunkel liegen sollen, als er als kleiner Junge die Masern hatte, aber er las stundenlang im Licht der Taschenlampe unter der Bettdecke den »Don Quijote«. Er war eigentlich gar nicht so ein großer, begeisterter Leser. Anders als seine Klassenkameraden las er zum Beispiel keinen einzigen Karl May. Nur »Don Quijote« und »Onkel Toms Hütte«, die beiden Bücher dafür mit umso größerer Begeisterung und Hingabe. Und vom »Don Quijote« war ihm also ein Leben lang dieser Blick geblieben, den ihm viele als Arroganz auslegten, andere als Schläfrigkeit oder Süffisance: »Ich habe als Schüler erfahren, wie sie den einen und andern Lehrer verdrossen hat: ein mäßiger Schüler und eine solche Arroganz.«

Vom Ruhm hat er früh geträumt. Allerdings nicht gleich vom Ruhm als Autor, sondern als Fußballtorwart, Nationaltorwart natürlich. Dabei war er gar nicht sehr sportlich, die schlechtesten Noten hatte er stets in Sport, aber Fußball spielte er immer mit Begeisterung. Doch bald schon galt dem Fußball nur noch die eine Hälfte seiner Lebenseuphorie: Ein Abend im Theater, so schreibt er einmal, habe ihn vollends umgeworfen. »Wieso Menschen, Erwachsene, die genug Taschengeld haben und keine Schulaufgaben, nicht jeden Abend im Theater verbringen«, versteht er nicht. »Das war es doch, das Leben.« Und als er dann eines Tages auch noch ein Stück auf der Bühne sah, mit Menschen, die modern gekleidet waren, und Max Frisch also erkannte, dass auch für ihn noch das Schreiben von Dramen möglich war, schrieb er einen Brief an den damals bekanntesten und wichtigsten Intendanten der deutschsprachigen Welt: an Max Reinhardt vom Deutschen Theater in Berlin. Der junge Wunschdramatiker kündigte dem fernen Mann in Berlin ein Stück unter dem Titel »Stahl« an. Zurück kam eine Karte, auf der der damals sechzehnjährige Frisch um die Zusendung jenes Stückes gebeten wurde. Höhnisch präsentierte der Vater die Karte am Mittagstisch, als wäre sie ein Witz, worauf der junge Dramatiker das Zimmer verließ, »vielleicht, das wusste ich noch nicht, für immer«, schreibt er in seinem kurzen Erinnerungstext »Autobiographie« aus dem ersten Tagebuch. Es war das erste Schriftstück, das ihn mit »Herr« anredete, die Eintrittskarte in eine neue Welt. Der Hohn des Vaters musste peinigend auf den Sechzehnjährigen gewirkt haben.

Der Vater ist streng, konservativ, meist fern. Er spielt für Max Frisch kaum eine Rolle. Eine »Gefühlslücke«, schreibt er später, aber auch nicht dramatisch, nicht im Sinne einer ersehnten Figur, die ihm fehlt. Er sei einfach nicht sehr wichtig gewesen, aber auch kein Mann, von dem man sich dringend habe absetzen müssen, immerhin wählt Max Frisch später denselben Beruf. Franz Bruno Frisch sieht ein bisschen aus wie ein zufriedener Clown, auf den wenigen Bildern, die es von ihm gibt. Rundes Gesicht, Schnauzbart, einmal im Sessel, skeptisch eine Illustrierte prüfend, einmal mit weißem Hut und ruhigem Blick. Das Theater und die Kunst sind ihm fern und fremd. Was der Vater hasste: den Kommunismus. Und der größte Feind war ganz in der Nähe. Frisch schreibt in »Montauk«: »Lenin. (Das schmale Männchen, das im Nachbarhaus ein und aus ging; mein Vater sagte, der wolle alles in dieser Welt kaputtmachen.)« Bald nahm er den Zug nach Russland, um sein Werk zu beginnen. Russland. Für Frischs Mutter war das »das Märchenland«. Manchmal erzählte sie davon wie von einer anderen Welt, von Odessa, wo sie einst als Kindermädchen gearbeitet hatte und das sie liebte. Und wenn der kleine Max krank war, dann durfte er das Buch mit den russischen Märchen ansehen. Immer wieder. Er liebte dieses Buch. Und er liebte, wie sie erzählte von Russland, von Odessa. Als er sich ein Jahr nach dem Tod des Vaters auf eine lange Reise in den Osten Europas begab, schrieb ihm seine Mutter: »Ich freue mich riesig auf deine Reiseberichte u. fühle mich zurückversetzt in meine Jugend, als ich auch, wie du, den Drang in die Welt hatte und so viel Schönes, oftmals Gemeinsames mit deinem Gesehenen, geniessen durfte u. auch wie du aus Selbsterworbenem. Und hätte ich nicht diese Erinnerungen, die an ein Draussen-gewesen gemahnen würden, ich käme mir nach meiner dreissigjährigen, in der letzten Hälfte mich unbefriedigenden Ehe als Eingesperrte vor. So aber kann ich sehr oft in Gedanken reisen u. auch dein Geschildertes gleich in ein Bild malen.«

Keine glückliche Ehe. Familie als Gefängnis. Die Mutter muss sehen, wie das Geld reicht, für die Familie, irgendwie. Immer in Angst vor der Pfändung. Wenn der Sohn ein neues Lehrbuch braucht in der Schule: Wovon bezahlen? In den Gas-Automaten der Wohnung muss man einen Zwanziger einwerfen, damit die Flamme am Herd kommt. Oft ist kein Zwanziger da. Aber wenn Geld da ist, bekommt die Mutter eine goldene Brosche. »Er versteht sich nicht aufs Sparen. So müssen wir es lernen.« Von einem roten Rennrad in einem Schaufenster träumt Max jahrelang. Er weiß, dass er es nie bekommen wird. »Es steht mir nicht zu.« Immer wieder diese Geldsituationen, mit einem Mädchen im Segelboot, das Geld reicht genau für eine Stunde, dann kommt plötzlich eine Flaute, sie kommen nicht rechtzeitig zurück, es wird nicht reichen, das Geld. Aber »das ist nicht Armut, nur peinlich«. Die Mutter ist nicht nur die Finanzmanagerin der Familie, die die knappen Mittel verwaltet, sie ist auch die Künstlerin, die Träumerin, die die Sehnsüchte des jüngsten Sohnes versteht. Ihr Vater war Maler, Max Frisch zeichnete ihn später mit mildem Spott: »Er nannte sich Maler, trug eine erhebliche Krawatte, weit kühner als seine Zeichnungen und Gemälde.« Später leitete er die städtische Kunstgewerbeschule. Die Mutter spottete nicht über die frühen künstlerischen Versuche des Sohnes. Aber der ließ sich vom Desaster am Mittagstisch ohnehin nicht entmutigen. Im Gegenteil: Berlin hatte geantwortet. Das Deutsche Theater hatte geantwortet und ihn mit »Herr Frisch« angeschrieben. Die erste Sensation seines Lebens.

Er schickte das Stück ein, wartete lange Wochen, bis ihn endlich ein ausführlicher Bericht erreichte, von dem er kein Wort verstand, nur so viel: Man ermunterte ihn, weitere Arbeiten einzusenden. Doch immerhin eine Art Erfolg, den er der lächelnden Familie präsentieren konnte.

»Stahl«, erinnert sich Frisch, war ein großstädtisches, heroisches Untergangsstück gewesen, ein Held auf einem Hochhausdach, aus den Fenstern der Stadt dringt gelber Rauch, und am Ende weiß sich der Held nicht anders zu helfen als mit einem Sprung vom hohen Dach. Aus. Der ermutigte Dramatiker schrieb noch drei, vier weitere Stücke bis zur Matura. Darunter eine Ehekomödie und »eine Farce über die Eroberung des Mondes«, aber der Erfolg bleibt aus, und er muss erfahren: »Das einzige, was die Welt von all dem anerkannte, war die Matur. Der Gang an die Universität war unvermeidlich.«

»Bücher sind Entblößungen«
Begeisterte Lehrer, plötzliche Liebe

Er studierte Germanistik, um das Schreiben zu lernen, um etwas über das Schreiben zu erfahren. Es war ein Missverständnis, natürlich. Er hörte mal dies, mal das, auch Theologie, Kunstgeschichte bei Heinrich Wölfflin, Psychologie bei C.G. Jung, fand aber das Leben auf den Gängen meist interessanter als die Vorlesungen in den Hörsälen. Über einige seiner Professoren veröffentlichte er im April 1933 freundliche, beinahe enthusiastische Porträts in der »Zürcher Illustrierten«. Man wundert sich ein wenig, dass er das Studium so leichten Herzens aufgab, wenn man diese Porträts echter Literatur-Enthusiasten liest. Professor Bernhard Fehr spielt mit der Miene Buster Keatons vor übervollem Saal englische Gesellschaftsromane in verteilten Rollen nach, mit Theophil Spoerri wandert Frisch durchs Mittelalter: »Dann geht man ihm nach durch merkwürdige Gefilde, wo er uns dantische Strophen liest und manchmal stehen bleibt, um uns einen Ausblick zu zeigen auf unsere Gegenwart, einen ganz überraschenden Ausblick, wo wir uns plötzlich selber sehen und anders sehen als sonst. Noch kaum habe ich soviel Eigenartiges, Überdenkenswertes, Anregendes, Aufrüttelndes über unsere Gegenwart vernommen wie in diesen Vorlesungen: über das Mittelalter Petrarcas und Dantes.« Über Robert Faesi, der in seinen Vorlesungen gerne schamhaft auf seine eigenen Bücher verweist, heißt es verständnisvoll: »Denn Bücher sind solche Entblößungen und es gibt noch Autoren, denen das bewußt ist.« Bücher als Entblößungen – und Faesis Waffe, um sich zu schützen: »Die Ironie, immer blank und

23

glänzend.« Robert Faesi verdankt Frisch vor allem den Kontakt zur »Neuen Zürcher Zeitung« (NZZ) und später auch zur Deutschen Verlags-Anstalt, wo sein erster Roman erscheinen sollte. Der Lehrer, der ihn an der Universität jedoch am meisten beeindruckt, ist Walter Muschg. Gerade mal dreizehn Jahre älter als Max Frisch, ist er in der zutiefst konservativen, altehrwürdigen Atmosphäre der Universität ein großes Glück. Er ist ein Literatur-Enthusiast, einer, der die Literatur, von der er spricht, lebt, die Begeisterung lebt, einer der Wenigen auch an der Universität, der die bald darauf im nördlichen Nachbarland verfemte deutsche Gegenwartsliteratur, die Literatur von Juden, Pazifisten und politisch Missliebigen, auf dem Lehrplan hält, der 1948 die berühmte »Tragische Literaturgeschichte« veröffentlicht, in der er schreibt: »Das Menschliche ist der einzige Gedanke, an den wir die Dichtung ehrlicherweise noch anknüpfen können. Sie menschlich verstehen heißt: sie in ihren nächstliegenden Ursachen zu begreifen und ernst nehmen, also nicht nur historisch oder philosophisch oder soziologisch, sondern als Ausdruck des persönlichen Lebensgefühls, das in den großen Dichtern vor uns steht. Sie haben einen Sinn des Menschseins ausgesprochen, der uns in den großen Dichtwerken und Dichterschicksalen noch ganz unmittelbar berührt. Wenn diese gelebte und gestaltete Wahrheit in ihrer menschlich ergreifenden Gewalt hervortritt und in ihren Ursprüngen sichtbar wird, hat die Literaturforschung ihre Hauptaufgabe erfüllt, und andernfalls hat sie sie trotz alles gelehrten Beiwerks und ästhetischen Raffinements versäumt.«

Muschgs Vorträge beschreibt Max Frisch schon damals, 1933, so: »Er sagt nicht: Kleist war zerrissen. Sondern er ist zerrissen und mitgerissen und reißt mit. Er springt aus sich heraus, über den Unterrichtsangestellten hinaus, wagt sich bis zum Menschen, der sich seines Herzens nicht schämt und sich darstellt in seiner Ergriffenheit, in seiner Verzücktheit und dessen Rede ein Kampf ist, ein augenblicklich in Worten gegossenes Erleben, ein Bekennen. O, wären es doch alle, welche diesen Titel tragen: Professoren, das heißt: Bekenner! Er ist es! Wir haben ihn gern. Wir hangen an seinen Vorträgen.«

Aber ebenso anregend wie die Vorträge von Walter Muschg ist das Leben in den Gängen des Universitätsgebäudes. Immer wieder heftig verliebt, meist heimlich und unglücklich, ohne dass die Geliebte je etwas davon erfährt. Viel Erfahrung hat er noch nicht gesammelt. Als er seine erste Ehekomödie schreibt, hat er noch nie ein Mädchen geküsst, außer Thesy, ein flüchtiges Mal, schreibt er. Scheu, sehr scheu ist die erste Liebe – zu ihr: Thesy, seine erste Liebe, an die er sich in »Montauk« erinnert. Max Frisch und sein bester Freund sind beide in sie verliebt, sie schmelzen Blei, um daraus Ringe zu formen, erste heimliche Eheringe, die dann aber nach dem Erkalten enttäuschend unsilbrig, stumpf und unschön aussehen. Auf einer Klassenfahrt dürfen beide Freunde Thesy einmal küssen. Max Frisch ist ihr später, als er schon das erste Mal verheiratet war, wieder begegnet. Sie wohnte in der Wohnung über ihm und seiner Familie, unheilbar krank, bewegungsunfähig. Jahrelang ging er nicht zu ihr hinauf. Einmal, als ein Blitz seine Frau traf und Thesys Pflegerin sie zu ihnen hochholte, musste er hinauf und mit Thesy sprechen. Er kam nie wieder.

Seine zweite Liebe, Else, war eine Schauspielerin aus Österreich, mit einem Engagement am Zürcher Schauspielhaus für eine Spielzeit. Sie ging zurück nach Österreich, nach nur einer Saison, und verließ Max Frisch ungefähr zu der Zeit, als auch sein Vater starb. Wir wissen von ihr aus Briefen, aus Zeitungstexten und einem Roman. Max Frisch und sein öffentliches Leben und Lieben. Das fing früh an. Am 26. Juni 1932 erschien in der NZZ der Text »Ein Mensch geht weg«, ein Text über Else, über das Verschwinden eines Menschen aus dem Leben eines anderen, eines Liebenden, eines, der verlassen wird: »Das habe ich nie gewußt und ich hätte es mir gar nicht vorstellen können, daß sogar ein Schweigen aufhören kann, einfach aufhören kann, sterben kann. Denn ich habe noch keinen Menschen verloren und habe gedacht: ein

Mensch, solange er mir lieb ist, kann nicht einfach aufhören; auch wenn er weg ist, sondern überall, wo sein warmer Leib gestanden hat und seine Stimme getönt hat, wird er ein Schweigen zurücklassen, das mir niemand wegnehmen kann, das mir für alle Zeit bleibt. Jetzt aber spüre ich: nicht einmal ihr Schweigen hat sie mir zurückgelassen.« Und am Ende noch einmal: »Else – Aber sogar das hat aufgehört. Sogar ihr Schweigen ist gestorben, und wenn ein Ton hineinschlägt, zerklirrt es und splittert in mein Hirn.« Und auch in seinem ersten Roman, »Jürg Reinhart«, ist Else wieder da, als Schemen der Vergangenheit: »Ich begreife es nicht, dieses Vorüberfließen, Aufleuchten, Zerschmelzen.« Auch mit Else gab es das: »Und er erinnert sich an eine Skitour mit ihr, und wie er ihr von einem vergangenen Glück vorschwärmte, und erst jetzt begreift er: ›Ich Karnickel, da redete ich von meiner Glücklosigkeit und begriff nicht, dass das Glück damals neben mir lag.‹« Und auch in einem Brief an seine Mutter taucht der Else-Schock wieder auf: »ich erinnere mich an diese else, welche ich in jener woche über alles liebte und an die ich mich klammerte wie an das leben selber; und wie sie dann ein kind war und mich nicht verstand, sodass mir auch dieser boden unter den füssen weggezogen wurde.« Zum Glück gab es für den Einundzwanzigjährigen noch diesen einen Trost – Mutti: »das war jener samstag, als es mir schlecht wurde, und ich glaube, dass du es warst, mutti, an die ich mich geklammert hatte.«

»Unsere Leuchtwoche!«
Früher Größenwahn und Ausruhen vom Ich

Aber er klammerte sich nicht nur an Mutti, sondern vor allem: an das Schreiben. Es ist spektakulär für den Leser von heute, der das Leben und Schreiben Max Frischs bis zum Ende kennt, diesen öffentlichen Beginn eines Schreibens, den öffentlichen Beginn eines Lebenskunstwerks zu beobachten. Eine Woche nach dem Tod des Vaters hat er sein Suchen, seine Hoffnungen und Ziele öffentlich gemacht: »Diese eigene Unsicherheit reibt einen innerlich wund. Bis in die Träume hinein verfolgt einen das. Was bist du eigentlich, Max? Wozu taugst du denn, Max? Kann man dich überhaupt brauchen auf dieser Welt, Max?« Und schreibend ging das Suchen weiter. Er hatte Glück. Die besten Zeitungen der Schweiz, vor allem die NZZ, druckten seine Texte von der Suche nach dem Lebenskern. Der junge Frisch suchte vor allem in der Natur. Er beschreibt ausgedehnte Wanderungen, Bergwanderungen, Wolken, Stimmungen, Frauen und Jahreszeiten. Vor allem seine Lieblingsjahreszeit, sein Leben lang: den Herbst, die Jahreszeit des Abschiednehmens, der Vergänglichkeit. Die Texte heißen »Vom Herbst im Hochgebirge« oder »Stadtherbst«, und Max Frisch schwärmt: »Unsere Leuchtwoche!« Die Farben, die Wälder, die Hügel, alles im Nebel nur angedeutet, »gleichsam vom Herrgott erst geträumt«. Frisch wandert und wandert, mal mit zwei jungen Männern, die er als Freunde zu gewinnen hofft, mal mit einer Frau, ein Text über einen Mann mit fehlendem Glückssinn beginnt so: »Das handelt zur Abwechslung wieder einmal von Liebe.« In einem anderen diskutiert der junge Journalist originellerweise die Frage »Was ist Kitsch?«. Und das ist schon etwas tollkühn von dem jungen Journalisten, was er da im Dezember 1932 in der NZZ unter dieser Überschrift veröffentlicht, denn seine starken Gefühlstexte dieses Jahres sind allesamt hart an der Kitschgrenze oder auch, aus heutiger Sicht, mitunter weit darüber hinaus. Trotzdem definiert er entschlossen voran, nimmt einen Umweg, beschreibt die Schönheit des Zürichsees, »immer unser Zürichsee«, und wieder bildermutig die Natur: »Der Himmel ist wie frisch gewaschen, blank und heiß. Sommerwolken greifen aus dem Blau wie gipsgegossene Fäuste.« Und während man noch denkt, das sei jetzt schon die Kitschdefinition, kommt diese jedoch in Wahrheit erst im letzten Absatz, wenn er den Festplatz unten am See beschreibt, darauf ein Podium mit Kulisse, die den Blick auf den Zürichsee versperrt, und auf diese Kulisse hat jemand den Vierwaldstättersee gemalt. Echte Natur ersetzt durch Kunstnatur, das ist Kitsch, wie der junge Frisch ihn sieht. Im selben Artikel definiert er auch noch die Begriffe »Popularität«, »Größenwahn« und »Erfolg«. Ein Träumer verschafft sich etwas Klarheit, definiert immer eng am eigenen Leben entlang. Erfolg zum Beispiel sieht er so: Er stellt sich vor, er habe ein Buch geschrieben und gehe nun so durch die Stadt, auf der Suche nach dem Buch in den Schaufenstern der örtlichen Buchläden. Aber leider ist es nirgends zu sehen. »Vor lauter Büchern sieht man d a s Buch nicht.« Der junge Autor wundert sich, betritt schließlich »inkognito« einen Buchladen, fragt, warum das besagte Buch nicht ausgestellt sei: »Nun jammert der Ladenbesitzer, dass ihm das leider unmöglich sei, weil ihm dann jeweils das Schaufenster eingehauen würde und am Morgen regelmäßig Ihre Bücher gestohlen worden seien.« Und er schließt: »Das wäre zum Beispiel literarischer Erfolg.« Man hätte diese frühe Schriftstellerfantasie allerdings auch gut unter dem Begriff »Größenwahn« aufschreiben können. Denn auch diesen hat er sich selbst schon in seinem Auftakttext programmatisch gestattet: »Denn Größenwahn und Minderwertigkeitsängste sind uns immer noch interessanter als die Erkenntnis: ich bin einer vom Millionendurchschnitt.«

Max Frisch probiert in seinem ersten Jahr als Journalist Posen, Gefühle, Formen, sucht sich selbst und flieht vor sich. Er gibt sich preis und lässt die Leser an dieser Ich-Suche teilnehmen. Im Herbst 1932 schließt er sich einem Arbeitstrupp junger Menschen, Studenten und Arbeitsloser in den Bergen an, die einem »armen Dorf« im Turtmanntal beim Straßenbau helfen, für warmes Essen und eine Unterkunft. Den Lesern teilt er mit: »Und weil wir schon bei der Ich-Ehrlichkeit sind: Ich bin nicht hergekommen, um der armen Bergbevölkerung zu helfen, sondern um mir zu helfen. Gerade um dieses Leerseins willen. Um einmal das tun zu dürfen, wonach man sich in mancher Zweifelsenge sehnt, sein ganzes Ich abschütteln zu können. Ein Sich-selber-Loswerden, ein Ausruhen von seinem Ich.« Oder einfach: »Ein vorübergehender Selbstmord.« Doch kaum ist der Kampf um die innere Leere gewonnen, der Kopf blank und frei, der Blick glotzend und dumpf, sehnt sich der junge Mann schon wieder in eine andere Richtung: »Ich sehne mich zurück nach der Stadt, nach dem bewussten Leben, nach dem Ich.«

Viele Themen und Motive des späteren Werks sind in diesen allerersten Texten schon angelegt. Aber in Ton und Form lassen sich beim besten Willen keine Spuren des späteren Autors herauslesen. Es ist alles stark gefühlt und schwach gestaltet, es liegt überhaupt kein Filter zwischen Leben und Text, keine Distanz, keine gestalterische Kraft. Max Frisch ist einundzwanzig Jahre alt. Er ahnt, was er kann, er fühlt, was er will, er schreibt, was ihm das Herz diktiert. Angst vor der Wirklichkeit, eine vorsichtige Liebe zu den Vorstellungen, die er sich von der Welt gemacht hat, prägen seine Texte.

Im Mai berichtet er von einer »Begegnung mit dem Genfersee«. Er hat ihn nie zuvor gesehen, er zögert das erste Mal hinaus: »Jetzt, da ich mich ihm sehr nahe weiß, möchte ich auf einmal, daß ich niemals hinkäme: daß die Zeit stehen bliebe, und ich dauernd so hinfahren dürfte mit wehender Krawatte um die Schultern, ohne mein Ziel je zu erreichen. Warum fürchte ich denn plötzlich den ersehnten See?« Er gibt sich selbst die Antwort. Er fürchtet ihn, weil er seine Sehnsucht liebt, weil er seine Vorstellungen des Sees liebt und die Enttäuschung fürchtet. Wie bei allem: »Ich fürchte die Begegnung mit diesem See, wie ich die Begegnungen fürchte mit Menschen, die ich liebe; denn ich bin immer noch zu jung, und meine Hoffnungen sind immer noch aus Träumen geblasen.« Doch in diesem Fall ist alle Furcht ohne Grund, der See hält den Vorstellungen stand, die Sonne »gießt ein lichtjauchzendes Glitzern« auf ihm aus, und Frisch endet: »Ich stehe. Es ist anders. Die Wirklichkeit ist ganz anders und größer, sehr viel größer.«

Scheinmännlein unterwegs
Sport-Reporter. Frauen-Entdecker.
Erste Reise in den Osten

Der Mut wuchs, die Entschlossenheit auch, vielleicht waren
es die frühen Geschichten der Mutter, die ihn die Idee einer
großen Reise in den Osten verfolgen ließen, vielleicht war es
einfach diese eine gute Idee und Gelegenheit. In Prag fand im
Februar 1933 die Eishockey-Weltmeisterschaft statt. Frisch
sprach bei der Sportredaktion der NZZ vor, gab an, ohnehin
nach Prag zu fahren, sodass der Zeitung keine Reisekosten
entstünden, und fragte also, ob er für die Zeitung darüber
berichten dürfe. Er durfte, und so fuhr er los. Er wusste noch
nicht genau, was das werden würde, wie weit die Reise gehen, wie weit das Geld reichen würde, aber dass es über Prag
hinaus gehen würde, so weit wie möglich hinaus in die Welt,
zum Schauen, Erleben und Schreiben, das wusste er genau.
Genug der Suche nach sich selbst, nach Ziel und Inhalt des
Lebens in Zürich, auf den Seen, auf den Bergen der Schweiz.
Genug des Kreisens um sich selbst: »Ein Scheinmännlein sein
im Schaukasten, aus dem ich nicht hinausgreife und bloß
hinausschaue und hinausurteile«, so hatte er sich und sein
Problem öffentlich beschrieben. Damit sollte jetzt Schluss
sein. Das Scheinmännlein will ein Mann werden.

Und er macht sich auf den Weg, zusammen mit der Schweizer Nationalmannschaft geht es im Zug zweiter Klasse nach
Prag, Kuchen vom Bruder, Schokolade von der Halbschwester, Mittagsbrot von der Mutter dabei, und am Anfang berichtet er noch sehr detailliert und regelmäßig in Briefen nach
Hause. Über sein Staunen und sein neues Leben. Kaum angekommen, »habe ich schon etwas auszusagen von dieser stadt:
vor einem der vielen, wolkenkratzerartigen luxushotels sah
ich einen bettler, der mit nackten, verschränkten beinen im
tauenden strassenschnee sass und mit gefalteten händen mur-
melte«. Seine erste Beobachtung in der neuen Welt. (Den

Grund übrigens für die in Briefen dieser Zeit konsequent verwendete Kleinschreibung hat er auch schon in einem Zeitungsartikel beschrieben: »Ich bin für Kleinschrift, weil ich ein fauler Kerl bin.«)

Ansonsten gehören seine ersten Beobachtungen aber dem Eishockey. Der Schweizer Berichterstatter sendet gut gelaunte Reportagen nach Hause. An der Organisation hat er einiges zu kritisieren, die Spielfeldbeleuchtung muss immer extra von den Schiedsrichtern angefordert werden, von den Schallplatten mit den Nationalhymnen wird grundsätzlich zunächst versehentlich die B-Seite aufgelegt, und das Temperament der Tschechen verleitet sie, »während den Spielen ein Benehmen zu zeigen, das wir freundlicherweise lieber nicht im Ausland berichten wollen«. Doch »im übrigen ist alles wie bei uns«. Die gemütlich-selbstverständliche Scheidung zwischen »Wir« und »den Anderen« prägt seine Reportagen, der Nationalcharakter der Gegner ist schnell umschrieben: »Die Letten sind lange und hagere Gestalten«, die noch nie etwas von Zusammenspiel gehört haben, und völlig ohne technisches Können. »Nicht dass der Gegner hart wäre, durchaus nicht; er ist nur unfair.« Über die Italiener heißt es: »Auch auf das Eis bringen die Südländer ihr heißes Blut mit.« Dass die Amerikaner die technisch feinen Schweizer 7:0 besiegen, hat nur einen Grund: »Die Ueberlegenheit der Amerikaner beruhte einzig in ihrer körperlichen Größe.« Der Reporter ist eher als Schlachtenbummler mitgefahren. Doch leider bringt auch seine Mannschaft nicht die richtige Einstellung mit, sie fasst das Ganze eher als Familienreise auf, und die Ergebnisse sind mies. »Das ist schade bei dem begeisternden Können unserer Leute, denen man hier nachsagt, sie wären die schönste Mannschaft.«

Und nach dem letzten verlorenen Spiel endlich: hinaus aus dem Stadion! Zu einer ganz anderen Schönheit, in die Stadt hinein, schauen, staunen und beschreiben. Max Frisch kann das alles kaum glauben: »Jetzt stehen wir also hier: Ein romanischer Turm und ich.« Atemlos teilt er den Lesern in der

Schweiz sein Staunen mit. Das übermäßige Ich-Private, was seinen bisherigen Texten immer etwas unangemessen Aufdringliches gegeben hatte – hier in seiner Begeisterung über die fremde Welt erfüllt es seinen Zweck: »Ach diese Abende am Hradschin, wenn man durch lauter Großzügigkeit schlendert, und wenn ich dann tue, als gehöre die ganze Burg eigentlich mir!« Der Leser macht sich gemeinsam mit einem jungen Mann, der noch nie zuvor die Schweiz verlassen hat, auf, all dies zum ersten Mal zu sehen: »Lichtmeer der Großstadt, da unten, mit den farbigen und aufzuckenden und beweglichen Leuchtreklamen, mit den Straßenbahnen, die wie Glühwürmchen über die Brücken kriechen.« Er gibt seinen Texten nach wie vor den Charakter einer privaten Mitteilung, thematisiert dies aber explizit als Kunstform und beginnt einen seiner Texte zum Beispiel so: »Schriebe ich Ihnen einen Privatbrief, dürfte ich ehrlicher beginnen: mit den slawischen Frauen und mit diesem Wunderbaren, einmal den Stimmen schöner Frauen zu lauschen, ohne dabei verstehen zu müssen, was sie da sagen.« Oh, es werden noch viele Frauen erscheinen in seinen Texten aus dem Osten. In den Briefen an seine Familie zu Hause heißt es unterdessen vorsichtshalber: »habe übrigens schon recht ulkige leute kennen gelernt. männlichen geschlechtes.«

Viele Jahre später, Max Frisch hat das in »Montauk« aufgeschrieben, wird seine Mutter ihm sagen, er solle doch nicht ständig über Frauen schreiben, »denn du verstehst sie nicht«. Wie zutreffend dieser Satz auch immer für das gesamte Werk und für die Person Max Frisch sein mag, die Frauen in seinen frühen Texten sind in der Tat sehr befremdliche Schablonen. Oder auch einfach: Männerfantasien. Den slawischen Frauen bescheinigt er ganz allgemein eine »Schönheit, die seltsam ist, andersrassig und immer unbegreiflich«. Beschreibt er das Leben von Frauen in Sarajevo, die zum Teil wie Privateigentum des Mannes gehalten werden und nur vollkommen verhüllt die Straße betreten, schwärmt er begeistert erotisiert: »Solche Vermummung erhöht naturgemäß den Reiz, indem sie in uns den Ergänzer und Erdichter weckt, der sich flugs eine Schönheit hinter jedes Tuch malt.« Auch sonst hat die Frauenhaltung ihre preisenswerten Seiten: »Alles ist familiärer und nicht unser beziehungsloses Nebeneinander.« Überhaupt ist er ein ganz großer Generalisierer. »Jede Frau ist eine Kupplerin« ist so eine seiner Weisheiten, und hat sie eine sonnengebräunte Haut, findet er dieses schöne Bild aus dem Tierreich für die Dame: »Halb Mensch und halb Tier, braungelb gestreift wie eine Leopardin. Sehr apart.« An diesem Bild ist die Tatsache, dass weder Leoparden noch Leopardinnen je »gestreift« sind, wohl noch der verzeihlichste Fehler.

Und nicht nur bei den Frauen ist Frisch ein Pauschalisierungsmeister, auch die Sache mit dem Nationalcharakter bleibt nicht auf seine Eishockey-Reportagen beschränkt. »Türken sind gemütlich.« – »Der Slawe ist gastfreundlicher als wir.« Und »das Slawische« wird »immer durch seinen Hang zur Uniform verdorben«. Das sind nur einige Beispiele von vielen, die sich durch seine Erlebnisberichte ziehen. Und nachdem er auf dem Basar von Istanbul mühsam einen betrügerischen türkischen Händler abgeschüttelt hat, bedrängt ihn schon ein »Jüdlein« mit »Dreckhals«, das ihm Lüge auf Lüge auftischt, um einen falschen Edelstein zu verkaufen.

»Schlaft ihr oder seid ihr tot oder was«
Ich-Sucht. Welt-Flucht. Mutter-Liebe

Max Frisch 1933 – unterwegs in der Welt. Es ist aus heutiger Sicht überraschend, dass man als deutschsprachiger Journalist und kommender Schriftsteller aus der Schweiz sich zwei Wochen nach der Machtübernahme der Nationalsozialisten in Deutschland auf den Weg in die Welt machen kann und weder in den journalistischen Texten noch in den Briefen an die Mutter diesem Ereignis irgendeine Bedeutung beimisst. Ein einziges Mal, aus Ragusa im Juni des Jahres, findet sich ein Halbsatz dazu: »geflüchtete deutsche, deren verzweiflung masslos ist.« Das ist alles. Der junge Journalist Max Frisch interessiert sich auf atemberaubende Weise nicht für das politische Geschehen dieser Zeit. Im April 1933 hat er in der »Zürcher Illustrierten« einen Aufsatz »über Studenten und Studentisches« unter der Überschrift »Wie ich uns sehe« veröffentlicht und dort unter V. Folgendes bemerkt: »Nebenbei: von Politik verstehe ich, ohne aufzuschneiden, gar nichts. Und was mich dann in meiner Laienhaftigkeit oft wundert: Wie kann man, da man weder den Handarbeiter noch die Handarbeit kennt, so heftig politisieren?« Und locker-lustig beendet er das Kapitel: »Diese politischen Rechnungen mit lauter Unbekannten finde ich ein ulkiges Gesellschaftsspiel.«

Ein Spiel, an dem er lange Zeit nicht bereit ist, sich zu beteiligen. Einzig eine kleine praktische Folge des Machtwechsels in Deutschland vermerkt er in einem Brief von unterwegs noch: »ablehnungen von reichsdeutschen zeitungen sind heutzutage gar nichts verwunderliches, da ich nicht reichsdeutscher bin.« Er hat übrigens trotzdem noch im Jahr 1933 in der »Frankfurter Zeitung« etwas publizieren können. Doch es bleibt beim heutigen Leser die Verwunderung, dass die sonderbare Tatsache, auch als politisch unauffälliger Schweizer im Nachbarland plötzlich kaum noch publizieren zu dürfen, nicht mehr als ein Achselzucken und eine leichte Trauer über die damit verbundene finanzielle Einbuße zur Folge hat, ebenso wie die Begegnung mit »masslos verzweifelten Flüchtlingen« nur ein gleichgültiges Zeilchen in einem privaten Brief. Das ist schon mehr als ein locker bedauertes Nichtverstehen. Das ist das bewusste Ignorieren eines jungen Mannes, der so sehr mit sich selbst und seiner Zukunft, mit Staunen, Frauen, Angst und Männlichkeit beschäftigt ist, dass er sich weigert, selbst offen sichtbare Folgen einer großen politischen Entwicklung ernst zu nehmen. Das liegt übrigens auch an einem anderen irritierenden Zug, der in diesen Reisetexten Max Frischs zutage tritt: eine erstaunliche Mitleidlosigkeit. Der junge Herr aus der sauberen Schweiz, der manche Unordentlichkeit im östlichen Ausland kritisch vermerkt, reagiert besonders ungehalten auf Bettler, Obdachlose, arme Menschen, die dem Touristen das schöne Stadtbild verschandeln. Schon gleich in Prag fängt der Ärger an: »Wenn es bloß nicht diese Elendsfiguren gäbe! In allen Prager Straßen warten sie, um sich unserer noch so bescheidenen Glücksstimmung in den Weg zu werfen. Da sind Weiber mit Säuglingen im Arm und Krüppel, welche ihre Schauerlichkeiten entblößen. Und Blinde, die an einem peinlich dummen Leierkasten drehen. Und Greise, die am Rinnstein sitzen und mit rostiger Stimme zu singen versuchen. Das ist schlimm und man gewöhnt sich nicht daran.« Schlimm für den Touristen und seine bescheidene Glücksstimmung, nicht etwa für die Armen.

Immerhin, ein paar Tage später denkt sich der Reisende in eine dieser Elendsfiguren ein wenig hinein – wenn auch mit Widerwillen: »Es gibt keine Entschuldigung dafür: Da kauert ein Mensch, der unmenschlich schmutzig ist. Und ein Gesicht besitzt er eigentlich nicht, sondern was er unter dem Hut trägt, ist unklar wie eine einzige Wunde.« Keine Entschuldigung, nein, aber irgendwie fällt Frisch jetzt ein, dass hier doch eigentlich der Stoff für einen Roman wäre: »Man steht abseits, hört und denkt sich den Roman dieses Mannes. Mit wöchentlich anderthalb Franken Arbeitslosenunterstützung. Einer von Neunhunderttausend. Denkt sich einen dicken Roman, in dem auf jeder Seite wieder das Gleiche steht, ausweglos.« Na, das würde also ein eher langweiliger Roman, und man lässt es lieber bleiben und geht – »wie gesagt, man ist ehrlich bedrückt« – in ein Kaffeehaus, »um aus der Not des anderen zu verdienen. Um leben zu können!«.

So schnell wendet sich der Journalist wieder den eigenen Sorgen zu und schreibt also über seine eigenen Überlebenssorgen. Das Geld für Frisch ist wirklich knapp. Er ist zwar recht erfolgreich, und vor allem die NZZ druckt seine Texte, zum Teil auch in erheblicher Länge. Trotzdem – er wird nach Zeile bezahlt, manchmal erscheint einen ganzen Monat lang kein einziger Text von ihm. In Budapest verkauft er seinen Mantel. In Prag hat er einmal mehrere Tage kein Geld für ein Mittagessen. Sein erstes Zimmer muss er schon nach einer Nacht verlassen, weil es zu teuer ist. Die Schuldigen an dieser Situation hat er sofort ausgemacht: die Familie zu Hause. Vor allem seine Mutter. »Schlaft ihr oder seid ihr tot oder was?«, schimpft er in einem Brief vom 9. März. Der Hunger sei nicht das Schlimmste, das Schlimmste sei die Aufregung über die gemütliche Familie: »in einer total fremden stadt ohne eine einzige münze. Nur weil ihr zu bequem seid, mein verdientes geld nachzuschicken.« Und er steigert sich immer weiter in einen Furor hinein, beschwert sich überhaupt über zu wenig Post. »ich werde euch diese liebenswürdigkeit kaum vergessen.« Er fragt: »soll ich noch bis montag von frühstück und aufregung leben?«, und schließt unversöhnlich: »ich will von euch nichts als das geld, das ich mir verdient habe. Um leben zu können.«

Eine völlig verschreckte Mutter antwortet, so schnell sie kann, sogar die Tageszeit schreibt sie vor lauter Angst vor dem strengen Sohn in den Briefkopf hinein. 14.3. Vormittags 10 Uhr: »Mein armes liebes Mäxelein. Oh je! Oh je! Wie schrecklich ohne Geld in der Fremde!« Und sie erklärt, bedauert, schildert all ihre Bemühungen, um für den Sohn an das verdiente Geld zu kommen. Der Fehler liegt natürlich nicht bei ihr, natürlich ist die Honorarabteilung der Zeitung nicht auf den Tag genau pünktlich gewesen. Aber jetzt kommt alles in Ordnung, die Tante ist mit achtzig Franken eingesprungen, und gegen Ende hat »mama« schon wieder eine kleine, mütterlich-erleichterte Ironie für das Söhnchen parat: »Ich will also hoffen, (...) dass die ganze Affaire, die, ich glaube ja schon, deinem Magen böse zugesetzt haben wird, vielleicht schon mit einem köstlichen Pilsner ins Vergessen geschwemmt worden ist.«

Aber der nächste große Ärger lässt sich nicht mehr mit einem kleinen Bier-Scherz aus der Welt schaffen. Drei Monate später beschwert sich der Sohn bitter über die herzlosen und überaus seltenen Briefe seiner Mutter. Vorwurf türmt er auf Vorwurf, um schließlich zu beschließen: »wir wollen uns nichts vormachen: wir sind keine familie.« Und jetzt hat aber auch die Mutter einmal genug. Sie weist ihn kühl darauf hin, dass er selbst seine Adresse falsch angegeben habe, sodass gar keine Post von zu Hause kommen konnte, »bevor du also immer nur auf uns donnerst, müsstest du doch auch gelegentlich dich selbst vergewissern, ob der Fehler nicht einmal auch bei dir liegen könnte«. Und in ihrem nächsten Brief bekennt sie, dass sie die Briefe des strengen Sohnes jetzt nur noch zitternd öffnet, aus Angst vor neuen »Vorwürfen und Schnoddrigkeiten«. Ein verzweifeltes Schreiben der Mutter aus diesen Tagen muss auch noch verlorengegangen sein, denn am 23. Juni antwortet ein aufgeregter, ängstlicher, zerknirschter Sohn, der offenbar auf eine Selbstmorddrohung der Mutter reagiert, wenn er schreibt: »aber eines darfst du nicht sagen, liebstes mutti: dass du unheimliche gedanken hast. Denn was du mir in diesem brief mitteilst, war nicht nur unendlich hart, indem du mir sagst, dass auch ich dich nicht mehr zurückhalten könnte. Ich hoffe, dass du diesen satz in der aufregung und unklarheit geschrieben hast; denn es bedeutete die kündigung einer mutterliebe, was ich dir niemals zutraue.« Diese Ankündigung stehe nunmehr »wie ein gespenst zwischen allem«, und es verdunkele seine ganze Reise. Es ist schon bizarr, wie Max Frisch selbst eine angedrohte Tat größter Verzweiflung seiner Mutter ausschließlich auf sich und sein Wohlbefinden bezieht: »so etwas darfst du nicht denken, mutti, wenn du mir nicht den boden unter den füssen wegnehmen willst.«

Es kommt schnell wieder alles halbwegs ins Reine, die Mutter wird solch dunkle Gedanken nicht noch einmal schreiben und der Sohn die Familie nicht mehr infrage stellen. Doch die beiden haben zu dieser Zeit ein äußerst schwieriges und schwankendes Verhältnis zueinander. Lina Frisch ist seit dem Tod ihres Mannes finanziell auf ihre Söhne angewiesen, Franz hat den Schuldendienst übernommen, Max wohnt gemeinsam mit ihr in der Wohnung seiner Tante und finanziert ihr das, was er selbst ihr »Taschengeld« nennt und wofür sie sich artig bedankt. Gleich in ihrem ersten Brief schreibt sie von ihrer Freude über »das Silbrige in meinem Bett«, das sie »mit größtem Erstaunen« gefunden habe. Max Frisch hatte ihr einige Fünf-Franken-Stücke als Überraschung unter die Bettdecke gelegt. Im weiteren Verlauf des Briefwechsels gestattet der Sohn ihr zweimal, sich von seinem Honorar zehn Franken Taschengeld abzuzweigen. Doch im Mai überwindet sie sich einmal, ihn um Geld zu bitten: »(Um mir das Leben etwas erträglicher zu machen, könntest du mir hie u. da wieder etwas Geld schenken, denn ich bin übel dran.)« Woraufhin er sogleich seinen Bruder bittet, man möge ihm sofort alles Geld schicken, das eingegangen sei, »abzüglich 10 frs. für M.«.

Es ist schwierig. Die Mutter ist allein zu Hause, der Sohn auf unabsehbare Zeit unterwegs in der Welt, an Orten, die sie selbst auf Reisen sah, vor ihrer Heirat, aber es führt ihn auch in Städte, die sie nie erreichte, weil sie geheiratet hatte, damals, statt weiterzufahren. »Also würdest du Constantinopel sehen, was einmal mein Ziel gewesen und auch erreicht worden wäre, wenn Papa damals mich nicht zu seiner Frau begehrt hätte.« So verfolgt sie seine Reise auf der Landkarte und reist sehr oft in Erinnerungen und in Gedanken mit. Der Sohn berichtet von seinen Eindrücken eher wenig, von Persönlichem fast gar nichts. Der Mutter geht es schlecht, dem Sohn geht es gut, aber klagen tut meist er, sie solle mehr schreiben, dabei erlebt sie beinahe nichts, will ihn außerdem nicht mit Klagen belasten, muss es dann doch immer wieder, berichtet von schweren Depressionen, von Angst und Einsamkeit, sodass sie manchmal auf der Straße weinen muss. Dann kündigt ihr die Tante auch noch die Wohnung. Max Frisch wandelt auf dem schmalen Grat zwischen Verständnis, Ermutigung, Ärger über ihre Unselbstständigkeit und dem Willen, die Reise trotz aller Schwierigkeiten zu Hause nicht zu früh zu beenden. »im grundsätzlichen möchte ich

meine reise ausdehnen, soweit es mir gelingt«, schreibt er. Sie
wird »mich vorwärts bringen und wird vielleicht das grunderlebnis meiner jugend sein und bleiben«.

»Zum Hinaufjauchzen«
Zum ersten Mal: das Meer

Im Mai schließlich ist es wirklich so weit. Max Frisch hat das
Grunderlebnis seiner Jugend: Schloss Solitudo auf der Halb-
insel Lapad bei Dubrovnik, damals Ragusa, die »ideale pension«, einsam, prachtvoll, stilvoll, direkt am Meer, das Max
Frisch hier zum ersten Mal sieht. Er staunt und staunt. »die
adria ist unvorstellbar blau.« Der erste Brief an seine Mutter
ist glückstrunken, lebensbegeistert, ungläubig das eigene Leben betrachtend, die Aussicht aus seinem Fenster, den Park,
die Sonne, das Boot in der Bucht, die Zypressen, das Essen,
der Wein, alles ist herrlich, und dazu kommt das Glück seines
Berufes, das Glück des Schreibens: »es ist nun einmal das
glück meines berufes, dass ich vagabund sein kann.« In Gesprächen beneide man ihn immer, »dass ich am meer sein kann
und in der schweiz verdienen«.
    Außerdem haben ihn offenbar die Menschen in jenem
Schloss verzaubert. Da sind einmal die beiden Damen, die
das Haus führen, »die damen von woedtke«, Mutter und
Tochter, »nicht nur adlig, sondern edle leute«, sowie zwei
Gäste, Herr und Frau Baronin von Ittersum. Vor allem die
Baronin hat es ihm außerordentlich angetan. Und auch er
selbst, glaubt er, kommt gut an bei den Bewohnern des Hauses: »ich muss sagen, ohne mir schmeicheln zu wollen, dass
sie mich recht gern gewannen und für mich ein geradezu rüh-
rendes verständnis haben.« In einem späteren Brief wird er
seiner Mutter zu Hause sogar schreiben, Frau von Woedtke
habe ihm gesagt, »dass ich sozusagen ihr sohn geworden
sei«.

Jetzt aber hat der Sohn erst einmal eine andere Idee. Beziehungsweise Frau von Woedtke soll sie gehabt haben: Seine Mutter soll zu ihm kommen, nach Solitudo, und mit ihm im Paradies leben für einige Monate. Die Kosten, so hat er ausgerechnet, wären nicht höher, als wenn sie weiter in Zürich lebte. Die Woedtkes laden sie ein, bei ihnen zum Selbstkostenpreis zu wohnen. Erstens, wie gesagt, weil sie Max so schätzen, zweitens übernimmt er einige Arbeiten im Haus, die Buchführung, Installation der Parkbeleuchtung und Ähnliches. Auch seine Mutter könne sich sicher hier und da nützlich machen. Nein, sie solle keine Angst haben, dass sie als Hausdame missbraucht würde, sie möge sich nur »in kleinigkeiten erkenntlich zeigen«. Es ist ein merkwürdiger Brief und eine etwas sonderbare Idee. Natürlich weiß er, dass seine Mutter in ihrem Alter diese Reise allein niemals auf sich nehmen wird, natürlich weiß er, dass sie nicht kommt, zu ihm in sein Glück am Meer. Aber er schildert alles so, als sei es schon wahr, alles berechnet, und von Verwandten solle sie sich auf gar keinen Fall hereinreden lassen. Er wird nicht müde, den Adel dieser Leute um ihn herum zu preisen, »kultur, takt, bildung«. Und auch Max Frisch selbst hat seinen kleinen Finger schon leicht adelig abgespreizt, wenn er schreibt: »es wäre mir eine bleibende freude, geliebtes mutti, wenn ich dir einmal eine solche schönheit bieten könnte, und es würde in unserem leben ein halbes jahr sein, das unvergessen bleibt.«

Er schließt diesem feierlichen Absatz eine Passage an, die sein ganzes Angebot in einem etwas lächerlichen, etwas schäbigen Licht erscheinen lässt: »vielleicht wäre es gut, wenn du den damen eine kleine dankäusserung schriebest für ihr entgegenkommen. zur anrede verwendet man: sehr verehrte gnädige frau.«

Ach, was soll sie sich bedanken bei der unbekannten verehrten gnädigen Frau für ein Angebot, um das sie nie im Leben gebeten hat noch je bitten würde. Da ist ihr Sohn ja in eine schöne Gesellschaft geraten. Sie jedenfalls lehnt in ihrem nächsten Brief den »überaus verlockenden Vorschlag«, der sie »einfach überrumpelt hat«, rundheraus ab. Und die Verstimmung, die das auf beiden Seiten zur Folge hat, wird erst auf Dauer deutlich. Sogar die Zeitungstexte des Sohnes, vorher beinahe wie heilige Schriften von der Mutter rezipiert, werden jetzt offen kritisiert: »Den Text für die Photos an die Zürcher Illustrierte fand ich sehr, sehr bescheiden und es that mir für dich leid, dass du diese Angelegenheit ganz gewiss nicht mit deiner sonst so gewissenhaften Art behandelt hast. Sind es vielleicht deine Baronen, die dich etwas von deinem energischen Arbeiten abgehalten hätten? –«

Doch von solchen kritischen Tönen aus der Heimat lässt sich Max Frisch nicht entmutigen. Im Gegenteil. Hier, im Schloss Solitudo, findet er, was er gesucht hat, als er losgefahren ist. Hier sind Sonne, Meer und Frauen, Menschen, die ihn mögen und ihm das Bleiben fern der Heimat ermöglichen, und hier ist Stoff zum Schreiben. Der Stoff für lange, schwärmerische Geschichten, die er an die NZZ schicken kann. »Tage am Meer« heißt seine ausufernde, in zwei Teilen veröffentlichte Glücksreportage aus Ragusa. Sie beginnt so: »Eigentlich waren diese dalmatischen Tage zum Verzweifeln: dass man nicht malen kann und solche Farben hier lassen muss. Denn Briefe bleiben wohl höchstens die Deutung einer Schönheit. Nie diese Schönheit selber. Nie solches Leuchten eines Südlandhimmels, wenn er wolkenleer ist. Zum Hinaufjauchzen.«

Dabei malt er sogar in diesen Tagen, zumindest ein Bild von seiner Hand ist erhalten geblieben, ein schlichtes Ölbild auf Sperrholz, die Altstadt von Dubrovnik auf den hohen Felsen am Meer. Aber es war ja auch eine andere Kunst, von der er träumte, eine andere Art, das Glück, die Schönheit und sich selbst zu bewahren und der Welt mitzuteilen: der Roman. Hier endlich fand Max Frisch die Romanwelt, die er gesucht hatte. Und die Passage mit der Verzweiflung über das Nicht-bewahren-Können, die er seiner Zeitungsreportage vorangestellt hatte, wird sich später auch in dem Roman finden, den er auf dieser Reise beginnt: »Spüren Sie wirklich nichts vom Glück der Sprache? Und dass uns die Sprache retten kann, wenn ringsum alles vergeht, und dass sie eine solche Herrlichkeit bewahrt, wenn dieser Strauß längst verfault ist? Es ist zum Verzweifeln, Baronin, wenn man nicht malen kann und diese Farben nicht mitnehmen darf.«

2.   Erste Bücher

»Baronin, Sie werden verwertet«
»Jürg Reinhart« – Der erste Roman

Glück der Sprache, Glück des Romans: »Jürg Reinhart – Eine sommerliche Schicksalsfahrt« erscheint 1934. Es ist die Geschichte eines jungen Mannes, Journalist aus der Schweiz mit einer Lähmung der Augenlider, auf der Fahrt zu sich selbst, auf der Suche nach seinem Ort in der Welt, dem Ort, an dem er sich bewähren kann, an dem er vollbringen kann, wonach einzig er sich sehnt: »eine männliche Tat«. Den Ort findet er in Ragusa, in einer Pension mit Namen Solitudo, geleitet von einer verarmten deutschen Adeligen, Gäste sind eine holländische Baronin und ihr Mann. Man muss Max Frisch unbedingt recht geben, wenn er später im Rückblick sein erstes Buch einen »sehr jugendlichen Roman« nennt, »der ganz im Autobiographischen stecken bleibt«. Ort der Handlung, Held, Protagonistinnen, da ist nichts erfunden, all dies hat er zuerst in den Briefen nach Hause, dann in seinen Berichten für die Zeitung und schließlich zum Teil wortgleich in den Roman hineingeschrieben. Interessant an der Lektüre des »Jürg« ist heute vor allem, beobachten zu können, wie Frisch arbeitete, wie er sein Material langsam von der brieflichen Mitteilung in Fiktion verwandelte und welche Motive seines späteren Werkes sich hier, in der ersten Phase seines literarischen Schaffens, schon finden. Aber als Buch, als Roman ist diese »Schicksalsfahrt« ziemlich schauderhaft. Es ist ein Kolportageroman über einen reinen Helden, der in einer dunklen Welt versucht, seine Reinheit zu bewahren und sich zu bewähren gegen seine Verführer, gegen die Welt. Die Verführungskräfte sind weiblich, und was Frisch hier für schablonenhafte Frauenfiguren herbeischreibt, ist bemerkenswert. Die holländische Baronin, jene uns schon bekannte »braungelb gestreifte Leopardin«, versucht gleich auf den ersten Seiten, sich an den unerfahrenen Jürg heranzumachen, um eine »unbefriedigte Mütterlichkeit« an ihm »auszulassen«. »Liebesunterricht mit Übungen« bietet sie ihm an, lockt ihn auf das Boot zu einer kleinen Meerfahrt, um dort ihr Werk zu beginnen, und in letzter Not kann ihr der arme Jürg auf dem Meer entkommen, und sie muss schließlich des Nachts allein zurückrudern an Land, gedemütigt, zu ihrem Mann, dem alten Baron. »Ich finde sie zum Ausspucken«, erklärt Jürg der nächsten anmagnetisierten Frau, Hilde, an Land, während die Baronin noch einsam rudert. Und der Autor erläutert: »Auch ihm träumte von Frauen, die sich ausziehen. Aber was war eine Nackte, wenn sie nicht liebt?« Der arme Jürg. Allerdings hat sein Alter Ego, der Journalist Max Frisch, das Zusammenspiel mit jener holländischen Baronin noch etwas anders beschrieben, da hat jene unbefriedigte Mütterlichkeit der kinderlosen Baronin zu einem Zurückweisen des Werbens des Berichterstatters geführt. Im Roman weist Jürg die Baronin darauf hin, dass er das Vorgefallene des gestrigen Tages bereits zu einem Artikel verarbeitet und abgeschickt habe. Sein Sieg ist ihm nicht zu nehmen: »So oder so, Baronin, Sie werden einfach verwertet.« Was für eine herrliche Drohung gegenüber einer Romanfigur! Max Frisch wird später ja noch manchen Menschen des wahren Lebens verwerten für seine Kunst und sich selbst schonungslos dazu. In diesem frühen Fall wird aber die Literatur genutzt, um das Leben und den Max-Frisch-artigen Helden schönzuschreiben. »Er wunderte sich, wie populär er war«, schreibt Frisch über seinen Jürg, und man hat sich das als Leser allerdings schon längst gefragt. Die Frauen fallen reihenweise um, aber der reine Jürg bleibt hart. Ja, leider ist sogar der Nachname des Protagonisten wörtlich zu verstehen.

Noch deutlicher hebt sich seine Reinheit vor dem Hintergrund der einheimischen Bevölkerung ab. Der Slawe ist sehr dunkel und zwielichtig, die Türken der Basare verkaufen sogar ihre Töchter für Geld und werden in ihrer Gier und Schmierigkeit nur noch von jenem Jüdlein mit Dreckhals übertroffen, das wir auch schon aus den Zeitungstexten kennen. Gerade diese unangenehmen Basar-Passagen übernimmt Frisch komplett und wörtlich für sein Buch.

Max Frisch setzt seinen Helden in eine Schemenwelt hinein. Es geht ihm aber auch kaum je um diese Welt, auch wenn das Meer noch so blau ist, es geht ihm um Jürg, um seine inneren Kämpfe, das Leben als Scheinmännlein auf dem Wege zum Mann: »Andere bringen es zum Lustmörder oder mindestens zum Verführer! Und was war er? Wenn er nachdachte: eigentlich hatte er immer bloß nachgedacht und in diesem Leben umhergestanden wie ein Torso, der ohne Arme ist und niemals zupacken kann? Niemals mitmachen! Aber er hatte doch Sehnsucht danach wie irgendeiner. Und er wollte es auch einmal sagen können: Dies oder das habe ich getan!«

Es wird den ganzen Roman lang dauern, bis Jürg endlich die Gelegenheit findet zur Tat, zur »männlichen Tat«, wie er es wieder und wieder nennt. Es wird allerdings keine sein, über die er sprechen, mit der er vor aller Welt seine Männlichkeit belegen kann. Aber innerlich, innerlich wird sie ihn verwandeln. Vor allem wird sie ihm den ersehnten Stoff liefern, denn die Sorge darum, endlich einen Schreibstoff zu finden, raubt Jürg nächtelang den Schlaf.

Max Frisch hat mit »Jürg Reinhart« einen Künstlerroman geschrieben, die Geschichte eines Mannes auf der Suche nach der Kunst und nach dem Leben. Hier, in seinem ersten Roman, findet, was später kaum noch miteinander vereinbar scheint, in einer schönen Symbiose zueinander: Mann werden, im Leben zu Hause sein und trotzdem nicht Bürger, Langweiler, Antikünstler, Lebensfrister werden, sondern die Möglichkeit des Künstlertums weiter in sich tragen und möglicherweise dauerhaft ausleben. Es ist Jürgs Sehnsucht, die er einmal verzweifelt so ausdrückt: »Manchmal habe ich so eine irrsinnige Angst vor dem Erwachsenwerden. Begreifen Sie das? Ich möchte endlich reifer werden, zugleich aber ein Kind bleiben.« Ein Mann werden und Kind bleiben, als Bürger anerkannt werden und zugleich als Künstler, auf diesem schmalen Grat eines scheinbaren oder wirklichen Widerspruchs wird der Autor noch eine ganze Weile wandeln.

Und auch einige weitere Motive von Frischs späterem Schreiben klingen im »Jürg« schon an. Das Bilderverbot bzw. die Angst vor dem Identitätsgefängnis, in das die Umwelt einen presst: »Sehen Sie: wenn ich ringsum von fertigen Menschen gestoßen werde, wenn ich sozusagen von Hand zu Hand gereicht werde und mich jedermann formen kann nach seinem Bilde, so zerbröckelt man schließlich.« Auch die Sehnsucht nach dem einen »großen und grundlegenden Erlebnis«, das »seine Seele«, »sein Denken und Fühlen formt«, was Max Frisch später für kurze Zeit im Krieg zu finden hoffen wird. Und die Liebe zur Vorstellung anstelle der schnöden Wirklichkeit, die wir schon seit seiner Angst vor dem Blick auf den Genfer See kennen: »Überhaupt«, denkt Jürg Reinhart, »war es schwer, wenn ein ersehnter Mensch schließlich dasaß in aller Wirklichkeit und Greifbarkeit.«

Schließlich findet sich natürlich noch die Frau, die der Wirklichkeit standhält, es ist Inge, die Tochter der adeligen Schlossherrin: »– ›Jürg?‹ Ihre Stimme klingt so wissend und verzeihend, mild wie diese leichten Finger, die unter sein Kinn greifen und seinen gesenkten Kopf erheben wie durch einen Zauber; und Inge fragt: ›Darf ich Ihnen einen Kuß geben?‹« Doch Inge erkrankt unheilbar, ihr droht ein langsamer, qualvoller Tod. Niemand, nicht der Arzt, nicht die Mutter, ist in der Lage, dem Leiden ein Ende zu bereiten und ihr das Mittel zu geben, das sie befreit vom Leben und von den Schmerzen. »Aber ich habe gewusst, dass Jürg kommen würde und dass Sie ein Mensch sind, der sich sehnte nach einer Tat.« Es folgt ein langer, melodramatischer Dialog mit einigen schönen, kleinen Momenten. Als sie ihn lobt, für seinen Mut und seine Liebe, wie er da sagt: »›Ach Mut! Und wenn man nachher allein ist, wird man so klein. –‹ ›Sie sind allein? Dummer Junge: Sie haben meine Bücher, Sie haben meine Noten, Sie haben meine Briefe, Sie haben meine Blumen, und Sie haben alles, was mir lieb war. Und wozu lebte man mit Dingen, wenn sie nur Dinge blieben und unser Wesen nicht einfangen würden? –‹« Am Ende ist vollbracht, wozu er aufgebrochen war: »›– Nicht weinen, Liebster, da Sie nun ein Mann sind. –‹«

Auch dieser Todesfall ist nicht erfunden (die Sterbehilfe allerdings wird es wohl sein). Max Frisch erfährt vom Tod des Fräuleins von Woedtke aus einem Brief seiner Mutter, den sie ihm, der Solitudo inzwischen verlassen hatte, auf seine Reise schickt. Die Todesanzeige war, an Max Frisch adressiert, zu ihr nach Zürich gelangt. Jetzt versucht sie, es ihrem Sohn schonungsvoll beizubringen, »weil ich doch weiss, was du an diesem guten Fräulein gehabt hast«. Er eilt zurück nach Solitudo, in sein Paradies, und schreibt an seine Mutter eine Karte: »liebe mama, gestern abend habe ich ihr einen grossen und weissen kranz hingelegt. boninovo ist ein unendlicher fremder friedhof. damals hatte ich sie gepflegt und hatte tagelang nichts anderes getan, und dann sagte sie zu mir: mein kleiner bruder. ich sitze vor ihren schubladen und ordne manches, indem wir ein bild suchen von ihr. und manchmal ist ihre mutter, welche vor fünf monaten den mann verloren hat, soviel stärker als ich. Wir gehen durchs haus, wo alte und neue gäste sind und alles weitergeht, und warten auf unseren ehrengast. es ist so grausam. dein max.«

Viele Jahre später, gegen Ende seines Lebens, blickt Max Frisch auf diese Begegnung nüchtern, sehr nüchtern zurück: »Das war eine reine Verehrungsgeschichte. Sie leitete in Dubrovnik mit ihrer Mutter eine Pension. Sie war dreiunddreißig Jahre alt, eine dicke Blonde, Ostdeutsche. Als ich weg war, auf meiner Reise nach Istanbul, ist sie gestorben. Ich kam zurück und sie war schon begraben. Ich habe ihrer Mutter noch drei Wochen geholfen bei der Buchhaltung.« Manchmal wird das Leben in der Rückschau nicht romantischer, wolkiger und poetischer, sondern härter und distanzierter. Es klingt beinahe so, als sei noch der ganz späte Max Frisch im Gespräch bemüht, den frühen Gefühlsüberschwang, peinlich berührt, von sich fernzuhalten. Wenn man die Briefe jener Tage liest, scheint die Romanbeschreibung der Wirklichkeit jedenfalls näher zu kommen als die kühle Erinnerung des alten Dichters an die dicke Ostdeutsche.

Er selbst war es ja auch, der an diesem ersten Roman vor allem monierte, dass er zu sehr im Autobiografischen stecken bleibe, und zugleich, so fügte er hinzu, sei er nicht ehrlich genug. Diese doppelte Kritik trifft es genau und kennzeichnet »Jürg Reinhart« als ein in vielerlei Hinsicht typisches Erstlingswerk: Es fehlt der notwendige Abstand zum Geschehen, der Schritt zurück, der wichtig ist, um die eigene Perspektive in eine allgemeine zu verwandeln. Die Gefühle, die Sehnsucht nach der ersten Liebe, die Suche nach dem eigenen Standpunkt in der Welt, all das ist viel zu unmittelbar ins Romangeschehen hineingefühlt, hineingesucht, hineinempfunden. Ein Privatbuch – zur Hälfte. Und zur anderen Hälfte, der, die Frisch die unehrliche nennt, spielt es begeistert mit der erhofften Öffentlichkeit, indem es den Helden und das Alter Ego des Autors aufs Unglaubwürdigste erhöht. »Er wunderte sich, wie populär er war. Darüber vergaß er seine Ehrlichkeit.«

Auch dass die Kritiken, die dieser frühe Roman bei seinem Erscheinen 1934 erhielt, zum großen Teil begeistert waren, erscheint heute überraschend. Weniger überraschend ist, dass in der NZZ, in der die meisten Reisetexte, die Frisch dann in seinen Roman einarbeitete, erschienen waren, eine Hymne von Eduard Korrodi erschien. Der mächtige Feuilletonchef setzte große Hoffnungen in den jungen Autor und hatte ihn von Beginn seiner journalistischen Karriere an gefördert und unterstützt. Er war ein wichtiger Mann für die keimende Schreibkarriere Max Frischs. Korrodi war der Schweizer Literaturpapst jener Jahre, mit ungeheurem Einfluss auch über die Grenzen der Schweiz hinaus. Und ein Mann, der in den Jahren nach der Machtübernahme durch die Nationalsozialisten in Deutschland durchaus nicht auf der Seite der Emigranten stand, sondern stets Wert darauf legte, dass ein gewichtiger Teil der deutschen Literatur im Lande geblieben sei. Ein kämpferischer Text von ihm, der 1936 in der NZZ erschien und der Emigranten von Nichtemigranten scharf trennte und dabei Thomas Mann, wie Korrodi annahm, ganz in dessen Sinne, der Seite der Nichtemigranten zuschlug, veranlasste diesen damals zu seinem späten, klaren, öffentlichen Bekenntnis gegen Nazi-Deutschland und für die Emigranten.

»Du darfst nicht schlecht über Deutschland denken«
Käte Rubensohn.
Deutschland und die Juden

Solche Fragen waren für Frisch im Sommer 1934 weit weg. Deutschland war weit weg, und das Interesse für Politik war keineswegs gewachsen. Sein erstes Buch erschien bei einem deutschen Verlag, ein Jahr nachdem in jenem Land die Bücher unliebsamer Autoren, jüdischer, linker, pazifistischer Autoren, in Flammen aufgegangen waren. Es war Sommer, und Frisch verliebte sich. Es war in einem Seminar bei Professor Faesi, das Frisch immer noch sporadisch besuchte. Sie hieß Käte und kam aus Berlin, und als Frisch sie fragte, warum sie denn aus Berlin nach Zürich gekommen sei, sagt sie zu ihm, sie sei als Jüdin emigriert. Frisch erwiderte darauf nichts, erinnert sie sich am Ende ihres Lebens. Und »später war er sehr überrascht und es hat ihn beschäftigt, dass er mir damals nichts geantwortet hat«.

Es ist, als habe Max Frisch damals in einer Blase gelebt. Und es ist nicht so, dass die ganze Schweiz damals eine solche Blase gewesen wäre. Ja, man war außerordentlich bemüht, sich von den Geschehnissen in Deutschland abzugrenzen, sich so weit wie möglich herauszuhalten. Man gab sich schweizerisch, überschweizerisch, zurückhaltend, ein schweigendes Bollwerk, nur nicht einmischen, nur nicht provozieren. Aber es gab auch in der Schweiz in den frühen

Dreißigerjahren eine größere Zahl von faschistischen Bewegungen, die sogenannten »Fronten«. Sie waren sehr aktiv, verloren aber nach 1935 rasch an Bedeutung. Sie marschierten zum Beispiel gegen das Kabarett »Die Pfeffermühle« von Erika Mann im Zürcher Niederdorf auf, das unter Polizeischutz gestellt werden musste. Die bekannteste faschistische Bewegung der französischen Schweiz war die »Union nationale« in Genf, die sich Mussolini zum Vorbild genommen hatte. Dort kam es 1932 zu den sogenannten »Genfer Unruhen«, als Arbeiter und Sozialisten gegen die »Union« demonstrierten. Die Genfer Regierung reagierte dilettantisch und setzte Rekruten gegen die linken Demonstranten ein. Die blutjungen Soldaten eröffneten das Feuer und erschossen dreizehn Menschen.

Die Regierung der Schweiz, der Bundesrat, der sieben Mitglieder zählt und sich immer aus mehreren Parteien zusammensetzt, wurde 1933 von den drei großen bürgerlichen Parteien gebildet, den Liberalen, den Katholisch-Konservativen und der Bauern-, Gewerbe- und Bürgerpartei, der heutigen Schweizer Volkspartei (SVP). Der Bundesrat Giuseppe Motta von den Katholisch-Konservativen hegte offene Sympathien für Mussolini und Franco. 1934 ergriff der Bundesrat erste Zensurmaßnahmen gegen Zeitungen, die kritisch über Deutschland berichteten. Aber sie hielten sich in engem Rahmen. Bis zum Ende des Krieges kam es immer wieder zu deutschen Protesten gegen Schweizer Zeitungen und zu deren Verbot in Deutschland. Die NZZ, die zunächst mit den Fronten sympathisiert hatte, verfolgte später einen klar antinationalsozialistischen Kurs. Die offizielle Schweiz, vor allem der Bundesrat, musste oder wollte lavieren, insbesondere als ganz Europa rund um die Schweiz herum von faschistischen Diktaturen regiert war. Die Haltung der Bevölkerung deckte sich oft nicht mit der Politik des Bundesrates. Der gesellschaftliche Konsens jener Jahre lässt sich unter der Bezeichnung »Geistige Landesverteidigung« zusammenfassen. Nie zuvor war dieses kleine Land so bedrohlich umstellt von Feinden. Es galt, die geistigen Grundlagen zu verteidigen, gegen die Übermacht jenseits der Grenzen.

Die Schweiz bleibt die Schweiz, alles andere sollte uns tunlichst nichts angehen – in diesem Sinne war Max Frisch ein prototypischer Schweizer. Wenn er auf die erstaunliche Bemerkung seiner Freundin, sie habe Deutschland als jüdische Emigrantin verlassen, einfach nichts entgegnete, entspricht das auf beunruhigende Weise dem offiziellen Schweigen der Schweiz zur nationalsozialistischen Rassenpolitik. Allerdings war es sechzig Jahre her, als Käte Rubensohn sich an das Schweigen Frischs zu erinnern glaubte. Man weiß natürlich nicht, ob er wirklich schwieg, es ist aber nicht unwahrscheinlich. Käte Rubensohn erinnert sich auch, wie sie sich kennenlernten, damals im Faesi-Seminar. Der Professor legte seinen Studenten ein Gedicht vor mit dem Titel »Der Blumenelf«, ohne den Verfasser zu nennen. Er fragte die gerade aus der Schule entlassene Käte, ob dies Gedicht wohl ebenfalls von einem soeben der Schule entkommenen Dichter sei. Sie schwieg und schüttelte scheu den Kopf, als ein junger Herr neben ihr, ohne aufgerufen zu sein, seine Meinung über jenes Gedicht sehr deutlich aussprach: »Einem bereits poetischen Gegenstand, der Blume, wird ein weiterer, der Elf, aufgepfropft. Das ist in meinen Augen Kitsch.« Die junge Studentin ist – plangemäß – sehr beeindruckt ob der Dreistigkeit des Studenten, sie erinnert sich, es habe ihr ganz enorm eingeleuchtet und Professor Faesi auch. Der Mut erschien ihr umso größer, als später der Name des Elfendichters genannt wurde. Es war Gottfried Keller. Den jungen Studenten beschreibt sie aus der Erinnerung so: »Der kecke junge Mann hatte einen runden dicken Kopf, ein gleichfalls rundliches Gesicht, die Augenlider konnte er nicht ganz gut öffnen, er trug einen hellgrauen Flanellanzug, keine Krawatte, weiße Schuhe und hieß Max Frisch.« Klingt jetzt nicht gerade nach Liebe auf den ersten Blick. Zusätzlich muss sie bald feststellen, dass der kecke junge Mann mit dem dicken Kopf auch noch ein »armer Schlucker« ist, der mit großer Mühe jeden Monat das Nötigste für sich und seine Mutter zusammenbekommt. Aber die beiden verlieben sich ineinander. Käte Rubensohn ist Max Frischs erste große Liebe. Vier Jahre lang bleiben sie zusammen, und er wird noch in »Montauk« über diese Liebe staunen: »Nicht einmal in fünf (sic!) Jahren auch nur die heimliche Versuchung zu einer Untreue.« Sie leben nicht zusammen, Max Frisch wohnt ja nach wie vor bei seiner Mutter, aber sie sehen sich sehr oft, wandern viel zusammen, studieren gemeinsam, machen kleine Reisen. Es gibt ein wunderschönes Bild von den beiden, 1937 im Café Studio in Zürich. Er, wie immer im zu großen Anzug, schaut etwas verlegen auf den Tisch, und sie, schön mit dunklen Locken, Strickjacke, kariertem Hemd, lacht glücklich in die Kamera. Sie ist jünger als Frisch, ihr Vater ist Altphilologe und Archäologe, der früher selbst an Ausgrabungen auf Paros und Elephantine teilgenommen hat, dann in Hildesheim das Roemer- und Pelizaeus-Museum leitete und, als sich seine Tochter und Frisch kennenlernen, in Berlin als Gymnasiallehrer arbeitet. Käte Rubensohns Eltern sind stolze deutsche Juden, die erst 1939, darüber gibt es unterschiedliche Angaben, in höchster Not Deutschland verlassen. Wie viele andere assimilierte deutsche Juden können sie bis zum letzten Moment nicht glauben, dass auch sie wirklich in Gefahr sein sollen. Selbst Käte Rubensohn, so hat es Frisch später geschildert, soll ihm gegenüber Deutschland immer wieder in Schutz genommen haben: »DU DARFST NICHT SCHLECHT ÜBER DEUTSCHLAND DENKEN«, an diesen Satz erinnert sich Frisch später in »Montauk«. Und über ihre Liebe schreibt er rückblickend: »Unser Liebestun ist anfängerhaft-kenntnislos-romantisch, während in Nürnberg die Rassengesetze verkündet werden.« In der ersten Zeit ihres Zusammenseins scheint diese Tatsache kaum eine Rolle gespielt zu haben.

Käte Rubensohn hat ihren ersten Freund als lebenslustigen Mann mit sprühendem Humor beschrieben, der sich von seinem ständigen Geldmangel nicht die Laune verderben ließ und alles andere als ein Bücherwurm gewesen sei. Im Gegenteil: Max Frisch liebte Sport. Radfahren, Tennis, Skifahren, Schlittschuhlaufen und vor allem immer und immer wieder Tischtennis, oder auch »Pingpong«, wie der Schweizer sagt. Mit vierundzwanzig Jahren hat er noch das Schwimmen gelernt. Und wenn gerade kein Sport zu treiben war, dann spielten sie: Mensch ärgere Dich nicht, »nächtelang«, Halma oder Schach. Schach spielten sie sogar, wenn sie einmal für ein paar Tage getrennt voneinander waren. Dann schickten sie sich die Züge per Post hin und her.

»Von Politik verstehe ich, ohne aufzuschneiden, gar nichts«
Ein Unpolitischer reist nach Deutschland, und eine Liebe vergeht

Aber Frisch hat auch dunkle Phasen, Anfälle von Schwermut und Lebensüberdruss, Selbstekel und Selbstzweifel, »bis hin zur psychischen Selbstzerfleischung«, auch davon berichtet seine erste Liebe. Er sei dann oft auftrumpfend und aggressiv gewesen, sagte sie. Das einzige Mittel dagegen: Wandern. Wie Frisch noch in seiner letzten Erzählung »Blaubart« den Angeklagten leitmotivisch wiederholen lassen wird: »Was hilft, ist Wandern.« Hinaus in die Natur, auf die Berge. Der Max Frisch jener Jahre, um 1934 herum, schreibt die begeistertsten Natur-Schwarm-Texte für die Zeitung. Schreibt vom Skifahren, vom Gipfelglück, Blick auf Seen, Liegen auf einer Bergwiese: »Es ist so unvorstellbar schön, dass unsere Erinnerung jedes Mal überboten wird von dieser wiedergesehenen Wirklichkeit.«

Wenn er nicht Sport treibt und nicht wandert, dann schreibt er. Immer wieder nächtelang. Einfälle können immer kommen: »Nachts um zwei zog ich die Hosen an und setzte mich ins Wohnzimmer und schrieb bis vier Uhr«, schreibt er einmal an Käte. Er entwirft Dramen, arbeitet an einem neuen Roman, muss aber eigentlich jeden Einfall sofort zu einem journalistischen Text machen, um wenigstens etwas Geld zu verdienen. In seinem ersten Tagebuch schreibt er später zu dieser Methode des Alles-Verwertens:»Zu Hause brauchte ich noch zwei Jahre, um einzusehen, was es mit dem literarischen Journalismus auf sich hat, wohin es führt, wenn man auch zu Zeiten, wo man nichts zu sagen hat, ins Öffentliche schreibt, um leben zu können.«Ja, einerseits sind es oft Texte um beinahe nichts, bei denen man sich heute, mehr als siebzig Jahre später, vor allem fragt, wie sie ihren Weg in die NZZ fanden, und andererseits nahm die tägliche Broterwerbsschreiberei den Atem zum Schreiben eines längeren Textes, verhinderte den Fortschritt seiner gerade erst begonnenen Karriere als Schriftsteller.»Zum ersten Mal«, schreibt er im Tagebuch über jene Zeit,»die ernsthafte Vorstellung, dass das Leben misslingen kann.«

Doch in der NZZ hat er sich in diesen Jahren immerhin eine stärkere Position erarbeitet, sodass Eduard Korrodi ihn im März 1935 mit einem Spezialauftrag versieht: eine Reise nach Deutschland, über die er für die Zeitung berichten soll. Frisch schreibt an Käte:»korrodi hat mir die versprochnen 120 franken gegeben, voraussichtlich liefere ich ein tagebuch meiner reise, friedliche impressionen ... natürlich nichts scharfes.«

»natürlich nichts scharfes« – gegen das Deutschland unter nationalsozialistischer Herrschaft, schreibt er an seine jüdische Freundin im Exil. Was soll daran»natürlich« sein? Eigentlich alles. Der Auftraggeber Korrodi hat gute Kontakte zum neuen deutschen Kulturestablishment und reist selbst des Öfteren über die Grenze. Die NZZ verfolgt konsequent die Linie der deutschlandfreundlichen Neutralität, und Max Frisch selbst hat schließlich stolz öffentlich erklärt: »Nebenbei: von Politik verstehe ich, ohne aufzuschneiden, gar nichts.«

Und wenn er seine Reise nach Deutschland als »eine Probe«
versteht, so nicht etwa eine Probe der nationalsozialistischen
Wirklichkeit, sondern als eine Probe seiner selbst und seines
Blicks auf die Welt. Frisch schreibt am Ende des ersten Ab-
schnitts in seinem Tagebuch: »Drum ist eine deutsche Reise
vielleicht weniger eine Probe für die Deutschen, wie allzu viel
Dünkelhafte meinen, die sich wie prüfende und strafende
Gottesboten geben, vielmehr eine Probe für unsre eigene
geistige Haltung, unsere innere Weite und Sicherheit, die uns
vor jeder Überschätzung der Gegenwart hüten mag.«
    Ein innerlich schwankender junger Schweizer fährt 1935
über die Grenze nach Deutschland, um dort seine eigene geistige Haltung zu prüfen. Max Frischs »Tagebuch einer deutschen Reise« ist das beeindruckende Dokument eines Schwan-
kens, eines Unpolitischen, der in die Politik hineingezogen
wird, gegen seinen Willen, der seine eigenen geistigen Fundamente bedroht sieht und sie zu retten versucht vor der Gegenwart. Er fahre »mit einem gewissen Bangen«, schreibt
Frisch gleich zu Beginn. Und über seine Motive: »Nicht Neu-
gier ist es, was uns also auf die Reise treibt; uns geht es um
einen Glauben, um einen seelischen Boden, der uns selbstverständlich war und nunmehr fraglich wurde, aber ohne den
wir vielleicht nicht voll gedeihen können, denn kein ernster
Deutschschweizer, ob er nun Dichter oder anderswie Künstler sei, wird leichten Herzens das nachbarliche Deutschland
aufgeben dürfen, es geistig verlieren und unsere kulturelle
Zusammengehörigkeit kündigen können.«
    Er beginnt denn auch sehr zaghaft, freundlich, suchend.
Seine erste Station ist Stuttgart, er lobt die örtlichen Kro-
kusse, knospende Zweige, einen dunkelgrünen Teich mit
Schwänen, das Schloss und schließlich – »das Schönste und
Höchste, was unsere Zeit schafft« – den Bahnhof. In einer
Buchhandlung erfährt er, dass sich die neuen Blut-und-Bo-
den-Dichter nur schlecht verkaufen, der deutsche Bücher-
leser greife in diesen Tagen zum »stillen Buch«. Der Leiter
eines deutschen Verlages, mit dem Frisch spricht, beschwert

sich darüber, dass der Absatz des deutschen Buches ganz erheblich zurückgegangen sei, man stoße »auf ein zähes Misstrauen«, ja »fast auf einen Boykott«. Das ist angesichts der Tatsache, dass die Bücher der renommiertesten deutschen Autoren seit zwei Jahren, wenn überhaupt, nur noch in Exilverlagen erscheinen können, eine etwas dreiste oder auch lächerliche Klage des namenlos bleibenden Verlegers. Aber auch diesen schlechten Witz lässt der Reporter unkommentiert. Er geht durch die Straßen und zählt Fahnenstangen und geht sich müde, bis er ein Haus »ohne dieses Gerät gefunden hätte, daran sich auf Befehl jederzeit die Volksbegeisterung hissen lässt«. So schwankt der Bericht zwischen wachsendem Misstrauen, scheinbar naivem Zuhören und immer wieder: plötzlicher Begeisterung. Ein Ton reicht aus, ein unerwartetes Konzert: »Es waren deutsche Klänge, die wir nicht mehr missen könnten, und ich wünsche mir, dass ich solchen Urklang nie aus dem Gehör verliere, der doch die Basis einer tiefen Freundschaft war und noch immer sein kann und nicht verschüttet werden darf.«

Auch die Zugfahrt nach Berlin wird begeistert gefeiert. Von »göttlicher Schönheit« findet der Schweizer das platte Land: »Wie befreiend ist zum Beispiel diese schrankenlose Landschaft, die mir als Inbegriff des Öden geschildert wurde, wie einsam und groß.«

Und dann also: Berlin. Er liebt die Berliner, ihre Liebe zum Wassersport, ihren Humor, ihre Picknicks mit »Jurke«, ihre Geschäftigkeit, die er mit dem Witz des Berliners auf dem Bahnhof belegt, der eine Karte kaufen will und, nach dem Ziel gefragt, antwortet: »Janz egal, hab überall zu tun!« Schinkels Neue Wache, das deutsche Ehrenmal der Kriegsgefallenen, bewundert er als »architektonisches Juwel«, und er fühlt beim Anblick des würdigen Ortes, »wieviele Wunden noch klaffen und dass der Krieg noch nicht zu Ende ist«.

Das Kernstück seines dreiteiligen Deutschland-Tagebuchs bildet der Bericht vom Besuch der Berliner Ausstellung »Wunder des Lebens«. Darin ist die ganze Verwirrung des jungen Mannes angesichts dieses Deutschlands versammelt, die Begeisterung, der Abscheu und ein kurzfristiges Verständnis. Er kann zunächst kaum genug Superlative für die naturwissenschaftliche Ausstellung finden:»Prachtleistung«, er schwärmt von dem berühmten gläsernen Menschen mit den sichtbaren Organen gleich zu Beginn,»Spitzenwerk deutscher Technik« nennt er es und die Ausstellung sei ja auch so besonders aktuell, weil sie»einen Hauptpfeiler nationalsozialistischer Ideen veranschaulicht, nämlich die Naturwissenschaft«. Er lässt sich mitreißen von der Ausstellungskunst, die»unvorstellbare Begriffe ins Schaubare übersetze«, begeisternd, lustig, schließlich lässt der Reporter sein Lungenvolumen messen, er bringt den Zeiger»ordentlich über den Männerdurchschnitt«. Woraufhin eine Dame Max Frisch zuruft:»Bravo, der junge Mann darf zur Reichswehr!«

Doch da schlägt die Stimmung um.»Schon die nächsten Räume versuchen eine Nutzbarmachung unserer Begeisterung.« Max Frisch betritt die Propagandaräume nationalsozialistischer Rassenideologie, und während er auch dies am Anfang noch scheinbar neutral und mitunter ironisch – eine Lebensglocke kündigt alle fünf Minuten die Geburt fünf neuer deutscher Kinder an, während sieben Deutsche sterben: eine Kinderpropagandaglocke nennt sie Frisch – beschreibt, reicht es dem Berichterstatter bald schon:»Empörend aber ist dieser Selbstruhm, der seine eigene Rasse erhöht, indem er alles andre in den Schmutz stößt. Was diese Ausstellung über die Juden bringt, die sie als auserwähltes Volk verspottet, lässt es uns äußerst schwer werden, über diesem dritten Reich das ewige Deutschland nicht zu vergessen.« Das ist – für einen Reporter, der seinem Auftraggeber ausdrücklich»nichts scharfes« versprochen hat, doch beachtlich deutlich. Vielleicht um diesen Eindruck wieder etwas zu verwischen, folgt der leicht sonderbare Satz:»...und man möchte wohl wünschen, dass das heutige Reich nach jenem notwendigen Zurückdämmen die Rassenfrage nicht länger auf die Spitze treibt.«

Es kommt schon sehr plötzlich und so unerwartet, dass man es wirklich für ein Zugeständnis an die ängstliche Heimatredaktion lesen kann. Denn in den darauf folgenden Abschnitten lässt er es an Abscheu für das hier gezeichnete Juden-Zerrbild nicht fehlen, und am auffälligsten findet er schließlich die ausdruckslosen Gesichter der Besucher, die sich alle den Rassenwahn widerspruchslos, meinungslos ansehen. »Sonst ist ja der Berliner nicht so kommentarlos; wenn Sie einem Radler in die Bahn laufen, ruft er im Nu: Schlafn Se man lieber zuhause, Frölleinchen!« Und dagegen in der Ausstellung: »Hier ist alles stumm.« Bitter ironisch endet er: »Und keiner dieser Erwachsenen wagt ein Lächeln. Wir bewundern solche Disziplin, womit sie ihre Meinung unterdrücken, oder haben sie schon nichts mehr zu unterdrücken?«

Schließlich besucht er noch die berühmten Berliner Theater, die er in Jünglingsjahren so ersehnte, das Deutsche Theater, das einst von Max Reinhardt, an den er seine ersten Stücke schickte, geleitet wurde. Doch Max Reinhardt inszeniert hier nicht mehr, es spielen zwar noch Paul Wegener und Asta Nielsen, aber es sind keine lebendigen Bühnen mehr, keine neuen Stücke (auch keine des neuen Geistes), das deutsche Drama wird »ausgerechnet vom ollen Sudermann« vertreten. Wehmütig geht Frisch den Kurfürstendamm hinunter und denkt: »Ist das nicht ein lebensgefährlicher Tanz über dem Leeren, eine Kunst in der Sackgasse?«

Es ist nicht bekannt, wie die Berichte des Reporters in der Heimatredaktion ankamen. Jedenfalls wurden sie gedruckt. Nur der wissenschaftliche Leiter der Berliner Ausstellung beschwerte sich: Frisch hatte die Lebensglocke falsch verstanden. Fünf gestorbenen Deutschen stünden alle fünf Minuten sieben neugeborene Deutsche gegenüber. Die Kinderpropagandaglocke sei vielmehr eine Kindertriumphglocke. Die NZZ druckt eine entsprechende Berichtigung, und Frisch bekennt: »Es ist also im hohen Maße erreicht, was ich als erstrebtes Ziel darstellte.«

Frisch ist später noch öfter nach Deutschland gereist und hat zusammen mit Käte ihre Eltern in Berlin besucht. Er hat nicht mehr darüber geschrieben. Erst später, in »Montauk«, erinnert er sich an eine Szene, wie Kätes Vater in dem Museum, das er selbst einst eingerichtet hat, von einem alten Wärter mit einem gemütlichen »Heil Hitler« gegrüßt wurde, wie er wegen des Judenverbots ohne Käte ins Theater ging, und wie sie einmal in Nürnberg zum Bratwürstel-Essen in ein Restaurant gingen, und er sah noch im letzten Moment das Schild über dem Eingang »Juden unerwünscht«. Er sagt es ihr nicht, und sie bleibt auch als Jüdin unerkannt (»da sie nicht die Nase hat«, schreibt er), doch er bringt »hinter Butzenscheiben« nichts hinunter. Gemütlichkeit und Judenhass. Eine sonderbare Geschichte, dieser junge, sich ebenso entschlossen unpolitisch gebende wie konservativ empfindende Schweizer Schriftsteller und die jüdische Emigrantin aus Berlin. »DU DARFST NICHT SCHLECHT ÜBER DEUTSCHLAND DENKEN.« Ob sie das wirklich gesagt hat? Viele Jahre später wird er dem Interviewer eines amerikanischen Magazins über sein Verhältnis zu Nazi-Deutschland sagen: »Falling in love with a Jewish girl in Berlin before the war saved me, or made it impossible for me, to embrace Hitler or any form of fascism.« Gerettet vor der Verführungskraft des Faschismus durch die Liebe zu einer Jüdin – so dramatisch hat er seine politische Gefährdung allerdings nur an dieser Stelle beschrieben.

»Jugendliebe unter einem Überdruck von Gewissen« hat er seine erste große Liebesgeschichte beschrieben. Sie hält dem Überdruck am Ende nicht stand. Beinahe hätten sie geheiratet, beinahe. Sie waren sogar schon auf dem Standesamt. Warum kam es nicht dazu? Dass sie ablehnte, weil er »erstmal etwas werden müsste«, wie er später im Tagebuch schreibt, scheint eher unwahrscheinlich. Obwohl tatsächlich Käte es war, die ihn zum Architekturstudium drängte. In »Montauk« schildert er seine Gewissensqualen und ihre. Zunächst will sie ein Kind von ihm, er will nicht. Warum? »Ich bin zu unfertig dazu, als Schreiber gescheitert und am Anfang einer andern Berufslehre, um kein Taugenichts zu bleiben.« Das könnte stimmen. Oder etwas anderes, auch das bekennt er öffentlich als Möglichkeit: »Will ich kein Kind, weil sie eine Jüdin ist?« Es ist verrückt, natürlich erinnert den Frisch-Leser vieles an seinen späteren Roman, an »Homo faber« und an Hanna, die frühe jüdische Braut, die ein Kind von Faber bekommt, gegen seinen Willen und ohne sein Wissen. Deshalb Frischs Einspruch gegen den Wahrheitsverdacht gleich zu Beginn: Hanna und Käte, »sie gleichen sich überhaupt nicht«. »Gemeinsam haben sie nur die historische Situation und in dieser Situation einen jungen Mann, der später über sein Verhalten nicht ins Klare kommt; der Rest ist Kunst, Kunst der Diskretion sich selbst gegenüber ... Wie ist es wirklich gewesen?«

Wirklich – ja, wie? So wie er es in »Montauk« beschreibt? Einmal habe er »ein vernickeltes Pistölchen« in ihrer Tasche gefunden, versehen mit Munition, er stiehlt es ihr und ist verwirrt. Er sei in den Wald gegangen, schreibt er, als er nicht mehr wusste, was wahr ist und was nicht, er wirft eine Münze, sie soll ihm erklären, was er denkt, ob es wirklich daran liegt, dass sie Jüdin ist, dass er kein Kind von ihr will, er wirft die Münze auf den Waldboden, Kopf oder Zahl? Er weiß es nicht mehr, die Verwirrung ist vollkommen. Sie sagt zu ihm, er wolle sie nur heiraten, weil sie eine Jüdin sei, aus Mitleid wolle er sie heiraten, aber ein Kind wolle er nicht. Also lehne sie ab. Moralische und romantische Totalverwirrung: Er will kein Kind, weil sie Jüdin ist, aber er will sie heiraten, weil sie Jüdin ist? Das heißt, Mitleid und/oder Liebe sind groß genug für den Trauschein, gleichzeitig sind die Nachteile der jüdischen Herkunft zu groß für ein gemeinsames Kind? Oder denkt das nur sie? Oder er? Oder er denkt, dass sie es denkt? Auch vierzig Jahre nach dem Ende seiner ersten großen Liebe, als er »Montauk« schreibt, ist sich Max Frisch über die Gründe, die zum Ende führten, nicht klar.

Nach der Trennung verlässt Käte Rubensohn die Stadt, studiert in Basel weiter, »um die Trennung von Max zu überwinden«, wie sie noch Jahrzehnte später erklärt.

»Ich glaube an die Gewalt der Liebe und der Untreue«
Schwankender Mann, schwankende Zeit

Der Max Frisch jener Jahre lebt in einem wüsten Gefühlschaos. Er ist ein Leben lang ein Suchender gewesen, ein Abschiednehmer, Weiterzieher, einer, der immer wieder davonläuft, der an der Unzulänglichkeit des Lebens leidet, an der Unzulänglichkeit seiner selbst, der Frauen, der Liebe, der Bücher, ein Sehnsüchtiger. Aber in den frühen Jahren ist er oft vollkommen haltlos. Er weiß nicht, was das Leben von ihm will, wo er Glück findet, wo all die Vorstellungen, die er sich vom Leben gemacht hat, zu verwirklichen sein würden, der große Traum vom Leben – wie kann er Wirklichkeit werden? Der Journalismus füllt ihn nicht aus, das Germanistikstudium betreibt er so nebenbei, die Schriftstellerei hat ihm den ersehnten großen Erfolg auch noch nicht gebracht, und er ist alles andere als sicher, dass sie ihn bringen würde, eines Tages. Und Käte? Vielleicht ist die Liebe groß, aber seine Zweifel sind größer, sein Drang, Abschied zu nehmen, ist größer, seine Sehnsucht nach dem Neuen unstillbar. Und da er in diesen Jahren nichts hat, worauf er sicher bauen kann, keinen Beruf, kein Ziel, kaum Geld, schwankt das ganze Leben hin und her. Doch er verachtet sie auch, die Sicherheit, er verachtet die Gewöhnlichkeit, verachtet die Gewöhnung auch. Am 29. August 1934 hat er schon an Käte geschrieben, einen Brief, den Urs Bircher in seiner Lebensbeschreibung zitiert. Sein Glaubensbekenntnis:»Ich glaube an das Mysterium des Lebens, ich glaube an die Gewalt der Liebe und der Untreue, ich glaube an das schmerzlich Unberechenbare unseres Tuns ... ich glaube an den Sinn, den wir nicht sehen können und den wir als Rätsel austragen müssen. Darum dünkt mich der größte Witz, den sich die Menschen erlauben: die bürgerliche Heirat, die wohl als Organisation der Masse, die ohne Eigenhaltung ist, ihre Notwendigkeit hat, aber die eine Überheblichkeit ohne Grenzen darstellt, indem die Unterzeichnenden die Welt und ihr unsagbares Vorhaben, das wir Schicksal heißen, einfach durchstreichen wollen ...«

Was für ein Brief!»Ich glaube an die Macht der Liebe und der Untreue.« Hm. So etwas möchte man doch als Freundin, als Geliebte gerne lesen, so ein frisches Bekenntnis zur Untreue als Lebensprinzip. Aber es ist tatsächlich so etwas wie das Glaubensbekenntnis seines Lebens. Natürlich hätte er es später niemals wieder mit solchem Pathos formuliert. Das ist es ja, was einen an diesem Brief vor allem erschreckt. Das Pathos und die Verachtung der »Masse«, die nicht weiß, was Schicksal ist, was Liebe ist, was alles passieren kann und soll im Leben, die sich an diesen lächerlichen Lämmerglauben des Eheversprechens klammert. Ja, sehr anders hätte er es formuliert, kühler, persönlicher, weniger verachtungsvoll. Aber – »ich glaube an die Kraft der Untreue« – das ist schon ein guter Teil auch des späteren Max Frisch.

»Einfach ein Schmarrn«
Gipfelkitsch: der Roman »Antwort aus der Stille«

Und all dies – die Untreue, die Verachtung der Bürgerlichkeit, der Masse und der Ehe, der übersteigerte Glaube an sich selbst und an seine Lebensmission, der Zweifel an allem, die Hoffnung auf alles –, all das sind die Grundthemen seines nächsten Romans, der 1937 in der Deutschen Verlags-Anstalt erscheint: »Antwort aus der Stille«. Es ist der einzige Roman, den Frisch später in die Ausgabe seiner »Gesammelten Werke« nicht aufnimmt. Gegenüber Volker Hage hat er das Werk wenige Jahre vor seinem Tod als »einfach ein Schmarrn« bezeichnet.

Freunde von Frisch – seht euch dieses Buch nicht an! Denn sosehr Peter von Matt recht hat, wenn er im Nachwort der Neuausgabe, die 2009 erschien, schreibt, dass all die Motive des späten Frisch-Werks enthalten sind, so wenig hat er damit recht, dass es die »Denkverbote und Denkbefehle der siebziger Jahre« waren, die Frisch dazu veranlassten, sich von seinem Frühwerk zu distanzieren. Nein – das war allein sein Sinn für Qualität und Peinlichkeiten. Alles, was schön ist an den späten großen Büchern Frischs, alles, was später klar ist und zwingend und eindringlich und kühn, ist hier klein, süßlich, übertrieben, formlos, stark gefühlt und schwach gedacht. Ein klassisches Zu-Früh-Werk.

Das Buch einer Lebenskrise: Dem Bergsteiger Dr. phil. Balz Leuthold, Lehrer und Leutnant, stehen zwei dramatische Ereignisse unmittelbar bevor: sein dreißigster Geburtstag und seine Heirat. Heirat bedeutet für Leuthold das Ende aller Freiheit, Ende aller Liebes- und Lebensträume, Verrat an allem, was für ihn Leben heißt. Und über seinen dreißigsten Geburtstag, den er an seinem zweiten Wandertag in aller Stille begeht, denkt er sich: »Vielleicht hat er daran gedacht, dass heute sein Geburtstag ist. Und dass er immer gesagt hat, wer mit dreißig Jahren noch nichts vollbracht hat, der könne sich getrost an den nächsten Baum hängen …« Statt sich an einen Baum zu hängen, hat er sich etwas anderes ausgedacht: die Bezwingung des Nordgrates eines Alpengipfels, den noch keiner vor ihm je bezwungen hat. Viele, die es vor ihm versuchten, fanden an der Wand den Tod. »Tat oder Tod«, das ist auch das Mantra seines Aufbruchs.

Beinahe idyllisch fängt es an: »Es ist ein Tag, wie er zum Wandern kaum schöner sein kann, ein blauer und nicht allzu warmer Tag. Wie weiße Watten hängen die Wolken über dem Tal, ganz still, und in den Wiesen zirpen die Grillen.« Doch den Wanderer interessiert das nicht besonders, »schon seit Stunden hat sich der Wanderer kaum eine Rast gegönnt; er hat sein Hemd ausgezogen und trägt den Rucksack auf den bloßen Schultern, die braun sind und glänzen«. Und wer es nicht hier schon ahnt, dem wird erzählt: »Wer immer ihm begegnen würde, erriete es auf den ersten Blick, dass er offenbar Großes vorhat.« Ist der Weg am Anfang schon einsam und begegnet der Wanderer keinem Menschen, so wird es schon nach drei Seiten »immer einsamer«, und Balz erinnert sich daran, wie er denselben Weg vor dreizehn Jahren mit seinem Bruder ging, der damals verlobt war wie er heute, und wie er seinem Bruder damals erklärte, »heiraten sei gewöhnlich und er würde niemals heiraten, der Siebzehnjährige; denn er wäre kein gewöhnlicher Mensch, sagt er, sondern ein Künstler oder ein Erfinder oder so«. Und obwohl Balz nun dreizehn Jahre älter und selbst verlobt ist, werden wir im weiteren Verlauf der Geschichte erfahren, dass seine Ansichten über die Ehe die gleichen geblieben sind. Und dass er kein gewöhnliches Leben führen will, ist ihm heute so klar wie damals. Und was nun dieses Ungewöhnliche sein könnte, das Ungewöhnliche, mit dem das Leben sich bestreiten ließe, das es sichtbar machte für alle Welt, ist heute ebenfalls noch so unklar wie damals. Und weil es eben noch so unklar ist, weil es zum Durchbruch zum Künstlertum nicht kam und auch sonst zu nichts Heldischem, hat er sich zu dieser alpinen Wahnsinnstat entschlossen. »Es ist sein letzter Versuch, wozu er aufgebrochen ist, und niemand wird ihn daran hindern, nicht durch Bitten und nicht durch Warnen. Einmal muss man sein jugendliches Hoffen einlösen, wenn es nicht lächerlich werden soll, einlösen durch die männliche Tat.« Denn das Leben, wie es sich bislang angelassen hat, »das Leben eines Durchschnittsmenschen«, kann Balz nicht ertragen, »nie und nimmer«. Gerade auch die sogenannte Liebe ist keine leichte Sache für den Wanderer, die Frau zu Hause, die ihn liebt, kein Spaß. Kann sein, sie sitzt daheim und weint und denkt daran, »dass eine liebende Frau wohl immer eine Last ist, weil Liebe allein ja noch keinen Mann erlöst; auch die Frau weiß das, und doch erwartet sie es, (...) und wie soll sie es auch begreifen, da sie im Grunde ganz Liebe ist; wie soll sie begreifen, dass sie ihn mit dem besten Willen nie erfüllen wird und halten kann, auch wenn er sie vielleicht erfüllt, und dass es für ihn darum kein Abstehen gibt in der Liebe, kein Genugsein, sondern immer wieder ein Weitermüssen, sei es in die männliche Untreue oder in die männliche Tat«.

Es wird im weiteren Leben und Schreiben Frischs noch genug Gelegenheit geben, ihm Machismus vorzuwerfen. Aber hier, in diesem zweiten Roman, ist er doch schon, selbst wenn man zeitgemäßen Männlichkeitskult abzieht, in beachtlicher Männerform. Die liebende Frau ist dem Manne eine Last. Weil sie ganz Liebe ist. Später schreibt er so schöne Geschlechterzuschreibungen wie: »Sie ist ja eine Frau. Sie lebt nicht in Gedanken, sondern in Zuständen.« Für die überraschende Traumfrau Irene, der er gleich begegnen wird, wird die eine Liebesnacht, die die zwei miteinander verbringen, »das Schicksal, wozu sie berufen ist«, werden, und für ihn – eine Erinnerung.

Ansonsten ist die Geschichte schnell erzählt. Balz (allzu sprechende Namen sind eine Schwäche des frühen Frisch) trifft auf seinem Weg also jene Irene, beziehungsweise sie lauert ihm unterwegs auf und hängt sich plaudernd an ihn. Irene ist keine Frau, sondern ein Klischee, heller Hals, blutrote Lippen, mit einem Schimmer weißer Milch im Mundwinkel, gesund, munter, hell. Immer lachend. Immer von Kindern umgeben. Sie werden eine Liebesnacht miteinander verbringen, in der alle Frisch-Träume zusammenkommen. »Frei von allem Vergangenen, frei von aller Zukunft.« »Küsse wie noch nie, Worte wie noch nie, ein Glück, das voll Abschied ist und niemals verflacht werden kann, niemals verwischt durch Wiederholung, eine Nacht, die nur einmal gewesen ist.«

Aber auch diese Liebe kann Balz nicht halten. Noch in der Nacht bricht er auf, allein, zu der Expedition, die doch nur tödlich enden kann. Begleitet von dem Frisch-Schlager: »In irgendein Land, sagt er, wo es keinen Alltag gebe, wo man keinen Menschen kenne, wo man wirklich leben könnte, ohne Bindung und ohne Rücksicht, ohne alles, was nicht dazugehört, ein wirkliches Leben, ein Leben ohne Gewöhnung, ein Leben voll Erlebnis, ein Leben, wie es unsere Sehnsucht kennt, ein neues und anderes, ein lebenswertes Leben –!«

Balz bezwingt den Nordgrat wider alle Wahrscheinlichkeit. Währenddessen haben sich unten im Tal die inzwischen zu ihm aufgebrochene Verlobte Barbara und Irene in gemeinsamer Sorge um den Bergsteiger vereint. »Es ist nicht nur so, als kennten sie einander schon lange; es ist sogar, als kennten sie keine Eifersucht, keinen Haß und kein Misstrauen, nur die gemeinsame Sorge um den Verlorenen, die gemeinsame Qual, dass man alles für ihn tun möchte und nichts für ihn tun kann.« Das Ende ist dann so dramatisch, dass es leider beinahe komisch ist, er kehrt zurück, allein, schweigend, »wie einer, der aus dem Sarge kommt«, die Frauen kümmern sich um ihn, kochen Tee, machen Feuer, freuen sich leise. Man wird ihm wohl den Fuß abnehmen müssen, der erfroren ist, man wird ihm wohl den rechten Arm abnehmen müssen, der erfroren ist. Doch »wie dankbar ist er für alles, was ihm noch bleibt, und die linke Hand ist ihm geblieben, sie kann den Ring tragen«. Den Ring der Liebe, zu der er jetzt fähig ist. Er wird jetzt leben wie die anderen Menschen, wird »ein ganzer Vater, ein wirklicher Lehrer« sein. Alles endet mit einem Gebet und dem Bewusstsein, »dass es ein unsagbar ernstes Glück ist, leben zu dürfen, und dass wohl nirgends die Leere sein kann, wo dies Gefühl auch nur einmal wirklich errungen worden ist, dies Gefühl der Gnade und des Dankes«.

Das ist schon ziemlich heftiger Kitsch. Und es stimmt schon, dass diese Form des Männerheroismus, der Nordwandbesteigerei, in jenen Zeiten normalerweise in nationalem Triumphgeheul aufging, dass es also von einer bemerkenswerten Widerständigkeit Frischs zeugt, wenn er dieser Versuchung nicht nachgibt, ja sie nicht einmal auch nur leise anklingen lässt. Dennoch muss man sagen, dass ihm dieses

Werk der Selbstüberwindung, dieses Werk des Selbstzweifels, der durch Männlichkeitsworte und Kraftmeierei überwunden wird, in all seinem Pathos gründlich misslungen ist. Diese Worte passen Frisch einfach nicht, dieses ganze Heldentum passt nicht zu ihm, der Stil, die Form, es ist ein aufgeblasenes Windkleid, und der Geschichtskern, der darin steckt, wirkt lächerlich. Und so kommt es, dass das Buch, das eine Lösung bringen soll für sein eigenes Leben, indem er es in dem Leben eines anderen beschreibt, die Lebenskrise des Autors nur noch verschärft. Weil es eine Lüge ist. Nicht ehrlich, nicht Max Frisch, nicht sein Weg. Er selbst hat es gewusst.

Dabei sind die Kritiken, die er in Nazi-Deutschland für das Buch bekommt, gar nicht so schlecht. Aber sein bester Freund, Werner Coninx, reagiert ablehnend, Hermann Hesse, dem er es hoffnungsvoll zugesandt hat, reagiert erst gar nicht, Käte Rubensohns Reaktion kann man leicht erahnen, und Frisch selbst hat später von einem »Zusammenbruch« gesprochen.

3. Der Schriftsteller als Architekt

»Die Ahnung, dass das Leben misslingen kann«
Selbstüberwindung. Wille zum Glück

»Antwort aus der Stille« ist das Werk einer Krise. Der Protagonist ist schon dreißig Jahre alt, ein Lebensalter, von dem Frisch früh schon weiß, dass es das Ende aller neuen Lebensmöglichkeiten kennzeichnen würde. Frisch ist zur Zeit der Niederschrift fünfundzwanzig. Sein bisheriger Lebensweg scheint ihn in eine Sackgasse geführt zu haben. Es ist die Zeit, in der er erstmals ahnt, »dass das Leben misslingen kann«, schrieb er später. Misslingen heißt in diesem Falle, dass es den großartigen Vorstellungen, die er sich von seinem Leben gemacht hat, womöglich nicht entsprechen wird, dass er ein durchschnittliches Leben als Provinz-Feuilletonist mit wenig Geld und ohne Ruhm wird leben müssen. Ein kleines Leben ohne Glanz. Kleiner Beruf, kleine Ehe, kleine Kinder; Bescheidenheit, Beschränkung, Begrenzung. Das ist die innere Botschaft des Romans, der Durchbruch des Mannes, der zu jeder Heldentat fähig ist, der Durchbruch des Helden zur Bürgerlichkeit, zur Gewöhnlichkeit.

Es ist der ewige Künstler-Bürger-Konflikt, den Frisch hier beschreibt und selbst durchlebt. Thomas Mann, der in dieser Zeit nicht weit entfernt von Frisch in Küsnacht lebte und seine Emigration in die USA vorbereitete, hat ihn in seinen Büchern immer wieder beschrieben. Auch sein Sinn suchender Bergbewohner erfährt in der Schweizer Bergwelt ja zunächst die Verzauberung, später die Läuterung, die ihn von der künstlerischen, romantischen Sympathie für den Tod heilt. Im Falle Castorp leider zu spät – es rettet ihn zwar aus der lebensbedrohlichen Schneesturmfalle, nicht aber vor dem Verschwinden im Kriegsgetümmel. Dr. Balz Leuthold muss diesen Selbstüberwindungskompromiss triumphal verkünden: rechter Arm ab? Macht nichts, stecke ich mir den Ring der Ehe, zu der ich nun bereit bin, an die linke Hand.

Es gibt ein wunderschönes Prosastück von Frischs Landsmann Robert Walser, der zu dieser Zeit schon in der psychiatrischen Heilanstalt Herisau lebte und vor sich hinschrieb. Es handelt vom Dichter Friedrich Hölderlin, den Frisch damals nicht mochte. Der Text schildert seine geistige Umnachtung, das Drama seines Künstlertums, der Wille zum Unendlichen, die Unfähigkeit zur Bescheidung. Die Frau, die ihn betreut, lässt Robert Walser zu dem Dichter sprechen:»›Es ist ja unmöglich, Hölderlin‹, sprach die Frau des Hauses zu ihm; ›und was du willst, ist undenkbar. Alles, was du denkst, geht immer über das Schickliche und Mögliche hinaus, und alles, was du sprichst, zerreißt alles Erreichbare. Du willst und kannst nicht wohl sein. Wohlsein ist dir zu klein, und der Frieden in der Abgegrenztheit ist dir zu gemein. Alles ist dir und wird dir ein Abgrund, ein Grenzenloses. Die Welt und du sind ein Meer.‹«

Wohlsein ist auch ihm zu klein, dem Bergsteiger Max Frisch, dem Schriftsteller, Feuilletonisten und Reporter. Es gibt großartige Bergsteigerbilder von ihm aus der Zeit, meist von seinem Bruder gemacht, manche auch von Käte, mit der er oft in den Bergen ist. Sie zeigen den jungen Mann in der Ferne, den Blick ins Weite gerichtet, in Hemd und mit kurzen Haaren, hinter ihm die endlos weißen Berge. Eines zeigt ihn abgekämpft auf einem Gipfel, die Schneebrille auf die Mütze geschoben, Sonnencreme auf der Nase, das Gesicht dunkel, sonnen- und windgegerbt trinkt er Tee aus der Thermosflasche. Und dann gibt es ein erstes »offizielles Porträt«, ein Zeitungsbild von 1934, er wirkt ein bisschen dicklich, etwas Jugendspeck unter dem Kinn, darunter eine schief sitzende Fliege, im Wollmantel, lehnt er überlässig an einem Geländer, einen Hut in der Hand, die Haare zurückgekämmt, der Blick von einer müden Arroganz, die noch nicht von der in späteren Jahren sich immer mehr verstärkenden Augenliderlähmung herrührt. Ein unsympathisches Porträt, mit einer Selbstgewissheit, die dem jungen Mann nicht steht.

Der Mantel sitzt gut, daran liegt es nicht, den Anzug darunter sieht man kaum, doch wahrscheinlich ist er wieder eine Nummer zu groß, wie auf den anderen Bildern aus dieser Zeit. Das liegt daran, dass Frisch seine Anzüge nicht kauft. Er bekommt sie geschenkt von seinem Freund Werner Coninx. Die Mäntel übrigens auch. Da fällt die falsche Größe nur nicht gleich so auf. Max Frisch hat zu dieser Zeit immer noch kaum Geld. Das Germanistikstudium konnte er nur aufnehmen, weil ihm ein Professor ein Stipendium in Höhe von 800 Franken im Jahr verschafft, er lebt weiterhin in einer Wohnung mit seiner Mutter zusammen, für die er aufkommen muss. Ansonsten lebt er vom mickrigen Zeilenhonorar seiner Zeitungsschreiberei. Er hat nicht einmal Geld für den Zahnarzt, sodass er Studenten der Zahnheilkunde als Gratis-Proband dient. Sie erlernen die Kunst der Wurzelbehandlung an seinem Gebiss. Er wird ein Leben lang an diese frühen Testbehandlungen schmerzhaft erinnert werden: »Die Folgen zeigen sich später, als auch Geld nichts mehr retten kann.«

»Ein fundamentales Unheil«
Werner Coninx, der Freund

Das Glück dieser Jahre für Max Frisch heißt Werner. Werner Coninx ist der Spross einer Zeitungsdynastie, sein Vater ist der Besitzer des Schweizer »Tagesanzeigers«. Bilder aus jener Zeit zeigen einen blonden, selbstsicheren Collegeboy mit weißen Zähnen und lässiger Haltung. Coninx schenkt Frisch nicht nur seine alten Anzüge, an denen Max' Mutter für ihren Sohn immer die Ärmel kürzt, er führt ihn auch ein in die Welt der Philosophie, der Klassiker, erklärt ihm Nietzsche, Oswald Spengler, Schopenhauer. Jahrelang sind die beiden Freunde unzertrennlich. Sie treffen sich fast immer nur zu zweit. Frisch lernt viel von ihm, Coninx von Frisch wohl weniger. Schon seit der Gymnasialzeit sind sie befreundet, eine ungleiche Freundschaft von Anfang an. Oft ist Frisch bei Coninx zu Hause, in der Villa seiner Eltern, mit Park am Hang, der Freund in der kleinen Wohnung, die sich Max Frisch mit seiner Mutter teilt, nicht. Wenn Frisch klingelt, kommt ein Diener an die Tür, der dem Sohn des Hauses seinen Besuch ankündigt. Manchmal bleibt er zum Essen. 1934 hat Max Frisch einmal einen Zeitungstext über ihn geschrieben. Er heißt »Ein unbelesener Bücherfreund«. Er nennt Coninx darin einen Bekannten, mit dem er vor einem Bücherregal steht, und dieser Bekannte nimmt die Bücher mit großer Ehrfurcht aus dem Regal. Mit den bedeutenden Büchern, sagt er, sei es wie mit Küssen: »Wir müssen sie hüten«, sagt er weise, »damit sie nicht unselten werden, nicht in Gewöhnung ersterben, alles Erleben verlangt ja viel Haltung, viel Geduld und Verzicht, viel Strenge.« Man dürfe die großen Bücher der Geschichte nicht bei jeder Gelegenheit und gar aus Langeweile herausziehen, erklärt der Bekannte, sondern solle sich ihnen mit Ehrfurcht nähern. Die Botschaft schließlich ähnelt der Botschaft des Bergsteigerromans: »Und so meine ich es mit Büchern: man sollte auch die Unerschöpflichkeit, die sich darin spiegelt, einsehen und ertragen lernen, von Anfang wissend, dass wir in Wahrheit nie zu Ende kommen und uns vor dem Unheimlichen bescheiden müssen.« Frisch endet: »Soweit sein leidenschaftliches Plädoyer! Nun, meine Leser seien meine Geschworenen –«

Max Frisch bewundert Werner Coninx. Und Werner Coninx ist es auch, der ihm, wie auch Käte, zum Studium der Architektur rät. Von Frischs Schriftstellerei hat er nie viel gehalten. Er rät ihm also zu diesem Neubeginn mit fünfundzwanzig Jahren und – er bezahlt ihm diesen auch. 16 000 Franken für vier Jahre Studium. Davon kann Frisch gut leben. Aber nein, das hält keine Freundschaft auf die Dauer aus. Anzüge des Freundes auftragen. Sich belehren lassen über alles. Und auch noch sich das ganze Leben bezahlen lassen. Das ist keine Freundschaft, das ist Abhängigkeit und totale Einseitigkeit. Trotzdem: Es geht noch eine ganze Weile gut. Kurz vor dem Abschluss seines Studiums schreibt Frisch am 26. Juli 1940 in einem Brief an Coninx, »dass in der Dankbarkeit, die ich Dir für das ganze Leben schulde, nichts Entfremdendes oder Bedrückendes für mich ist, und ich hoffe, es sei auch für Dich nicht anders. Dein Max«. Zwei Jahre später ist Coninx Frischs Trauzeuge und Brautführer. Frisch ist dasselbe bei dessen Hochzeit. Und langsam verschiebt sich das Verhältnis. Frisch ist der Abhängigkeit entkommen, ist auf dem Wege, ein erfolgreicher Architekt zu werden, und er gibt dem alten Freund, der ihm über das Unglück seines leeren Lebens Klage führt, brieflich gute Ratschläge. Auch er, Frisch, schreibt er im Juli 1943, habe es in seiner Angestelltenexistenz nicht leicht, und Coninx befinde sich offenbar »am anderen Ende der Verzweiflung« – nämlich der Not, nichts tun zu müssen. Für einen Einstieg in die elterliche Firma kommt der Schöngeist nicht in Betracht, er malt ein wenig, sammelt Kunst, denkt viel, und Frisch schreibt: »Ich meine nach wie vor, dass es Dir an einer erträglichen Dosis von alltäglichem Beruf fehlt, nur daran: Du verzweifelst an Dir selber.« Ein gut gemeinter Ratschlag des als Architekt, Ehemann und frischer Vater gerade im bürgerlichen Leben angekommenen Freundes. Doch – so richtig Frischs Ratschlag auch gewesen sein mag – in diese Richtung funktioniert die Freundschaft nicht. Ein Jahr später schreibt Frisch den ersten wirklich scharfen, bösen Brief an den einstigen Gönner: »Ich weiß nicht, ob Du das Hören verlernt hast, vielleicht vorübergehend, oder ob es an mir liegt? Selbst habe ich keinen Freund, der mir näher stünde als Du und doch empfinde ich unsere Begegnungen meist schmerzlich – entfernend. Man sollte grober mit Dir umgehen lieber Werner; aber man hätte es schon lange tun sollen.«

So geht eine Freundschaft langsam zu Ende. Eine Freundschaft, die immer währen sollte. 1949 kündigt Frisch ihm an, dass »der Schriftsteller, der dir ja immer Sorgen gemacht hat, noch mehr Zeit haben« wird. Dann kommen bald nur noch seltene Postkarten aus aller Welt. Eine Freundschaft versiegt. Es ist traurig, das in den Mappen des Archivs so vor sich liegen zu sehen. Die Herzensbriefe der frühen Jahre, den wachsenden Mut Max Frischs, den Willen, sich zu befreien von der Dankesschuld, die doch für immer kein Problem sein sollte zwischen den beiden. Und dann: ein Telegramm aus Rom, am 28. Juli 1961, zum fünfzigsten Geburtstag, »Mut und große Erfüllung« wünscht ihm »in alter dankbarer Freundschaft Dein Max.« Am 21. Dezember desselben Jahres wünscht Frisch ihm »ein neues Jahr: lebendig mit Übergewicht der Freude«. Dann nur noch, am 5. September 1966, die Todesanzeige der Mutter, wortlos. Dann gar nichts mehr.

Bis zum März 1973, als Max Frisch ein neues Manuskript beginnt. Auf das Deckblatt schreibt er »Nicht zur Veröffentlichung« und darunter »MEMOIREN«. Und dann, auf der ersten Seite, fängt eine Geschichte an: »Neulich auf der Straße habe ich ihn von weitem erkannt; ein schwerer Mann jetzt ...« Es geht über mehrere Seiten so weiter: die Erinnerung an einen frühen Freund. Es sind die Vorarbeiten für einen Text, den Frisch später zu einem ganz anderen, autobiografischen Buch umarbeiten wird, die Vorarbeiten zu »Montauk«. Dieses unglaublich schöne, romantische, böse, schonungslose, selbstherrliche Liebesbuch, die Geschichte von Max und Lynn, beginnt mit einer seitenlangen Erinnerung an einen frühen Freund, der hier nicht mit Namen genannt wird, der Erinnerung an Werner Coninx. Der Text, so wie er hier im ersten Entwurf steht, aber auch der spätere in »Montauk« – das ist vielleicht der böseste Text von Max Frisch. Die Geschichte eines Leidens unter einer totalen Überlegenheit in allen Bereichen des Lebens. Seite für Seite für Seite – insgesamt umfasst der Text einundzwanzig Buchseiten ohne Absatz (auch das gibt es nicht noch einmal in Frischs Werk) – wird die totale Überlegenheit Coninx' aufgelistet und die Schmächtigkeit des Erzählers. Alles steht darin, die Anzüge, das Geld, das Lächeln, die wertvolleren Probleme des Freundes. Es ist ein unglaublich zynischer Text, der die Überlegenheit des anderen ins Göttliche überhöht und damit etwas hilflos versucht, ihn lächerlich zu machen. »Ich begriff, dass W. meine Bücher nicht lesen konnte. Er hatte ein anderes Maß, dem sie nicht gewachsen sein konnten.« »Auch Vaterschaft erlebte W. wie kaum ein andrer.« »Er will einen nicht vernichten. Sein Wahrspruch zur Person bleibt sein Geheimnis; gelegentlich trägt er nicht leicht daran.« »Eigentlich habe ich mich an meinen Erzeugnissen immer nur freuen können, indem ich W. vergessen habe.« Eine Abrechnung, wie sie Frisch nur einmal geschrieben hat. Es wirkt wie eine Befreiung, ein Befreiungsschlag, um sich von diesem Schatten, dem blonden Schatten Werner, dem er Dankbarkeit schuldete ein Leben lang, endlich ein für alle mal frei zu machen. Und alles endet so: »Ich meine, dass die Freundschaft mit W. für mich ein fundamentales Unheil gewesen ist und dass W. nichts dafür kann. Hätte ich mich ihm weniger unterworfen, es wäre ergiebiger gewesen, auch für ihn.«

Der beste Freund für lange Jahre – ein fundamentales Unheil. Es steht auf keinem guten Fundament, ein Leben, wenn der einst vertrauteste Mensch im Rückblick als grundlegendes Lebensunheil beschrieben wird. Die frühe Armut hat Max Frisch geprägt, der unbedingte Wille, das kleinbürgerliche Milieu, aus dem er stammte, zu verlassen, war lange Jahre das bestimmende Moment seines Lebens. Die beiden Lichtungen, die er in den ersten Jahren eingeschlagen hatte, schienen keinen Ausweg zu bieten. Weder Journalismus noch die Schriftstellerei schienen Frisch das Geld, den Ruhm, die Anerkennung in dem Maße zu verheißen, wie er es für angemessen und wünschenswert hielt. Werner Coninx repräsentierte beides für ihn: einerseits den von Alltagssorgen freien, selbstbewussten Mann, dem Geld eine Selbstverständlichkeit war und der daraus seine ganze Überlegenheit bezog – andererseits war er der Einzige, der ihn da rausholen konnte, aus seinem kleinen Leben. Ohne Werner Coninx hätte Frisch seinem Leben keine Wendung mehr geben können, ohne ihn hätte er nicht Architektur studieren können. Diesen Weg aus seiner Lebenskrise hätte Frisch ohne ihn nicht einschlagen können. Und es war eine entscheidende Weggabelung.

»Ein weltgerechter Beruf«
Der neue Weg: Architektur

Schon vor der Veröffentlichung von »Antwort aus der Stille« hatte Frisch sich zu dem neuen Studium entschlossen. Käte hat ihn mit Peter Meyer, dem Professor für Architektur und Städtebau an der ETH Zürich, bekannt gemacht. Frisch ist froh, etwas »Richtiges«, einen »weltgerechten Beruf« zu erlernen, hat aber am Anfang nicht vor, die Schriftstellerei deshalb gleich aufzugeben. Er denkt zunächst noch, die praktischen Seiten des neuen Studiums, der Wirklichkeitsbezug, die handwerkliche Arbeit könnten sein Schreiben bereichern. Vor allem aber sucht der im freien Raum der Schreibmöglichkeiten Taumelnde einen festen Halt im täglichen Tun: »Gerade dieses An-die-Dinge-heran ist ja meine Sehnsucht, dieser Wunsch auch nach Substanz im äußerlichen Sinn.« Und es ist auch ein Anschluss an die Welt des Vaters, der in seinem Leben, wie Max Frisch immer wieder betonte, kaum eine Rolle gespielt hat. Aber jetzt, als es darum geht, das Leben zu erden, ist es der Beruf des Vaters, der ihm am nächsten scheint. »Wieso grad Architekt?«, fragt er sich in »Montauk«. »Der Vater ist Architekt gewesen (ohne Diplom); das durchsichtige Pauspapier, die Reißschiene, die wippen kann, das Meterband als verbotenes Spielzeug. Ich zeichne exakter, als ich vordem geschrieben habe.« Und auch für das zentrale Problem des Protagonisten aus »Antwort aus der Stille« scheint der neue Beruf eine Lösung anzubieten: »Als Zeichner von Werkplänen komme ich mir übrigens männlicher vor.«

Alles scheint auf einem guten Weg. Das Studium fällt ihm leicht, Geldsorgen hat er dank des Werner-Stipendiums keine, und er kommt gut voran. Doch der Kompromiss, den er sich gewünscht hat, der Kompromiss zwischen der lebenspraktischen Architekturausbildung und dem umherschweifenden Schriftstellerleben, der gelingt ihm nicht. Frisch will einen klaren Schnitt.

Jene später aufgeschriebene Ahnung, »dass das Leben misslingen kann«, lässt ihn ab Mitte der Dreißigerjahre nicht mehr los. Das hängt auch mit einem Buch zusammen. Einem Buch, das er später »den besten Vater, den ich je hatte«, genannt hat. »Der grüne Heinrich« von Gottfried Keller ist in dieser Zeit Max Frischs Lebensbuch. Vielleicht ist es der realistische, wenig pompöse, warmherzige Stil des Buches, in dem die Wirklichkeit geschildert wird, in dem immer wieder scheinbare Nebensächlichkeiten des Geschehens ins Zentrum der Geschichte gerückt werden. Vor allem aber ist es die Geschichte Heinrichs, die Geschichte eines jungen Mannes, dessen Vater früh stirbt, der mit seiner Mutter in einfachen Verhältnissen aufwächst und der große Künstlerpläne für sein Leben hegt. Doch das als klassischer Bildungsroman beginnende Buch ändert in der Mitte seine Richtung, Heinrich muss erkennen, dass sein Genie nicht ausreicht, er verliert den Glauben an seine Berufung zum Maler und bescheidet sich notgedrungen mit einem Leben als Arbeiter im Staatsdienst. Als sich später doch noch ein überwältigender Erfolg seiner Bilder einstellt, bleibt Heinrich bei seinem Entschluss, dem Künstlerberuf zu entsagen. Auch in der Liebe schlägt Heinrich einen romantischen Umweg ein. Er liebt in gleichem Maße die schönen Frauen Anna und Judith, er liebt und schwankt und kann sich nicht entscheiden. Erst als Anna stirbt, entscheidet er sich – für sie. Die wahre Liebe kann nur einem Phantom gelten, einem Fantasiebild, nicht der Wirklichkeit. Spät, nicht zu spät, entscheidet er sich um, wählt Judith, die Lebendige. Sie willigt ein und gibt ihn, den Freiheitsgläubigen, zugleich frei: »›Nun ist der Bund besiegelt. Aber für dich nur auf Zusehen hin, du bist und sollst sein ein freier Mann in jedem Sinne!‹«

Das Buch, das ihm wie ein Vater ist, wird seinen Anteil daran haben, dass Max Frisch 1937 Ernst macht mit dem Abschied vom Schreiben. Es lässt sich nicht vereinbaren mit dem neuen männlichen Studium, und er glaubt auch nicht mehr an einen Erfolg. Die »Antwort aus der Stille« ist kein gutes Buch. Die entscheidende Ermutigung, die er von Werner Coninx oder von Hermann Hesse oder von irgendeiner anderen Instanz erhofft hat, bleibt aus. Und Max Frisch geht eines Tages, so hat er es in »Montauk« beschrieben, mit all seinen Manuskripten und Tagebüchern in den Wald. Er muss zweimal gehen; er hat viel geschrieben. Und er verbrennt alles, es ist mühsam, der Tag ist regnerisch, die Papiere wollen nicht brennen, aber schließlich gelingt es doch. Ein kleiner feierlicher Akt, verbunden mit dem Gelübde, nie mehr zu schreiben. Er lässt sich das gleich auch ganz offiziell bestätigen, löscht aus seinem Pass die Berufsbezeichnung »Schriftsteller« und lässt stattdessen »stud. arch.« eintragen. Ein neues Leben. Als er ein Jahr später den ehrenvollen Conrad-Ferdinand-Meyer-Preis der Stadt Zürich für »Antwort aus der Stille« erhält, kann auch dies an seinem Entschluss nichts mehr ändern. Mit dem Schreiben soll Schluss sein.

»Unfruchtbarer Ungeist«
Noch einmal Politik

Dabei schreibt er noch. Wenig zwar und auch an keinem neuen Buch. Aber für die NZZ schreibt er weiterhin einige Artikel im Jahr, darunter manche kämpferische. Schweizerisch-kämpferisch. Ein besonders auffälliger erscheint im Juni 1938. Es geht um das Zürcher Schauspielhaus, das in jenem Sommer vor einem entscheidenden Umbruch steht. Ferdinand Rieser, der das Theater seit 1926 als Privatunternehmer geleitet hat, entschließt sich, in die USA zu emigrieren. Man hat dem Juden und Antifaschisten Rieser deutlich gemacht, dass er im Falle einer Invasion durch deutsche Truppen nicht zu schützen sein würde. Rieser hat das Schauspielhaus in den Jahren nach 1933 zum Zentrum des deutschsprachigen Exil-Theaters gemacht. Erika Mann ist hier mit ihrem Pfeffermühlen-Kabarett aufgetreten, Therese Giehse gehörte zum festen Ensemble, viele andere Vertriebene hatten hier Aufnahme gefunden. Jetzt, nach der Angliederung Österreichs ans Deutsche Reich, ist es faktisch die letzte Bühne Europas, die den Emigranten und ihren Stücken noch zur Verfügung steht. Doch Rieser geht, und nicht nur erzkonservative Kräfte in der Schweiz sind daran interessiert, das »jüdisch-bolschewistische Fremden-Theater« auf den Boden der schweizerischen Vernunft zurückzuholen. Der Streit währt einen Sommer lang. Und Max Frisch schaltet sich in der Zeitschrift »Zürcher Student« in den Streit ein. Es ist eine Kampfansage: »Wenn sich für die Pacht oder den Kauf kein schweizerisches Geld finden soll, gibt es nur zwei Wege, die annehmbar sind: entweder wird dann die Bühne von unserer Stadt übernommen, oder wir haben gar keine Bühne, weil wir keine fremde Bühne wollen und hiermit schon heute unsere Kampfansage auf den Tisch legen. Nicht aus kleinbürgerlichem Ausländerhaß, der unserer ganzen Gesinnung zuwider ist; wir richten uns nicht gegen Personen irgendwelcher Art, nur gegen den gefährlichen und noch immer allzu verbreiteten Irrtum, Kultur sei Privatgeschäft, wie irgendein Seifenhandel.«

Das mag zu anderen Zeiten völlig normal klingen, 1938, als die Emigrantenbühne eben jenes Privattheater war, das Frisch jetzt nicht mehr haben wollte, lag der Fall anders. »Wir wollen keine fremde Bühne.« Gegen wen richtete sich das? »Wir wollen keine Werbetrommel und kein Festspielhaus; wir wollen keinen vaterländischen Weihrauch, der uns mit dem Gefühl entläßt, daß wir eigentlich ein Völklein sind, das sich gar nicht mehr bessern muß. Aber ebensowenig wollen wir jenen unfruchtbaren Ungeist, der sich nur an den Mängeln weidet, jene Wollust eidgenössischer Selbstzerfleischung, die in unserm Lande stets nur die Schwächen sieht und ausspricht.« Das

»Aber« ist sehr groß in diesen Sätzen. Und das dem »Aber« folgende Schreckensbild bedient sich auf erschreckende Weise jenes Vokabulars, mit dem nördlich der Grenze sogenannte undeutsche Künstler von den Bühnen und aus dem Land vertrieben werden. »Unfruchtbarer Ungeist«, »fremde Bühne«, das Weiden an nationalen Mängeln. Und schließlich: »Wir wollen eine männlichere und fruchtbarere Haltung, die uns die Gefahren nicht verschweigt, aber die zugleich an die gesunden Kräfte rührt, die in unserem Volke sind.«

Aber es sei unbedingt mitgedacht, dass sich Max Frisch – auch wenn das Vokabular anderes nahezulegen scheint – gegen eine mögliche Übernahme des Schauspielhauses durch nationale deutsche Kräfte ausspricht: Schweizerisch sollte es sein – und vor allem Schweizer Dramatiker spielen, das war sein Hauptanliegen. »Geistige Landesverteidigung«, so nannte sich die breite Schweizer Bewegung damals in dem kleinen bedrohten Land.

Einmal ging Frisch allerdings auch über dieses zeitbedingt schweizerisch Besondere hinaus. Urs Bircher hat in seiner Lebensbeschreibung Max Frischs einen Brief öffentlich gemacht, den dieser im August 1938 an den satirischen Zeichner Gregor Rabinovitch geschrieben hat, einen russischen Juden, der im Ersten Weltkrieg in die Schweiz emigriert war. Rabinovitch zeichnete regelmäßig für die satirische Zeitschrift »Nebelspalter« böse, nazifeindliche, bloßstellende Karikaturen. Frisch gefielen sie nicht. Ja, er fand sie sogar gefährlich. Er fürchtete, dass sie den deutschen Nachbarn gegen sein Land aufbringen könnten. Seine Furcht war so groß, dass er dem Zeichner einen Brief schrieb. Eine Warnung. Seine Zeichnungen widersprächen dem »schweizerischen Wollen«, schreibt der Architekturstudent. »Es geht mir um die Sache, die wir geistige Landesverteidigung nennen und der Sie, auch wenn Sie mit gutem Grund sicherlich das Gegenteil wollen, einen schlechten Dienst erweisen.« Er spüre, so schreibt Frisch mehrfach, dass es Herrn Rabinovitch nicht um das Schweizerische gehe, sondern um das Antideutsche, und das sei nicht hinnehmbar. Ja, es sei gefährlich. »Unser Volk hat zur Zeit wieder ein sehr waches Empfinden; man spürt sehr bald, ob ein Mann für uns kämpft oder uns nur benützt, um gegen andere zu kämpfen. Ob jemand in unserer geistigen Landesverteidigung mitzuwirken berufen ist oder nicht, würde nicht davon abhängen, wie lange er schon im Lande ist; ich glaube, Sie sind schon lange hier, trotzdem ist Ihnen das Schweizerische sekundär, was ich spürte, bevor ich wusste, dass Sie, als Künstler einer sozusagen offiziellen Zürcherbildermappe, und vor allem auch Ihre Frau unserer schweizerischen Landessprache nicht nur fremd, sondern vollkommen gleichgültig gegenüberstehen.« Ja. Was man hier aus Frischs penetrantem »Spüren« herauslesen muss, ist Antisemitismus. Der russische Jude benutzt das Schweizer Volk für seine Ziele. Dem russischen Juden ist das Schweizerische nur sekundär. Und der russische Jude wie auch »vor allem« seine Frau (was hat sie damit zu tun? Zeichnet sie? Redet sie zu viel? Ist sie Satirikerin?) steht der schweizerischen Landessprache »vollkommen gleichgültig gegenüber«, obwohl sie beide schon so lange im Lande sind. Dieser Brief ist das unangenehmste Zeugnis des frühen national-schweizerischen Chauvinismus Max Frischs. Rabinovitch übrigens reagierte beachtlich souverän und zeichnete sich selbst mit Narrenkappe, wie er unter der Aufsicht eines strengen Schweizer Bürgers ein Hitler-Bild hübsch harmlos abmalt. Darunter mahnt der Schweizer den Hitler-Abmaler: »Bitte noch ein klein wenig liebenswürdiger!«

»Alles Leben wächst aus der Gefährdung«
Krieg. Und endlich wieder Schreiben

Dann kam der Krieg. Am Tag nach dem deutschen Einmarsch in Polen am 1. September 1939 wurde Frisch, der schon 1931 pflichtgemäß die Rekrutenschule besucht hatte, einberufen. Er diente als Kanonier im Tessin, und sein Hauptmann gab ihm den Befehl, »ein Tagebuch unseres Grenz-schutzes« zu verfassen. »Natürlich fühlt man sich wie ein Fisch, den man ins Wasser zurückwirft – wenn es auch nur das Wasser in der Fischerbüchse ist!«, schreibt Frisch über das neu gewonnene Glück des Aufzeichnens. Sein Tagebuch der ersten Kriegstage erschien später unter dem Titel »Blätter aus dem Brotsack«.

Max Frisch im Krieg. Passt das zusammen? Auf Fotos, die ihn in Uniform zusammen mit Kameraden zeigen, passt es gut. Ein Soldat wie die anderen. Auch das Tagebuch zeigt einen Soldaten, der fühlte und dachte wie wohl viele Schweizer Soldaten damals. Für den deutschen Leser wirkt es befremdlich. In Europa tobt der größte, blutigste, verlustreichste Krieg der Geschichte, und hier, im Herzen des Kontinents, herrscht: Frieden. Ja, es ist ein Friedensbuch im Krieg, das Frisch schreibt. Was ist das? Das Auge des Taifuns? Nicht ganz, denn dort, im Zentrum des Sturms, herrscht Stille ja nur, weil hier das Kraftzentrum liegt, um das die Wirbelstürme sich drehen. Die Schweiz im Zweiten Weltkrieg, das ist ein Land, in dem eine panische Stille, eine panische Anspannung herrscht. Jederzeit können die Achsenmächte ihren Plan wahr machen, könnte Deutschland seinen Plan wahr machen und in das kleine Land einmarschieren. Seit November gibt es im deutschen Generalstab Pläne für die Operation Tannen-baum, den Einmarsch in die Schweiz. Und die deutsche Re-gierung tut wenig, um diese Pläne geheim zu halten. Jeder Schweizer, auch jeder Schweizer Soldat weiß, dass man eine deutsche Invasion nicht länger als ein paar Tage würde ab-wehren können. So ist die Schweiz zu beinahe jedem Zuge-ständnis bereit. In der restriktiven Flüchtlingspolitik, in der Pressepolitik mit vorauseilender Zensur und Verbot jedes deutschfeindlichen Kommentars, mit Waffenlieferungen an das Deutsche Reich und vor allem in der Finanzpolitik, der Übernahme von Raubgold aus konfisziertem jüdischem Ver-mögen aus der ganzen Welt. Die Schweiz verwandelt sich unter dem gigantischen Druck des Weltgeschehens selbst in einen protofaschistischen Staat. »Was mir damals nicht auffiel: der dezente Geruch von Blut-und-Boden – helvetisch«, schreibt Frisch mehr als dreißig Jahre später.

Aber jetzt schreibt er erst mal etwas anderes. Jetzt steckt er mittendrin in diesem merkwürdigen, diesem unerklärten Krieg. Man kann schon um ihn zittern, heute, als später Leser dieses Tagebuchs. Als Leser, der seine vorherigen Bücher kennt, der weiß, wie sehr sich der Held seines letzten Buches nach dem Heldentum sehnte, wenn auch nach einem einsamen Heldentum. Trotzdem – »Tat oder Tod«, wir haben Dr. Balz Leuthold in den Bergen nicht vergessen. Der Erzähler aus dem Kriegstagebuch schwankt. Schwankt zwischen großer Angst, dem Unwillen, lächerliche Befehle zu befolgen, dem Eingeständnis seines insgesamt doch recht unsoldatischen Wesens und – der Sehnsucht nach der einen großen Wandlung, nach dem Ende der Friedenswelt. »Alles Leben wächst aus der Gefährdung«, schreibt der junge Kanonier im Tessin. Den möglichen Kriegsbeginn immer vor Augen: »Für uns alle, glaube ich, bleibt in der Stunde, wo es wirklich losgeht, noch immer der ganze Schock, und keiner kann sagen, was und wer er dann, in jenem Augenblick, sein wird. Nur eins ist gewiß: ehrlich werden wir sein, vielleicht zum ersten Mal ohne Maske, ohne erlernte Gebärden.« Er schreibt von berstenden Dämmen, hereinbrechendem Wasser, das die Gärten verwüstet und sie zugleich mit Schlamm befruchtet, vom »Segen einer großen, bewussten Gefährdung, die alles überragt«, bekennt erstaunt: »Es hilft nichts, es gibt einfach eine Freude an der Waffe.« Und als er einmal von einem Dorftrottel mit lästigen Fragen aufgehalten wird, beginnt er zu überlegen, »wie es wäre, wenn ich schösse«, und sieht schon das arme Bündel am Boden und »dunkles Blut aus einem Loch tropfen«. Doch er beruhigt seine Leser sofort: »Natürlich blieb es einmal mehr beim bloßen Gedanken.« Ein ganz klein wenig enttäuscht klingt das schon.

Natürlich ist der immer noch auf schwankendem Boden stehende Max Frisch in Versuchung, sich nach dem Kriege zu sehnen, wie so unendlich viele europäische und vor allem deutsche geistesmüde Intellektuelle am Vorabend des Ersten Weltkrieges. Aber er gibt dieser Versuchung nicht nach. Es gibt keine einzige Stelle, in der er etwa eine Sympathie für Hitler oder die Nazibewegung zeigt. Es ist ein Buch des Schweizer-Stolzes und des Bangens um sein Land. Mehrfach ist von der »Liebe zum Vaterland« die Rede, was für einen Schweizer anders klingt als für einen Deutschen, er schränkt aber ausdrücklich ein, er wolle sein Vaterland lieben und verteidigen, »nicht aber es anbeten«. Und schon nach wenigen Tagen wird dem Kanonier Frisch, der einem Befehl nicht gleich gefolgt ist, angedroht, »im Ernstfall« einen »ganz besonderen Posten« angewiesen zu bekommen. Eine Drohung, die Frisch noch mehr als dreißig Jahre später schaudernd erinnert: »Offenbar wollte ich damals den Schock nicht zugeben.« Der kriegerische Tonfall, die zur Schau gestellte Ahnungslosigkeit über Kriegsgreuel jenseits der Grenze sind dem späten Max Frisch unangenehm. Er erinnert sich in seinem »Dienstbüchlein«, das 1973 erschien, noch einmal und anders als damals, als er im Auftrag des Hauptmanns schrieb. »Mein treuherziges Tagebuch« nennt er es in der Rückschau und fasst zusammen: »Man rechnete mit dem deutschen Überfall. Ich hatte Angst. Ich war dankbar. Ich verweigerte mich jedem Zweifel an unserer Armee.«

Das liest man auf jeder Seite des frühen Tagebuchs mit. Aber es fällt noch etwas anderes auf. Max Frisch ist stilistisch reifer geworden. Das ist schon ein neuer Ton. Merkwürdig bei diesem Gegenstand, einem Auftragssoldatenbuch, das Parteilichkeit und Zweifelsfreiheit ja geradezu als Grundlage hat. Aber es ist reifer, klarer, sicherer formuliert. Auch, wo es vom inneren Schwanken handelt, oder gerade da. Der Zweifel, das Suchen, die Versuchung, das Umrunden einer inneren Wahrheit, das klingt immer wieder an. Sicher auch, weil er mit dem Tagebuch erstmals eine Form gefunden hat, die ihm gemäß ist und die er später zur Perfektion führen wird. Und so gibt es in diesem Buch auch mehrmals große

Frisch-Momente. Der Sehnsuchts-Frisch, im Krieg: »Wer denkt nicht manchmal: so müsste man sein ganzes Dasein erleben können, wie diesen Tag, als ein großes, ein einziges, ein dauerndes Abschiednehmen ... wandern und nicht verweilen, wandern von Stadt zu Stadt, von Ziel zu Ziel, von Mensch zu Mensch, immerfort wandern und weitergehen, auch da wo man liebt und gerne bliebe, auch da, wo das Herz bricht, wenn man weitergeht ... und auf keine Zukunft sich vertrösten, ganz und gar die Gegenwart empfinden, als ein immer Vergängliches ... und so ein ganzes Dasein lang .. und alles nur erobern, um es zu verlieren, und immer weitergehen, von Abschied zu Abschied ...

Oh, wer diese Spannkraft der Seele hätte!«

Er beschließt den Absatz so:

»Es ist das Leben, und das ist genug. Es ist der Augenblick, und das ist genug. Es ist nur, immer wieder, die Offenbarung durch den Abschied.«

Doch als am Ende des Tagebuchs den Soldaten der Abschied, die Entlassung nach Hause angekündigt wird, hält der Überschwang sich in Grenzen: »Man kann nicht sagen, die Freude sei groß gewesen.« »›Soso‹, sagte einer: ›Dann gehen wir halt.‹«

4. Familie, Theater und ein Schwimmbad

»Der Verdacht, dass ich Geld heirate«
Aufstieg. Ehe. Krieg. Und wieder Schreiben

Sie gingen, und sie kamen wieder. Etwa ein Drittel des Jahres verbrachte Frisch jetzt unter Kameraden im Tessin, den Rest der Zeit studierte er. Die Gewissheit der Anfangsmonate des Krieges, in naher Zukunft von deutschen Truppen überrollt zu werden und zu Tode zu kommen oder in Gefangenschaft, wich mit der Zeit einem zähen Warten, einer dauerhaften Ungewissheit und dem Wunsch danach, es möge endlich etwas passieren. Im Juni 1940 schreibt Frisch an Coninx, der Dienst sei zu einer Illusion geworden. »Wir hängen in der Luft, auf Gnade und Ungnade. Unsere Existenz, wenn sie uns erhalten bleibt, verdanken wir dem Bedürfnis Italiens. Gelegentlich dünkte es mich armseliger als eine Niederlage.« Der Sieg Deutschlands scheint ihm zu diesem Zeitpunkt, wie fast aller Welt, unabwendbar, und er raunt: »Es dünkt mich, als stünde es gerade jetzt, an der Schwelle des unabwendbaren Sieges, vor seiner eigenen Schicksalsstunde.«

Doch während sich diese deutsche Schicksalsstunde noch länger hinzieht, kehrt Frisch zu seinen eigenen alten Zweifeln zurück. In Briefen bestärkt er sich immer wieder selbst, dass die Architektur das Richtige für ihn sei, dass er Lust zu bauen habe und froh sei, dem Journalismus ein für alle Mal fern zu sein. Aber die Lebensunsicherheit bleibt, die Angst, das Erwachsenwerden zu verpassen, die Hoffnungen auf ein ganz anderes Leben, sie bleiben ihm, aber »sie verlieren nach und nach den Duft des Trostes, gerade die Hoffnungen werden zur Qual«. Die Angst, falsch abgebogen zu sein an entscheidender Stelle, die Angst, den großen Vorstellungen, die man sich vom Leben gemacht hat, nicht zu entsprechen, sie verlassen Frisch nicht, und gerade im zähen Warten im Tessin, im Warten auf den Angriff, der nie kommen wird, hat er alle

Zeit der Welt, sich diese Möglichkeiten wieder und wieder vor Augen zu führen. Außerdem naht das Alter, das Dr. Balz Leuthold in seine schwerste Krise geführt hatte. Auch sein Erfinder ist davon nicht frei:»Es naht die 30 und alles, das Tun wie vor allem das Nichtstun, nimmt das Gesicht des Endgültigen an.«

Eine Nachricht muss den Adressaten und Stipendiengeber wirklich beunruhigen:»Im Ganzen hat es mir gezeigt, dass mein Drang zum Schreiben durch eine rege Betätigung nicht verdrängt, eher gesteigert werde.« Das ist ja eigentlich nicht Teil des Planes gewesen, als Werner Coninx ihm zum Architekturstudium geraten hat. Doch es ist so: Max Frisch kehrt zum Schreiben zurück. Und damit ist nicht nur das Verfassen des Auftragstagebuchs gemeint, nein, bald schon beginnt er wieder mit der Arbeit an einem Roman.

Es läuft weiter alles nebeneinanderher. Soldat, Schriftsteller, und – ab August 1940 – hat er also endlich auch einen bürgerlichen, einen ernsthaften Beruf:»Ich bin nun also schwarz auf weiß – Architekt«, schreibt er stolz an seinen Geldgeber und Freund. Er findet auch gleich eine Anstellung in einem Architekturbüro in Baden und kann sich zum ersten Mal in seinem Leben eine eigene Wohnung leisten. Ja, und wie um sein eigenes Verdikt, seine eigene Befürchtung, mit dreißig nehme alles den Charakter des Endgültigen an, zu bestätigen, macht er das eigene Bürgertum perfekt und heiratet. In einer autobiografischen Notiz von 1948, aus seinem »Tagebuch 1946–1949«, das er seiner Frau gewidmet hat, schreibt er:»Eine junge Architektin, die mir am Reißbrett half und das Mittagessen richtete, wurde meine Frau; wir heirateten, nachdem wir zusammen ein erstes Haus erbaut hatten.« Unromantischer kann man es wohl nicht sagen. In »Montauk« bekennt er für sie auch noch nebenbei den sexuellen Erfahrungsstand seiner Braut:»SHE TOO WAS A VIRGIN.«

Gertrude Anna Constanze von Meyenburg, Trudy genannt, ist das, was man eine gute Partie nennt. Für den Kleinbürgersohn Frisch am Anfang seiner Karriere, der nichts so dringend will, wie sein kleinbürgerliches Milieu zu verlassen, ist es sogar eine sensationelle Partie. Die von Meyenburgs sind ein altes, reiches Schaffhauser Adelsgeschlecht, Constanzes Vater war Professor für Pathologie an der Universität Zürich, Institutsdirektor und zwei Jahre lange auch Rektor der Universität. Constanzes Mutter kommt aus der Textilindustriellenfamilie Weber. Mit Land- und Immobiliengeschäften haben Constanzes Eltern ein großes Vermögen gemacht. Sie gelten als eine der ersten Familien der Stadt. Noch dreißig Jahre später in »Montauk« glaubt sich Frisch gegen den Vorwurf der Berechnung verwahren zu müssen: »1942 heirate ich eine Architekturkollegin, weil ich sie liebe, Tochter aus großbürgerlichem Haus, Gertrude Constanze v. Meyenburg. Der Verdacht der Freunde, dass ich Geld heirate, berührt mich nicht.« Wohlgemerkt, von »Freunden« ist hier die Rede. Einer dieser Freunde, Enrico Filippini, glaubte sich nach Frischs Tod sogar an ein Bekenntnis des Ehemannes selbst zu erinnern: »Beim ersten Kuss wusste ich, dass das nicht die richtige Frau für mich war. Aber ich habe sie geheiratet«, habe ihm Frisch gesagt.

Aus den Briefen an Coninx aus jener Zeit kann man das nur zum Teil herauslesen. Nur ein gewisses Zittern, eine gewisse Unsicherheit, eine Ängstlichkeit vor dem eigenen Entschluss: »Auch wenn ich mir sehr sicher bin, gehen mir viele und sonderbare Gedanken durch den Kopf.« Es klingt vieles wie in den Briefen Thomas Manns vor seiner Heirat mit Katia Pringsheim, als er der Braut bekennt, seinem Leben »eine Verfassung« geben zu wollen. Nur hatte der zum Zeitpunkt der Brautwerbung schon die »Buddenbrooks« geschrieben. Frisch schreibt an Coninx: »Ich wollte, wir wären schon verheiratet; auf die Ehe, so sehr ich von ihrer Schwere zu wissen glaube, freue ich mich.« Zwang zur Freude, so könnte man es wohl nennen. Ehrlich gesagt gibt es nur einen Moment der echten Freude in diesen Briefen. Der Traum vom Dazugehören zu einer anderen Welt, jenseits der eignen

Herkunft: »Vor allem das Du, dass die Eltern mir nun sagen, erfreute mich so sehr, das ich in der Nacht noch einige Male darüber erwacht bin.« Also, eine Liebesheirat ist es nicht, zumindest nicht von Seiten Frischs, so viel kann man wohl sagen. Am Ende dieser Ehe, als der Anwalt Trudy von Meyenburgs die Liste der Ehebrüche des Angeklagten verlesen lässt, wird sich der Vorsitzende Richter um die öffentliche Ordnung und Schicklichkeit Sorgen machen.

Vieles von seinem Schwanken, vieles von seiner Verunsicherung, vieles von seiner Sicht auf die Ehe, aufs Künstlertum verarbeitet Frisch in seinem nächsten Roman, der 1943 unter dem Titel »J'adore ce qui me brûle oder Die Schwierigen« im Atlantis Verlag erscheint. Es ist die Fortsetzung von »Jürg Reinhart«, doch ist der Maler Jürg über die Jahre nicht wesentlich reifer geworden. Nur die Verzweiflung ist gewachsen. Am Ende wird er sich, verwandelt in den bedürfnislosen Gärtner Anton, aus Verzweiflung über die bürgerliche Gesellschaft und seine Unfähigkeit, in ihr oder neben ihr seinen Platz zu finden, das Leben nehmen. Vieles findet man darin, was Max Frisch als seine eigenen Lebenssätze an anderer Stelle schon aufgeschrieben hat, die Sorge, »dass es ein Misslingen des Lebens geben könnte«. Die Frage »wann fängt es an, das wirkliche, das sinnvolle, das wesentliche Leben?« wie auch die Fragen des dreißigjährigen Reinhart »Was bin ich denn?« und die Selbstanforderung »Einmal musste man erwachsen werden«, all das sind die Kernsätze des wankenden Frischs der letzten Jahre, die er eigentlich durch sein neues Leben beantwortet hat. Doch anders als in der »Antwort aus der Stille« steht hier nicht der Durchbruch zur Bürgerlichkeit und Ehe am Ende, sondern die Unmöglichkeit einer solchen billigen Lösung. Die Eheparolen, die den Roman durchziehen, überzeugen offenbar am wenigsten den Autor selbst: »Ein Wunderbares ist um die Ehe. Sie ist möglich, sobald man nichts Unmögliches von ihr fordert, sobald man über den Wahn hinauswächst, man könne sich verstehen, müsse sich verstehen.« Man müsse erkennen, »dass die Ehe einfach ein Dienst ist, ein Verfahren fürs tägliche Leben«. Es gibt erstaunliche Passagen in diesem Buch, von der Sehnsucht der Frauen »nach der verlorenen Peitsche«, von ihrem »verzweifelten Heimweh nach dem Herrn«, »Heimweh nach der Gewalt«. Und beseelt von der Erkenntnis ruft der Maler Reinhart aus: »Das ist es. Wir müssen wieder Männer werden.«

Der Roman hat auch etwas Maßloses, Getriebenes, Süchtiges, das nicht einfach lächerlich ist. Die Verzweiflung darin ist echt, auch die Wut, das Toben, die Selbstdestruktion. Alles dies wird später in Leben und Werk Max Frischs weiter wichtig bleiben. Hier ist es noch ganz ursprünglich, mitunter ungeformt und wild. Mitunter kitschig und pathetisch. Manchmal einfach schön. Wie in der Beschreibung der Einsamkeit und Verlassenheit der Heldin Yvonne: »Yvonne kam es an, als wäre sie in dieser Welt noch niemals jung gewesen; geisterhaft stand ein verpfuschtes, ein gleichgültig verpasstes und auf die Straße geworfenes Dasein hinter ihr ...«

Irgendwie passend, dass das Buch mit einer pathetischen Stilblüte endet: »... der Schreck ist unsterblicher als der Mensch ...« Wer »unsterblich« steigert, hat beim Schreiben offenbar den kühlen Kopf verloren.

Der mächtige Kulturchef der NZZ, Eduard Korrodi, kommt beim Erscheinen des Romans aus dem Staunen nicht heraus. Er schreibt eine Hymne, die an verrutschtem Pathos dem Roman kaum nachsteht. Er endet: Der Roman »ist in jenem Deutsch geschrieben, das man dichterisch heißt und dem zu begegnen reiner Glücksfall ist. Der Roman glänzt aus der Milchstraße schweizerischen Sternensegens heraus«.

Frisch selbst sieht die Sache anders. Schon 1944 schreibt er an seine Mutter: »Auch der Verfasser weiss, dass es kein gutes Buch ist, kein erfreuliches Buch.« Es sei ihm wie eine alte Haut, »es war nötig sie abzustossen, aber es ist widerlich sie anzusehen«. Und zweiunddreißig Jahre nach Erscheinen des Buches erinnert er sich: Der Roman sei noch der Versuch, die bürgerliche Welt zu lobpreisen und diese Welt affirmativ darzustellen. »Schon im Roman zeigt es sich dann, dass es dem Helden nicht gelingt – er erlebt es aber und bezeichnet es so als *sein* Ungenügen und nicht das Ungenügen der Gesellschaft; er nimmt sein Scheitern auf sich und verinnerlicht es.«

»Ein dermaßen voluminöses Schwein!«
Plötzlicher Großauftrag

Währenddessen richtet der Autor sich in der Wirklichkeit der bürgerlichen Welt ein. Im Jahr der Hochzeit gewinnt Frisch bei dem ersten Architekturwettbewerb, an dem er teilnimmt, den ersten Preis. Ein Großauftrag: das Schwimmbad am Letzigraben. Frisch kann es selbst nicht fassen: »Es erscheint mir als ein dermaßen voluminöses Schwein, dass ich es in der Wohnung meines Alltags vorerst kaum unterbringe!«, schreibt er an Coninx. Und als er sich zum ersten Mal das gigantische Stück Brachland ansieht, den Raum, den er nun verplanen kann, wächst seine Freude noch: »Die Aufgabe ist sehr reizvoll, stark landschaftlich und gärtnerisch, unmonumental, fröhlich.«

Was das Leben an bürgerlichen Glücksmöglichkeiten so bereithält, fällt Max Frisch in diesen Jahren zu. Nach Jahren des Zauderns das Studium abgeschlossen mit sofortigen gigantischen Anwendungsmöglichkeiten im Anschluss, Heirat in eine der ersten Familien der Stadt, eine Wohnung in der Zollikerstraße, »drei Zimmer, Parterre mit einem kleinen Gartenfleck«, ist auch gleich gefunden, und schließlich wird er auch noch Vater. Werner Coninx wird im April 1943 brieflich beinahe live berichtet: »So ging das ganze volle 48 Stunden; selbst ich war vom blossen Dabeisein schon müde, und um wie viel mehr erst Trudy. Sie war aber sehr tapfer, und es ist eine schwere Sache, eine Geburt; man weiss es natürlich, kann es sich aber kaum vorstellen, bevor man dabei gewesen ist.«

Die erste Tochter heißt Ursula. Sie wird später, lange Jahre nach dem Tod des Vaters, ein bewegendes Erinnerungsbuch über ihn schreiben. Ausgangspunkt ihres Schreibens ist der eiskalte Vatersatz, ebenfalls aus »Montauk«: »Die schlichte Nachricht, dass ein Kind gezeugt worden ist, hat mich gefreut: der Frau zuliebe.«

Frisch muss am Tag nach der Geburt wieder einrücken. Es gibt unendlich viel Nichts zu tun, im Tessin und später im Engadin. Unterstände bauen, Schießen üben, Warten. Zeit, über den Krieg nachzudenken. Frisch gibt sich bis zum Schluss entschlossen schweizerisch neutral: »Es gibt keine Siege und Niederlagen mehr, die mich freuen, und es bleibt schwer zu sagen, was widerlicher ist, die Rhetorik eines Goebbels oder die arithmetischen Bombenmeldungen der Alliierten«, schreibt er im Februar 1944 an den Bruder Franz und seine Mutter.

Es ist eine Zeit des Stillstands nach all den plötzlichen Aufbrüchen. Auch im Architekturbüro geht es nicht wirklich voran. Wer baut schon, wenn ringsherum die Welt einstürzt. Auch der Schwimmbad-Auftrag liegt zunächst auf Eis. Doch Max Frisch hat ein neues Projekt. Er hat einen Brief bekommen, nach seinem letzten Roman, einen freundlichen Brief vom Schauspielhaus, vom Dramaturgen Kurt Hirschfeld, dieser habe den Roman gelesen, sei beeindruckt und glaube aber, dass seine Art zu schreiben am besten sich verkörperlichen ließe – auf der Bühne. Ob er es nicht einmal mit einem Theaterstück versuchen wolle.

Max Frisch wollte.

Segeln im Meer der Möglichkeiten
Theater als Flucht vor der Welt

Achtzehn Jahre ist es her, dass sein Vater am Mittagstisch der ganzen Familie höhnisch die Karte vom Deutschen Theater aus Berlin vorgelesen hat, auf der der sechzehnjährige Sohn zum Einsenden seines Theaterstücks aufgefordert wurde.

Mit »Herr Frisch« haben sie ihn angeredet. Sie haben ihn ernst genommen, die Theaterleute aus Berlin, ihn und sein Schreiben. Zum ersten Mal im Leben war ihm das passiert. Es hätte ein erster Triumph sein können, eine erste Vorahnung eines späteren Künstlerlebens, Dramatikerlebens. Der Vater hat den Moment zerstört, hat den Sohn lächerlich gemacht, lächerlich die Möglichkeit, dass diese Karte ernst gemeint sein könnte.

Und jetzt also dieser Brief von Hirschfeld. Wie gern nimmt Max Frisch das Angebot an. Zunächst einmal: zu den Proben gehen, schauen. Das Zürcher Schauspielhaus ist die letzte große freie deutschsprachige Bühne, und sie wird es bis zum Ende des Krieges bleiben. Hier werden Stücke von Sartre gespielt und von Claudel, von Brecht, von Wilder und Tennessee Williams. Die Wirkung dessen, was Max Frisch hier sieht, die Wirkung auf ihn und auf sein Werk lässt sich kaum überschätzen. Die Bühne ist in den Jahren des Eingekesseltseins in diesem kleinen friedlichen Land sein Fenster in die Welt hinaus, die Welt jenseits der Schweiz und der geistigen Landesverteidigung. Die andere Welt findet auf der Bühne statt, aber es ist das ganze Zürcher Theater-Universum, das neu und groß und befreiend für ihn ist. Es ist auch das Universum der Emigranten, der wenigen, die in der Schweiz geblieben sind. Frisch nennt das Land ihrer Emigration später in seiner Büchner-Preis-Rede eine »Mausefalle«, in der sie leben, die Emigranten, »verbunden mit uns auf Gedeih und Verderb«. Die Schweiz als Mausefalle – und das Schauspielhaus als kleiner Ort der Freiheitsillusion in dieser Landesfalle.

Es war eine abgeschlossene Welt, die Pfauenbühne, damals in Zürich. Ein erregender, energiegeladener Ort mitten in einer Stadt der Angst und panischen Verteidigungsstarre. Sie wurde misstrauisch beäugt und nicht gerade vom Publikum gestürmt. »Wir blieben sehr unter uns«, erinnert sich die große, 1920 geborene Schauspielerin Maria Becker noch heute. Sie ist die letzte Tragödin von damals, die noch lebt. Sie erzählt nüchtern von der Zeit damals, von der Arbeit, den übereilten Produktionen. Oft stand sie alle zehn Tage in einer neuen Rolle auf der Bühne, der Kreis der Theatergänger war klein, Premiere musste auf Premiere folgen, sonst wäre das Haus leer geblieben. Die meisten Zürcher begegneten dem Geschehen bestenfalls mit Ignoranz. Aber auch die Schauspieler waren vor allem an sich selbst interessiert, das aber mit großem Enthusiasmus. »Alle waren mit allen befreundet«, sagt sie. So freundete sie sich also bald auch mit Max Frisch an und bat ihn später mehrfach darum, ein Stück für sie zu schreiben, eine Rolle für sie. Doch Frisch lehnte ab. Er könne nicht um eine Rolle herum ein Stück aufbauen, so arbeite er nicht. Dafür hat er ihr und ihrem Mann ein Haus gezeichnet, das die beiden sich aber leider nicht leisten konnten. So blieb es ungebaut.

Aber hier war erst einmal die Bühne. Abends kam Max Frisch immer öfter her. »Ich war ein Mann über dreißig«, hat er später erzählt, »Architekt, einer, der nicht seine Lust am Theater, aber die Hoffnung, die Bühne zu seinem Bauplatz machen zu können, längst begraben hatte.« Und jetzt also diese unverhoffte Chance. Frisch liebte das Theater. Auf Fotos aus späteren Jahren gibt es eigentlich nur eine Frisch-Situation, in der er verlässlich lacht: auf der Bühne. Bei Proben auf der Bühne, mit Schauspielern, Handwerkern, mit dem Regisseur – Frisch auf einem Stuhl am Rand, meist nur schauend, lachend, zeigend. Mit einer Mischung aus Wissen und Staunen und Glück im Gesicht. 1946 hat er einmal aufgeschrieben, wie er eine Stunde zu früh kam zur Probe. Er setzt sich in eine dunkle Loge, auf der Bühne: Arbeitslicht. Er sitzt wie in einem Beichtstuhl, schreibt er. Er schaut auf die leere Bühne – »nichts ist so anregend wie das Nichts« –, ein Arbeiter im Overall geht über die Bühne, dann eine Schauspielerin in Mantel und Hut, isst einen Apfel. Begrüßt den Arbeiter, geht ab. Dann wieder Stille und Leere. Frisch sitzt im Dunkeln und staunt. »Die kleine Szene, die sich draußen auf der Straße tausendfach ergibt, warum wirkte sie hier so anders, so viel stärker? Die beiden Leute, wie sie eben über die Bühne gingen, hatten ein Dasein, eine Gegenwart, ein Schicksal, das ich natürlich nicht kenne, dennoch war es da, wenn auch als Geheimnis, es hatte ein Vorhandensein, das den ganzen großen Raum erfüllte.« – Die Magie des Theaters, der Zauber einer kleinen Welt, die von einem Rahmen umgrenzt wird, das Schicksal zweier Auserwählter, beispielhaft für Hunderttausende: »Ich sehe einen Bühnenarbeiter, der schimpft, und eine junge Schauspielerin, die einen Apfel isst und guten Morgen sagt. Ich sehe, was ich sonst nicht sehe: zwei Menschen.«

Max Frisch liebt das Theater. Er liebt die Bühne und die Möglichkeiten, die sie bietet. Vom »Verkörperlichen« hat Kurt Hirschfeld ihm geschrieben, dass sein Schreiben sich am besten verkörperlichen ließe auf der Bühne. Frisch gibt Hirschfeld recht und schreibt. Tagsüber arbeitet Frisch in seinem Büro, abends schreibt er. Nur zwei Monate nach Hirschfelds Ermunterung hat er sein erstes Stück fertig. Ein Sehnsuchtsstück mit allen frühen Frisch-Themen als schönen Schlagern darin. Es heißt: »Santa Cruz«, das ist der Sehnsuchtsort der Männer dieses Stücks. Der Ort des anderen Lebens, der Ort der Freiheit, zu erreichen mit dem Segelboot übers offene Meer. Es ist das Drama einer Liebe, das Drama des verpassten Lebens, des falschen Lebensweges und des richtigen, den es nicht gibt.

Drei unglückliche Menschen: Elvira, Pelegrin und der Rittmeister. Sie ist mit dem Rittmeister verlobt, liebt ihn nicht recht, doch er hat ein Schloss, den Ort der größten Sicherheit. Da begegnet sie Pelegrin, dem Weltumsegler. Sie lieben sich, sie segeln davon, sie könnten glücklich sein, bis sie das Wort sagt, das eine Wort, das alles Glück bedroht: »Heiraten«. Darauf der Segler Pelegrin: »Ich habe dieses Wort gefürchtet. Schon lange. Und nun, da unser Leck geflickt sein wird und uns die Meere wieder offen stehen, in diesem Augenblick, da sie die Segel hissen, in diesem Augenblick sagst du es.« Ja, Elvira weiß schon, welchen Moment sie sich gewählt hat, um ihn zur Entscheidung zu zwingen. Sie sagt, sie bekomme ein Kind von ihm, sie sagt, sie möchte Sicherheit, sie möchte die Ehe. Und er entgegnet den kalten Frisch-Satz »Die Ehe ist ein Sarg für die Liebe« und segelt davon. Zwei unglückliche Liebende, für die es auf dieser Welt keinen gemeinsamen Weg gibt. Die Freiheit und die Ehe, das Meer und die Sicherheit, das ist zusammen nicht zu haben. Und Elvira kehrt zurück zu ihrem Rittmeister in sein Schloss, das Kind, das kommt, nennt sie Viola, wie Pelegrins Schiff. Der Rittmeister ahnt nichts von ihrer wahren Liebe, dem Vater ihres Kindes. Auch er wollte fliehen, in die Welt, als Elvira ihn zwischenzeitlich verlassen hat. Der – dramatische – Zufall will es, dass er sich ausgerechnet für Pelegrin als Reisekumpan entscheidet. Doch als er ablegen will, nach Santa Cruz, nach Hawaii, da greift Elvira zu und hält wenigstens diesen Mann an Land zurück. Sie leben eine Art Glück, siebzehn Jahre lang. Der Rittmeister träumt in Wahrheit vom Meer und beneidet jenen Unbekannten, der seine Träume lebt: »So ich lebe, begleitet ihn meine Sehnsucht. Er hat sie zu seinem Segel genommen.« Nein, Kitsch fürchtet Frisch auch auf der Bühne nicht. Pelegrin, das ist der Mann, »der mein anderes Leben führt«. Als Pelegrin sterben muss, kehrt er in die Stadt Elviras zurück. Das mühsame Glückskonstrukt, das sich jeder der drei auf seine Art erschwiegen hat, in den Jahren der Traumunterdrückung, bricht nun hervor. »Der eine hat das Meer, der andre das Schloss, der eine hat Hawaii, der andere das Kind.« Der Rittmeister flieht aus seinem Schloss in der Nacht, er will noch einmal »die Weite alles Möglichen sehen«, Elvira erkennt Pelegrin, bevor er stirbt. Alle hätten sich ein anderes Leben gewünscht, doch das Stück weiß schon, was später auch Anatol Ludwig Stiller erfahren wird, was die Botschaft auch des Bühnenklassikers »Biografie: Ein Spiel« sein wird. Schon hier ruft es Pelegrin dem hadernden Rittmeister zu, der glaubt, er hätte ein anderes Leben führen können: »Keiner«, so Pelegrin, hätte »ein anderes Leben führen können, als jenes, das er lebte ... Nie wird es anders sein als heute.«

Doch sie alle wollen gegen Ende noch einmal der Wahrheit folgen, den Träumen folgen, dem verpassten Leben, bevor, so der schöne, deprimierende Refrain des Stückes, »bevor es uns einschneit für immer«. Dem sterbenden Pelegrin erscheinen am Ende seine Träume, seine Sünden, seine verpassten Lebenschancen, zehn Gestalten sind es, jede ist eine schlechte Erinnerung und spricht. Eine ist das Mädchen, das er nie berührte, eine sind die Bücher, die er noch lesen wollte, eine der Wein, den er verschüttete, eine die Mutter, die an ihm starb und die er nie gesehen hat. Die vorletzte ist der Tod. Doch der ist noch nicht das Ende des Schreckens, denn die letzte ist – seine Tochter Viola: »Ich bin aus deinem Blute das Kind, Viola, die alles von neuem erfährt, die alles noch einmal beginnt.« So die doppelt deprimierende Botschaft des Stücks: Nicht nur gibt es für keinen Menschen eine Wahl, muss jeder Mensch seine Biografie durchleben bis zum Schluss, nein, das Leben im Kompromiss, in dem man die Träume begraben muss, um weiterleben zu können, das geht weiter und immer weiter, von Generation zu Generation.

In einer Erklärung, die er dem Stück beigibt, biegt Max Frisch die Botschaft ins Positive. Ja, schreibt er, »keiner hätte ein anderes Dasein leben können als jenes, das er lebte, der Rittmeister nicht, Elvira nicht, Pelegrin nicht. Das aber, wenn wir es dem Wahrsager ernstlich glauben können, wäre die Überwindung aller Wehmut –. Es stirbt der ewige Andere in uns.« Die Überwindung aller Wehmut – der Wille zum Kompromiss, zum inneren Annehmen eines Lebens, das den Träumen nicht entspricht, aber das nun einmal sein muss – es ist dieselbe Botschaft, die wir schon aus »Antwort aus der Stille« kennen.

Das Stück beweist einiges dramatisches Talent, Dialoge, Aufbau, Dramatik – das war immerhin schon bühnenwirksam. Georg Hensel nennt Frischs Bühnenerstling »lyrisch überwuchert und penetrant symbolisch«. Damit hat er recht. Das Pathos klingt auf der Bühne vielleicht nicht so schlecht, das flaue Ende ist da schon ein größeres Problem. Das größte jedoch ist das Thema. Wir sind im Januar 1945. Europa liegt in Trümmern, es toben die letzten entscheidenden Schlachten, und Max Frisch schreibt ein Theaterstück über den Wunsch, auf Hawaii zu sein und ins Meer der Möglichkeiten zu segeln. Das ist – bei allem Wissen um die Schweizer Insellage – absurd.

Das fiel immerhin dem Autor selber auf. Als er Hirschfeld »Santa Cruz« abgibt, setzt er gleich hinzu, er arbeite schon an etwas Neuem, viel Aktuellerem, es gehe um den Krieg.

»Wir sind umsonst gestorben«
Theater als Abbild der Gegenwart

Das ist im Januar. Im März steht auf dem Spielplan des Zürcher Schauspielhauses: »Nun singen sie wieder. Versuch eines Requiems«. Unter dem Titel der Buchausgabe von damals leuchtet rot die Charakterisierung: »Die tiefe, ergreifende Kriegsdichtung eines jungen Schweizer Dichters.«

Es ist ein Stück über Schuld und Unschuld, über Täter und Opfer dieses Krieges und die Frage, wer über wen zu richten hat. Im Werk Max Frischs scheint es wie aus dem Nichts zu kommen. Obwohl er auch hier einige seiner Refrains – »Warum haben wir nicht anders gelebt?« – unterbringt, ist es doch ein neuer Ton, ein völlig neues Thema, ein plötzliches Weiten des Blicks. Ein Perspektivwechsel vom rein Persönlichen hinüber in die Weltgeschichte.

Der deutsche Soldat Karl hat auf Befehl des Offiziers Herbert einundzwanzig griechische Geiseln, darunter auch Frauen und Kinder, erschossen. Der Offizier liebt die Kultur, klassische Musik, ist hochgebildet und eiskalt. Karl hadert: »›Herbert, kannst du mir sagen, warum wir diese einundzwanzig Leute erschossen haben?‹ – ›Was geht es dich an.‹ – ›Ich habe sie erschossen.‹ – ›Es sind Geiseln gewesen.‹ – ›Sie haben gesungen. Hast du gehört, wie sie gesungen haben?‹ –

105

›Jetzt schweigen sie.‹« Der Gesang der toten Geiseln wird während der sieben Bilder dieses Stücks immer wieder erklingen. Der Chor der Schuld. Als Karl auch noch einen Popen erschießen soll, entscheidet er sich zur Desertion. Das Stück wechselt virtuos die Perspektiven, schwenkt von wartenden Bomberpiloten hinunter in den Luftschutzkeller in Karls Heimatort, wo er nach seiner Desertion Zuflucht sucht. Er trifft dort auf seinen Vater, den Oberlehrer, der ihn drängt, zur Truppe zurückzukehren, um sich und seine Familie nicht zu gefährden. Die beiden streiten um Kompromisse, die der Oberlehrer sein Leben lang einging, streiten um Schuld und Verantwortung: »Ich habe, so wie die Dinge liegen, jedes Mal nur das Beste gewollt, Karl«, so der Vater. Und Karl dazu: »Sagen wir: das Günstigste.«

Karl muss den Keller verlassen. Er kann mit seiner Schuld nicht leben und erhängt sich im Wald. Seine Frau Maria verbrennt zusammen mit ihrem neugeborenen Kind auf der Straße bei einem Phosphorbombenangriff. Der Oberlehrer beschimpft das Regime und wird von seinem früheren Musterschüler Herbert erschossen: »Ich werde töten, bis der Geist aus seinem Dunkel tritt.« Am Ende, im Jenseits, treffen sich Opfer und Mörder wieder. Es ist nicht mehr die Zeit zu urteilen. Sie sind tot, und alles war umsonst. Die Toten rufen die Überlebenden unten auf der Erde zu Versöhnung und Neubeginn auf, doch – hier bleibt Max Frisch sich treu – einen Neubeginn gibt es nicht. Es geht weiter wie bisher. »Wir sind umsonst gestorben. Alles ist umsonst, das Leben, die Sonne, die Sterne am Himmel.« Nur eines bleibt am Ende: die Liebe. »Die Liebe ist schön«, so das Schlusswort des Popen. »Sie allein weiß, dass sie umsonst ist, und sie allein verzweifelt nicht.«

Der Erfolg der Uraufführung ist groß. Ein neuer Dramatiker ist geboren, eine neue Stimme und ein wirklich zeitgenössisches Stück in dieser dramatischen Zeit. Fünfzehn Aufführungen gibt es, viel für die damalige Zeit. Auch diesem Stück hat der Autor eine Erklärung beigegeben, eine Rechtfertigung, warum ein Schweizer über diese Dinge überhaupt schreiben dürfe:»Wir haben es nicht einmal mit Augen gesehen und man muß sich fragen, ob uns ein Wort überhaupt ansteht. Der einzige Umstand, der uns vielleicht zur Aussage berechtigen könnte, liegt darin, dass wir, die es nicht am eigenen Leibe erfahren haben, von der Versuchung aller Rache befreit sind.« Doch es gibt Kritik, scharfe Kritik in der NZZ.»Der Terror«, so schreibt der Redakteur Ernst Bieri, werde in diesem Stück beschönigt als»Hervorlocker des Geistes« und die Schuld hier nicht der brutalen Unmenschlichkeit, sondern dem Versagen des Geistes vor der Gewalt zugeschrieben. Er erkenne in dem Stück eine Tendenz, Unrecht in Recht und Wahr in Falsch zu verkehren. Er wendet sich also vor allem gegen die Figur des kunstliebenden Herbert, die interessanteste Person des Stücks, eine Figur, die Frisch noch oft in Zusammenhang mit der Schuldfrage und der Frage des brüderlichen, des gebildeten, Mozart liebenden Täters beschäftigen wird. Bieri sieht hier eine Tendenz zur Verharmlosung. Max Frisch antwortet mit einem erregten Gegentext, dessen Veröffentlichung die NZZ ablehnt.

Frisch schreibt:»Nicht wenige von uns hielten sich lange an den tröstlichen Irrtum, es handle sich um zweierlei Menschen dieses Volkes, solche, die Mozart spielen, und solche, die Menschen verbrennen. Zu erfahren, dass sich beide in der gleichen Person befinden können, das war die eigentliche Erschütterung; es erschüttert das Vertrauen gegenüber jedem einzelnen.« Und er erklärt überraschend souverän, die Mitschuld des anpasslerischen Oberlehrers sei die Schuld vieler Deutscher, der Mangel an bürgerlichem Mut, der die Geschehnisse in Deutschland in den letzten zwölf Jahren überhaupt erst ermöglicht hat. Und kommt am Ende auf sein eigenes Land zu sprechen und auf sich selbst. Es ist der 23. Mai 1945, als er schreibt:»Das meiste, was heute die öffentliche Empörung weckt, hätte auch unser Volk schon lange wissen können und müssen.« Die gesamte schweizerische Presse habe, solange es »unser Vaterland hätte gefährden können«, zu jenen Massakern geschwiegen, die man heute so wortreich beklage. Und er endet: »Die Schuld des Oberlehrers dürfte uns nicht unverständlich sein. Statt dessen sehen wir heute die kommerzialisierte Empörung über eine Schande, die im Grade unseres früheren Wissens und Schweigens auch unsere Schande ist – wenn wir uns nicht selbst beschönigen.«

»Wie ein nächtlicher Fels«
Kriegsende. Buchenwald. Frischs Verwandlung

Das ist ein völlig neuer Max Frisch. Übrigens auch ein anderer als der, der drei Monate vorher jenes Stück geschrieben hat, in dem die Fragen von Schuld und Verantwortung ja tatsächlich unbeantwortet bleiben sind und Täter und Opfer am Ende scheinbar auf einer Stufe stehen. Frisch selbst beklagt später die »neutrale Trauer«, die Standpunktlosigkeit in einem Stück, in dem schon – erstmals auf einer deutschsprachigen Bühne – von »Hunderttausenden« gesprochen wird, die »wie Ungeziefer vergast, verkalkt, vernichtet ...« worden sind.

Es sind die Monate einer tiefen Wandlung im Leben, Denken und Schreiben Max Frischs. Der Krieg geht zu Ende, es kommt wieder frische Luft ins Land, Luft zum Atmen und Luft, die die Erkenntnis des ganzen Ausmaßes des Schreckens trägt. Schauen wir kurz noch einmal zurück.

Es ist der 21. April 1945, es tobt der Kampf um Berlin, Deutschland steht kurz vor der Kapitulation. Goebbels hat am Vortag, Hitlers letztem Geburtstag, in einer Rundfunkansprache verkündet: »Deutschland wird nach diesem Kriege in wenigen Jahren aufblühen wie nie zuvor. Seine zerstörten Landschaften und Provinzen werden mit neuen, schöneren Städten und Dörfern bebaut werden, in denen glückliche

Menschen wohnen.« Thomas Mann fährt von Pacific Palisades hinunter nach Hollywood, um seine neuen Ansprachen an die Deutschen Hörer vorzutragen, und liest danach zu Hause die Schweizer Kritiken zu seiner Novelle »Das Gesetz«, findet die Kritik Eduard Korrodis in der NZZ »schwach und dumm«. Ernst Jünger sieht zu Hause in Kirchhorst die befreiten Russen und Polen vorbeiziehen und lässt drei Franzosen bei sich übernachten, das sei menschlich geboten und »zugleich der beste Riegel, der sich gegen das Geplündert-Werden vorschieben lässt«.

Max Frisch schreibt den Text »An der Grenze«. Er ist im Armeedienst an der Grenze. Er beobachtet den Krieg durch ein Fernglas, sieht Kriegsgefangene vorbeiziehen. Hier scheint noch keiner befreit. Ein deutscher Soldat bewacht zwei nackte Holländer, dann auch einmal Tschechen, Russen. Mit zwei Amerikanern kommt es zu einem Schusswechsel, ein Deutscher wird getötet und ein Amerikaner, der zweite rettet sich verletzt hinüber, auf Frischs Seite der Grenze. Frisch sieht das andere Land durch sein Scherenfernrohr: »Alles scheint wie verschimmelt, Morgen, Regen, Nebel.« Er sieht den Krieg wie ein fernes Theaterstück. Da tritt ein Akteur von jenseits der Grenze hinüber, tritt hinunter in den Zuschauerraum der Schweiz. Ein deutscher Soldat, mit einem »liebenswerten Gesicht«, dem man es wohl gönnen möchte, »dass der Krieg zu Ende käme, bevor auch sein ›Häusle‹ zerstört ist«. Sie unterhalten sich, sie duzen sich, Frisch sieht seine »wasserblauen Augen«, die er »rührend und erschreckend in ihrer Ahnungslosigkeit« findet. Frisch spricht über die verhungerten Kinder in Griechenland und Überschwemmungen in Holland. Er weiß, wovon er schweigt. Es ist ein wunderbares Prosastück aus dramatischer Zeit. Der Schweizer Soldat, der sich immer zur deutschen Kultur hingezogen fühlte, der immer schwankte zwischen Gut und Böse in diesem Krieg, er schwankt weiter, doch es endet. Das Schwanken. Er schweigt von Auschwitz und schenkt dem deutschen Soldaten Tabak. »Werde ich ein andermal davon reden?« Nein, er will es nicht, will nicht, dass der deutsche Soldat mit Antworten und mit Zerknirschtheit auf seine Fragen, seine Vorwürfe reagiert, nur um das Päckchen Tabak sich zu verdienen. Er sieht die deutschen Soldaten, sieht das andere Land »wie hinter einem Schleier von flüssigem Glas«. Wie geht es weiter? Der Text ist nur vier Seiten lang, aber er erzählt sehr viel. Am nächsten Abend, als es dämmert, schlendert der Soldat Max Frisch wieder an die Grenze heran, bald sieht er schon den deutschen Soldaten, der wartet, auf seinen Tabak. Frisch liest Zeitung auf dem Weg. Er liest über Buchenwald, über das KZ Buchenwald bei Weimar. Er sieht seinen »Freund von gestern«, drüben, jenseits. Und er liest. Max Frisch ist erschüttert, fassungslos: »Buchenwald bei Weimar, ich sehe nicht ein, wie unsereiner, wenn es uns nicht einfach an Vorstellung fehlt, mit diesen Nachrichten fertig werden soll. Immer endet es in der einzigen, aber hilflosen Gewissheit, dass unser Denken, das um diese Dinge herumgeht, wirklich weiterführen kann. Es steht wie ein nächtlicher Fels vor uns, wir können nicht mehr näher an seinem Fuße sein, wir können nicht mehr bezweifeln, er ist da, er ist mitten auf unserem Wege da.«

Wenige Tage später wird er noch etwas Genaueres wissen, aus einem deutschen Konzentrationslager, seine Kameraden haben Befreite aus dem deutschen Vernichtungslager in Schuls im Unterengadin, wohin sie zur Behandlung gebracht wurden, zu Tausenden gesehen. Er berichtet in einem Brief an seine Frau am 4. Mai 1945 von Oberschenkeln, die man mit einer Hand umfassen kann, von von Stockschlägen schwarzen Rücken, Lagerinsassen, die sich auf ihre Genossen warfen und ihre Leber aßen. Das ganze Lazarett sei eine Anklage gegen den Krieg, vor allem, wie er jetzt hinzufügt, »gegen den deutschen Krieg«. Er schämt sich des behaglichen Mitleids, das er einem desertierten Deutschen tags zuvor entgegengebracht hat, und staunt über die rasante Anpassungsfähigkeit der Deutschen: »Keiner will ein Nazi sein.«

Am Ende des Briefes ist er noch einmal der glückliche Schweizer. Trotz Urlaubssperre kündigt er an, am kommenden Montag »zum Nachtessen bei Rapunzel« – so nennt er seine Frau – zu sein. Montag: Das ist der 7. Mai 1945, der Tag vor der bedingungslosen Kapitulation Deutschlands.

5. Große Entwürfe

»Unser Freund Bin«
Endlich: die Ich-Explosion

Dieses Buch sieht aus wie eine Fibel, in blauen, dicken Karton gebunden ist es, hohes Format, dünn, nur 111 Seiten stark. Auf den Karton sind nur drei große Buchstaben gedruckt: B I N. Sonst nichts. Kein Autorenname, keine Erläuterung. B I N. Was soll das sein? Es ist – die Geburt des Schriftstellers Max Frisch, wie wir ihn kennen, ein Geburtstagsbuch in Blau. Und B I N ist der Gongschlag, der diese Geburt ankündigt. Das Buch erscheint erstmals 1945 im Atlantis Verlag, trägt den kompletten Titel »Bin oder Die Reise nach Peking« und ist eine Erzählung Frischs, die er noch zu Kriegszeiten, 1944, schrieb und fertigstellte. Und Bin – so könnten sie alle heißen, die späteren Helden des Frisch-Universums: Herr Geiser, Anatol Stiller, Gantenbein, Ritter Blaubart oder Max Frisch. Bin – was für ein genialer Name für die ewige Sehnsuchtsfigur eines Ichs. »Es ist im Ernst nicht anzunehmen, dass es Leute gibt, die Bin, unseren Freund, nicht kennen.« So fängt es an. »Ich« ist Soldat und Architekt und einer, der schreibt. Seine Frau nennt er Rapunzel. Wir sind in seinem Traum. Erst ist es März, bald wird Sommer sein, dann Herbst und am Ende Winter. Ein Jahr im Traum. »Ich« heißt Kilian, sitzt am Abend in der ledernen Nische eines Kaffeehauses, trinkt einen Kirsch, liest Zeitung und auf einmal – »nach Jahren des Wartens sieht man sich von der Frage betroffen, was wir an diesem Ort eigentlich erwarten«. Die Hälfte des Lebens ist vorüber, vielleicht schon mehr als das, »und insgeheim fangen wir an, uns vor dem Jüngling zu schämen, dessen Erwartungen sich nicht erfüllten«. Das ist die Lage Kilians. Und wir, die wir das Leben seines Erfinders, das Leben Max Frischs, jetzt schon eine Weile verfolgen, wissen, es ist auch die Lage von Max Frisch. Groß waren seine

Vorstellungen vom Leben, groß die Hoffnungen, doch die Wirklichkeit jener Jahre ist bedrängend und beengend. Ja, er hat in eine der reichsten Familien der Stadt eingeheiratet, ja, sie haben eine Wohnung mit kleinem Garten in der Zollikerstraße, 1944 ist das zweite Kind, der Sohn Hans Peter, auf die Welt gekommen. Ja, er hat als Architekt einen unglaublichen Großauftrag erhalten. Doch das Projekt liegt auf Eis. Das ganze Land liegt auf Eis. Wartete auf das Ende des Krieges. Eine Sekunde lang wird er erwähnt in »Bin«: »›Drüben ist immer noch Krieg‹, sagte ich später. ›Niemand weiß, wann er aufhören wird und wie.‹«

Damals, 1937, als er in »Antwort aus der Stille« zum ersten Mal – nach halsbrecherischer Bergexpedition – seine großen Lebenspläne im Hafen der Ehe begraben hatte, gab er ein Radio-Interview, in dem er Buch und Leben erläuterte. Eduard Stäuble hat in seinem Buch über Frisch eine mundartliche Transkription dieses frühen Tondokuments vorgenommen, in das wir uns hier einmal kurz einblenden wollen (schon allein, um ihn einmal zu hören, den Schweizer Max Frisch, in dem Moment, in dem er ganz Schweizer ist): »Villicht händ Si das au scho erläbt, was i minere Gschicht verzellt wird: dass me als junge Mensch meint, me seigi öppis anders als all euseri Mitmensche, öppis Bsunders, und me würdi emol öppis Unghüürs leischte. Au wänn me nie genau weiß, was das Bsunderi und Unghüüri sii söll. Und dänn, je älter me wird, um so gwöhnlicher wird alles; me ischd nöd besser als di andere, nöd emol schlächter, und immer chliiner wird euseri Hoffnig, dass me emol öppis Großes leischte wird. Euses Läbe, wie's würkli worde ischt – mängisch dunkt's eim, es sei überhaupt keis Läbe, sondern numme en große Alltag, wo nöd wärt ischt, dass mer en läbt, und me fangt aa und fröget sich, für was me eigentli da ischt, Brotverdiene und Hürate und Chind-haa, und weiß allewil weniger, ob das alles überhaupt en Sinn hät, sones Läbe.«

Ein Mann voller Zweifel. Ein Mann voller Hader, voller Enttäuschung über die flache Wirklichkeit. Ein Mann auf der

Flucht. Auch hier, in »Bin«, bricht er auf, folgt seinen Träumen und kehrt zurück zu Frau und Kind. Das Ziel ist hier kein Berg, hier ist es Peking, eine Stadt am Meer. Kein echtes Peking also, eine Traumstadt, in der die Träume wahr sind, in der Kilian der ersten Liebe seines Lebens wieder begegnen wird und immer wieder einem Glück. Sie sind vereint für eine Weile: Ich und Bin, die Wirklichkeit und der Traum, gehen gemeinsam auf Reisen, so wie es sein sollte: Ich bin.

Ich und Bin gehen nach Osten, in Richtung einer Sehnsucht, in Richtung einer Freiheit, eines Glücks. Sie treffen Schlenderer, Lebenskünstler und Heilige, Heilige des Ostens, die ein Rezept fürs Glück gefunden haben, fürs Glück und ewige Sonne, und das geht so: »Sie sitzen so da – zum Beispiel, wenn die Sonne untergeht über den violetten Hügeln der Wüste, und schauen die Sonne, nichts weiter. Sie schauen. Sie denken nichts anderes als eben die Sonne, so sehr, so innig, so ganz und gar, dass sie die Sonne noch immer und immer sehen, wenn jene, die wir die wirkliche nennen, lange schon untergegangen ist. Sie sitzen so da: sie können sie jederzeit wieder aufgehen lassen.«

Was Kilian stört auf seiner Reise, ist eine Rolle, die er unter dem Arm trägt. Es ist eine Zeichenrolle, Erinnerung an seinen bürgerlichen Beruf. Wenn er sie irgendwo stehen lässt, kehrt sie zu ihm zurück. Sie lässt sich nicht verlieren. Diese Last bleibt. Und dann ist da Rapunzel. Er wird von ihr »zum Nachtessen erwartet« – das ist die einzige Gewissheit in dieser schwankenden Traumwelt. Und dass Max Frisch in jenem oben zitierten Brief sich für den 7. Mai 1945 bei Rapunzel »zum Nachtessen« ankündigt, ist natürlich eine bewusste Anspielung an jene Szene aus »Bin«. Das Buch ist ihr gewidmet. Nicht »Für Constanze« heißt es vorne auf der Widmungsseite wie später in seinem ersten Tagebuch, sondern »Für meine Frau«. Seiner Frau ist das Buch gewidmet, und das ist irgendwie schon ein bisschen sonderbar. Zwar gilt hier die Ehe immerhin nicht als »Sarg für die Liebe«, ist aber doch ganz offenbar ein Grund für die Reise Kilians in jene

117

Sehnsuchtswelt. Rapunzel ist nur eine Erinnerung und die stete Mahnung an sein Versprechen, ihr wenigstens eine Postkarte zu schreiben, ist ein lästiger Begleiter durch die Jahreszeiten. Er wird die Karte natürlich nicht schreiben, und Rapunzel wird deswegen ein wenig beleidigt sein, am Ende, nach seiner Rückkehr. Dabei, er weiß es ja, ist das eine Art Glück, in dem er lebt zu Hause. Aber genau das ist das Problem: »Nun haben wir auch bald ein Kind. Wir sind in einer Weise glücklich, die uns kaum noch ein Recht lässt auf Sehnsucht; das ist das einzig Schwere.« Das einzig Schwere? Kann sein. Allein: Dies einzig Schwere scheint ein zentrales Schweres zu sein. Nur wenige Seiten weiter heißt es: »Die Sehnsucht ist unser bestes –« Es ist also das Beste, das Kilian genommen wurde. Die Sehnsucht wurde getötet durch ein Übermaß an bürgerlichem Glück. Deshalb also die Reise. Deshalb also dieses Buch.

Max Frisch findet in »Bin« wunderschöne Bilder dieser Sehnsucht, wunderschöne, traumverlorene Passagen, bittere Anklageseiten wechseln mit herrlichen Momenten des schönen Schauens – es ist ein Traumbuch der Schönheit, und man wundert sich auf jeder Seite, wie er das hingekriegt hat. Wie jener Max Frisch, der in all seinen Büchern zuvor immer viel zu viel wollte, der immer sich selbst zu sehr ins Spiel brachte, die Gefühle übertrieb, die Erklärungen übertrieb, das Pathos übertrieb, wie dieser Max Frisch hier plötzlich eine Form findet, eine Form und eine Sprache für das, was er schon immer schreiben wollte. Vielleicht hing es mit der Architektur zusammen, der Kühlheit des Zeichnens, das er als neue Form der Männlichkeit erlebte. Vielleicht mit dem Alter, den Erfahrungen, vielleicht auch mit dem realen Erlebnis der Ehe, der Vaterschaft. Ein Erwachsenwerden im Stil, das gibt es ja. Und auch eine neue Bitterkeit hilft diesem Buch. Eine Angst vor dem Altern, eine schonungslose Bilanz des eigenen Lebens: »Unsere Seele gleicht einem Schneeschaufler, sie schiebt einen immer wachsenden, immer größeren, mühsameren Haufen von ungestilltem Leben vor sich her, macht sich müde und alt, das Ergebnis besteht darin, dass man dagewesen ist, und dennoch setzen wir alles daran, dass wir möglichst lange nicht sterben.«

Ein Leben für nichts. Ein Leben im Zweifel. Es ist in gewisser Weise sein Leben, das Max Frisch hier vorwegschreibt. Seine Unruhe, sein Ziehen von Ort zu Ort, Zürich – Rom – Berzona – Berlin – New York und wieder zurück. Es wird ein ruheloses Leben sein, das seiner ersten Ehe folgt. Von Stadt zu Stadt, von Frau zu Frau, von Traum zu Traum. Mit einer panischen Angst vor dem Endgültigen, dem Festgefügten. Angst vor der Wiederholung. Angst vor Langeweile. Dass jener Kilian aus »Weggiswil« stammt, ist der Kalauer seines Lebens. Der Ort der Herkunft heißt wie der Wille zur Flucht. Weggiswil. Weg will er. Nach Peking, das er nie erreichen wird. Hauptsache, es ist ein Ziel, von dem er sich einreden kann, dass zu erreichen es sich lohne.

Dass Frisch das Buch ausgerechnet seiner Frau widmete, ist entweder ein schlechter Witz, oder es ist eben ein weiterer Beleg dafür, dass Schriftsteller ihr eigenes Werk nicht zu lesen und zu deuten vermögen. Es ist wohl so, dass Frisch, der schon früh zur Untreue neigte, seiner Frau mit diesem Buch seine Neigungen und Träume erklären wollte und das Buch immerhin mit der Rückkehr zu Frau und Kind beschließt. Aber gerade jene Rückkehr ist der traurige Höhepunkt des Buches. Rapunzel klagt über ausgebliebene Postkarten, er lügt, da sei nichts besonders gewesen auf seiner Reise – »Es war ein elendes Kaff«. Rapunzel erwartet ihn »mit einem entzückenden Frühstück«, mit »Marmelade wie im Märchen«. Es kann nicht sein, dass Frisch das Elend dieses Endes nicht selber aufgefallen ist. Es ist die einzige Schwachstelle des Buches, weil es gelogen ist. »Marmelade wie im Märchen«, nachdem man sich eine neue Welt erträumt hatte. Ein Traum ist zur letzten Mickrigkeit geschrumpft. Und auch den wahren »Bin«, der ihn davongelockt hat, findet Kilian jetzt plötzlich zu Hause. Es ist das Kind, das eigene Kind. »Wem es gleicht?«, fragt er sich. »Am ehesten, so will mich immer wieder dünken, gleicht es Bin, der uns nach Peking führt – Peking, das ich nie erreichen werde.« Max Frisch war noch nicht so weit, weder im Buch noch in der Wirklichkeit, sein bürgerliches Glück aufs Spiel zu setzen. So endet das Buch mit einem kleinen Bin im heimischen Glück. Ein fauler Kompromiss, der zu der schonungslosen Ehrlichkeit des Buchs nicht passt. Eine kleine Niederlage in einem großen Triumph. Das erzählerische Programm eines seiner schönsten Bücher, das erst dreißig Jahre später entsteht, das erzählerische Programm von »Montauk«, formuliert er hier zum ersten Mal als Utopie: »Man müsste erzählen können, so wie man wirklich erlebt.«

Schreiben als Erlebnis, wahres Schreiben. Frisch hat sich freigeschrieben. In einer Ich-Explosion mit Namen »Bin«.

»Unsere Mitschuld«
Eine Reise nach Deutschland. Tagebuch.
Die Welt und das Ich

Max Frisch kommt zum Nachtessen. Der Krieg geht zu Ende. Eine neue Zeit. Um die Schweiz herum wird die Welt neu geordnet. Und auch das Leben Frischs wird noch einmal neu. Die Zeit an der Grenze, am Scherenfernrohr, ist vorbei. Er ist Dramatiker, dessen erstes Stück gerade gespielt wird, das zweite ist schon angenommen, das dritte wird – kaum sind die amerikanischen Atombomben auf Hiroshima und Nagasaki gefallen – schon konzipiert. Es wird ein Stück über die Gefahren einer menschengemachten Sintflut sein, einer Sintflut ohne Arche, ein Stück über Politik und Macht und Verantwortung in Zeiten der Atombombe: »Die Chinesische Mauer«.

Ja – das ist derselbe Max Frisch, den wir auf den Seiten zuvor kennengelernt haben. Der verbissen die Schweiz verteidigende, ansonsten unpolitische Ich-Betrachter, Künstler-Sehn-

120

süchtler, Gefahrensucher, Problemwälzer. Diese Jahre sind die Jahre seiner Neuerfindung. Und das, obwohl natürlich viele Motive, Themen im vorherigen Leben und Schreiben schon angelegt waren. Es ist, als habe jemand ein Fernrohr neu justiert, das Fernrohr, mit dem er auf die Menschen jenseits der Grenze schaut, die Grenze jenseits seiner selbst. Und dabei auch die Sprache neu justiert, den Anspruch an die Kunst und an sich selbst.
Eine Folge des Zeitalters, eine Folge der Zeit?
»Die Zeit verwandelt uns nicht.
Sie entfaltet uns nur.«
Es ist ein Glück, dass Frisch in jenen Jahren eine weitere neue Schreibform für sich entdeckt, eine neue Ausdrucksform für seine Art, die Welt zu sehen: das Tagebuch, dem das obige Zitat entstammt. Ein erster Teil erscheint 1947 im Schweizer Atlantis Verlag unter dem Titel »Tagebuch mit Marion«, später, um zwei Jahre und zahlreiche Texte erweitert, bei Suhrkamp als »Tagebuch 1946–1949«. Das Tagebuch passt perfekt zu Frischs Schreiben, es ist die perfekte Form, seine allgegenwärtige Verknüpfung des Persönlichen mit dem Politischen. Er beginnt mit dem Tagebuchschreiben in einem Moment, als ihm das neu entdeckte Drama schon wieder zu entgleiten scheint. In einem Notizheft von 1946 schreibt er: »Ich glaubte, dass mich das Drama aus der autobiographischen Egozentrik erlösen helfe; das Ergebnis ist, dass ich die ganze Zeitgeschichte in diese Egozentrik, die sich im Traumhaften legitimiert fühlt, hinabsauge.« – Zeitgeschichte in die Egozentrik hinabsaugen – es stimmt schon, die Bühne war dafür nicht der richtige Ort. Doch auch am Tagebuch zweifelt er bald. Zweifel, Selbstzweifel und Selbstkritik begleiten ihn ein Leben lang. Also, das Tagebuch, überlegt er in einem Notizheft im September 1947: »Die Veröffentlichung eines Tagebuchs, je echter es ist, hat immer doch etwas Unanständiges, ähnlich wie die Veröffentlichung der Briefe; das setzt eigentlich den Tod voraus.« Und weiter: »Das Tagebuch als literarische Form, als Werk, sogar als

Hauptwerk hat immer die Gefahr des Narzissmus; das ist mit aller stilistischen Meisterschaft nicht zu tarnen, und der Schreiber wird immer beflissen sein, den Eindruck sonstiger Geschäftigkeit zu erwecken; uns wissen zu lassen, dass er wenig Zeit hat, dass er noch einer andern Pflicht gehorcht – damit wir nicht fragen: Und was machen Sie sonst?«

Damit nun ausgerechnet hat Max Frisch keine Mühe: den Eindruck einer gewissen Geschäftigkeit jenseits der Tagebuchschreiberei zu erwecken. Frisch hat zu tun in diesen Umbruchjahren. Und er ist für Momente immer wieder einmal glücklich. Sekundenkurz kann er das sogar erkennen und aufschreiben und bekennen: »Ich bin sehr glücklich.« Nimmt es dann aber gleich wieder halb zurück und verwandelt es lieber in ein literarisches Motiv: Diese Tage »werden mir einmal als glückliche Tage erscheinen«. Glück ist nicht jetzt. Glück ist Vergangenheit. Und es erscheint auch nur. Es ist eine theoretische Möglichkeit aus einer anderen Zeit. Schöner und direkter hat er darüber dreißig Jahre später in »Montauk« geschrieben: »Es kommt vor, dass ich auf dem Fahrrad pfeife.«

Den Max Frisch dieser Jahre zu beobachten, ist in zweifacher Hinsicht eine Sensation. Erstens, weil es immer aufregend ist, einem Schriftsteller bei seiner Neuerfindung zuzusehen. Und zweitens, weil Frisch einer der wenigen etablierten Autoren ist, die in dieser Tabula-rasa-Zeit noch einmal neu anfangen können. Als neuer, als moderner Schriftsteller. In Deutschland beansprucht eine neue Generation allen Raum für sich. Rückkehrwillige Emigranten sind nicht willkommen, im Land gebliebene Schriftsteller politisch verdächtig. Man nutzt die Situation, so radikal neu zu beginnen wie nie zuvor. In Deutschland waren eigentlich nur Günter Eich und Wolfgang Koeppen in einer ähnlichen Situation. Auch sie erarbeiteten sich zäh eine zweite Chance und schrieben, als hätte es den frühen Eich, den frühen Koeppen nie gegeben.

Frisch erkannte seine Chance. Und Frisch nutzte sie. Er ging. Wie Kilian aus »Bin«: »Ich ging. Ich ging in die Richtung einer Sehnsucht, die weiter nicht nennenswert ist, da sie doch, wir wissen es und lächeln, alljährlich wiederkommt, eine Sache der Jahreszeit, ein märzliches Heimweh nach neuen Menschen, denen man selber noch einmal neu wäre, so, dass es sich auf eine wohlige Weise lohnte, zu reden, zu denken über viele Dinge, ja, sich zu begeistern, Heimweh nach ersten langen Gesprächen mit einer fremden Frau. Oh, so hinauszuwandern in eine Nacht, um keine Grenzen bekümmert! Wir werden schon keine, die in uns liegt, je überspringen ...«

Text seines Lebens – Aufbrüche immer wieder, Sehnsucht immer wieder, das eigene Leben neu erzählen immer wieder – und doch bleibt es das gleiche Leben, wie oft man es auch neu erzählt, wie oft man es auch neu beginnt – sein Leben.

Max Frisch reiste viel in diesen Jahren, oft nach Deutschland, nach Italien, Frankreich und nach Polen, mal mit seiner Frau, mal mit offiziellen Delegationen, er genoss das Herauskönnen aus dem Land, endlich, er schaute und schrieb. Vor allem über Deutschland schrieb er. Es war eine Art Heimweh, das ihn dort hintrieb. Heimweh nach Deutschland. »Heimweh nach einem Deutschland, das man hätte lieben können, nicht müssen.«

Es ist ja zuerst die Landschaft, die er liebt, dort, wo sie sich möglichst wenig landschaftlich gibt, unaufdringlich, das flache Land rund um Berlin, die Möglichkeit zu schauen, der unverstellte Blick. Keine Berge im Weg. Oder das Meer. Das ist schon fast eine Manie von ihm, seine Liebe zum Meer: »Unsere Sehnsucht nach Welt, unser Verlangen nach den großen und flachen Horizonten, nach Masten und Molen, nach Gras auf den Dünen, nach spiegelnden Grachten, nach Wolken über dem offenen Meer, unser Verlangen nach Wasser, das uns verbindet mit allen Küsten dieser Erde; unser Heimweh nach der Fremde.«

Doch auf seinen Reisen durch das Land ist er immer wieder hin- und hergerissen. Erschüttert zunächst von den Trümmern, vom Elend, vom ganzen Ausmaß der Zerstörung. In

123

München ahnt er noch, welche Schönheit da verlorengegangen ist, und ahnt auch, dass sie wiedergewonnen werden kann, eines Tages, vielleicht. Aber in Frankfurt spätestens verliert er alle Zuversicht für dieses Land und schreibt fassungslos:»München kann man sich vorstellen, Frankfurt nicht mehr.« Er fährt und schaut, hört den Menschen zu, hört unendlich viele Elendsgeschichten, sieht viel Leid, hört kleine Heldengeschichten, Widerstandsgeschichten, Nazi war natürlich so gut wie keiner. Frisch empfindet Mitleid, Widerwille, Hochachtung und Verachtung, ist mit Urteilen immer wieder schnell bei der Hand:»Kein Tag vergeht, ohne dass ich urteile, bald so, bald anders, es reißt einen hin und her.« Und gleichzeitig weiß er, dass es für ihn, den Schweizer, hier gar nichts zu urteilen gibt. Er schaut und urteilt und beobachtet sich und nimmt das Urteil gleich wieder zurück. Er reist auch mit dem schlechten Gewissen des Verschonten. Ein Urteil, er weiß es, steht ihm nicht zu:»Jedes Urteil bleibt eine Anmaßung.« Immer wieder kommt er auf sein eigenes Schweigen zurück, damals im Krieg und als die Nazis an die Macht kamen. Sein Schweigen und das Schweigen seines Landes:»Nun ist aber gerade die Unverbindlichkeit, das Schweigen zu einer Untat, die man weiß, wahrscheinlich die allgemeinste Art unserer Mitschuld.« So Frisch in dem Entwurf eines Briefes an einen – fiktiven – deutschen Soldaten, der vor Stalingrad gekämpft hat und sich über den umherreisenden Schweizer beschwert, der nichts erlebt und nichts erlitten hat während des Krieges und jetzt durchs Land reist und seine Beobachtungen aufschreibt.

Es sind Vorwürfe, die Frisch an sich selbst richtet, Fragen, die er sich selbst stellt. Er schreibt drei Entwürfe einer Antwort. Im dritten rechtfertigt er sich und sein Schweigen, sein träumerisches Schreiben in kriegerischen Zeiten. Es ist eine Verteidigung, an die er selbst zu dieser Zeit vielleicht schon nicht mehr glaubt:»Wer in jenen Jahren schrieb und zu den Ereignissen schwieg, die uns zur Kenntnis kamen und manches teure Vertrauen erschütterten, am Ende gab natürlich auch er eine deutliche und durchaus entschiedene Antwort dazu; er begegnete der Zeit nicht mit Verwünschungen, nicht mit Sprüchen eines Richters, sondern mit friedlicher Arbeit, die versucht, das Vorhandensein einer anderen Welt darzustellen, ihre Dauer aufzuzeigen. Er äußerte sich zum Zeitereignis, indem er es nicht, wie andere fordern, als das einzig Wirkliche hinnahm, sondern im Gegenteil, indem er ihm alles entgegenstellte, was auch noch Leben heißt.« – Das romantische Konzept des Schriftstellers Max Frisch, so wie er einmal war. Jetzt, angesichts der Trümmer, angesichts von Auschwitz, angesichts des vollkommenen moralischen Zusammenbruchs der kulturellen Welt, der er sich zugehörig fühlte, war dieses Konzept, Frisch wusste es, bestenfalls lächerlich. Nein, es war sogar gefährlich und verantwortungslos. Kein Konzept für die Zukunft.

»Die Forderungen des Tages«
Politik als Verpflichtung

Und das vor allem ist das Atemberaubende im Leben und Schreiben Max Frischs jener Jahre: wie einer, dem diese Haltung innerlich überhaupt nicht entspricht, der sie auch nicht gelernt hat, der in seinem Land keine Vorbilder dafür hat, wie Max Frisch zu einer neuen Haltung findet, wie er sich neu erfindet, wie er zu einem politischen, zu einem engagierten Schriftsteller wird, einem Schriftsteller mit einer Verantwortung gegenüber der Gesellschaft, in der er lebt, gegenüber der Welt, die ihn umgibt.

In Genua, im Oktober 1946, erreicht ihn der Brief eines Freundes. Am Abend sind sie angekommen, er und Constanze, auf ihrer Urlaubsreise durch Italien. Es schreibt, voll Glück, ganz der alte Frisch: »Endlich wieder einmal das Meer! Wir sind selig. Wir haben ein Zimmer im obersten Stock, und es fehlt nicht der Mond, der uns das Meer beglänzt, damit wir es um Mitternacht noch sehen können.« Doch dann, am nächsten Tag also, dieser Brief, und der Freund fragt darin »einmal mehr, ob es zur Aufgabe irgendeiner künstlerischen Arbeit gehören kann, sich einzulassen in die Forderungen des Tages«. Der Freund gibt sich gleich selbst die Antwort: Nein, schreibt er, das Kunstwerk müsse sich darüber erheben, über alle Zeitfragen, über alle Politik und frei sein. Frisch antwortet sich selbst im Tagebuch: »Vielleicht hat er recht; aber das entschiedene Nein, das er auf seine Frage gibt, ist nicht minder gefährlich als das Ja.« Frisch schwankt noch. Und Frisch sieht als Ideal das Dazwischen. Die Welt, so wie sie ist, verlangt den politischen Künstler, macht auch den unpolitischen Künstler automatisch zu einem politischen, wenn er kein Verbrecher sein will. Max Frisch folgt Bertolt Brechts Zitat: »Was sind das für Zeiten, wo das Gespräch über Bäume fast ein Verbrechen ist, weil es ein Schweigen über so viele Untaten einschließt.«

Interessant ist auch, dass Max Frisch die Formulierung der »Forderungen des Tages« wählt. Vielleicht stand sie ja auch wörtlich in dem Brief des Freundes, das ist aber unwahrscheinlich. Auch an anderer Stelle leiht sich Frisch diese Sentenz. Geprägt hat sie Goethe in »Wilhelm Meisters Wanderjahre«: »Was aber ist deine Pflicht? Die Forderung des Tages.« Vor allem jedoch war sie in diesen Jahren berühmt als ein zentrales Motiv Thomas Manns, der es verwendete, um seine schwere, langwierige, dann aber umso entschlossenere Abkehr von Nazi-Deutschland zu bekunden. Eine Aufsatzsammlung aus dem Jahr 1930 hat er mit diesem Titel versehen. Es ist eine der Spuren, denen Max Frisch in diesen Jahren folgt. Auch Thomas Mann war der politische Auftrag seiner Künstlerschaft wesensfremd, als er begann. Doch mit den Jahren und angesichts der Herausforderungen der Zeit wandelte er sich zu einem Anhänger der Demokratie und entschiedenen Antifaschisten, dessen Selbstüberwindung vom unpolitischen Romantiker zum politisch bewussten Zeitgenossen sich nicht nur in seinen Essays und Reden, sondern auch in seinen Romanen widerspiegelt. Max Frisch notierte sehr genau die deutschen, vor allem die westdeutschen Reaktionen anlässlich Thomas Manns erstem Nachkriegsbesuch in seinem Heimatland: »Mit viel Hass« wurde er empfangen. Max Frisch weiß, warum: »Eine Emigration ist fruchtbar geworden; das ist für jene, die diese Emigration verhängt haben, ein leidiger Anblick, und nichts ist begreiflicher als ihr wildes Bedürfnis, die Fehler dieses Mannes aufzuzeigen.« Die Forderungen des Tages – sie waren nach dem Krieg die gleichen wie davor. Der Tag forderte Verantwortung – von den Bürgern, von den Schriftstellern.

»Ehrlich sein. Einsam sein«
Todeswunsch und neue Liebe

Doch Max Frisch träumt sich auch immer wieder davon. Er ist ja nicht von einem Tag auf den nächsten ein anderer geworden. An seinen früheren Professor und Lehrer der Literaturwissenschaft, Walter Muschg, schreibt er im September 1946, dass er daran denke, Europa zu verlassen, wenn er nur wüsste, wohin. Und wenn nur die Kinder nicht wären. Er träume von einem »Schritt in die Einsiedelei«, einem »Austreten aus der Zeitgenossenschaft«. Max Frisch ist oft schwermütig, ja depressiv. In dem Brief an Muschg schreibt er von seiner Verzweiflung angesichts des »Totentanzes« der Welt, will sein Dasein »irgendwie noch zu Ende schmuggeln« und beschreibt, wie er abends oft zu Hause sitzt, ohne zu arbeiten, ohne zu lesen, nur schaut und nichts tut, nachdem er wieder einmal die Zeitung gelesen hat und beim besten Willen nicht erkennen kann, »was meine Arbeit für einen Sinn hätte selbst dann, wenn sie gänzlich gelänge«. Ein Mann, entschlossen, seinen Beitrag zu leisten zur Verbesserung der Welt, zur Verbesserung der Zustände, schaut sich um, liest die Zeitung und verzweifelt.

In den Notizheften schreibt er von Selbstmordgedanken, tiefen Selbstzweifeln und Angst: »Ich bin nicht sicher, ob es ein Weiter gibt. Eine Verwirrung, der ich nichts entgegenzusetzen habe, ist jederzeit möglich. (...) Hinter allem was ich tue, steht eine Menge ungestillter Angst, die sich mir zu Zeiten, wo ich mich wohlfühle, in Rausch verwandelt. Meine Arbeiten, wo immer sie fertig sind und mir als Spiegel begegnen, erweisen sich als ein Ausweichen; es sind lauter Gebilde der Angst. Ich lebe aus keinem Verlass heraus.«

So waren seine Reisen auch eine Flucht, eine Flucht vor sich selbst, auch vor der Familie, vor Selbstbetrachtung und Grübelei. Er war ja noch der Freund von Bin, den die Sehnsucht davontrieb, die Sehnsucht nach neuen Menschen, neuen Bildern, einer neuen Frau: »Warum reisen wir? Auch dies, damit wir Menschen begegnen, die nicht meinen, dass sie uns kennen ein für allemal; damit wir noch einmal erfahren, was uns in diesem Leben möglich sei –
Es ist ohnehin schon wenig genug.«

Und so ist dieses Tagebuch auch das Buch einer Ehekrise, das Buch eines Mannes, der die Festlegungen hasst, der die Fesseln des Alltags hasst, die Unbeweglichkeit der heimischen Welt. Ein Schrei gegen die Enge. Die Enge der Schweiz, die Enge Zürichs, die Enge der Ehe. Schon auf der fünften Seite berichtet er von einer Ehe, die in die Luft geht und ersetzt wird durch eine neue Liebe, »die lange schon wartete wie ein Keim unter dem Stein, ein Mögliches, das plötzlich an die Sonne kommt, ein Lebendiges ...« Die drei Punkte am Ende bezeichnen das Geheimnis, das Mögliche, das Private, das Offene eben, von dem der Text spricht. Max Frisch hat zu dieser Zeit immer wieder Affären, oft mit Schauspielerinnen. Frisch verliebte sich gern und schnell. Nicht immer war er erfolgreich. Urs Bircher berichtet von einem Gespräch mit der Schauspielerin Elisabeth Müller, die in der Uraufführung von Frischs Stück »Die Chinesische Mauer« die Hauptrolle gespielt hat, wie Frisch ihr auf langen Wanderungen zum Pfannenstiel hinauf ausführlich seine Liebe erklärte, aller-

Der Vater

Die Mutter

Der Zweijährige in der
Heliosstraße in Zürich

1931. Rekrutenschule in Thun, Max Frisch rechts

1934

Die Mutter

Der Vater

Der Zweijährige in der
Heliosstraße in Zürich

1931. Rekrutenschule in Thun, Max Frisch rechts

1934

1951.
Cleveland, Ohio.
Empfang des
Karamu Theatre

1952. Mt seinem Mitarbeiter Hannes Trösch
im Architekturbüro

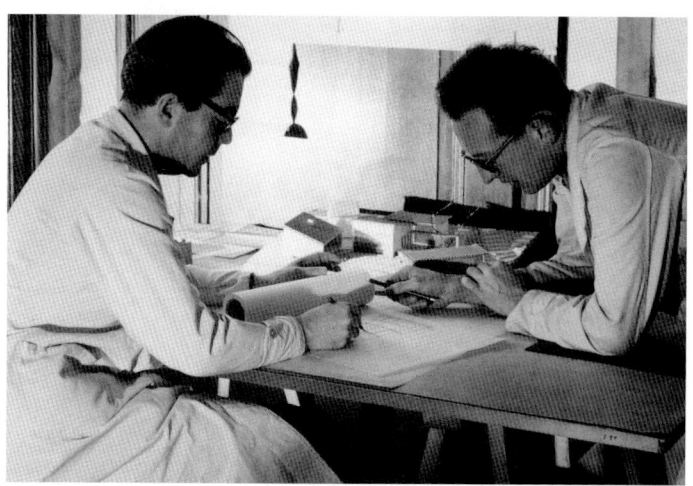

1948. Mit Bertolt Brecht auf der Baustelle des
Schwimmbades Letzigraben in Zürich

1942. Das Brautpaar u. a.
mit Elsbeth Vögtli-Diem
und Werner Coninx

1944. Mit der einjährigen
Tochter Ursula

1929. Auf dem Berg

Ingeborg Bachmann.
Foto: vermutlich Max Frisch

1967. Mit Marianne

1962. In Rom

1968.
Mit Friedrich Dürrenmatt
beim Treffen der Gruppe 47
in Rüschlikon

dings erfolglos. Sie war sehr begehrt. Bei einer Premierenfeier saß sie einmal zwischen Brecht und Frisch am Tisch und spürte auf einmal eine Hand auf ihrem Knie. Sie bekam sie zu fassen – es war die Hand von Brecht. Auch Frischs älteste Tochter berichtet in ihren Erinnerungen von Affären ihres Vaters während seiner ersten Ehe. Er scheint sie auch nicht sehr geheim gehalten zu haben. Weder im Theater noch in den Ferien auf Sylt zum Beispiel. Einmal nahm er seine Tochter mit auf einen Spaziergang mit der Geliebten, die plötzlich ihre Bluse aufknöpfte und ihren Oberkörper bis auf den Büstenhalter entblößte. Tochter Ursula war empört. Der Vater nahm sie daraufhin nicht mehr mit. Die Angst, der Ärger, das Verstummen der Mutter gegenüber dem Ehemann, dem Vater der Kinder, ihre Wut auf ihn, ihr Zittern, das liest sich dort beklemmend und wahnsinnig traurig – die Kehrseite der Freiheit und der verwirklichten Träume des Sehnsuchtsmannes.

Frischs Tagebuch ist voller Hinweise darauf. Auf andere Frauen, neue Pläne ohne Familie. »Ehrlichkeit« – das ist schon hier eines der zentralen Motive seines Schreibens. Nichts verschweigen und damit allerdings vor allem den Menschen schaden, die man gar nicht gefragt hat, die von seiner Ehrlichkeit bloßgestellt werden, vor sich selbst, vor ihm, vor der Welt. Ja, aber auch das – typisch Frisch – thematisiert er schon mit: »Er übt eine Wahrhaftigkeit, die stets auf Kosten der andern geht«, schreibt er schon zu Beginn. Und am Ende, selbstmitleidig: »Ehrlich sein: einsam sein.« An sich selbst schreibt der Erzähler: »und wenn du nicht ganz verlogen bist, kannst du dir nicht verhehlen, dass alles, was man gemeinsam erlebt und als Letzt-Gemeinsames empfunden hat, auch ohne sie gegangen wäre; genau so.«

Constanze, seine Ehefrau, kommt als Name, als Figur im Tagebuch nur sehr selten vor. Wie auch? Auf den meisten Reisen war sie nicht dabei. Sie blieb bei den Kindern, blieb in Zürich. Doch auch dieses Buch, wie schon das letzte mit Rapunzel und ihrer exzellenten Marmelade, die maulend auf einer Postkarte von Kilians Traumreise bestand, ist noch einmal seiner Frau gewidmet: »Für Constanze«.

Das Ende einer Liebe ist auch in anderer Hinsicht ein zentrales Thema des Tagebuchs. Denn das Ende einer Liebe ist für Frisch auch der Beginn der Festlegungen, ist der Moment, in dem man glaubt, den anderen, den Geliebten zu kennen. Sobald man das Gegenüber fixiert glaubt, fixiert in festen Bildern, fixiert in Meinungen über ihn, fixiert in einer gemeinsamen, festen Zukunft, ist die Liebe vorbei: »Du sollst dir kein Bildnis machen.« Das ist, in einem Buch, das sich ansonsten vor eindeutigen Botschaften scheut, eine wichtige Mitteilung des Autors an den Leser. Es steht da so als entliehenes biblisches Gebot, als Max-Gesetz, von Weißraum umstellt. »Du sollst dir kein Bildnis machen« – ohne Punkt am Ende. Er wird einen ganzen Roman über diesen Satz schreiben, bald, in Amerika. Heute: ein Lob der Liebe, wenn sie beginnt: »Wir wissen, dass jeder Mensch, wenn man ihn liebt, sich wie verwandelt fühlt, wie entfaltet, und dass auch dem Liebenden sich alles entfaltet, das Nächste, das lange Bekannte. Vieles sieht er wie zum ersten Male. Die Liebe befreit es aus jeglichem Bildnis. Das ist das Erregende, das Abenteuerliche, das eigentlich Spannende, dass wir mit den Menschen, die wir lieben, nicht fertig werden: weil wir sie lieben; solang wir sie lieben.« Und wie in christlich entfesselter Trunkenheit endet Max Frisch: »So wie das All, wie Gottes unerschöpfliche Geräumigkeit, schrankenlos, alles Möglichen voll, aller Geheimnisse voll, unfassbar ist der Mensch, den man liebt – Nur die Liebe erträgt ihn so.«

So ist dieses Buch. So ist auch sein Autor. Zwischen lyrischer Liebesfeier und politischem Erkenntnisinteresse, zwischen Wissensdurst und Liebesdurst, Verantwortungsbewusstsein im Großen und Verantwortungslosigkeit im Kleinen. »Meine Auseinandersetzung mit der Welt ist immer privat«, schreibt er in sein Notizheft. Und vor der privaten Enge flieht er in die Welt.

Sein liebstes Ziel: Berlin. Hier sind Geschichten, hier sind

Menschen, die ihm nah sind, das Berlinische, oft verhöhnt. Frisch liebt es – das Unsentimentale, den Witz, das Antipathos. Er unterhält sich gern mit den Berlinern, fühlt sich im Grunewald, an der Krummen Lanke, am Schlachtensee »unbändig wohl«, und es wird geradezu eine fixe Idee von ihm, sich vorzustellen, »was für ein durchaus fröhlicher und sprühender Kerl« er »in dieser Luft« geworden wäre. Es sind die Momente, in denen er einfach vergisst, was »in dieser Luft« in den letzten Jahren geschehen ist, wie wenig Grund es gegeben haben mag, hier ein fröhlicher, sprühender Kerl zu werden, wie viele Gründe weniger als im friedlichen Zürich. Dann ist er wieder entsetzt von der Wehleidigkeit der Deutschen, von der allgemeinen Schuldlosigkeit. Und in einem Moment, den er selbst »luziferisch« nennt, da stellt Max Frisch sich vor, als er wieder einmal im Flugzeug über deutsche Städte fliegt, dass er durchaus imstande wäre, Bomben abzuwerfen. Es bedürfe dazu nicht einmal einer vaterländischen Wut oder einer jahrelangen Verhetzung, es genüge schon »ein Bahnhöflein« oder »ein Dampferchen am Steg«. »Es juckt einen«, schreibt Frisch, der sich gerade noch so maßlos erschüttert über die zerstörten deutschen Städte gezeigt hat, »eine Reihe von schwarzen und braunen Fontänen hineinzustreuen, und schon ist man weg.« Er stellt es sich vor, wie alles hinter ihm zusammenstürzt, deutsche Städte, eine Welt, zerstört von ihm. Es ist das Mörderische am modernen Bombenkrieg, Frisch ahnt es hier, von seinem Flugzeugfenster aus: »Man sieht kein Blut, hört kein Röcheln, alles ganz sauber, alles aus einem ganz unmenschlichen Abstand, fast lustig.«

Es gibt ein schönes Foto von ihm, 1946, in einem Flugzeug, die Vorhänge an den Fenstern sind zur Seite gezogen, Frisch im hellen Sakko beugt sich an die Scheibe, sein Gesicht mit der großen Brille wird von der Sonne erhellt, die Haare fliegen etwas zerzaust in die Stirn. Frisch schaut, schaut einmal, ohne gleich etwas aufzuschreiben. Er beklagt das oft, im Tagebuch und auch in späteren Jahren – diesen ständigen

Zwang zum Aufschreiben und dass man damit den Augenblick töte, mit dem Beschreiben, mit Sprache überhaupt. »Sprache ist wie ein Meißel, der alles weghaut, was nicht Geheimnis ist.« Sich kein Bildnis zu machen, das gilt ihm auch als Ideal der Weltbetrachtung. Nur Schauen. Keine Reflexion. Alles, was zum Wort wird, verliert sein Geheimnis und »fällt einer gewissen Leere anheim«. Sprache arbeitet gegen das Lebendige, das Fließende, das große Möglichkeitsversprechen. Deshalb nennt er die größten Glücksmomente, die verschwiegenen, von denen er die Leser und die eigene Sprachmaschine ausschließt, so: »Jetzt ist Sehenszeit.«

Später steht er wieder zwischen den Trümmern, ist erschüttert über die Zerstörung, erschüttert aber auch immer wieder über die Ursache dieser Zerstörungen, und er sieht sich »vor der grässlichen Frage, ob es ohne Ruinen gegangen wäre, ohne diese täglichen u. bleibenden Denkmäler der Niederlage. Man kann daran zweifeln«.

So schwankt er durch Deutschland. Zwischen Liebe, Verachtung, Selbstzweifel, Ungläubigkeit, Schuldgefühlen, Anklage und Selbstanklage, Sehnsucht und Abscheu. Er spielt mit dem Gedanken, hierher zu ziehen, einmal scheint es schon fast ein Entschluss, dann erfasst ihn wieder das Grauen. Vor allem wenn er in andere Länder reist, die Länder, die die ersten Opfer des deutschen Angriffskrieges waren. Er warnt sich selbst vor Sentimentalitäten gegenüber den Deutschen, wenn er fassungslos durch Polen reist, das systematisch zerstörte Warschau, den »Aufbau einer Tötungsindustrie« in allen Details mit eigenen Augen sieht, da widert es ihn an, die Erinnerung zum Beispiel an »die deutsche Frau, die uns vorklagt, dass die Polen ihre Möbel genommen haben«.

»Es wächst das Schweigen«
Reise nach Polen. Ideologie statt Freiheit

Seine Reise nach Polen im August 1948 hatte einen großen
Anlass: einen Kongress für den Frieden in der Welt, der in
Breslau stattfindet. Offizieller Titel:»Le Congrès mondial
des intellectuels pour la paix«. Die Beschreibung der Erlebnisse auf dieser Reise beeindrucken auch heute noch in ihrer
Kombination aus Klarsicht, Staunen, Ekel, Fragen und Verstummen. Max Frisch war mit den besten Absichten gekommen. Immer häufiger beklagte er die Bedrohung der Welt
durch Atomwaffen, die Bedrohung des Friedens durch die
Aufteilung der Welt in zwei große Machtblöcke. Intellektuelle aus aller Welt diskutieren über mögliche Auswege aus
der Spirale der Gewalt. So hatte er sich das vorgestellt. Die
Ernüchterung kam schnell. Zunächst war Frisch befremdet
ob der rasanten und kompletten Polnifizierung Schlesiens.
Nichts sollte mehr an die deutsche Geschichte erinnern. Frisch
empfand das als gespenstisch.»Ich weiß nicht, wo ich bin.
Schlesien ist die Heimat von Gerhart Hauptmann.« Eine Ausstellung, in der der Beweis erbracht werden soll, dass Schlesien ein polnisches Land sei, findet er lächerlich und dumm.
»Mit dem gleichen Beweis könnte Österreich verlangen, dass
wir nach siebenhundert Jahren unter seine Herrschaft zurückkehren.« Dabei vertritt Frisch selbstverständlich nicht
die Partei eines deutschen Revanchismus, der die Grenzen
wieder zurückverschieben will. Er hasst nur die Lügen der
Begründung. Es geht um Entschädigung, Entschädigung der
Polen für erlittenes Leid und natürlich um Entschädigung für
die eigenen Ostgebiete, die die Sowjetunion sich einverleibt
hat. Stattdessen werden die Umrisse des neuen Polen überall
als Leuchtbilder, als Fresko, als Relief in allen Größen beschworen. Eine junge Polin, die seit drei Monaten in Breslau
lebt und die er in der Ausstellung trifft, empfindet seine Einwände als feindselig.

Der Auftakt des Kongresses wird allerdings noch unerfreulicher. Der Führer der sowjetischen Delegation, Alexander Fadejew, beginnt den Kongress mit einer einstündigen Beschimpfung der westlichen Hyänen, Mystiker und Pornografen, wendet sich gegen Jean-Paul Sartre, André Gide und den westlichen Imperialismus. Es ist eine wütende Anklagerede gegen den Westen und jede Abweichung von den sowjetischen Vorgaben. Frisch fühlt sich unwohl. Als am nächsten Tag Widerspruch zu Fadejews Rede laut wird, von einem Engländer und einem Amerikaner, nimmt der Angegriffene, der kein Englisch versteht, demonstrativ die Kopfhörer mit der Simultanübersetzung ab und unterhält sich mit seinen Landsleuten. Kritik ist nicht gefragt auf diesem sowjetischen Kongress, eine Diskussion ist nicht gefragt, ja, es sind nicht einmal Fragen gefragt.

Später, in Warschau, wird ihm eine sympathische Stadtführerin zugeteilt, Wiska heißt sie. Und auch beim Gespräch mit ihr muss Frisch feststellen, dass in diesem Land jede Diskussion unerwünscht ist. »Was beschlossen ist, kann nur der Staatsfeind nochmals erörtern.« Frisch erklärt zwar, dass er es auch verstehe, dass es genug zu tun gebe in einem zerstörten Land und man sich eben nicht mit müßigem Zerreden aufhalten dürfe. »Nur: es erstirbt die ehrliche Lust zu fragen, die ehrliche Lust, seine Gedanken zu sagen, es wächst das Schweigen, lautlos webt sich ein Vorhang. Was bleibt dir denn anderes: du lobst oder du schweigst. Und das Misstrauen ist da.«

Sein Widerwille gegen das formierte Denken ist so groß, dass er sich in einem Maße über eine Begegnung mit dem Schweizer Gesandten freut, wie man es vorher kaum für möglich gehalten hätte. »Es ist doch eine Labsal, unbesonnen und ohne Einschränkung zu sagen, was man denkt.« Ein bitterböses Porträt zeichnet er von dem Germanisten Hans Mayer, der drei Jahre zuvor eine sehr kluge Rezension des »Bin« geschrieben und Frisch darin mit Kafka verglichen hat und der später die Gesammelten Werke Frischs herausgeben wird. Hier, auf diesem Kongress, ist Mayer voll auf Linie, erläutert Frisch am Abend am Buffet den Unterschied zwischen gutem und bösem Terror und erklärt, dass es gar keinen Sinn habe,»mit Leuten wie André Gide über Kultur zu sprechen«. Mayer muss wohl gemerkt haben, dass sein ideologisches Gerede dem verehrten Autor auf die Nerven ging, ein paar Tage später treffen sie sich wieder am Buffet, Mayer betrunken, redet auf Frisch ein, man habe sich neulich missverstanden, und er bittet ihn, doch bitte seine Lage zu verstehen, was solle er anderes tun, er habe keine Wahl usw. Frisch dazu kühl und treffend:»Menschen mit einer Überzeugung sollten nicht trinken; sonst verrutscht sie wie eine Larve, wenn man schwitzt.«

Ideologien, Überzeugungen, festgefügte Wahrheiten – es ist das Gegenteil der Weltvorstellung von Max Frisch. Der Schriftsteller, der sich – entgegen seinem Naturell – zu den Forderungen des Tages bekennen will, die Forderungen erfüllen will angesichts der Weltlage, angesichts des bedrohten Friedens, dieser Schriftsteller wird hier in Breslau im August 1948 auf eine harte Probe gestellt. Man atmet förmlich mit ihm zusammen auf, wenn er von seinem ersten Abend an der Oder schreibt:»Jetzt, zum erstenmal, fühle ich mich wohler; allein in der Landschaft, die etwas Weites und doch Schweres hat.« Und nach seiner vorzeitigen Abreise vom Kongress in Richtung Warschau, noch vor der Verabschiedung einer zweifelhaften Erklärung:»Im übrigen genieße ich es, allein zu sein.«

»Es wird nicht über Literatur gesprochen«
Vom Traum, die Welt neu zu entwerfen.
Sein Schwimmbad

Warschau erschüttert ihn, das Getto erschüttert ihn, die Geschichte des Gettos und die »Silhouette der irren Zerstörung«, die Überreste einer Stadt, die man versuchte »für immer auszutilgen«. Gleichzeitig ist er begeistert vom Mut der Polen, an dieser Stelle die Stadt wieder ganz und gar neu aufzubauen. Der Pioniergeist, den er hier erlebt, macht ihn glücklich, an einem Gespräch mit Architekten und Städteplanern nimmt er staunend und freudig teil. Zunächst die angenehm sachliche Form des Gesprächs nach all dem ideologischen Gequatsche: »Das Fachliche erweist sich einmal als Segen; man trifft sich mindestens in der Fragestellung; das Gespräch hat Hand und Fuß.« Vor allem aber findet hier in Warschau, bei allem unendlichen Leid, die Verwirklichung eines Studententraums statt: der Bau einer neuen Stadt. Frisch erlebt das Hochgefühl einer ganzen Generation, die sich eine neue Hauptstadt baut. Begeistert betrachtet er die Modelle und sieht: »Viel Phantasie, ein meistens humaner Maßstab, viel Sensibilität für kubischen Rhythmus. Hoffentlich wird es, wie ihre Modelle heute zeigen.« Alles hier an diesem zerstörten Fleckchen Erde erfüllt die Voraussetzungen des modernen Städtebaus: Enteignung aller Grundeigentümer und Zerstörung so gut wie aller Häuser, aller Strukturen. Eine Stadt wird neu erfunden: »Zum erstenmal hat der moderne Städtebau eine wirkliche Chance, nachdem er seit Jahrzehnten überall gelehrt wird.« Von Warschau begeistert, vom Kongress entsetzt, reist Max Frisch schließlich ab. In der Schweiz wird seine Reise mit großem Misstrauen verfolgt. Die NZZ greift ihn scharf an und verlangt eine Rechtfertigung für seine feindlichen Aktivitäten im Ausland. Der Abdruck seines Reiseberichts wird abgelehnt. Nach dieser Reise beginnt auch die Bespitzelung Frischs durch den Schweizer Staat. Vierzig Jahre lang wird man den Autor heimlich beobachten und Berichte über ihn anfertigen. Er gilt als politisch verdächtig. Doch Frisch will sich nicht nur nicht vereinnahmen lassen. Er will sich auch nicht entmutigen lassen, weder durch das Misstrauen zu Hause noch durch die Denk- und Redeverbote in der Welt. Er schreibt: »Wenn man von Frieden redet, was ist gemeint? Gemeint ist meistens nur die Ruhe, die durch Vernichtung eines Gegners erreicht wird. Ein amerikanischer Friede oder ein russischer Friede. Ich bin weder für diesen noch für jenen; sondern für den Frieden.«

Nach seiner Rückkehr macht er sich gleich wieder an sein – im Vergleich zum Neubau einer Hauptstadt – winzig kleines Bauprojekt, das Freibad am Letzigraben. Seine Besuche auf der Baustelle werden im Tagebuch immer wieder beschrieben. Im August 1947 geht es endlich los. Erste Männer mit glänzenden braunen Rücken machen sich an die Arbeit. Vor hundert Jahren war ein Galgenhügel an der Stelle, an der jetzt das Bad entsteht.»Der Aushub wird nicht ohne Schädel sein«, ahnt Frisch, und er nennt sich einen »Feldherrn, der seinen Willen einträgt in dieses Flecklein unsrer Erde«. Schließlich finden sie doch noch ein Skelett. Leider ohne Schädel. Den hätte Frisch gerne gehabt, schreibt er. Er genießt die Rolle des Feldherrn, der über seine Baustelle geht. Spricht mit den Arbeitern, die unzufrieden sind mit ihrem Lohn. Sieht alles wachsen, erkennt, welche gravierenden Folgen ein kleiner Flüchtigkeitsfehler beim Aufmaß später im Bau haben kann. Er freut sich am Fortgang des Baus, nennt ihn immer wieder sein »Volksbad«, kennt aber auch in der Architektur die Skepsis vor der Verfestigung der Welt. Auch hier wird ihm unwohl, je realer der Bau wird: »Alles ist greifbar, so wie du es entworfen hast, unbarmherzig, ob es dir nun gefällt oder nicht; es ist da, und die beste Idee verändert es nicht mehr. Wie leicht es ist, das Fertige zu beurteilen! Selbst wo es dir gefällt, hat es etwas Befremdendes, fast Erschreckendes; alles wird eisern und steinern, endgültig, es gibt nichts mehr zu wollen.«

Ja, es ist nichts mehr zu wollen und bald auch nichts mehr zu beklagen. Anfang Juni 1949 lädt er Freunde und Bekannte des Literaturbetriebs stolz zu einer ersten Besichtigung des Bades ein. Übermütig heißt es in seinem Einladungsschreiben: »Der Unterzeichnete würde sich freuen, einigen seiner Kritiker, Helfer, Begleiter auf literarischem Gebiet zur Abwechslung einmal eine architektonische Arbeit zeigen zu dürfen. (...) Er selber hat Freude daran.« Der Rundgang werde nicht mehr als vierzig Minuten dauern, und ein Versprechen fügt er noch hinzu: »Es wird nicht über Literatur gesprochen.«

Schließlich, am 18. Juni, wird sein Volksbad eröffnet. Euphorisch blickt der Architekt auf das Glück der Menschen in seinem verwirklichten Entwurf. Nein, das wird ein Schriftsteller mit seinen Werken nie erleben. Dieses Glück betrachten zu können, das Glück der Menschen in der Sonne, in dem Bau, den man selbst entworfen, dessen Fortgang man Blume für Blume, Geländer für Geländer, Umkleidekabine für Umkleidekabine begleitet hat. Auch die Bäume hat Frisch ausgesucht, jedes verbaute Material, die Farben: alles seine Ideen, seine Wünsche. Jetzt steht er da und staunt, sieht die alten Leutchen, die die Blumen bewundern, die Jungs, die sich von den eleganten Türmen mit den schlanken Säulen ins Wasser stürzen. Auf dem einstigen Galgenhügel ist stürmischer Betrieb. Alles wird von den Badegästen wie ein neues Spielzeug betrachtet. »Nur die Kinder planschen drauflos, als wäre es immer so gewesen.«

Es ist ein wunderschönes Sommerkunstwerk, ist es bis heute geblieben. Inzwischen steht es unter Denkmalschutz, wurde 2006 frisch renoviert. Alles ist wie damals, heute noch. Die geschwungenen grünen Wiesen, die kleinen, weißen Pavillons in strenger Formation, leicht erhöht auf dem Galgenhügel der Pavillon mit den blau-weißen Markisen, dem Dach wie bei einem Sommerkarussell. Es gibt Rivella und Heineken-Bier aus der Dose. Am Rand des Sprungbeckens liegt man auf geschwungenen Holzplanken in der Sonne und schaut den Springern zu, die sich vom Frisch-Turm stürzen. Am Eingang gibt es eine kleine Ausstellung, die die Geschichte des Bades dokumentiert.

Im Sommer 2009 steht ein älteres Paar am Glasfenster zur Ausstellung, die heute geschlossen hat, und drückt sich die Nasen platt. Wie gern hätten sie die Ausstellung gesehen, denn sie waren dabei, damals, im Juni 1949. Sie gehörten zu den ersten Gästen, erinnern sich, eine Karte kostete für Kinder 15 Rappen, mit der Schulklasse nur 10 Rappen pro Person. Es war ein herrlicher Sommer, und die Menschen haben das Bad geliebt. Wer das gebaut hat, das spielte für die Kinder natürlich überhaupt keine Rolle. Wasser, Wiese, tolle Sprungtürme, Platz für Fußball, alles, was ein Schwimmbad braucht. Sie waren seit ihrer Kindheit nicht mehr hier gewesen. Sie können es gar nicht glauben, dass sich äußerlich überhaupt nichts verändert hat seit damals, alles wie neu, nichts hinzugebaut. Dabei sind ein Wellenbad, eine Kinderrutsche und ein Strömungskanal neu hinzugekommen. Das Sommerkunstwerk von Max Frisch, er hat diesem Flecken Erde seinen Willen eingetragen, der Feldherr Frisch, für lange Zeit.

6. Dramatiker

»Intelligenz als Magnet«
Brecht

In diesen Jahren kann man Max Frisch manchmal abends auf dem Fahrrad auf dem Weg nach Hause schimpfen hören. Dann ist er wahrscheinlich wieder einmal bei jenem Mann zu Besuch gewesen, in Herrliberg, im Dachstock eines alten Gärtnerhauses, einem Herrn mit zerknautschtem Gesicht, großer Brille und einer Ledermütze auf dem Kopf, einem Mann, den Frisch im Winter 1947 bei Kurt Hirschfeld kennengelernt hat, als dieser gerade nach Jahren des Exils aus Amerika zurück nach Europa gekommen war: Bertolt Brecht. Wohl von keinem anderen Künstler hat Max Frisch so viel gelernt wie von Bertolt Brecht. Ja, auch gerade weil er, wenn er ihn nach stundenlangem Gespräch verlässt, leise vor sich hin schimpft. Weil er die richtigen Gegenargumente wieder nicht rechtzeitig zur Hand gehabt hat, weil ihm wieder zu spät klar wird, dass er ja gar nicht überzeugt ist von dem, was Brecht sagt. »Das stimmt ja alles nicht!«, monologisiert er vor sich hin. Und ist glücklich. Frisch hat schon viel von Brecht gelernt, bevor er ihn getroffen hat, von seinen Stücken, die er früh im Schauspielhaus gesehen hat, von der Kühle der Konstruktion, von der Sprache, dem dramatischen Gespür. Von der Sachlichkeit. Im Juni 1948 begleitet er Brecht oft zu den Proben zu »Herr Puntila und sein Knecht Matti« und berichtet an Peter Suhrkamp: »Es ist großartig, wie sachlich man auch in der Kunst arbeiten kann, wenn einer etwas ist und sich nicht selber immerzu seine Künstlerschaft beweisen muß.« Die beiden treffen sich regelmäßig, manchmal ist es Frisch zu anstrengend, Brechts Dialektik, die ihn so schnell mattsetzt, dann meldet sich der Augsburger wieder, ruft an, ob Frisch nicht einen freien Abend habe. Hat er, und Brecht redet, wartet auf Widerspruch, wenn der nicht kommt, ist er enttäuscht, Brecht reflektiert, Frisch kontert mit Konkretem, konkrete Beispiele als Widerspruch. Brecht ist zufrieden, widerspricht oder gibt Fehler zu. Ungläubig beobachtet Frisch, wie ein Schauspieler auf der Bühne bei den Proben einen Vorschlag zur Textänderung macht. Brecht zögert, denkt nach und gibt dem Schauspieler Recht. Immer an Veränderung interessiert, an Verbesserungen, immer offen, nie eitel an Formulierungen oder Gedanken oder Überzeugungen hängend, außer den Grundüberzeugungen natürlich. Die Welt muss verändert werden, und Brecht weiß auch schon, wie.

Einmal gehen sie zusammen baden. Das Bild, das Frisch davon zeichnet, ist großartig. Brecht in der Natur. Sie ist ihm vollkommen egal. »Das zu Verändernde ist zu groß, dass keine Zeit bleibt zu loben, was natürlich ist.« Schnell taucht er ins Wasser ein, ebenso schnell verlässt er es wieder. An der Natur interessiert ihn nur das aufziehende Gewitter und die Frage, ob sie auf dem Rückweg hineingeraten werden oder nicht.

Brecht ist in vielem das Gegenteil von Frisch. Staunend notiert der Schweizer in sein Tagebuch: »Es fällt mir dabei auf, dass Brecht noch nie von seinen Erlebnissen erzählt hat, überhaupt nie von seiner Person oder nur sehr mittelbar.« Das muss Max Frisch äußerst fremd vorkommen. Aber gerade das Fremde, das Sachliche begeistert ihn. Es sind Texte voller Bewunderung, die er über den Mentor schreibt. »Ich habe noch keinen Mann getroffen, der, ohne Pose, so frei ist von Prestige«, schreibt Frisch. Es ist für Brecht ein wichtiges Jahr, das er in Zürich verbringt. Ein Zwischenjahr – einen Tag nach seiner Vorladung vor den Ausschuss zur Untersuchung »unamerikanischer Umtriebe« hat er Amerika verlassen und die Schweiz als Zwischenstation ausgewählt. Er will zunächst die Entwicklung in Deutschland, die Entwicklung in Ost-Berlin beobachten. Im Oktober 1948 wird es soweit sein. Er verlässt die Schweiz, um in Ost-Berlin, am Theater am Schiffbauerdamm, eine neue Theater-Ära einzuleiten.

Es gibt dieses berühmte Bild der beiden auf der Baustelle im Letzigraben. Frisch im Wind, ganz in Schwarz mit heller Krawatte, zeichnet etwas mit spitzem Bleistift auf ein Blöckchen. Brecht, die Hände mit zerknautschter Mütze hinter dem Körper verschränkt, schaut lächelnd auf das Blöckchen, auf dem eine neue Zeichnung entsteht. Frisch liebt es, mit Brecht über die Baustelle zu gehen. Er liebt seine Fragen. Er ist »der weitaus Dankbarste, wissbegierig, ein Könner im Fragen. Fachleute vergessen leicht die großen, die grundsätzlichen Fragen; Laien hören zu«. Aber Brecht nicht. Brecht fragt und fragt, »Intelligenz als Magnet, der die Probleme anzieht, sodass sie auch hinter den vorhandenen Lösungen hervorkommen«. Wohl selten hat ein Schriftsteller ein so bewunderndes, liebevolles Porträt über einen Zeitgenossen, einen Kollegen geschrieben. Frisch kann das, ohne zu befürchten, sich selbst dadurch kleiner zu machen. Im Gegenteil. Er wird größer dadurch, durch die Bewunderung und die öffentlich gemachten Niederlagen im Diskurs-Wettstreit. Die Wandlung des Schriftstellers Max Frisch zum kühlen Stilisten und zum Verantwortungsschriftsteller mit Blick auf die Welt – das verdankt er auch zu einem guten Teil dem Vorbild Brecht. Dialektik, Wirkungswille, Klarheit, selbstbewusstes Sprachvertrauen, Kampfeslust. Das ist der Brecht-Effekt. Schon aus den Stücken hat er viel gelernt, aber viel mehr noch profitiert er von ihren Gesprächen. In einem Brief an Suhrkamp schreibt Frisch über seine »martervollen Abende« mit Brecht: »Wir kommen freilich nie zusammen, aber er öffnet mir Fenster um Fenster, auch wenn wir die Landschaft dann anders sehen.«

Eine harte Prüfung steht dieser Dramatiker-Freundschaft schließlich noch bevor. Frisch schickt Brecht vor der Veröffentlichung des Tagebuchs die Passagen über ihn zu, um zu fragen, ob er einverstanden sei mit der so unbrechtisch persönlichen Beschreibung. Brecht beim Baden usw. Doch Brecht staunt: »Tatsächlich verspürt man einen kleinen Schreck vor dem Beschriebenwerden, und durch geschätzte mehr als durch gelittene Beschreiber. Aber dann las ich Ihre schöne und freundliche Zeichnung des fremden Zugvogels doch mit Spaß – wie die eines Menschen, den ich selber flüchtig kenne. Sie machte mich neugierig auf das ganze Buch.«

»Unbedingt ein Dichter«
Peter Suhrkamp. Der Frisch-Erfinder

Das ganze Buch erscheint schließlich im Herbst 1950 als einer von zwei ersten Titeln im neu gegründeten Verlag von Peter Suhrkamp. Suhrkamp hat den in Deutschland verbliebenen Teil des S. Fischer Verlags über die Nazi-Zeit gerettet, jetzt, nach dem Krieg, folgt die Spaltung. Die Autoren, die Suhrkamp in den letzten Jahren betreut hat, können sich entscheiden zwischen den beiden Häusern. Anfang 1950 erreicht auch Max Frisch ein Schreiben, das ihn zur Entscheidung auffordert. Er schreibt am 17. Mai zurück, es erscheine ihm selbstverständlich, »dass ich das genannte Buch an den in Gründung befindlichen Suhrkamp Verlag gebe«. Glücklich schreibt ihm Suhrkamp ein großes »Danke« zurück und schildert in seinem Brief, dass Hermann Hesse, noch während der S.-Fischer-Verleger Gottfried Bermann Fischer bei ihm zu Besuch war, um ihn für sein Haus zu gewinnen, bei ihm, Suhrkamp, angerufen habe, um ihm mitzuteilen, dass er Suhrkamp-Autor werden wolle. Von 48 Autoren entscheiden sich 33 für das neue Haus.

Max Frisch hat Peter Suhrkamp anlässlich der Premiere von Zuckmayers »Des Teufels General« in Frankfurt kennengelernt. Es sollte eine maßgebliche Begegnung für sein weiteres Leben, sein weiteres Schreiben werden. Peter Suhrkamp erkennt die Begabung Frischs und fördert und fordert ihn von nun an unermüdlich und entschlossen. Als Frisch 1950 bei einem Verlagsabend aus seinem neuen Stück »Graf Öderland« vorliest, stellt ihn sein Verleger so vor: »Sie werden Max Frisch gleich selbst sehen und hören. Vielleicht kommen Sie auch zu dem Eindruck, den ich hatte, als ich ihn das erste Mal sah und sprach: unbedingt ein Dichter – was daraus werden mag, muß sich zeigen.« Zwischen diesen beiden Polen schwankt das Verhältnis des großen Verlegers zu seinem jungen Autor. Zwischen dem unbedingten Glauben an die Dichterkraft des Schweizers und gewissen Zweifeln daran, was aus ihm werden möge. Zweifel daran, wie viel Fleiß, wie viel Mühe, wie viel Kompromisslosigkeit und Mut Max Frisch aufzubringen bereit sein würde. Peter Suhrkamp hat das ganze Talent Frischs früh erkannt. Er druckte seine ersten Theaterstücke, hatte starke Zweifel am vierten, »Als der Krieg zu Ende war«, und besprach diese ausführlich brieflich mit dem Autor. Vor allem aber glaubte er auch an den Tagebuchschreiber Frisch. Dessen Schweizer Verleger Hürlimann hatte den ersten Teil des Tagebuchs unter dem Titel »Tagebuch mit Marion« eher lustlos und ohne große Hoffnung auf einen Erfolg 1947 veröffentlicht. Es bedurfte keiner allzu großen Mühe, ihn zu überzeugen, dass der vollständige Band zwei Jahre später besser bei Suhrkamp erscheinen würde. Und Suhrkamp war so begeistert von der Form, der Sprachkraft, dem Ideenreichtum, den Frisch in diesem Buch demonstrierte, dass er sich von seinem Autor wünschte, er möge mit dieser Form des Mitschreibens immer weiter fortfahren. Er würde diese Tagebücher Band für Band in seinem Verlag veröffentlichen. Doch Frisch lehnte ab. Vorerst hatte er genug vom Tagebuchschreiben. Er wollte zurück auf die Bühne, und er hoffte, dass er zur großen Form zurückfinden würde, zum Roman.

Was für ein großartiger, genauer, besorgter, uneiliger Verleger Peter Suhrkamp gewesen ist, das kann man in dem Briefwechsel mit Max Frisch aufs Schönste nachlesen. Ständig zwischen Ermutigung, Begeisterung und harscher Kritik wechselnd, präzise von Brief zu Brief, oft nur in feinsten Details vorankommend. Immer voller Ideen, Anregungen und Anmerkungen. Ein ungemein genauer Leser.

Eine erste Probe dieser Kombination aus persönlicher Besorgnis und Ideenreichtum, an Spürkraft für wahre Dichtung erfährt Frisch in einem Brief Suhrkamps vom 27. November 1949. Er hat gerade den drittletzten Eintrag des Tagebuchs gelesen. Ein längerer Text, der mit dem Titel »Skizze« überschrieben ist. Die Geschichte von Schinz, dem Anwalt Schinz, der auf einem Gang durch den Wald plötzlich sein gewohntes Leben verliert, das Leben als Selbstverständlichkeit, der aus der Lüge seines Lebens ausbrechen will, aus der Ehehölle mit seiner Frau Bimba, die ihn mütterlich umsorgt wie ihre Kinder und hofft, dass alles bleibt, wie es ist, in den Wänden der Gewöhnung. Er geht hinaus in eine Wut, in einen Traum von einem anderen Leben, heißt anders, lebt anders, will ein neues Leben – alles neu. Suhrkamp schreibt ihm dazu zwei Dinge. Erstens: »Mir will scheinen, dass Sie in einer persönlichen Krise sind.« Und fügt zweitens als Verleger schnell hinzu, dass das wahrscheinlich die Voraussetzung sei für einen produktiven Zustand, und schreibt: »Was Sie in Schinz bieten, ist die Niederschrift einer Stimmung, in der der Keim für ein Werk enthalten ist. Es ist die erste Notiz zu einem Werk.« Der Verleger Peter Suhrkamp hat hier »Stiller« entdeckt, die Keimzelle zu »Stiller«, den Roman, der den Ruhm Max Frischs begründen wird.

Es sind unglaublich viele Stoffe späterer Max-Frisch-Werke in diesem Tagebuch enthalten. Das ist vielleicht einmalig in der Geschichte der Literatur, dass ein Autor in einem frühen Werk viele seiner späteren Bücher in kurzen Skizzen schon andeutet – »Andorra«, »Graf Öderland«, »Biedermann und die Brandstifter« –, um sie zunächst als Stoffe liegen zu lassen und später auszuarbeiten. Auch ein »Stiller«-Motiv, das Bildnisverbot, ist an anderer Stelle schon angelegt. Aber die Keimzelle eines Romans, das Energiezentrum eines großen Werkes, die lag hier mit »Schinz« vor. Und Peter Suhrkamp hat das mit geübtem Blick erkannt. Erstaunlich auch, wie er den autobiografischen Kern dieser »Skizze« kurz besorgt erkennt, aber dann sofort professionell für produktiv erklärt und seinen Schützling auf eine Spur setzt. Frisch wird ihr folgen. Mit großem Erfolg.

In seinen Briefen zeigt sich Peter Suhrkamp von Beginn an als ein kluger, unglaublich genauer, strenger und kompromissloser Leser der Texte Frischs. Schonungslos teilt er Max Frisch schon im ersten Jahr ihres Briefwechsels mit, was er von dessen neuem Stück »Als der Krieg zu Ende war« hält: nichts. Auf vier eng beschriebenen Seiten legt er Punkt für Punkt dar, warum er das neue Stück Frischs für misslungen hält und von einer Aufführung wie auch einer Publikation in der vorliegenden Form abrät.

Etwas vorsichtig beginnt er: »Denn dieser Brief ist für mich schwer zu schreiben; nicht als ob mein Urteil über Ihr Schauspiel negativ wäre, sondern weil ich nach der Lektüre einsehen musste, dass es für mich nahezu unmöglich ist, ein Urteil darüber zu haben. Milieu und Ereignisse in Ihrem Schauspiel sind erlebte Wirklichkeit für mich, und sie bleiben das, so sehr ich mich auch bemühe, aus ihnen das Symbol zu gewinnen, als welches diese Wirklichkeit in einer Dichtung nur Platz hat.« Es ist ein schwieriger Fall: Peter Suhrkamp steht kurz vor der Gründung seines eigenen Verlages, er braucht dafür unbedingt neue Autoren, neue, begabte, kraftvolle Stimmen aus dem deutschen Sprachraum. Er hat Max Frisch als einen solchen Hoffnungsträger erkannt, hat ihm auch schon zugesagt, seine ersten drei Dramen in einem Band zu veröffentlichen, und nun schreibt dieser Autor sein erstes neues Stück, das erste Stück unter der Zusammenarbeit mit dem neuen Verleger, schickt es ihm zu, und Suhrkamp lehnt es ab. Erst vorsichtig, dann zieht er – ungewöhnlich für den Verleger Suhrkamp – als Co-Kritiker auch seine Frau und seinen Freund und Mitarbeiter Hanns W. Eppelsheimer hinzu. Beide kommen zu ähnlichen, ja noch kritischeren Urteilen als er selbst. Zu psychologisierend, zu wirklichkeitsnah, zu undramatisch, die Figuren zu unlebendig. Vor allem aber ist es Suhrkamp zu deutschfeindlich. Deutsche kämen nur »als miese Exemplare vor«, kritisiert er, und schließlich sei Frisch »unglücklicherweise in der Zeit, als Sie mit dem Stück gingen«, jemandem begegnet, der ihn etwas zu sehr beeindruckt habe: Bertolt Brecht. Zu viel Brecht sei in dem Stück, kritisiert Suhrkamp, zu wenig Frisch. Insgesamt ist dieser Brief eine vierseitige, wohlbegründete Ablehnung, und der rhetorische Trost am Ende ändert daran gar nichts: »Nach dem, was ich so weit schrieb, könnten Sie den Eindruck haben, ich lehnte Ihr Stück vollkommen ab. Das ist nicht der Fall. Es ist und bleibt eine Arbeit auf Ihrem Wege. Man kann nichts dagegen sagen, wenn es auch erscheint, d. h.: wenn Sie es herausgeben wollen.« Klingt, als sei sich Suhrkamp nach diesem Brief sicher, dass der Autor selbst einsehen wird, dass dieses Stück besser nicht erscheint. Vor einem jedoch warnt ihn Suhrkamp ausdrücklich: vor Aufführungen in Deutschland. Dafür würden die Deutschen einfach zu negativ dargestellt, und die erlebte Wirklichkeit sei den Menschen noch so nah, dass sie sie nicht als Zerrbild auf der Bühne wiedersehen wollten.

»Elektrische Luft«
Krieg auf der Bühne. Deutsche Schuld und deutsche Reinheit

Was ist das für ein Stück? Die Idee dazu war Frisch bei seinem ersten Besuch in Berlin nach dem Krieg gekommen, und er hatte Skizzen dazu auch schon in seinem Tagebuch aufgeschrieben. Es ist die Geschichte von Agnes und Horst, einem deutschen Hauptmann, der, im Mai 1945 aus russischer Gefangenschaft geflohen, versteckt im Keller seines Hauses lebt, während sich oben russische Soldaten eingerichtet haben. Der russische Kommandant lässt Agnes nach oben bringen. Sie, ihr Mann und das Publikum erwarten eine Vergewaltigung. Agnes, auf Deutsch: die Unschuld, die

Reinheit, verspricht ihrem Horst, sich eher umzubringen, als dies zu erdulden. Sie geht nach oben. Es heißt, der Oberst spreche Deutsch, liebe Goethe und wolle mit ihr über Kultur reden. Ein schlechter Witz des Jiddisch sprechenden polnischen Juden, den die Russen aus dem Warschauer Getto befreit haben und der Agnes jetzt nach oben bringt. Agnes redet um ihr Leben, bekennt das Versteck ihres Mannes, redet und redet, um am Ende zu erkennen, dass Oberst Stepan kein Wort Deutsch versteht. Doch ihre Redeglut scheint ihn zu beeindrucken, Agnes scheint ihm auf sanfte Art zu gefallen. Es kommt zu keiner Vergewaltigung, aber sie muss versprechen, ab sofort regelmäßig zu ihm zu kommen. Die beiden verlieben sich wortlos ineinander. Eine Liebe ohne Lüge, eine Liebe ohne ein festgefügtes Bildnis vom einen und vom anderen. Eine Art Liebesideal. Agnes spricht: »Aber dass ich dich liebe, Stepan, das weißt du? Auch wenn ich verheulte Augen habe, Stepan, ich bin glücklich. Und wenn du weg bist, werde ich es nie wieder sein. So nicht. Mach dir keine Sorge. Auch wenn du nicht verstehen kannst, was ich dir sage. Du! Vielleicht ist es nie anders, wenn Mann und Frau zusammen sprechen, und alles, was man noch mit Worten sagen kann, ist gleichgültig ...«

Schließlich entdeckt Hauptmann Horst den Betrug in seinem Haus, und Jehuda erkennt in ihm einen der Soldaten, die den Aufstand im Getto niedergeschossen haben. Die Russen, Stepan, der für die Befreiung der Juden gekämpft hat, und der befreite Jehuda verlassen wortlos das Haus.

Ja, das ist eine Provokation 1949, im Westen Deutschlands und auch in der Schweiz. In einer Zeit, in der die Vergewaltigung vieler deutscher Frauen durch russische Soldaten noch nicht lange zurückliegt, in einer Zeit, in der sich die Nachkriegswelt immer deutlicher in zwei Machtblöcke aufspaltet, die Geschichte von der anderen Seite zu erzählen: der zarte, russische Offizier und der Juden mordende deutsche Wehrmachtssoldat, dazwischen die reine deutsche Frau, die Frisch nicht nur Agnes nennt, sondern die Bedeutung des Namens in einer Erklärung dem Stück auch noch hinzufügt. Doch die Reaktionen sind nicht so heftig, wie von Frisch befürchtet oder gar erhofft. »Ein Pfiff« ertönt, als er sich nach der Zürcher Uraufführung im Januar 1949 auf der Bühne zeigt, die darauf folgende »kleine Schlägerei im Foyer«, von der er stolz im Tagebuch berichtet, ist wohl eher ein kurzes Handgemenge. Immerhin sieht der Kritiker Carl Seelig in der handgreiflichen Auseinandersetzung den Beweis dafür, »wie undemokratisch und intolerant gewisse Leute sich heute noch benehmen«. Die Kritiken in den Zeitungen sind ausgewogen, wenig begeistert, nur von Brigitte Horney, die die Agnes gibt – sie wird gefeiert. In einem Antwortbrief an Suhrkamp berichtet Frisch froh, dem Verleger teilweise widersprechen zu können, von der »elektrischen Luft«, die im Zuschauerraum geherrscht habe, und erläutert noch einmal die Idee des Dramas, »Humanität am glühenden Objekt« zu demonstrieren. Immerhin, am Ende findet er sich zu einer selbstkritischen Annäherung bereit: »Sicher hat das Stück, wie Sie selber fanden, schwere Fehler, sogar unheilbare; aber ich bin doch froh, dass ich es gemacht habe.« Als das Stück drei Monate später, entgegen Suhrkamps Rat, in Stuttgart aufgeführt wird, ist Frisch überrascht, dass es zu keinem Skandal kommt. Stattdessen »ein eisiges Schweigen« und später im Foyer Diskussionen mit dem Publikum. Im Tagebuch berichtet er von dem – leider unterbrochenen – Gespräch mit einer jungen Frau, die selbst »die Russenzeit sehr persönlich erlebt hat«.

Doch das Stück ist kein wirklicher Erfolg, nicht einmal eine wirkliche Provokation. Dafür ist es zu lyrisch, zu unentschieden, zu vage und letztlich zu wenig dramatisch. Übrigens hat auch Bertolt Brecht selbst schon im Juli 1948 in einem Brief an Frisch das Stück heftig kritisiert. Von der Episode in Berlin hat Frisch ihm früh berichtet. Brecht findet sie interessant, doch was Frisch daraus macht, überzeugt ihn nicht: »Plump gesprochen: Ich habe den Eindruck, dass Sie es einfach ablehnten, zu analysieren, warum Ihnen der Stoff so fruchtbar erschien.«Die gesellschaftliche Maschinerie würde leider nur berührt, nicht angegriffen, klagt Brecht. Nur Andeutungen, keine klaren Aussagen.»Sie wollen nicht, dass mit dem Zaunpfahl gewinkt wird. Aber die Geschichte des großen Dramas zeigt, dass der Zaunpfahl ein legitimes Instrument ästhetischer Veranstaltungen ist.« Frischs Dramen jener Jahre leiden unter dieser Unentschiedenheit. Sie sind einerseits existenzialistische Ich-Sucher-Dramen und wollen gleichzeitig Gesellschaftsveränderungsdramen sein. Wobei das Politische hier immer wie eine aufgepfropfte Pflichtbotschaft erscheint. Es ist ein Dilemma. Die Briefe Suhrkamps und Brechts sind dafür ein schöner Beleg. Während der eine sich beschwert, dass zu viel Brecht das Stück verdorben habe, klagt jener selbst, es sei viel zu wenig geschehen auf dem Weg in seine Richtung, und verlangt größere Deutlichkeit, klarere Botschaften, Zaunpfähle, die winken.

»Als der Krieg zu Ende war« ist sicherlich das schwächste Frisch-Drama aus dieser Zeit. Frisch selbst ist ihr schärfster Kritiker. Keines, das er nicht später radikal verändert hätte, er streicht ganze Szenen, einen letzten Akt, verkürzt, stellt um, schreibt neu, fügt entschuldigende Kommentare, Erklärungen, Nachworte hinzu. Das macht sie nicht besser. Neunzehn Jahre nach der Uraufführung der »Chinesischen Mauer« schreibt er anlässlich einer Neuinszenierung, für die er radikale Streichungen vorgenommen hatte:»Die meisten Menschen haben ein Glück, dessen sie sich nie bewusst werden: sie brauchen nicht zu hören, was sie vor Jahrzehnten gesagt haben, und nicht zu sehen, wie sie sich vor Jahrzehnten bewegt haben. Der Schriftsteller, ob er will oder nicht, ist dieser Prüfung unterworfen und zwar öffentlich; nicht nur der Schriftsteller. Was ich damit sagen will? Ich finde uns tapfer.«

Doch gerade bei der »Chinesischen Mauer«, die 1946 uraufgeführt wird, hat er von Anfang an ein tiefes Unbehagen. Als er zwei Tage vor der Premiere die Hauptprobe auf der Bühne des Zürcher Schauspielhauses sieht, schreibt er erschrocken in sein Tagebuch: »Das Theater als fürchterlicher Zerrspiegel, aber am fürchterlichsten, wo es das nicht ist: denn das Fremdeste, was man erleben kann, ist das Eigene einmal von außen gesehen.«

Es ist ein Stück zwischen Weltuntergang und unerfüllter Liebe. Ein Stück, das nur ein Jahr nach Hiroshima und Nagasaki die Atomtodangst auf die Bühne bringt. Man ist im Jahre 2 vor Christus in China, der Kaiser feiert einen grandiosen Sieg über aufständische Völkerscharen, sein Sieg wäre vollkommen, wenn nicht ein sogenannter Heutiger die Siegesfeiern stören würde, der von Mondlandungen palavert und verseuchten Seen, vom Atom, vom Wärmetod der Welt. Er warnt, ein Tyrann wie dieser werde in Zukunft auf der Welt nicht mehr herrschen dürfen, denn es gebe eine Waffe in der Zukunft, die niemals in Tyrannenhand gelangen dürfe: »Die Sintflut ist herstellbar. Sie brauchen nur noch den Befehl zu geben, Exzellenz. Das heißt: Wir stehen vor der Wahl, ob es eine Menschheit geben soll oder nicht.« Das ist ein ungeheurer Satz für die Zeit. Er wird später millionenfach auf Friedenstransparenten variiert werden. Doch im Stück verliert sich die dramatische Wirkung. Es eilen historische Gestalten über die Bühne, Napoleon, Brutus, Don Juan, Spanier und Römer, der Heutige warnt und warnt vor ihrer Wiederkehr. Alleinherrscher sind nicht mehr zeitgemäß. »Ihr seid Demokrat«, fragt Napoleon den Heutigen. Er sagt: »Ich bin besorgt.«

Schließlich verliebt sich die Tochter des Kaisers in ihn, sagt sich aber von ihm los, als sie erkennt, dass er ein Feigling ist, nicht bereit, einen an seiner statt zur Hinrichtung verurteilten Stummen zu befreien. Stattdessen macht sich der Heutige über einen lästigen Zola lustig, der den handelnden Personen auf der Bühne mit einem unermüdlich wiederholten »J'accuse« auf die Nerven geht. Das ist allerdings doch ziemlich komisch, wie der Heutige, in der Uraufführung von Gustav Knuth gespielt, der in dieser Rolle Max Frisch sehr ähnlich gesehen haben soll, dem lästigen Zola entgegnet: »Wir kennen das,

Herr Zola, wir kennen das; wir haben es zu oft wiederholt, als dass es noch irgendeine Wirkung hätte…« Schließlich wird auch der zaudernde Heutige mit der Verleihung eines Literaturpreises ruhiggestellt, und die Farce beginnt wieder von vorne. Die Reaktionen des Publikums waren verhalten positiv. Auch in Deutschland wurde es aufgeführt.

»Wo käme man hin, Madame, ohne Axt«
Aufbruch und Desaster: der »Graf Öderland«

Ein regelrechtes Publikumsdesaster erlebte Max Frisch erst mit seinem nächsten Stück, dem »Graf Öderland«, das er schon als Skizze im Tagebuch angedeutet hatte und das sich heute noch am kraftvollsten und besten und aktuellsten von allen frühen Dramen liest. Die Kritiken waren mies, nach nur einem Monat wurde das Stück vorzeitig vom Spielplan genommen. Frisch schrieb ein ausführliches »Memorandum« zur Aufführung des Stückes, in dem er die Inszenierung, Probenzeit, Besetzung usw. kritisierte. Doch das Stück war vor allem an der Unentschiedenheit gescheitert. Es ist wieder ein persönliches Explosionsstück, die Geschichte eines Staatsanwalts, der über Nacht und scheinbar ohne Grund sein Leben verlässt und sinnlos mordend durch die Welt zieht, die er beklagt und anklagt. Eher zufällig wird er Anführer einer Revolutionsgruppe und übernimmt am Ende widerwillig die Rolle des Staatsoberhauptes in dem neuen, nun von den Revolutionsgruppen geführten Land. Und hofft nur noch, endlich zu erwachen.

War das nun ein Stück, das zur Revolution aufrief, ein Stück gegen die verwaltete Welt, ein sozialistisches Umsturzdrama? Es wurde in der sich feindlich bipolar formierenden Welt von den meisten Menschen so gesehen. Das persönliche Drama des Staatsanwalts wirkte nur als Folie, als Aufforderung zum Kampf. Frisch gab vor, davon überrascht zu sein.

»Meines Erachtens ist es ja schon ein Missverständnis, das Stück als ein politisches zu betrachten«, schrieb er später an Gustaf Gründgens, von dem er sich eine Neuinszenierung mit Gründgens selbst in der Hauptrolle wünschte. Immerhin gab er zu: »Es mag sein, dass die Missverständlichkeit teilweise auch zu meinen Lasten geht, dass Dinge zu offen bleiben, was in einer Zeit, wo man in jedem Mausloch nur das Ost-West-Problem sucht, den besten Zuschauer auf falsche Fährten führt.«

Frisch leidet unter der zunehmenden Unmöglichkeit der von ihm geliebten »offenen Formen«, unter dem Willen des Publikums zur Verfestigung von Botschaften, die er bewusst nicht festgelegt hat. Aber es ist eben auch zum Teil sein Fehler. Ein Stück wie »Öderland« mit so viel »Explosivstoff, so viel erregender Gewalt, dass es erregendes Theater ist«, wie ihm Peter Suhrkamp schreibt, muss zu Missverständnissen führen, wenn man sich vor einem klaren Ende scheut. Der Anfang ist stark. Wie der Staatsanwalt angesichts eines Bankangestellten, der zum Mörder wurde, ohne Grund aus seinem Leben austritt, aus seinen Hoffnungen, aus seinem Haus, aus dem Leben mit seiner Ehefrau, die ihn betrügt. Aus allem austritt. Ein Staatsanwalt hat genug: »Hoffnung auf den Feierabend, Hoffnung auf das Wochenende, all diese lebenslängliche Hoffnung auf Ersatz, inbegriffen die jämmerliche Hoffnung auf das Jenseits, vielleicht genügte es schon, wenn man den Millionen angestellter Seelen, die Tag für Tag an ihren Pulten hocken, diese Art von Hoffnung nehmen würde – groß wäre das Entsetzen, groß die Verwandlung. Wer weiß! Die Tat, die wir Verbrechen nennen, am Ende ist sie nichts anderes als eine blutige Klage, die das Leben selbst erhebt. Gegen die Hoffnung, ja, gegen den Ersatz, gegen den Aufschub ...« Und er bewaffnet sich – mit einer Axt – und wird töten, wer sich ihm in den Weg stellt. Dass solche Worte, solches Tun von einem Repräsentanten der Staatsmacht als rebellisch auch in einem politischen Sinne verstanden wird, kann Frisch nicht wirklich überrascht haben. Auch wenn es ja Frischs Gedanken sind, die der Staatsanwalt hier denkt, seine Gedanken, die er 1946 ins Tagebuch schreibt, als er wieder einmal mit dem Fahrrad von der Arbeit kommend am See sitzt, »auf dem Heimweg, verbraucht von einem grämlichen Tag«. Und denkt und schreibt: »Es genügte, wenn man den Mut hätte, jene Art von Hoffnung abzuwerfen, die nur Aufschub bedeutet, Ausrede gegenüber jeder Gegenwart, die verfängliche Hoffnung auf den Feierabend und das Wochenende, die lebenslängliche Hoffnung auf das nächste Mal, auf das Jenseits – es genügte, den Hunderttausend versklavter Seelen, die jetzt an ihren Pültchen hocken, diese Art von Hoffnung auszublasen: groß wäre das Entsetzen, groß und wirklich die Verwandlung.«

Der Staatsanwalt verwandelt sich schnell und radikal – in den Grafen Öderland mit einer Axt und einer jungen Frau, die er befreit aus der Öde einer verschneiten Waldhütte. Sie wollen mit der Jacht hinaus aufs Meer, wie alle Frisch-Figuren hinaus aufs Meer. Diesmal: Santorin. Sie können nichts dafür, dass eine revolutionäre Gruppe sie sich zum Beispiel nimmt und ihnen folgt. Er verhöhnt seine Frau, als er sie wiedertrifft, verhöhnt sie und ihren Geliebten und ihre »Abenteuer nach Stundenplan«. Er redet wie ein Revolutionsführer, da kann man nichts machen: »Wo käme man hin, Madame, ohne Axt. Heuzutage. In dieser Welt der Papiere, in diesem Dschungel von Grenzen und Gesetzen, in diesem Irrenhaus der Ordnung… Haben Sie einen Kugelschreiber?… Ich kenne eure Ordnung. Ich bin in Öderland geboren. Wo der Mensch nicht hingehört, wo er nie gedeiht. Wo man aus Trotz lebt Tag für Tag, nicht aus Freude.«

Es kommt zum Staatsstreich. Der morsche Staat fällt ihm in die Hände, das Land ist zerbrochen, doch Öderland will das nicht. »Ich möchte leben!«, ruft er verzweifelt, als man ihn um eine Botschaft an das Volk bittet. Und hilflos: »Man hat mich geträumt!« Alle Freiheit wird ihm weggeträumt, das Erwachen misslingt. Etwas ratlos stehen die Zwangsträumer am Ende auf der Bühne.

Der hellsichtige Peter Suhrkamp hat es ihm geschrieben. Das Ende sei schwach, aber er habe eine Lösung, nein, sogar zwei: »Es gibt zwei Möglichkeiten der Erlösung daraus: die romantisch-revolutionäre, durch Zertrümmerung der Grenzwände und Öffnung in den Kosmos – oder die individualistische, die produktive Ignoranz des menschlichen Individuums, die Befreiung im individuellen Geist.« Eine dritte, entschlossen revolutionäre, wie sie durchaus auch denkbar gewesen wäre, empfiehlt er vorsichtshalber nicht. Frisch ändert zwar noch einiges und arbeitet noch viele Jahre an dem Stück herum, aber das lasch verpuffende Ende vermag er nicht entscheidend zu verbessern.

»Ein ausgestopfter Tiger«
Zum ersten Mal: Dürrenmatt

Das »Öderland«-Desaster war komplett, als dann auch noch in der bedeutenden Zeitung »Die Weltwoche« ein ausführlicher, ernsthafter, großer Verriss erschien, von einem jungen Dramatiker, den Frisch früh gefördert und gelobt hatte und der nun seinerseits vor dem Beginn einer großen Schweizer Weltdramatiker-Karriere stand: Friedrich Dürrenmatt. Er schrieb freundlich, kollegial, sachlich, scheinbar lobend, aber erbarmungslos scharf im Urteil. »Ein Jahr lang«, schreibt er gleich im ersten Absatz, ein Jahr lang habe Frisch an diesem Stück gearbeitet, ein Jahr lang habe er versucht, dem »dunklen, blutigen Gespenst«, das die Leser schon aus dem »Tagebuch für Marion« kennen, ein Schicksal, ein Gesicht zu geben. Doch, um da gleich keine Missverständnisse aufkommen zu lassen: »Das kühne Unternehmen ist gescheitert.« Dürrenmatt rühmt wortreich die Erfindung der mythischen Figur Graf Öderland. Und es ist schon viel perfide Rhetorikkunst dabei, wie er hier sein Scheinlob aufbläst zu einem bunten Nichts: »Eine Mythe, die entdeckt wurde. Das ist viel. Ein Name, was für ein Name! Ein Name, der allein schon das Gespenst enthält, der allein schon Dichtung, vielleicht die Dichtung vom Grafen Öderland ist.« Aha – also die Namensfindung ist die größte Leistung des Dramatiker-Kollegen. Er wird sein vergiftetes Lob noch weiter vergiften: »Das Schicksal Öderlands, das ihm Frisch gegeben hat, ist, genau gesprochen, die Sinnlosigkeit des Beils. Es lohnt sich nicht, zum Beil zu greifen, es lohnt sich nicht, in den Abgrund zu stürzen, die Gewalt vor allem lohnt sich nicht. Aber damit schwächt Frisch Öderland ab, ja, er verfälscht ihn.« So perfide wendet Dürrenmatt Frischs eigene Schöpfung gegen ihren Schöpfer. Das geschieht sicher nicht aus purer Boshaftigkeit und dem reinen Willen, einen frühen Förderer und jetzigen Konkurrenten auszustechen. Natürlich liegt es vor allem am Stück und den tatsächlich offen zutage liegenden Schwächen. Vor allem aber muss Dürrenmatt das Verschenken der sinnlos mordenden Öderland-Figur geärgert haben. Denn dieser Staatsanwalt mit der Axt in der Welt, das ist natürlich eigentlich eine Dürrenmatt-Figur, viel mehr als eine aus dem Repertoire Max Frischs. Es muss ihn wirklich geärgert haben, wie hier eine Figur aus seinem Weltsturz-Kosmos in einer Traum-Nichtigkeit abgestellt wird. »Auf der Bühne wurde Öderlands Schicksal privat, nicht zwingend, denn sein Ende ist eine Hoffnung, dass etwas, das an sich schon verzweifelt ist, noch einmal verzweifelt.« Das Urteil wird noch einmal bestätigt: »Das Stück ist eine Menagerie, in der ein ausgestopfter Tiger vorgeführt wird.«

Das ist hart. Dürrenmatt weiß es. Er ruft Frisch an. Der nimmt nicht ab und schreibt ihm stattdessen einen Brief. Einen typischen Frisch-Brief, in dem er seine Verletztheit zeigt, die Kritik annimmt, bekennt, sich selbst schon Ähnliches gedacht zu haben. Bedankt sich tapfer für den lobenden Part: »Was mich an den Notizen in der Weltwoche freut, ist, dass wenigstens einer festgestellt hat, was mir das Wichtigste ist: dass eine Figur entstanden ist, die es vorher nicht gab.« Dann erklärt er wortreich, wie er es meinte, verteidigt sich gegen diesen fremden Willen, der ein anderes, sein eigenes Stück vor Augen hatte:»Ich habe nicht erwartet, dass sein privates Schicksal den Zuschauer erschüttert, was mich beschäftigt, ist das Öderländische, eine Wirklichkeit, an der wir möglicherweise zugrunde gehen.« In diesem Satz steckt schon ein guter Teil des ewigen Frisch-Dürrenmatt-Gegensatzes, der die beiden Autoren, die deutschsprachigen Bühnen und die Leser in aller Welt in den nächsten Jahren noch beschäftigen wird: der Wille des einen, seine Probleme zum Weltgleichnis zu machen, und der Wille des anderen, ein Weltgleichnis zu seinem Problem.

So klar ist das den beiden in dieser frühen Phase ihres Schreibens noch nicht. Frisch ist tief getroffen von dem Artikel. Dürrenmatt hat offenbar schon mit Frischs Frau gesprochen, um Milde zu erwirken. Frisch knirscht:»Meine Frau sagte mir, dass du mit dem Artikel in der Weltwoche nicht ganz zufrieden seist, und ich will dir diesbezüglich nicht widersprechen. Das Gleiche, anders gesagt, hätte anders wirken können, es ist oft nur eine Frage der Reihenfolge; du sprichst von einem Schiffbruch, und was du hintenher sagst (...) wirkt wie eine höflich bemühte Milderung, kaum als wirkliche Aussage.« Es ist freundlich, Dürrenmatt diesen Ausweg zu weisen. Dürrenmatt weiß schon, was er da geschrieben hat und welche Wirkung es haben muss. Dürrenmatts Antwort ist peinlich:»Lieber Max, vielen Dank für Deinen Brief. Ich bin froh, dass Du mir nicht böse bist. Was mich an meinem Artikel ärgert, ist der Wahnsinn, dass ich gar nicht an die Leser dachte, es ist eine Kritik, wie wir sie untereinander pflegen können.« Usw. Nein, das hat Friedrich Dürrenmatt sich selber nicht geglaubt.

»Das ungeheuerliche Gefühl
von runder Erde«
Flucht nach Amerika

Max Frisch jedenfalls hatte genug. Schon vor dem »Öder-land«-Debakel hatte er genug. Lange genug hatte er jetzt Sehnsuchtsdramen, Skizzen, Notizen, Erzählungen über Aufbrüche in eine neue Welt geschrieben: Peking, Hawaii, Santa Cruz, Santorin, das flache Land, das Meer. Jetzt reichte es ihm mit Zürich, mit der Familie, mit dem Theater, mit der ganzen Enge seines gewohnten Lebens. Max Frisch wollte raus aus allem, was ihn einengte, was ihm die Aussicht auf das versperrte, was er für das wirkliche, das andere, das erfüllte Leben hielt. Aber zu einem endgültigen Bruch war er noch nicht bereit. Ein Bruch auf Probe sollte es sein, ein erster Versuch mit der Freiheit, der Ungebundenheit, dem Leben in einem anderen Land. Freiheit auf Probe – mit einem Stipendium. Die Rockefeller Foundation stellte ihm eine einjährige Unterstützung in Aussicht. 330 Dollar im Monat, freies Arbeiten, freie Wohnortwahl. In einem formalen Bewerbungsschreiben im Dezember 1950 begründete Frisch die Notwendigkeit eines solchen Stipendiums für ihn so: »In der Tat ist es so, dass eine gründliche Veränderung in meinem Leben sehr dringend geworden ist, sie muß im kommenden Jahr stattfinden.« Er wollte nach Amerika: »Abgesehen davon, dass ich aus menschlichen Gründen jedenfalls Zürich für einige Zeit verlassen muß, um aus einer Stagnation herauszukommen, ist es seit zwei Jahren mein lebhafter, oft ausgesprochener, aber aus eigenen Mitteln nicht erfüllbarer Wunsch, die Vereinigten Staaten von Amerika kennenzulernen, um das europäisch-beschränkte Weltbild, das wir mit unsrer humanistischen Bildung bekommen, endlich durch eigene Anschauung zu erweitern und der Realität der heutigen Welt näherzubringen.« Eventuellen politischen Bedenken der amerikanischen Stiftung gegen den entschlossenen Schweizer begegnete Frisch mit erfrischender, beinahe naiv anmutender Offenheit: »Vielleicht ist es wichtig zu sagen, dass ich nie einer politischen Partei angehört habe; meinen politischen Standort würde ich mit folgenden Schlagwörtern umschreiben: demokratisch, sozialistisch im humanistischen Sinn.« Dezember 1950 – der Krieg in Korea spitzt sich dramatisch zu. Die Welt hält den Atem an. Niemand weiß, ob diese Krise sich zu einem dritten Weltkrieg ausweiten wird. Der Antikommunismus in der westlichen Welt trägt mitunter beinahe hysterische Züge. Und ein neununddreißigjähriger Schweizer Architekt und Dramatiker bewirbt sich treuherzig um ein amerikanisches Stipendium mit der Selbstbeschreibung »sozialistisch« – ob in einem humanistischen oder irgendeinem anderen Sinne –, solche feinsinnigen Nuancen sind in den USA zu diesem Zeitpunkt kaum von Bedeutung. Trotzdem: Die Bewerbung wird angenommen. Frisch bekommt das Stipendium. Hoffnungsvoll hat er geschrieben: »Wenn es bewilligt werden sollte, weiß ich, dass ein entscheidendes Jahr meines Lebens vor mir steht.«

Zu einem persönlichen Vorstellungsgespräch muss er noch im Dezember nach Paris kommen. Und schon dort wird er geradezu von einem Freiheitswirbel erfasst. »Ich genieße es unbändig«, schreibt er in sein Notizheft. »Paris – die Stadt erscheint mir heute wie eine Frau, der man ansieht, dass sie zur Geliebten werden könnte.« Und er geht tagelang ziellos durch die Straßen, isst nichts, fastet, schaut nur, abends ins Theater, verliebt sich augenblicklich in die junge Frau, die neben ihm sitzt: »das Elektrische; ihre weißen Hände auf dem schwarzen Kleid, ich muß mich sehr zusammennehmen, diese Hände nicht einfach zu ergreifen, als kennen wir uns schon. Unsere Schultern berühren sich manchmal unwillkürlich; ihr Parfüm erinnert mich dermaßen, dass ich sie duzen könnte.« Später trifft er sie wieder, in der Metro, es ist kaum zu glauben: »Sie blickt mich an. Zufall. Ich beweise es ihr; in Saint-Michel steigt sie aus, ich fahre bis Odéon, obschon Saint-Michel auch meine Station ist. Sie ist es nicht, die ich liebe. Es schneit wieder; es ist schön, zu lieben und durch den Schnee zu gehen ...«

Ein glücklicher Mann. Dabei hat er Angst. Angst, dass das Stipendium-Projekt noch scheitern könnte. Und Angst vor einer möglichen Ausweitung des Krieges nach Europa. »Amerika proklamiert den Alarmzustand. Europa vor nahen Verwicklungen«, notiert er am 18. Dezember in Paris. Auch er müsste dann wieder zum Militär. Jetzt also noch schnell leben, gut essen, Geld ausgeben. Er sitzt in einem Restaurant voller Spiegel. An jeder Wand sieht er nur sich selbst. Verfolgungswahn. Die Angst wächst. Er zwingt sich zum Genuss. Jetzt: »Morgen vielleicht wird marschiert, und es reut dich jeder Fisch à la meunière, den du nicht gegessen hast.«

Er macht Pläne, was noch zu erledigen sei. Zunächst muss er sein Englisch verbessern. Außerdem will er Autofahren lernen. Macht schon genaue Pläne, wann er in Chicago sein will, wann in San Francisco, wann in New York. Auch ein Arbeitsvorhaben hat er für die Stipendiumszeit. Einen großen Roman. Arbeitstitel: »Was macht ihr mit der Liebe«.

Was machte er damit? Was mit Trudy? Was mit den Kindern? Seit 1949 sind sie zu fünft, Tochter Charlotte war geboren worden. Dass die Familie ihn begleiten würde, stand nie zur Debatte. Im Gegenteil. Sein Fluchtreflex hatte ja auch mit der Familie zu tun, auch mit seiner Frau. Auch wenn er es vor sich selbst in seinem Notizbuch bestritt: »In Zürich verkomme ich durch Gewöhnung. Das hat nichts mit Trudy zu tun. Jetzt Aufbruch, der sich nicht gegen Trudy richtet.« Er will nach Amerika, ohne sie. Immerhin: »Trudy kann mich dort abholen. Beide inzwischen frei; ohne Anklage oder Vorwurf. Für mich die Notwendigkeit, mich zu regenerieren – durch selbständiges Leben ohne Gewohnheit.«

Im April 1951, einen Monat vor seinem vierzigsten Geburtstag, geht es los. »Auf nach Amerika«, schreibt er an Suhrkamp und verspricht, in der Ferne an dem neuen Roman zu arbeiten, »der nichts mit Amerika zu tun hat«. Auch gegenüber Suhrkamp gibt er ihm den Arbeitstitel »Was macht ihr mit der Liebe«. Doch in seinen Notizbüchern ist schon seit Ende 1950 zumindest klar, wie der Protagonist dieses neuen Buches heißen soll: Stiller. Immer wieder kehrt in diesen Aufzeichnungen die Angst jenes Stiller vor der Impotenz wieder.»Impotenz gegenüber dem Leben: Grund in der schöpferischen Fantasie? Dann Zweifel: Kunst als bloßer Ersatz; aus Lebensschwäche. (in dieser Phase wirft er das Leben weg: in Paris. Nach dem Essen im Spiegelrestaurant, mitten in einer glücklichen Zeit – jetzt! ...« Eigenes Erleben und Romanaufzeichnungen scheinen mitunter fast ineinander überzugehen.»Stiller: Das Übel: – die Einbildung, Tummelplatz der Sehnsucht und Erinnerung. Er entdeckt, dass er eigentlich immerzu, ausgenommen die paar Auenblicke erfüllender Arbeit, in einer Erwartung lebt, besser gesagt: nicht lebt.« Dazwischen dann plötzlich die Telefonnummer von Hermann Hesse und die Erlebnisse mit einer Frau, mit der er im Letzibad zusammen war und die bekannte, dass sie froh gewesen sei,»dass eigentlich kein Mann mich (als Körper) mehr gelockt hätte –«. Dazu der panische Kommentar des Notierers:»(Also: sie sucht. Sie ist nicht ›da‹, nicht erfüllt, nur auf Zuwarten.) Unerträglich: zu ihm ist sie ›gegangen‹, bei mir nur geblieben.«

Auch in Amerika wird Max Frisch von Frau zu Frau eilen, ein Liebender unterwegs in der Welt. Im August schreibt er aus Berkeley an seinen alten Freund Kurt Hirschfeld:»Sonst küsse ich mich so oberflächlich durchs Land, das ja groß ist, und das ist die eine Offenbarung für mich, dieses Meer von Land, viel Wüste auch, Gestirnlandschaft, man reist so von Sonnenuntergang zu Sonnenuntergang, ich verstehe die Brüder, die da gegen Westen zogen, Gold war die Ausrede, wirklich meinten sie das ungeheuerliche Gefühl von runder Erde, deren Gast wir sind.«

Er reist viel, arbeitet wenig, schaut viel, trifft viele Menschen, Theaterleute vor allem, Schauspieler, einmal besucht er Arthur Miller in Brooklyn, der von seinem eigenen Ruhm, dem »Death of a salesman«, zutiefst beeindruckt ist und dem Besucher erklärt, dass zurzeit niemand bessere Stücke schreibe als er selbst. Frisch ist enttäuscht. »Ihn beschäftigt der ›salesman‹ wie andere der Krieg beschäftigt«, schreibt er verblüfft an Suhrkamp und fügt hinzu: »Gespräche mit Unberühmten sind ergiebiger.« Er liebt das Land, revidiert eigene Vorurteile, wird nach seiner Rückkehr einen langen Aufsatz gegen die europäischen Vorurteile gegenüber Amerika schreiben; er bedauert, dass er als Schweizer auf ein Herkunftsland der Uhren, Schokolade und des Käses reduziert wird, und stellt patriotisch beleidigt fest: »Wir werden sehr viel geringer eingeschätzt, als wir es aus dem Spiegel unserer Presse anzunehmen gewohnt sind.« Er fürchtet sich vor der Heimkehr, schreibt an Suhrkamp, dass er sich, wäre er allein, vorstellen könnte, einige Jahre hierzubleiben, und kommt mit dem Roman nicht recht voran. Die Arbeit daran beschere ihm eine »Hölle der Selbstbegegnung«, teilt er seinem Verleger mit. Genau dieser wollte er in Amerika ja gerade entkommen.

Im September besucht ihn seine Frau. Sie fahren zusammen nach Mexiko. Sie sind geschockt zunächst, von der Trägheit der Menschen, der Hitze, der Verwesung überall, der Armut, den Krankheiten, den armen Menschen ohne Scham. Max Frisch berichtet von Ekel und Begeisterung, dem ersten Brot, das sie kaufen, das voller Würmer ist, den Ameisen in der Marmelade, den auslaufenden Augen der Kinder, die von Maden zerfressen werden. »Die Verrotzung hat etwas Dämonisches, ich möchte sagen: etwas von einem Fluch, der alles, was da blühen und duften könnte, in Gestank verwandelt, in Fäulnis und Verwesung. Und der Mensch wehrt sich auch gar nicht mehr.« Die Wüste aber begeistert ihn: »Ich liebe die Wüste, ihre großartige Öde, ihre blühenden Farben, wo nichts anderes mehr blüht. Dort zu sein, wo man unsere Erde noch als Gestirn erlebt, steigert unser Bewusstsein, zu leben, mag sein, oft bis zum Grauen.« Doch die schwüle Üppigkeit der Tropen, die sie weiter im Landesinneren erleben, erfüllt Frisch und seine Frau mit pa-

nischem Schrecken. Sie fliehen in höhere Lagen, ja in höchste
Lagen und der Schweizer Alpinist muss staunend notieren:
»Dass der höchste Ort auf Erden, den ich betrete, nicht in der
Schweiz sein würde, kommt mir überraschend genug; noch
überraschender, dass wir eben diesen Ort, ein paar Meter tie-
fer als das Matterhorn, mit dem Auto erreichen.«

Er schwankt zwischen Begeisterung und Abscheu, zwischen Enthusiasmus und Ekel. Was ihn besonders fasziniert:
die Architektur. Und auch hier, wie schon früher in Warschau
vor allem: die radikalen Alles-Erneuerungsmöglichkeiten vor
Ort. Keine Bauordnungen, kein Denkmalschutz, keine An-
wohnerbedenken, keine Rücksichten. Bauen nach einem radikalen Plan, wie bei der Neuerfindung der Welt. »Das Ver-
antwortungslose oder sagen wir: das Rücksichtslose, das
Rücksichtsfreie, das sich um keinen Nachbarn schert, gibt
dem modernen Architekten einmal die Chance, sich selbst
(sic!) zu sein.« Noch nirgendwo habe er so viele hervorra-
gende Beispiele fortschrittlicher Architektur getroffen. »Hier
wird gebaut, was bei uns meistens bloß geplant, auf Papier
geträumt wird.« Traum des Architektur-Schriftstellers Max
Frisch. Er wird wiederkommen nach Mexiko. Es lässt ihn
nicht los.

»Das Staunen vor einem
Wissen, das stimmt«
Kühle Liebe: Don Juan

Aber zunächst einmal ging es 1952 wieder zurück nach Zürich. Einen fertigen Roman hatte er nicht vorzuweisen, auch
sonst nichts wirklich Vorzeigbares. In sein Notizheft mit den
Stiller-Aufzeichnungen im März 1951 hatte er geschrieben:
»Witz: er, der mit der Angst vor der Impotenz, dichtet den
Don Juan.« Jetzt, ein Jahr später, ist Frisch wieder da. Aus
schlechtem Gewissen gegenüber »dem Rockefeller« schreibt

er eine eilige Komödie: »Don Juan oder Die Liebe zur Geometrie«.

Der Don Juan, wie ihn Frisch auf die Bühne stellt, ist ein vollendeter Narziss, ein Liebhaber seiner selbst, nicht der Frauen. Seine Anziehungskraft auf diese resultiert gerade aus seinem Desinteresse an ihnen und aus seinem legendären Ruf aus der Literaturgeschichte. Don Juan flieht die Gefühle, den Sumpf und die Klebrigkeit der falschen Gefühle. Sein Ideal: nüchtern vor Glück. Er liebt die Klarheit und sich selbst: »Hast du es nie erlebt, das nüchterne Staunen vor einem Wissen, das stimmt? Zum Beispiel: was ein Kreis ist, das Lautere eines geometrischen Orts. Ich sehne mich nach dem Lauteren, Freund, nach dem Nüchternen, nach dem Genauen; mir graust vor dem Sumpf unserer Stimmungen.«

So sagt er vor dem Traualtar auf die Frage, ob er die ihm zugedachte Braut, die herrliche Donna Anna, zur Frau nehmen will, entschlossen »Nein« und wiederholt es so lange, bis Pater Diego das Unbegreifliche begreift. Don Juan will nicht. Die Liebe, die Gefühle – das alles schwankt ihm zu sehr: »Wie soll ich wissen, wen ich liebe? Nachdem ich weiß, was alles möglich ist.« Er hat Angst vor diesem Schwankenden, dieser wabernden Möglichkeitswelt der Gefühle. Denn er ist seiner selbst nicht sicher, ist seiner Männlichkeit nicht sicher, deshalb verehrt er die kühle Männlichkeit der Geometrie. Er ist ein Intellektueller, dieser Don Juan, der sich selbst sucht, sein wahres Ich. Es ist ein Fluch, wenn einer nicht mehr weiß, auf welchem Grund er steht: »Sei nicht wissbegierig, Roderigo, wie ich!«, rät er seinem Freund. »Wenn wir die Lüge einmal verlassen, die wie eine blanke Oberfläche glänzt, und diese Welt nicht bloß als Spiegel unseres Wunsches sehen, wenn wir es wissen wollen, wer wir sind, ach Roderigo, dann hört unser Sturz nicht mehr auf, und es saust dir in den Ohren, dass du nicht mehr weißt, wo Gott wohnt.«

Don Juan ist ein fulminantes Stück voller guter Laune, schnellem Witz, Selbstironie, Liebesironie und diesmal beinahe ohne politische Botschaft, die das Stück entzweigerissen hätte. Auch dieses Stück kann der Autor allerdings wieder nicht ohne ausführliche Selbsterklärungen stehen lassen. Er erläutert die gefährdete Männlichkeit Don Juans, erklärt, seine Untreue sei in Wahrheit nur der Angst geschuldet, sich selbst zu verlieren, »seiner wachen Angst vor dem Weiblichen in sich selbst«. Er erklärt und erklärt, entschuldigt diesen Don Juan, seine Untreue, seinen Wankelmut, seine Kühlheit, als gelte es, sich selbst zu entschuldigen. Um aber auf der anderen Seite eine allzu große Nähe dieses Bühnen-Don-Juan zu seinem Erfinder zu vermeiden – vielleicht in Erinnerung an den Atomtod-Warner in der Premiere der »Chinesischen Mauer«, der Frisch so ähnlich gesehen haben soll –, gibt er auch hierfür klare Anweisungen: »Don Juan ist ein Intellektueller, wenn auch von gutem Wuchs und ohne alles Brillenhafte.« Schön – damit ist eine Verwechslung mit dem brillenhaften Dramatiker so gut wie ausgeschlossen.

Der Don Juan auf der Bühne wird am Ende, in letzter Not, doch noch zur Ehe bekehrt. Es ist eine Kapitulation, eine letzte Ausflucht, und um den matten Frauenhelden schließlich vollends auszuschalten, erreicht ihn im Finale auch noch diese Nachricht: Seine Frau, Miranda, erwartet ein Kind. Sie kennt ihn schon, er soll jetzt bloß nicht auch noch glücklich tun: »Du musst jetzt nicht behaupten, dass es dich freut, Juan, aber es wird mich glücklich machen, wenn ich eines Tages sehe, dass es dich wirklich freut.« Ein Diener kommt mit einem silbernen Tablett, trägt auf. Don Juan: »Mahlzeit.« Miranda: »Mahlzeit.« Sie beginnen schweigend zu essen, langsam fällt der Vorhang.

Das Stück wurde zeitgleich in Zürich und am Berliner Schiller-Theater uraufgeführt. Frisch wollte nicht noch einmal das Risiko eingehen, dass ihm eine misslungene Inszenierung mit miesen Kritiken in Zürich auch gleich den deutschen Markt verdarb. Und sein Ruhm war inzwischen so groß, dass das möglich war: zwei Uraufführungen auf zwei großen deutschsprachigen Bühnen. Allerdings waren die Kritiken der deutschen Inszenierung von Hans Schalla mit Peter

Mosbacher in der Hauptrolle wesentlich schlechter als die der Züricher Aufführung. Das Schauspielhaus hatte sich nach all dem Ärger, dem Frisch in Memoranden und Briefen Luft gemacht hatte, mit der Inszenierung besonders viel Mühe gegeben. Oskar Wälterlin inszenierte, Will Quadflieg spielte den Don Juan. Die Kritiken waren gut, das Publikum feierte den Autor.

»Sie wissen nichts von dir, Max«
Die ferne Familie

Seine Tochter Ursula hat sich später in ihrem Buch an die Proben zum Don Juan erinnert:»Wir gehen mit unserer Mutter, die uns von der Schule abgeholt hat, zum Pfauenplatz hinab, und während wir gehen, die bange Frage der Mutter (die sie natürlich nicht aussprach, die ich aber noch zu spüren meine, wenn ich uns die Rämistraße hinabgehen sehe, sie in hellem sommerlichem, bei jedem Schritt schwingendem Kleid), ihre Sorge, nicht nur, weil wir spät dran sind, sondern eben auch, was wohl mit Max und jener Schauspielerin sei, deren Name in den vergangenen Wochen herumgeschwirrt war (hatte sie Donna Elvira oder welche sonst gespielt?). Durch den Hintereingang huschen wir, am Inspizienten vorbei, der lachend ankündigt: Die Frischlinge kommen! Über die Bühne, das Treppchen hinab in den bereits dunklen Zuschauerraum, wir setzen uns ein paar Reihen hinters Regiepult, wo neben dem Regisseur mein Vater sitzt: Er dreht sich nach hinten, winkt uns kurz zu und legt seinen Finger an die Lippen; er wirkt nervös, auch genervt; und meine Mutter neben mir angespannt stumm.«

Sie selbst, das Kind, hat das Stück immer besonders gern gemocht, schreibt sie. Sie mochte den Glanz, den Witz, die Leichtigkeit, das Spielerische.»Ich begriff die Absage an die Ehe darin nicht, die Verzweiflung, die Resignation; im Gegenteil, mir schien ein Versprechen darin zu liegen, dass die atemberaubenden Spannungen irgendwann doch sich auflösen würden, dass es möglich sei, Leben in Liebe ...«

Das ist schon eine sehr traurige Szene. Der Dramatiker im dunklen Zuschauerraum, oben auf der Bühne wird sein Stück geprobt, mit dem wankenden Don Juan, der die Ehe hasst und nur sich selbst liebt und sucht, am Ende seufzend die Nachricht seiner Vaterschaft erfährt. Die Geliebte des Dramatikers, oben auf der Bühne im Licht. Dann plötzlich die drei eigenen Kinder im Zuschauerraum, die angespannte Ehefrau, die alles ahnt, vielleicht weiß, stumm dabei. Und Max Frisch legt den Finger auf die Lippen. Bitte Ruhe.

Schon von den Sommerferien im Jahr davor hat Ursula Priess-Frisch berichtet, wie die Spannungen zwischen den Eltern wuchsen, Spannungen, die nicht zur Entladung kamen. Nur stumme Vorwürfe, Ahnungen, stilles Dulden von Seiten der Mutter. Sie waren auf Sylt, im Haus der Suhrkamps. Jeden Tag am Meer, der Vater begeistert, stürzt sich in die Wellen, dass die Kinder schon Angst bekommen, er komme nicht mehr heraus. Dann sind sie bei einer Tetta, in ihrem Reetdachhaus, Ursel pflückt Johannisbeeren, versteckt im Gebüsch. Vielleicht ist das verboten? Sie wird gefunden, von Tetta und Max, der strenge Blick des Vaters – es ist wohl wirklich nicht erlaubt, das Pflücken, oder? »Und plötzlich wusste ich, ohne das Bild vor meinen Augen zu verstehen: Es ging nicht um die Johannisbeeren, sondern ich sollte, so wie es stand zwischen meinem Vater und der schönen rothaarigen Tetta, nichts verderben.«

Sie sind dann allein zurück nach Zürich gefahren, die Mutter mit den drei Kindern. Max blieb zurück. Zum Arbeiten.

Der ferne Vater. Draußen, im Garten, in der Zollikerstraße 265 in Zürich, hörte die Tochter oft das Klappern der Schreibmaschine. Langsam, Klack ... Klack, Buchstabe für Buchstabe. Max Frisch schrieb oben in der Mansarde. Das Geklapper hieß: »Er ist da. Und gleichzeitig hieß es, dass er unerreichbar weit weg ist.« Sie war fast nie oben in der Mansarde. Es war nicht verboten, aber was sollte sie da?»Mit keinem selbstgemalten Bild, keinem Strauß Primeln, auch nicht mit einem aufregenden Kindererlebnis, das ich ihm hätte erzählen wollen, war er von seiner Schreibmaschine wegzubekommen.« Sie hat heute, fast sechzig Jahre später, kein Bild mehr vor Augen, das die Familie zusammen beim Essen zeigt. Kein Bild, auf dem er aus der Mansarde aus dem Fenster schaut, von oben auf die Kinder.»Wir als Familie sind wie weggezaubert.« Von ihnen beiden, Max Frisch und Ursula, gibt es nur ein Foto, ein wunderschönes. 1944, Ursula ist vielleicht anderthalb Jahre alt, im Kleidchen, weißes Band im Haar, steckt sich mit der einen Hand einen Keks in den Mund, in der anderen hält sie eine Margarite. Ihr Vater im dunklen Anzug mit Weste, weißes Hemd, weiße Krawatte, Haare zurückgekämmt, sieht aus wie ein Musiker, ein Dirigent vielleicht, schaut von der Seite fragend zu. Vater und Tochter. Das einzige Bild.

Aus Amerika, 1951, hat er einmal einen Brief an Kurt Hirschfeld geschrieben, darin, fern der Familie, hat er sich einmal so enthusiastisch über Kinder geäußert wie sonst nie. »Hirschi« hatte ihm von seiner bevorstehenden Vaterschaft erzählt. Frisch schwärmt:»Du wirst mich ja nicht brauchen, um zu wissen, dass das etwas Tolles ist. Herrlich und sehr seltsam. Ohne Kind kennt man nur die Hälfte unserer wunderlichen condition humaine, glaube ich.« Am Tag zuvor, schreibt er, hat er ein Foto bekommen von seiner Familie:»Ich schaue das Bild an, mitten drin meine Frau, die ich lieb habe, und doch ist es etwa so, dass es mich auch überzeugen könnte, wenn jemand käme und sagte: Sie wissen nichts von dir, Max, ich habe sie gefragt, das musst du dir eingebildet haben, aber sie lassen grüßen –«

Ein fremder Mann. Seine Familie weiß nichts über ihn. Wer weiß etwas?

Sein Sohn Hans Peter sieht den Vater weit weniger kritisch als seine Schwester Ursula. Klar, der Vater hat ihm oft gefehlt. Und er haderte mit seiner Mutter, weil sie sich nach der

Scheidung keinen neuen Mann gesucht hat. Aber der Vater war ein Vorbild für ihn. Früh hat er ihn mit hinaus auf den Zürichsee zum Segeln genommen. Es wurde die Leidenschaft seines Lebens. Aber schon damals war auch ein Mangel spürbar: Wie das alles funktionierte, das durfte man den Vater nicht fragen. Davon hatte er keine Ahnung.

Peter Frisch betreibt seit vielen Jahren sehr erfolgreich ein Geschäft für Segelzubehör in München. Menschen, die ihn kennen, beschreiben ihn als direkten, unkomplizierten, lebensfrohen Segler und Geschäftsmann, der auf seinen Vater nichts kommen lässt: »Ich wollte nie einen anderen Vater«, sagt er zum Beispiel. Und dass er seine Offenheit und Großzügigkeit immer bewundert habe und bis heute versuche, sein Geschäft so zu führen, so mit Menschen umzugehen, wie er das von seinem Vater gelernt habe.

Er fährt einen Aston Martin. Von einem Journalisten darauf angesprochen, sagt er: »Die Liebe zur Schönheit habe ich vom Vater geerbt. Der fuhr einen Jaguar 420.«

Auch sein Studium hat er in Vater-Nachfolge ausgewählt: Architektur. Den »besten aller Studiengänge« nennt ihn Peter Frisch in einem Interview mit der NZZ, und wenn er von dem herrlichen »weißen Papier« an jedem Anfang spricht, dann klingt er wie eine glückliche Kopie seines Vaters. Er hat übrigens noch kürzer in diesem Beruf gearbeitet als sein Vater. Genauer gesagt: überhaupt nicht. Als er zu seinem ersten Auftraggeber ins Tessin fährt, wird er besonders herzlich empfangen: »Ah, da ist ja der Sohn von Max Frisch.« Er reist zurück, der Sohn, flieht den Vaterfluch, gründet sein Segelgeschäft, und das Haus im Tessin wird nie gebaut. Gar kein Haus entsteht nach den Plänen von Peter Frisch.

Sein Vater ließ ihn immer gewähren. Das hat Peter Frisch geschätzt und auch als Mangel empfunden. Sein Ehrgeiz als Geschäftsmann, so sagte er der NZZ, sei aus einem Vakuum entstanden. Er selbst ist heute zum zweiten Mal verheiratet, hat drei Kinder wie sein Vater. Er erzählt, wie er selbst sich als Vater verändert hat, über die Jahre mit den drei Heranwachsenden. Das Vaterbild in der Gesellschaft hat sich in den letzten Jahrzehnten ungeheuer verändert. Und er fügt hinzu: »Auch mein Vater wäre heute ein anderer.«

7.   Der Durchbruch

Der Fischer und die Wasserfee
Falsches Leben: Stiller I

Max Frisch hatte in Amerika ein wenig an dem Romanprojekt geschrieben, zu dem ihn Peter Suhrkamp Jahre zuvor ermuntert hatte. Schinz, der Mann aus dem Wald, der ein anderer wird oder immer schon ein anderer war. Stiller heißt der Mann jetzt. Im August 1953 berichtet er Suhrkamp wieder einmal von misslungenen Sommerferien mit der Familie in den Bergen. »Ziemlich bedrückend.« Er sei nervös geworden, habe sich die Sorgen aber ausgewandert. Ja und dann: das neue Prosa-Buch. Er stehe da noch vor einem Berg von Schwierigkeiten, »kenne aber die Zielrichtung«.

Im Herbst zieht er sich in ein kleines Hotel am Genfersee zurück, überarbeitet die Passagen aus Amerika und schreibt und schreibt. Im August berichtet er Suhrkamp, er habe nun den richtigen Ton gefunden. Und im März des folgenden Jahres ist er beinahe begeistert von sich selbst: »Bei aller Vorsicht: ich glaube, mir gelingt vieles. Die Frisch-Mängel werden nie fehlen, aber ich bin dort, wo es mich bewegt, und ich freue mich, dass vieles ein heiteres Gesicht bekommt.« Vieles, was er jetzt schreibe, belustige ihn, »gerade weil es nahe an der Zone ist, wo es mich würgt«.

Einen Monat später ist die Begeisterung noch die gleiche. Das Manuskript ist fertig, er hat es schon drei Lesern (zwei Frauen, einem Mann) gegeben, und jetzt geht eine Kopie auch an den Verleger. Frisch ist voller Zuversicht. Doch: Peter Suhrkamp ist weniger begeistert. Schon ein Jahr zuvor hatte er seinen Autor anlässlich des »Don Juan« unverhohlen einen »Schlappschwanz« genannt, weil er bei ihm immer wieder die Tendenz erkannt hatte, zu früh mit sich zufrieden zu sein. Frisch hatte ihm damals zerknirscht geantwortet: »Ihr Vorwurf, dass ich ein Schlappschwanz sei, ist nicht zu widerlegen; leider gilt es sogar für Dinge, die wesentlicher sind als Theater, dort vor allem.« Und er versucht zu erklären:»Meine Schlappschwänzerei kommt daher, dass mir bald dieses, bald jenes wichtiger scheint, sodass meine Argumentation nie konsequent ist.« Die Einwände, die Peter Suhrkamp jetzt gegen den ersten Entwurf des»Stiller« vorzubringen hatte, müssen ähnliche gewesen sein. Leider – für uns – hat er sie Frisch im direkten Gespräch mitgeteilt, sodass wir nur Frischs Reaktion wiedergeben können. Die war wieder: dankbar und zerknirscht. Das Gespräch habe ihm»viel und wichtigen Anstoss gegeben«, schreibt er im Juni 1954 an seinen Verleger.»Das ist das Übel all meiner Arbeiten, Sie wissen's, irgendwo vor dem erstrebten Gipfel lasse ich mich nieder, raste, vergesse, erspare mir den Rest. (Genauso natürlich im Menschlichen!)« Aber jetzt habe er wieder gut gearbeitet, habe»einen neuen Schluss« mit»dem andern Tod« entworfen, anderes überarbeitet. Letzte Umarbeitungen nimmt er sich für die nächsten Tage vor. In einem Monat, Ende Juli 1954, wird er das überarbeitete Manuskript schicken. Der Verleger hat ihn offensichtlich in wohldosiertem Maße unter Druck gesetzt:»Sie haben recht: entweder jetzt oder in Jahren.«

Es klappte: jetzt.

Und es klappte so gut, dass der Roman bereits im Herbst im Suhrkamp Verlag erscheinen konnte. Der Roman, der den Weltruhm des Schweizer Schriftstellers begründen sollte und der sich bis heute allein als deutsches Taschenbuch mehr als zwei Millionen Mal verkauft hat. Er wurde die Grundlage des großen finanziellen Erfolges von Max Frisch und auch seines Verlages.

»Stiller« – die Geschichte einer Verweigerung. Ein Mann, der Bildhauer Anatol Ludwig Stiller, flieht eines Tages aus seinem Leben, flieht aus seiner Ehe, aus einer Liebschaft, aus seiner Kunst, aus der Schweiz. Er verschwindet einfach. Die Menschen sagen, er sei verschollen.»Du wirst dich nie verändern«, hatte seine Geliebte Sibylle ihm kurz vor seinem

Verschwinden prophezeit. »Oder glaubst du denn selber, daß du je ein andrer wirst?«

Sechseinhalb Jahre später wird im Zug am Basler Bahnhof ein Mann verhaftet, James Larkin White aus New Mexico, der einen Beamten geohrfeigt hat, weil der die Echtheit seines amerikanischen Passes bezweifelte. Er muss mit auf die Wache. Erstens wegen der Ohrfeige und zweitens, weil er unter Verdacht steht, ein anderer zu sein. Der vor Jahren verschwundene Schweizer Bürger Anatol Ludwig Stiller. Und bei dem sind nicht nur in den Jahren seiner Abwesenheit einige Rechnungen in beträchtlicher Höhe aufgelaufen, sondern er wird auch verdächtigt, in eine Spionageaffäre mit dem sowjetischen Geheimdienst verwickelt zu sein. Doch um ihm den Prozess machen zu können, muss man ihm zunächst seine Identität beweisen. Seine andere Identität, die des Schweizers, des Ehemanns, des Geliebten, des Künstlers, des Flüchtlings, des seiner selbst nie sicheren Frauenbetörers, des seiner Männlichkeit nie sicheren Mannes, des kommunistischen Kämpfers im spanischen Bürgerkrieg, des Feiglings, des Flüchtlings aus seinem Leben – die Identität Stillers. Doch White weigert sich. »Ich bin nicht Stiller!« – diesen berühmten Anfangssatz fügte Max Frisch erst kurz vor Drucklegung ein. Es ist das Leitmotiv des Romans, ist wie der Pol eines Magneten, von dem sich die gleichpolige Romanhandlung Seite für Seite abstößt. Der Mann, der nicht Stiller sein will, wird umstellt von Beweisen, von Menschen, die ihn aus seinem früheren Leben kennen, ihn wiedererkennen und ihn mit Geschichten umzingeln, die beweisen sollen, dass er der Vermisste ist, dass er sich nicht verändert hat, dass man ihn hier kennt, hier, im Land seines früheren Lebens, und dass eine Flucht aus seinem Leben leider nicht möglich ist. Sie wollen ihren Stiller wiederhaben. Und sie werden so lange nicht von ihm ablassen, bis er sich zu erkennen gibt. Bis er zugibt, ihr Stiller zu sein. Er ist ein zäher Kämpfer.

»Ich bin nicht ihr Stiller. Was wollen sie von mir! Ich bin ein unglücklicher, nichtiger, unwesentlicher Mensch, der kein

Leben hinter sich hat, überhaupt keines. Wozu mein Geflunker? Nur damit sie mir meine Leere lassen, meine Nichtigkeit, meine Wirklichkeit, denn es gibt keine Flucht, und was sie mir anbieten, ist Flucht, nicht Freiheit. Flucht in eine Rolle. Warum lassen sie nicht ab?«

Er sitzt in seiner Zelle, einer sehr ordentlichen Zelle, der Schweiz ist da gar kein Vorwurf zu machen, sogar die Gitterstäbe vor dem Fenster werden regelmäßig abgestaubt. Sein beharrlichster Ankläger ist sein Verteidiger, Dr. Bohnenblust. Denn um ihn anständig verteidigen zu können, muss sein Mandant ja erst mal zugeben, dass er sein Mandant ist. Bohnenblust ist ein naiver, treuherziger, durch nichts zu erschütternder Schweizer Patriot. Eifrig schafft er Zeuge um Zeuge herbei, Menschen aus Stillers früherem Leben, die ihn alle erkennen, ihn alle mit ihren Erinnerungen, ihrem Bild, das sie sich von ihm gemacht haben, umkreisen. Doch dieser Mann bleibt widerständig. Je beharrlicher er sich weigert, umso sicherer sind sich seine früheren Freunde: Ja, genau so war ihr alter Stiller. Ganz der Alte, ganz der Alte. Er kann machen, was er will. »Ihr Haß gegen die Schweiz beweist mir noch lange nicht, daß Sie kein Schweizer sind«, erklärt ihm Bohnenblust. »›Im Gegenteil!‹ ruft er, da ich lache, ›Gerade damit verraten Sie sich!‹« Ein Wolf in der Schlinge. Je mehr er sich wehrt, umso fester zieht sie sich zusammen. Gleich am Anfang hat Bohnenblust ihm Hefte mitgebracht, in die er die Wahrheit hineinschreiben soll. Der Verdächtige schreibt, über seine Erlebnisse in der Haft, seine Gedanken und die Umschreibungen seines angeblichen früheren Lebens, so wie Stillers beste Freunde sich erinnern. Die Aufzeichnungen sind für Bohnenblust enttäuschend, eine einzige Ausflucht. Unbrauchbar.

Die Aufzeichnungen sind der Roman »Stiller«, die sieben Hefte sind die sieben Kapitel, ergänzt um ein Nachwort des Staatsanwalts. Der Staatsanwalt ist des Angeklagten einziger Freund. Er nimmt Anteil an seinem Leben, seiner Flucht. Sein Interesse hat einen Grund: Jener Stiller war vor seinem Abhandenkommen der Geliebte seiner Frau Sibylle. Er kannte ihn nicht, damals, wollte ihn nicht kennen, nicht einmal seinen Namen. Das war die Freiheit, die er seiner Frau gewährte. Sibylle sagte ihm nur, er sei anders als er. Ganz anders. Ja, sein Gegenteil. Inzwischen, fast sieben Jahre später, ist er längst wieder mit seiner Frau vereint und glücklich. Den Mann von damals, das Gespenst, den unbekannten Geliebten, den sucht er jetzt in Stiller. Ein unheimliches Dreieck der Liebe, Lüge und Verschwiegenheit. Doch im Zentrum des Buches, der scheinbar wahre Grund für Flucht und Wiederkehr des Bildhauers, steht Julika. Seine Frau. Sie hat sich nicht scheiden lassen in all den Jahren. Obwohl er sie behandelt hat wie einen Hund in der letzten Phase ihrer Ehe. Als sie krank wurde, eine Tuberkulose offen ausbrach und sie nach Davos musste zur Heilung, da tat Stiller so, als werde sie nur ihm zum Vorwurf krank, nur um ihn an sich zu binden, für immer. Gerade hatte er eine neue Nebenliebe gefunden, Sibylle, im Atelier, wo Julika ihm die Nachricht überbringt, sind noch Spuren ihres nächtlichen Besuchs. Gerade da fesselt sie ihn mit ihrem Leid. Er wird sie trotzdem verlassen, später auf dem Balkon des Sanatoriums, den wir so gut noch aus dem »Zauberberg« kennen, wird er sie verlassen. »Stiller« ist auch ein Gegen-»Zauberberg«. Auch hier kommt der Held der Welt sieben Jahre lang abhanden. Auch hier ist der Abschiedsort das Schneereich von Davos. Doch während Hans Castorp versucht die Welt zu ergründen, indem er sich ihr entzieht, hier oben in der Welt der letzten Einsichten, und sich schließlich selbst findet, obwohl er sich gar nicht suchte, nimmt Stiller diesen Zauberberg zum Startpunkt seiner Flucht, seiner Flucht vor sich selbst, hinein in die Welt, nach Mexiko und Amerika. Hinein in ein neues Leben, raus aus den Zwängen der alten Haut.

Die Geschichte mit Julika ist das Herz des Romans. Es gibt Kritiker, wie etwa Volker Hage in seiner Frisch-Monografie, die das Buch deshalb »eine hinreißende Liebes- und Ehegeschichte« genannt haben. Das ist nicht der Fall. Es ist eher das Buch, das ausführt, was der Autor damit meinte, wenn er in früheren Texten die Ehe gern als Hölle, Falle, Gefängnis oder Lüge bezeichnet hatte. Das Bündnis dieser beiden Menschen, Anatol Stiller und Julika Stiller-Tschudy, ist ein maßloses Unglück. Die Tänzerin Julika ist unglaublich schön, bleich, kühl, begehrt von aller Welt, bewundert von aller Welt und frigide. Stiller ist ein Mann, der von Männlichkeit träumt, die er nicht besitzt. Ein Mann, der geradezu besessen ist von der Aufgabe des Mannes in der Welt. Der sich für alles verantwortlich fühlt, vom Wetter bis zur Befriedigung der Frau, und der doch in allem scheitert.»Er leidet an der klassischen Minderwertigkeitsangst aus übertriebener Anforderung an sich selbst.« Er will ein Über-Mann sein und ist doch feminin. Er übertreibt die Bedeutung der männlichen Potenz und ist permanent von Impotenz bedroht. Er hat im spanischen Bürgerkrieg auf der Seite der Roten gekämpft und hat im entscheidenden Moment nicht gewagt zu schießen.»Ich bin kein Mann!«, brüllt er Sibylle zu, als er ihr dieses Trauma bekennt. Er ist ein Feigling. Er verachtet Feiglinge. Er verachtet sich selbst.

Mit der Heirat Julikas hat er sich vor eine unlösbare Aufgabe gestellt. Er ist verantwortlich für ihr Glück und wird selbst mit jedem Tag unglücklicher. Denn Julika kann nicht glücklich werden, nicht mit einem Mann wie Stiller. Sie ist ja kaum ein Mensch, so wie er sie sieht, eine Schneekönigin, eiskalt. Er selbst daneben ein schwitzender Störenfried:»Ich habe eine wunderbare Frau, ich freue mich jedes Mal auf das Wiedersehen, und jedes Mal, wenn sie da ist, komme ich mir vor wie ein öliger, verschwitzter, stinkiger Fischer mit einer kristallklaren Wasserfee!«, sagt er schon kurz nach ihrer Heirat. Er wird wunderlich und böse und verschroben, sie bleibt kalt und schön.»Offengestanden, Stiller, ich frage mich manchmal, womit diese Julika es verdient hat, mit Ihnen verheiratet zu sein!«, sagen sogenannte Freunde. Das trifft Stiller ins Mark. Er, der alles Männermögliche tut, sogar das Wetter schön macht für sie, er soll ihr Unglück sein?

Sie sind es ja beide füreinander. Sie wird todkrank, er verschwindet.

Wie sie sich aber jetzt, als der mögliche Stiller im Gefängnis sitzt und sie ihn, beinahe geheilt, besucht und erkennt, wie sie sich jetzt neu oder wie zum ersten Mal ineinander verlieben – das ist tatsächlich anrührend und zart und romantisch und schön, aber auch unheimlich, denn der Leser weiß ja mit Stiller längst, dass eine Verwandlung nicht möglich ist, eine Häutung vielleicht, eine Häutung in Geschichten, aber ein neues Leben, ein neuer Mensch: niemals. Das Unglück nimmt seinen Lauf. Sie richten sich ein, in einer entschlossenen Zufriedenheit, Bescheidenheit. Statt Bildhauerei macht Stiller Töpferware für Touristen, statt Ballett in Paris gibt Julika Kurse für rhythmische Sportgymnastik auf dem Land. Sie wohnen in einem beschaulichen, verkommenen Schwyzerhüsli mit Gartenzwergen vor der Tür. Sie zwingen sich in ihr Leben, in das Abbild ihrer Liebe hinein. Julika stirbt langsam von innen – »seit vierzehn Jahren stirbt sie, Tag für Tag, am Tisch mit mir ...«, sagt er. Und er richtet allen Hass und alle Traurigkeit über das falsche Leben, die falschen Vorstellungen vom Leben gegen sich, nach innen, schweigend, den ganzen Körper zu einer Eisenfaust geballt. Seinem Freund, dem Staatsanwalt, der ihn besucht in seinem Zwergenhaus, bekennt er, warum er zurückgekommen ist, zurück aus Amerika, aus Mexiko, zurück ins Unglück dieser Ehe. Es ist ein Fluch: »Warum ich zurückgekommen bin?! Das hast du nicht erlebt. Eine Idiotie, nichts anderes, eine Starrköpfigkeit! Begreifst du's denn nicht? Wenn du ein halbes Leben lang vor einer Tür gestanden und geklopft hast, Herrgott noch mal, erfolglos, wie ich vor dieser Frau, vollkommen erfolglos, Herrgott noch mal – und dann geh du weiter! Vergiß sie, so eine Tür, die dich zehn Jahre versäumt hat! Gib's auf, geh weiter! ... Was heißt da schon Liebe? Ich habe sie nicht vergessen können. Das ist alles. Wie man eine Niederlage nicht vergessen kann. Warum ich zurückgegangen bin? Aus Besoffenheit, mein Lieber, aus Trotz.«

Er ist zurückgekehrt in seine Geschichte, in sein Leben. Draußen hat er andere erprobt, andere Leben, andere Ichs und nach Momenten der Freiheit und des Glücks immer nur sich selbst gefunden. Er hat Geschichten ausprobiert. Jetzt schreibt er sie auf, in die Hefte des Verteidigers. Wer die einmal lesen soll? Er glaubt nicht, dass es ein Schreiben gibt ohne die Vorstellung eines möglichen Lesers. Und wäre es nur der Bohnenblust; und wäre es nur der Schreiber selbst. Warum schreibt man? »Man will sich selbst ein Fremder sein. Nicht in der Rolle, wohl aber in der unbewußten Entscheidung, welche Art von Rolle ich mir zuschreibe, liegt meine Wirklichkeit. Zuweilen habe ich das Gefühl, man gehe aus dem Geschriebenen hervor wie eine Schlange aus ihrer Haut. Das ist es: man kann sich nicht niederschreiben, man kann sich nur häuten.«

Das ist das Frisch-Programm. Schreiben, um sich selbst ein Fremder zu sein, Geschichten ausprobieren wie Kleider, wie es später im »Gantenbein« heißt. Erzählen, um etwas zu erfahren, um etwas zu verschweigen. Wie White so lange mit Geschichten aus dem Leben eines Stiller umstellt wird, bis er gar keine andere Wahl mehr hat, als die andere Identität anzunehmen, so ist auch das Schreiben von Geschichten eine Art, von sich abzusehen oder – sich zu erkennen. »Je genauer man sich auszusprechen vermöchte, um so reicher erschiene das Unaussprechliche, das heißt die Wirklichkeit, die den Schreiber bedrängt und bewegt. Wir haben die Sprache, um stumm zu werden. Wer schweigt, ist nicht stumm. Wer schweigt, hat nicht einmal eine Ahnung, wer er nicht ist.«

»Westwärts fahren, gleichviel wohin«
Welterfahrung, Schweiz-Beschimpfung:
Stiller II

Der Roman »Stiller« von Max Frisch ist ein Hammer, ein gewaltsames, ein gewaltiges Buch auch heute noch. Ja, es ist ein Buch über »Identität«, ja, ja, ja – jeder Schüler eines Gymnasiums im deutschen Sprachraum musste dieses Sätzchen irgendwann einmal in einem Aufsatz unterbringen. Satz vorhanden – »Identität schwankt«, Haken, gut. Aber was heißt denn das? Was heißt es auch, dass »das Problem der Identität eines der zentralen des zwanzigsten Jahrhunderts ist« und sich somit der Erfolg des Romans quasi von selbst erklärt? Ja, die Möglichkeiten der Lebensgestaltung, der Lebensplanung der durchschnittlichen Bewohner der westlichen Welt nach dem Krieg sind plötzlich, zumindest in der Theorie, nahezu unendlich geworden. Die Welt steht ihnen offen, Berufsmöglichkeiten stehen ihnen offen, Beziehungsmöglichkeiten stehen ihnen offen. Eine Welt voller Möglichkeiten, eine offene Welt, und die Wirklichkeit ist nur ein zäher Schlamm unter dem Schuh, den es abzustreifen gilt.

»Stiller« ist zunächst einmal das Buch einer Flucht. Kein deutschsprachiger Autor in der zweiten Hälfte des zwanzigsten Jahrhunderts hat die Welt außerhalb Europas, Amerika, Mexiko, den Westen so kühn, verlockend, unexotisch und begeistert beschrieben wie Max Frisch. Sie haben sich ja alle in ihrem deutschen, schweizerischen, österreichischen, bestenfalls mitteleuropäischen Weltabschnitt vergraben. Frisch nicht. Frisch hatte sehr viel frische Weltluft geatmet, in seinem Jahr in Amerika. Der Roman profitiert unendlich davon. Ja, von seinen furchtlosen, genauen Beschreibungen der damals für Weiße kaum zugänglichen »Bowery« in Manhattan etwa oder Mexikos, aber vor allem eben von dieser Freiheitsbegeisterung, die dieser Roman atmet. Die schnellen, schönen Beschreibungen des Reisenden als Pionier, als

Flüchtling aus der Alten Welt: »Und ich rief auch nicht an, sondern stieg in einen Greyhound, um westwärts zu fahren, gleichviel wohin. Es war so und so, langweilig und hinreißend, abstoßend, begeisternd. Ich sah die Prärie, die Schlächtereien von Chikago, die Mormonen, die Indianer, die größte Kupfergrube der Welt, die größte Hängebrücke der Welt, ich redete mit fremden Gesichtern in einer Milch-Bar, ich arbeitete einen Monat in Detroit, ich verliebte mich in die Tochter eines konservativen Senators, die einen Cadillac besaß, und wir badeten im Michigan-See, und ich fuhr weiter, ich sah Waldbrände, Baseball, Sonnenuntergänge über dem Pazifik und fliegende Fische, Geld hatte ich fast nie, aber ich pfiff vor Seligkeit.«

Dazu kommen natürlich immer wieder die Schweiz-Beschimpfungen, die sich heute ein wenig wie Folklore lesen, wie ein skurriler alpenländischer Witz. Aber damals hatten natürlich auch diese Passagen Sprengkraft und haben sie in der Schweiz womöglich bis heute. Eine Abrechnung mit dem Land, das sich kaum zehn Jahre nach dem Kriegsende als Widerstandsland gegen den europäischen Faschismus feiern ließ, als Widerstandsland gegen jene vom Faschismus regierten Länder, mit denen man all die Jahre so glänzende Geschäfte gemacht hatte und gegen die kein offizielles Wort des Widerstands auch nur zugelassen war. Die Romanfigur Stiller darf Frischs Überzeugungen jener Jahre trocken aussprechen: »Übrigens wird es immer wieder so sein, sie sekundieren dem Faschismus, wie jede Bourgeoisie, offen oder heimlich. Heute entrüsten sie sich über Buchenwald und Auschwitz und diese Sachen; wir wollen sehen, wie lange! Heute waschen sie ihre Hände in schweizerischer Unschuld, speien auf Deutschland und haben es schon immer gewußt.«

Solche Passagen haben dem Roman und dem Ruf Max Frischs in der Schweiz nicht unbedingt gedient. Aber noch wütender, entschlossener und geradezu entfesselt geht der Gefangene gegen die schweizerische Gegenwart in der Kunst und in der Architektur vor. Er ist kaum zu halten in seiner

Zelle, als er auf das Bauen in der Schweiz zu sprechen kommt. Kompromiss! Mäßigung! Willenloses Verwalten von Tradition! Der Bildhauer Stiller gerät ganz und gar außer sich – was nun allerdings wirklich etwas unglaubwürdig klingt, so als Bildhauer. Hier fällt die Romanfigur etwas aus der Rolle und verwandelt sich in den Autor oder umgekehrt. Es ist das Jahr, in dem Frisch auch sein berühmtes Architektur-Pamphlet »achtung: Die Schweiz« und verschiedene andere kämpferische Texte zur Schweizer Architektur veröffentlicht. Die Wut und der Kampfesmut mussten in den »Stiller« irgendwie mit hinein.

Es geht darum, dass die Schweiz der Gegenwart sich in ein Museum verwandelt, ohne Idee von einer Zukunft, die Altstadt Zürichs verschandelt wird von mickrigen Anpassungen an die Gegenwart, anstatt die Altstadt Altstadt sein zu lassen und draußen, vor den Toren der Stadt, eine große Modellstadt der Zukunft zu bauen, modern, kühn, experimentell, wie der Autor es in Mexiko, in Amerika und in der Modellsiedlung Le Corbusiers in Marseille gesehen hat. Eine moderne Stadt. Die Idee einer Zukunft, eines zukünftigen Wohnens. Stattdessen sah der Häftling auf seinen wenigen Ausflügen aus dem Gefängnis hinaus »Armut an Begeisterung«, »allgemeine Unlust«, »Tod«: »Verzicht auf Wagnis, einmal zur Gewöhnung geworden, bedeutet im geistigen Bezirk ja immer den Tod, eine gelinde und unmerkliche, dennoch unaufhaltsame Art von Tod.« Er gerät richtig außer sich. »Zum Kotzen«, »Schwachsinn«, »Arschloch«. Er schimpft und schimpft, und auch wenn das etwas aus dem Roman-Rahmen fällt, erweitert doch gerade dieses Aus-dem-Rahmen-Fallen den Blick auf die Welt. Denn natürlich geht es ihm auch um die Literatur der Gegenwart. Der Gefängnisinsasse hat viel gelesen, Schweizer Literatur der Gegenwart aus der Gefängnisbibliothek, und er fand nur: Idyllik, Innerlichkeit, Wehmütigkeit, neunzehntes Jahrhundert, Vergangenheit; zögernd, lustlos, widerspenstig, »halbbatzig«. Immer wieder fragt er den Schweizer Architekten Sturzenegger, der ihn in seiner Zelle besucht:

»Was ist eure Idee hier?« Doch eine Idee, eine zeitgemäße, moderne, zukunftsweisende Idee, die gibt es nicht. Niemand ist bereit, die Schweiz neu zu erzählen. Nicht in der Kunst, nicht in der Architektur, nicht in der Literatur.

Ja, auch diese Wut macht diesen Roman aus, das Temperament, die Beharrlichkeit des Fragens, das Leiden an der Gegenwart, die Begeisterung für andere Ideen, andere Welten, eine Zukunft der Möglichkeiten. Ein Roman in Bewegung, wahnsinnig gut geschrieben, von einer Klarheit und Schönheit und Kraft und entschlackter Modernität, dass man sich wirklich immer wieder fragt, wo er hin ist, der alte Überverdeutlicher, Klischee-Mond-Beschreiber, der übertraurige Ich-Leider. (Nur die Sache mit der Männlichkeit, die wird ihn in allen Lebensphasen und in allen Lebensbereichen immer und immer wieder beschäftigen. Davon kommt er niemals los. Wie auch? Sein Thema. Auch die neue Stadt, sie muss natürlich »männlich« kühn und radikal entworfen werden.)

Vor allem anderen aber war dieser Stiller, dieser Mr. White, eine glaubhafte, eine lebendige, eine in seinem Leiden an der Welt, an seiner Frau, an seinem Gefängnis, an der Gegenwart glaubwürdige und sympathische Figur. Ein lebendiger Mensch der Gegenwart, mit nur wenig Mühe sogar auch noch ein Mensch unserer Gegenwart heute, mehr als fünfzig Jahre danach. »Stiller vergisst man nicht wieder, er ist keine Romanfigur, sondern ein Individuum, ein in jedem Zug erlebter und überzeugender Charakter«, schrieb Hermann Hesse. Und Friedrich Dürrenmatt schrieb in seiner unvollendeten Kritik des Romans, Frisch sei hier die Unmöglichkeit gelungen, »blitzartig aus sich selbst einen Roman zu machen«.

Aus sich selbst. Ja. Natürlich macht das diesen Stiller so lebendig und wahrhaftig. All das, was ihm Frisch von sich selbst mitgegeben hat. Sein Leiden, seine Wut und seine Fluchten. Aber er ist natürlich groß, weil er persönlich und exemplarisch zugleich ist, das Geheimnis aller großen Kunst. Und Stiller, das ist einfach ein moderner Mann, der Traum und Albtraum der Menschen seiner Zeit träumt und von ihnen terrorisiert wird: Er lebt stets in Erwartungen. Er liebt es, alles in der Schwebe zu lassen. Er gehört zu den Menschen, denen überall, wo sie sich befinden, zwanghaft einfällt, wie schön es jetzt auch anderswo sein möchte. Er flieht das Hier und Jetzt zumindest innerlich.

»Der Vierer-unten-links«
Wer ist James White? Stiller III

Und schließlich ist es auch ein Roman, dessen Ende in Wahrheit offen bleibt. Kaum ein Kritiker hat das so gelesen, Dürrenmatt hat das sogar kritisiert, dass Frisch die Möglichkeit nicht offen lasse, ob jener James Larkin White in Wahrheit vielleicht gar nicht jener Stiller ist. Und es stimmt schon. Fast alles weist am Ende darauf hin, dass er der sich selbst verleugnende Stiller ist, den sie alle suchen. Sein Zusammenbruch beim Anblick seines greisen Vaters im Atelier, sein eigenes Geständnis. Aber könnte es nicht sein, dass die Macht der Geschichten, die Macht der Welt, die diesen Mann für sich vereinnahmen will, am Ende einfach Wirkung zeigt und zwar unendlich viel größere Wirkung, als die Menschen es ihren Erzählungen selbst zutrauen würden? Dass er selbst, der fremde Mr. White, am Ende all die Erzählungen so überzeugend, so mitreißend, so glaubhaft findet, dass er kapituliert und sich einrichtet in all diesen Geschichten. Es könnte sein. Und Max Frisch hat sogar ein kleines Indiz dazu in seinem Buch verborgen. Der Zahnarzt. Er ist nicht mehr derselbe wie der, der damals Stiller behandelte. Der neue kann ihn also gar nicht wiedererkennen, seinen Patienten. Aber er hat ein Röntgenbild. Ein Zahn fehlt, »der Achter-oben-rechts«. »Was habe ich mit dem Achter-oben-rechts (von Stiller) gemacht?«, fragt sich der Patient. Und das könnte ja noch sein, einen Zahn verlieren, in sieben Jahren auf der

Flucht, das kann ja sehr gut möglich sein, auch wenn er tadellos gewesen ist, als das Röntgenbild damals gemacht wurde. Aber was ist mit dem Vierer-unten-links? Er lebt, »meines Erachtens empfindlich genug, auch wenn es auf dem Röntgen-Status (man zeigt mir den Vierer-unten-links, wie ihn der verschollene Stiller hatte) ganz und gar nach einer toten Wurzel aussieht. ›Merkwürdig‹, murmelt er, ›merkwürdig.‹ Dann klingelt er dem Fräulein. ›Ist das wirklich der Röntgen-Status von Herrn Stiller?‹ fragt er. ›Sind Sie sicher?‹ ›Es steht doch drauf –‹.« Der Zahnarzt staunt, vergleicht, bohrt und vergisst. Und Mr. White? »Nach anderthalb Stunden, als ich endlich keine Klammer mehr im Mund habe und spülen darf, habe ich kein natürliches Bedürfnis mehr, die Diskussion über den alten Röntgen-Status nochmals aufzunehmen.«

Vielleicht der Fehler seines Lebens. Es hätte die Freiheit bedeuten können. Ein anderes Leben.

Der Erfolg des Romans kam langsam, aber gewaltig. Die Schweizer Literaturkritik war zum überwiegenden Teil wohlwollend kritisch. Man erkannte wohl die Größe des Buches, haderte aber mit den politischen Einlassungen, vor allem mit den Schweiz-Passagen. Wenn er sich das noch abgewöhne, so der Tenor, dann könne er wirklich ein Großer werden, ein großer Sohn der Schweiz. Die Kritiken in Deutschland waren weniger zurückhaltend. Sie waren enthusiastisch: »Endlich wieder ein großer Roman in deutscher Sprache«, jubelten sie. Verglichen Frisch mit Joyce und Proust und Musil, und Karl Korn von der »Frankfurter Allgemeinen Zeitung« war so begeistert, dass er noch nach dem Erscheinen des Romans den Verlag bat, den ganzen »Stiller« in seiner Zeitung in Fortsetzungen abdrucken zu dürfen. Es ist der erste Brief des jungen Kompagnons von Peter Suhrkamp, Siegfried Unseld, mit dem er Max Frisch atemlos diese Botschaft überbringt. Das sei nicht üblich, dass bereits erschienene Romane in der FAZ abgedruckt würden, hier aber wolle Korn unbedingt eine Ausnahme machen. Die Zeitung biete 2500 Mark, teilt

Unseld Frisch mit. Der antwortet sofort, natürlich sei er einverstanden (»Ich bin zur Zeit bedenkenloser Materialist«), und freut sich über die weitere »Propaganda fürs Buch«. Es sind die Tage, in denen Frisch regelmäßig Glücksbotschaften an den Verlag sendet und dieser mit Glücksbotschaften antwortet. Mit der enthusiastischen Kritik der Literaturinstanz Emil Staiger sei die Schweiz »allem voraussichtlichen Gestänker zuwider, von oben herab schon ziemlich erobert«. Und auch vom Kollegen Dürrenmatt kann er Suhrkamp mitteilen, er sei so begeistert von dem Buch, dass es ihm, so habe er Frisch gesagt, »wieder Lust gemacht hat, Schriftsteller zu sein«. Suhrkamp verkündet brav die wachsenden Auflagenzahlen, die aber anfangs durchaus nicht überstürmisch sind. Nach einem halben Jahr, im April 1955, teilt er seinem Autor mit, soeben habe man die vierte Auflage gedruckt, das 11.– 15. Tausend. Im Januar schließen beide Seiten einen Vertrag, der Frisch »für einige Zeit ein Monatsgehalt« sichert.

»Aber jetzt: Strich darunter –«
Abschied von Familie und Architektur

Frisch ist in diesen Tagen darüber besonders glücklich. Denn der Erfolg des Romans ermöglicht ihm einen Schritt, den er lange Zeit als Wunsch schon in sich trägt: das Leben als freier Schriftsteller. Ein doppelter Traum, frei sein und nur noch Schriftsteller sein. Das bedeutete zwei tiefe Einschnitte: den Verkauf des Architekturbüros. Und die Trennung von der Familie. Einen Tag vor Heiligabend 1954 schreibt er an Friedrich Dürrenmatt: »Inzwischen habe ich eine Wohnung gefunden und gemietet, jedoch nicht in Basel, sondern in einem Bauernhaus in Männedorf, fünfundzwanzig Minuten von Zürich; dort habe ich Platz, Ruhe. Das Ausziehen ist natürlich nicht leicht, aber es muss nun einmal sein.« Es ist zunächst als Provisorium gedacht, eine Trennung auf Zeit. Die

Kinder kommen einmal pro Woche zu ihrem Vater zu Besuch.»Ça va«, schreibt er im Juni 1955 an Dürrenmatt. Und:»Ich glaube, auch Trudy geht's gut. Wir erholen uns.« Doch es gibt kein Zurück mehr. 1959 wird die Ehe nach einem langwierigen Prozess geschieden. Suhrkamp, immer auf der Seite seines Autors, wünscht ihm schriftlich:»Hoffentlich müssen Sie nicht zu sehr bluten.« Frisch berichtet von 35 000 Franken»verbrauchtes Frauenvermögen«, das er an Trudy zurückzahlen muss. Ansonsten amüsieren ihn die Vorwürfe des Richters bezüglich seiner Lebensweise auf Schriftstellerart:»Ist es wahr, dass Sie überempfindlich sind und sehr ichbezogen?«, will der Scheidungsrichter von ihm wissen. Und:»Ist es wahr, dass Sie oft in Theatern und Konzerten gesehen worden sind?« Als Künstler ist man gleich verdächtig, und Scheidungen sind noch keine Schweizer Alltäglichkeit. Das Wort»Ehebruch« weigert sich der Richter auszusprechen. Es muss ihn erschüttert haben, als Trudy ihren Anwalt»eine ziemlich vollständige Liste meiner Ehebrüche«, wie Frisch schreibt, verlesen lässt. Über seine geschiedene Frau hat Max Frisch da schon lange nichts Gutes mehr zu sagen:»Ich möchte sie nicht mehr sehen; ihre noble Verlegenheit, dass sie alles nur um der Kinder willen tut und lässt, ist mir unerträglich.« Im März 1959 kann er schließlich an Suhrkamp vermelden:»Aber jetzt: Strich darunter –«

Der andere Strich wird unter das Kapitel Architektur gezogen. Als Thema wird es ihn zwar noch lange beschäftigen, und auch einige Entwürfe wird er später noch zeichnen. Aber nach»Stiller« war es mit dem eigenen Architekturbüro vorbei. Er verkaufte es an seinen bisherigen Kompagnon Hannes Trösch. Eine merkwürdig sprunghafte Karriere ging da zu Ende, bevor sie so richtig begonnen hatte. Es hatte alles mit dem märchenhaften Erfolg begonnen, dass Frisch, kaum war er richtiger Architekt, mit dem Letzibad schon einen der größten Architekturwettbewerbe der Stadt gewonnen hatte. Dann stockte das Projekt aus Kriegsgründen lange, absorbierte dann auch in dem kleinen Büro alle Kräfte, und da-

192

nach kam nicht mehr viel, bei einigen Wettbewerben um den Bau von Schulen und öffentlichen Gebäuden kam er auf einen der ersten zehn Plätze, zwei Einfamilienhäuser durfte er für seinen älteren Bruder bauen und ein weiteres Landhaus für einen Haarwasserfabrikanten in Liechtenstein. Der verklagte seinen Architekten allerdings wegen eigenmächtiger Veränderung der Treppenhausmaße in einem aufwändigen Prozess. Frisch rächte sich an dem widerspenstigen Auftraggeber, indem er den Protagonisten seines Dramas »Biedermann und die Brandstifter« Gottlieb Biedermann zu einem betrügerischen Haarölfabrikanten machte, der sein Vermögen mit dem Verkauf eines wirkungslosen Mittels erzielte. Kurz vor der Aufgabe seines Büros plante er zusammen mit Hannes Trösch eine Künstlersiedlung am Rande Zürichs, die, nach dem Vorbild etwa der Künstlerkolonie auf der Darmstädter Mathildenhöhe, Malern, Musikern und Schriftstellern günstige Wohn- und Arbeitsräume bieten sollte. Die Pläne waren weit vorangeschritten, als der Landbesitzer, entgegen vorheriger Absprachen, sich weigerte, das Land zu verkaufen. Ein weiterer Rückschlag. Frisch galt nach dem Letzibad eigentlich als Bäderspezialist, was nicht gerade seinen Träumen entsprach, aber auch die wenigen Aufträge, die er in dem Bereich erhielt, scheiterten jeweils aus politischen oder finanziellen Gründen. Was so groß und hoffnungsvoll mit jenem »voluminösen Schwein« des Badauftrags begonnen hatte, ging dann doch mit einer recht dürftigen Bilanz zu Ende. Selbst sein späterer Verleger Siegfried Unseld, der sich von seinem Autor ein Wohnhaus planen ließ, nahm von einer Realisierung des Projektes Abstand. Ein Freibad und drei Wohnhäuser, zwei davon vom Bruder und das dritte in heillosem Rechtsstreit beendet – nein, das Kapitel, unter das hier ein Strich gemacht wurde, war insgesamt kein ruhmreiches. Frisch selbst gab dafür allen möglichen Umständen die Schuld – mangelnde Unterstützung durch seine Frau, Widerstand der Schweizer Auftraggeber gegen einen »einfachen Kanonier« und Ähnliches. Hannes Trösch und Trudy Frisch machten jedoch im Gespräch mit Urs Bircher klar, dass der Chef sich einfach nicht mit genügender Intensität um Aufträge gekümmert habe. Die Schriftstellerei nahm ihn zu sehr in Anspruch. Architekt ist man nun mal nicht nur so nebenbei.

»Wir wollen die Schweiz als Aufgabe«
Kampf um Freiheit und neue Ideen – Texte zur Architektur

In den letzten Jahren seiner aktiven Architektenzeit fand Max Frisch aber ein Betätigungsfeld, in dem er seine theoretischen Kenntnisse von Architektur und Städtebau mit seiner schriftstellerischen Gabe verknüpfen konnte: Er schrieb darüber. Er entwarf einen Vortrag, ein Gespräch in verteilten Rollen für den Hörfunk und, zusammen mit jungen Kollegen, ein kämpferisches Pamphlet unter dem Titel: »achtung: Die Schweiz«.

Im Grunde hatte es in Warschau begonnen. Sein Staunen darüber, was möglich sein kann im modernen Städtebau, wenn einmal keine Rücksicht genommen werden muss auf vorhandene Bausubstanz. Bei all der Erschütterung über die restlos zerstörte Stadt war Frisch begeistert gewesen von den unendlichen Möglichkeiten, die sich dem polnischen Volk bei der Neuerfindung seiner Hauptstadt boten, und von der Kühnheit, mit der junge Stadtplaner entschlossen waren, ihre Visionen Wirklichkeit werden zu lassen. Zürich war ihm schon damals wie ein »übermöbliertes Zimmer« vorgekommen. Hier, in den schmalen Gässchen der verwinkelten Altstadt, war das Gegenteil von Kühnheit gefragt. Hier ging es immer nur um Details, um winzige Veränderungen, um die alte Bausubstanz irgendwie an die Gegebenheiten der neuen Zeit anzupassen. Schon früh war der Architekt Frisch da mit den örtlichen Baubehörden in Konflikt geraten. Als er sich

1944 an einem Wettbewerb für den Erweiterungsbau des Zürcher Kunsthauses beteiligte, wies die Jury seinen Vorschlag als »zu weitgehend in die Substanz der Altstadt eingreifend« zurück. Frisch tobte und konnte es nicht fassen, dass für eine sinnvolle, zeitgemäße, neue Lösung nicht einmal »ein altes Zürcher Haus mittleren Wertes« einfach abgerissen werden dürfe. In jeder vorangegangenen Epoche, so Frisch, habe man freier und selbstbewusster über die vorhandene Bausubstanz verfügt, sie abgerissen, verbessert oder erweitert. Nur in der beklemmenden Epoche der Gegenwart herrsche eine Ehrfurcht vor dem Alten, die alles Neue, den Mut zu allem Neuen im Keim ersticke.

Dass dieser Mann nach einem Jahr in den USA aus dem Staunen, aus der Begeisterung kaum noch herauskommen würde, war da natürlich zu erwarten. Die Straßen! Die Brücken! Die Kühnheit der Planung, auch die Rücksichtslosigkeit. »Pioniere« – das war das Wort, das er in seinem Glück wohl am häufigsten verwendete, die Männer, die immer weiter nach Westen zogen und die Landschaft nach ihren Plänen, ihrem Bild von der Zukunft formten und bebauten. In Mexico City war die Begeisterung, wie oben schon beschrieben, am größten: »Wäre man ein Architekt, nichts weiter, käme man in Mexico City nicht aus dem Jubel heraus, ja, man würde sich den Betrag für Bestechung, die zur Niederlassung nötig ist, nochmals überlegen.«

Einmal im Leben radikal planen und bauen können – das war der Traum des Architekten Max Frisch. In Zürich war er undurchführbar. Aber er wollte es wenigstens versuchen, wollte wenigstens die Möglichkeit beschworen haben, bevor er sich ganz aus diesem Geschäft zurückzog: Es war 1953. Frisch spielt in einer »Glosse zur schweizerischen Architektur« die »Stiller«-Rolle, gibt sich als ein Mann, der für eine Weile draußen war, in Amerika und in Mexiko, der sich verändert hat dort draußen, und nach seiner Heimkehr enttäuscht feststellen muss, dass die Welt um ihn herum, die er zurückgelassen hat, die gleiche geblieben ist: »Es ist eine natürliche Unart, dass man nach einer bewegenden Reise stets erwartet, auch zu Hause müsste sich etwas bewegt haben.« Hat sich aber nicht. Zürich ist Zürich, nur die Maßstäbe des Betrachters Frisch haben sich verändert. Und diesem fallen nun zum schweizerischen Bauen der Gegenwart nur noch folgende Beiwörter ein: »Schmuck, gediegen, gründlich, gepflegt, geschmackvoll, sicher, sauber, gepützelt, makellos, seriös, sehr seriös.«

In den Texten zur Architektur spürt man schon deutlich, warum der Kampf zwischen Max Frisch und der Schweiz in der Zukunft so verbissen geführt werden wird, sodass er mitunter beinahe hysterische Züge trägt. Frisch bemüht sich kein bisschen um Diplomatie oder Zurückhaltung. Er leidet unter den Zuständen der Schweiz der Gegenwart, er leidet geradezu persönlich als Bürger dieses Landes. Und deswegen, als Leidender, glaubt er seine Kritik so ungeschützt vorbringen zu dürfen. Ohne Friedensangebot. Frisch wollte keinen Frieden mit den Behörden, den Baubehörden, den Machthabern, den politischen Zuständen in der Schweiz. Da war genug Frieden und Zufriedenheit und vor allem Selbstzufriedenheit.

Böse und ironisch hatte er einst die Zuschreibung der »Schweiz als Paradies«, wie das südliche Nachbarland den Deutschen nach dem Krieg erschienen war, zurückgewiesen und auf die eigenen Leiden, die eigene Angst in der Schweiz während des Krieges hingewiesen. Doch genau dieses selbstzufriedene Land, das mit dem Finger auf Deutschland zeigte, moralisch und geschäftlich immer auf der richtigen Seite stand und vor lauter borniertem Glück keine Kritik, keine Veränderungswünsche am Status quo auch nur anzuhören bereit war, dieses Land galt es jetzt anzugreifen. Und zwar laut und vernehmlich und unzweideutig. Sonst hörte ja wieder keiner zu. Und als erstes Angriffsziel wählte er sich eben den Bereich, in dem er studierter Fachmann war, den Bereich, der das Alltagsleben aller Menschen bestimmte, den Bereich, in dem in anderen Weltgegenden wirklich Revolutionäres geschah, den Bereich, in dem es noch etwas zu träumen gab. Also die Architektur. Und also ohne Diplomatie und Zurückhaltung. Also auf Angriff. Denn es ging um beinahe alles: »Die schweizerische Angst vor der Verwandlung überhaupt, das schweizerische Bedürfnis, im 19. Jahrhundert zu leben (was immer schlechter gelingen wird!), das schweizerische Ressentiment gegenüber der Tatsache, dass die Weltgeschichte nicht uns zuliebe stehen bleibt, die schweizerische Lustlosigkeit gegenüber der Zukunft, kurzum der schweizerische Wahn, man sei frei wie die Väter, indem man nicht über die Väter hinauszugehen wagt.«

Es ist eine unglaubliche Energie in diesen Architekturtexten. Die Sehnsucht nach der »Tat« von einst hatte ein Ziel gefunden. Max Frisch kämpfte gegen die Selbstzufriedenheit der Schweiz und für seine Ideen einer neuen Stadt. Er war radikal. Und griff auf allen Ebenen an. Gleich am Anfang an der Basis: der Schweizer Demokratie. Es sei ja kein Wunder, dass dieses Land auf mickrigen Kompromissen erbaut sei, denn diese Demokratie gestatte eben immer wieder nur den Kompromiss. Das sei es, »was dem Heimkehrenden ernsthaft an die Nerven geht«. Das Kompromisslertum im Bauen, viel mehr aber noch das Kompromisslertum in den Köpfen, die Lustlosigkeit, Großes auch nur zu denken, weil man ohnehin schon weiß, dass am Ende immer nur die kleinste aller Lösungen steht. Dieses Denken greift Frisch an. Denn dieses Denken führe im geistigen Bezirk zum Tod. Das ist kein Zukunftsszenario – sondern das ist schon die Gegenwart, so wie Frisch sie sieht. Die Schweizer Atmosphäre der Gegenwart sei geistlos, leblos und ideenlos. Beklemmend für jeden, der noch Großes will: »Nicht der Kompromiss ist das Bedenkliche, sondern der Umstand, dass die allermeisten Schweizer bereits ausserstande sind, an einem Kompromiss überhaupt noch zu leiden. Warum sollten sie!«

Konkret heißt das für den Städtebau – ja, auch mal was abreißen, statt mit der »Laubsäge« an alten Häusern feine Details zu verändern. Ansonsten aber: Altstadt in Ruhe lassen, nichts feilen, nichts behutsam an die Gegenwart anpassen, sondern draußen vor den Toren der alten Stadt eine neue bauen. Und zwar eine wirklich neue, radikal neue Stadt, die sich nicht dörflich gibt, kein Dorf simuliert, sondern sich radikal praktisch den Lebensbedürfnissen des modernen Menschen anpasst:»eine Satellitenstadt mit Schnellbahn, Hochhäuser (aus Gründen, die jedes Kind weiß) und meinetwegen auch Standardisierung der Bauteile, damit es billiger kommt, damit ich mir größere Räume leisten kann, usw.« Und er fragt:»Warum verwirklichen wir es nicht?« In jedem anderen Land, das sich nicht in ein Antiquariat verwandeln wolle, sei das möglich. Nur seine Schweiz bleibt widerständig.

Seine Vorbilder heißen Oskar Niemeyer und dessen steingewordene Visionen in Südamerika und sein Landsmann Le Corbusier, der in seinem Heimatland nicht gefragt sei, dafür aber in der ganzen restlichen Welt, in Indien und überall und in Marseille:»Das ist das Ereignis von Marseille 1952: ein großer Architekt unserer Zeit hat endlich die Gelegenheit, eine schöpferische Idee verwirklichen zu können, frei von veralteten Vorschriften und Vorurteilen, bauen zu dürfen für den Menschen seiner Zeit.«

Es ist eine sonderbare Mischung in diesen Texten, eine sonderbare Mischung aus herrlich-frischer Begeisterung und selbstgerechter Demokratieverachtung. ›Ich weiß, was gut für euch ist‹, ist die Grundüberzeugung seiner Architekturtexte.»Freiheit durch Planung« ist das Credo jener Jahre. Ich plane, damit ihr frei seid. Ich weiß, wie der moderne Mensch leben will. Ich plane nach seinen Bedürfnissen. Den Einwand, dass das nach Sowjetisierung des Schweizer Lebens klinge, nach Fünfjahresplan und Ideologie, nimmt er seinem Gegner gleich aus der Hand. Die Planung, wie Frisch sie will, ist eine Planung der Ermöglichung:»Die schöpferische Planung sagt nicht: Hier darfst du nicht! Sondern: Dort darfst du! Sie verhindert nicht, sie stiftet. Sie personifiziert sich nicht in einem Polizisten, sondern in einem Pionier; sie eröffnet Möglichkeiten, sie befreit, sie begeistert, und ihre Macht ist die einzige annehmbare, nämlich die Macht der produktiven Idee.«

Es klingt alles schön und zukunftsfroh und befreiend, aber all diese Ideen haben den einen kleinen Haken, nämlich die Frage: Wer bestimmt? Wer, wenn nicht die gewählten Volksvertreter, wer, wenn nicht die dafür vorgesehenen Behörden, wer, wenn nicht das Schweizer Volk? Wer ist der Architekt und Städteplaner, dem die große Möglichkeit des »Hier darfst du« an die Hand gegeben wird, und wer bestimmt ihn? Wer ist der Pionier?

Die Broschüre »achtung: Die Schweiz« ging in diesem radikalen Wollen am weitesten. Die Idee dazu war gar nicht von ihm gekommen, sondern Studenten der Universität Basel hatten sich im Jahr 1949 gegen die radikale Umgestaltung der Basler Altstadt gewehrt, zwei von ihnen hatten eine Gegenvision entwickelt und unter dem Titel »Wir selber bauen unsere Stadt« veröffentlicht. Frisch schrieb das Vorwort dazu. Die Wirkung war gleich null. Doch die Studenten, ein Volkswirt und Soziologe und ein Historiker, ließen sich nicht entmutigen und planten anlässlich der alle fünfundzwanzig Jahre stattfindenden Schweizer Landesausstellung den Entwurf einer neuen, modernen Musterstadt. Sie legten Frisch ihr Konzept vor, der fand die Idee großartig, den Text jedoch schlecht. Und so setzten sie sich zusammen, die Studenten und der Architekt. Frisch machte den beiden klar, dass, um gehört zu werden, »bewusst auf die Pauke gehauen und polemisch formuliert werden« muss. Das klappte. Der Angriff wurde gehört. An die zweihundert Artikel erschienen in Schweizer Zeitungen, die sich mit dem Text beschäftigten, überraschend viele standen den Ideen positiv gegenüber. Doch das Establishment (die NZZ) schlug – erwartungsgemäß – zurück. Zum Glück, denn genau dieses Establishment war es ja schließlich, das in dem Text Ziel des Angriffs war: die Schuldigen daran, dass dieses Land gelähmt und stumm und museal vor sich hinverdient und Geld zählt. Die lächerliche Schweiz: »Und so plätschert das Plaudermäulchen, das sich – und nur sich – für unerhört originell und geistgetrieben hält, über 54 Seiten seine Philippika gegen die ›lächerliche Schweiz‹ fort und – macht sich selbst lächerlich. Denn es bedarf weder des Mutes noch besonderer Kenntnisse, um sich in zumeist hohlen und nichtssagenden Worten und Wortspielen gegen das Bestehende auszutoben, wohl aber einer guten Dosis Kritiklosigkeit, dieses zügellose Treiben mit ›Kühnheit‹ und ›Tatenfreudigkeit‹ zu verwechseln.« Händeringend sieht der Autor der NZZ einige unzufriedene Würstchen in einem restlos zufriedenen Land herumlaufen und von grundsätzlichen Alternativen faseln, die kein Mensch braucht und kein Mensch wünscht, vor allem kein anständiger Schweizer. Dabei fehlt es dem Kritiker nicht an Humor:»Liegt hier nicht eine böse Verwechslung australischer Wüsten mit schweizerischem Siedlungsraum vor?«, fragt er die Radikalerneuerer. Und auch mit seiner Hauptthese liegt der Kritiker der NZZ nicht ganz falsch, wenn er schreibt:»Der Grundfehler ihres ›Programms‹ ist mit der These gesetzt, dass eine Demokratie ihrem Wesen nach eine ›Demokratie der grundsätzlichen Alternativen‹ sein müsse ›oder sie ist nicht‹.«

Es ist schon so: Diesen Text, wie auch die anderen Architekturtexte Frischs jener Zeit, kennzeichnet ein gehöriges Maß an Demokratieverachtung, nicht nur in der Schweizer Version der direkten demokratischen Mitbestimmung des Volkes (übrigens damals nur der männlichen Hälfte des Volkes. Erst 1971 wurde in der Schweiz das Frauenwahlrecht eingeführt!), sondern der Demokratie überhaupt. Demokratie ist: der Sieg des Kompromisses, überall. Und Kompromiss – das war das Gegenteil von kühn. Nirgends hat er das so radikal beklagt wie in diesem Text.»Es fehlt die Tat.«»Wir wollen wieder ein Ziel!«»Wir wollen die Schweiz als eine Aufgabe.« All das klingt wie eine jugendliche Bilderstürmerei. Dabei war Frisch, als er das – zusammen mit den jungen Studenten – schrieb, immerhin schon dreiundvierzig.

Die Mühen der nächsten Schritte hin zu einer möglichen Realisierung dieser hochfliegenden Träume scheute Max

Frisch denn auch. Die Gruppe der Initiatoren gründete einen Verein, um ihrem Ziel, dem Bau der Musterstadt zur Landesausstellung 1964, ein Stück näher zu kommen. Doch Frisch war daran nicht mehr interessiert. Er hatte zur Formulierung einer Vision beigetragen, hatte etwas Lärm gemacht und zugeschaut, wie das gelähmte Land ein wenig in Bewegung geriet. Konkrete Arbeit im Detail für dieses kühne Gemeinschaftsprojekt – das war nichts für ihn.

Der Text hatte mit einem Aufruf geendet, mit einem feurigen Appell:»Wer jedoch den Mut hat, die Phantasie, den Willen und die Kraft, unseren Vorschlag oder einen anderen, der das ausgesteckte Ziel erreicht, in die Tat umzusetzen, soll unsere Begeisterung kennenlernen und die Begeisterung vieler, die nur warten auf ein Zeichen, dass die Schweiz eine Aufgabe ist, um deretwillen es sich lohnt, zu arbeiten.« Das war viel mehr als nur der Aufruf zum Bau einer neuen Stadt. Das war ein patriotischer Begeisterungsaufruf, die Sache des Vaterlandes nicht den konservativen Kräften zu überlassen, sondern die Nation, die Idee der Schweiz als Aufgabe zu begreifen, eine Aufgabe für die Zukunft. Als Schwungrad, an dem jeder, der guten Mutes ist, aufgerufen ist mitzudrehen.

Doch es drehte sich nicht viel. Und der Verein zur Gründung einer neuen Stadt löste sich schon bald, ohne Ergebnis, ohne neue Stadt, ohne Schwung wieder auf.

8.   Der Erfolgsautor

»Keuscher Jubel ohne Jenseits«
Kirche, Sonne, Wirklichkeit –
ein neuer Roman entsteht

Peter Suhrkamp war begeistert von Frischs Architekturtexten jener Jahre. Er erkannte, dass hier der Techniker und der Schriftsteller Frisch einen Gegenstand gefunden hatte, der ihm so sehr am Herzen lag, dass seine Prosa einen ungeheuren Schwung bekam, eine beinahe revolutionäre Bewegungsfreude vor lauter Lust an der Veränderung, Freude auf den Bau einer neuen Welt – oder wenigstens zunächst einmal: einer neuen Stadt. Noch heute, wenn man alte, grauhaarige Schweizer auf diese Texte anspricht, kann man ihre Augen leuchten sehen. Peter Bichsel etwa berichtet in dem Film »Max Frisch, Citoyen« von dem Kartonkärtchen, das man hinten aus dem Buch heraustrennen und abschicken konnte, um sich zu melden, bei der Bewegung ›achtung: Die Schweiz‹: ›Ja, ich mache mit!‹ Er erinnert sich: »Jetzt machen wir's: die neue Schweiz!« Das hat er damals geglaubt. Und der greise Maler Gottfried Honegger, wie Bichsel ein Lebensfreund von Frisch, sagt: »Ja, das haben wir alle geglaubt!«

Und auch wenn das Pathos und die Hoffnung in den Mühen des Alltags, in den Mühlen der Bürokratie sich verloren, so schien hier doch etwas auf, was auch der Verleger nutzen wollte: für ein neues Buch, eine neue Richtung im Werk Max Frischs. Es gab damals, 1955, ein architektonisches Ereignis in Europa, das weit über die Fachwelt hinaus diskutiert wurde: Le Corbusiers Kirchenbau in Ronchamp, einem unscheinbaren Bergarbeiterdorf in den Ausläufern der französischen Vogesen. Hier hatte Le Corbusier, der kühne und kühle Erneuerer der Architekturwelt, einen sonderbar aus dem Hügel hervorquellenden Steinwulst gebaut, scheinbar das Gegenteil seiner bisherigen, ultramodernen, auf dünnen Säulchen ruhenden Praktikabilitätsbauten. Der Architekt Le Corbusier, das große Vorbild Frischs in seinen Texten zum Städtebau, hatte sich neu erfunden: »Der Ultramoderne hatte den nächsten großen Schritt gemacht und war – jedenfalls empfanden es viele irritierte Zeitgenossen so – in einer verstörenden Archaik gelandet«, schreibt Niklas Maak in seiner Untersuchung des Baus. Le Corbusier selbst schrieb zu jener Zeit über Architektur, sie sei – im Gegensatz zum bloßen Bauen, das Schutz bieten und Orte markieren solle – die Fähigkeit »zu erregen, durch das Spiel der Proportionen, der unerwarteten, verblüffenden«. Der Meister des kühlen, weißen Baus, der Technikarchitekt schlechthin, hatte etwas Neues geschaffen. Doch war es nicht noch kühler, noch moderner, sondern es ging im Gegenteil weit zurück, schien beinahe archaische Formen zu imitieren oder einfach: die Natur. Es war auf Long Island 1946, Le Corbusier war für längere Zeit in New York, wo er die Kommission zum Neubau der Zentrale der Vereinten Nationen leitete, ein Ausflug hatte ihn an die Strände von Long Island geführt, wo er einen Krebspanzer fand, sich daraufstellte und staunte, dass er hielt. Er nahm den Krebspanzer mit, legte ihn auf seinen Schreibtisch und formte nach diesem Bild das Dach der Kapelle. Es gilt als die Geburtsstunde des neuen, organischen Bauens. Ausgerechnet Le Corbusier. Der Techniker wird zum Adepten der archaischen Kräfte der Natur.

Das ist Ihr Thema!, hatte Peter Suhrkamp an seinen Autor geschrieben. Die Kapelle von Ronchamp! Er müsse darüber schreiben. Frisch antwortet im April 1956, bedankt sich für die Anregung, schreibt, dass er möglichst bald mit Freunden hinfahren und sich selbst ein Bild machen möchte, erklärt, dass ein Buch darüber wertvoll sei, doch er, Frisch, könne es nicht machen: »Ich bin nicht der Mann, Ihnen dieses Buch zu schreiben«, erklärt er, so begeistert er auch nach wie vor von Le Corbusier, dem ganzen Lebenswerk des Mannes ist, der in Frischs Architekturstudium nicht einmal behandelt worden sei. Doch er hat jetzt etwas anderes zu tun. Er ist an der Arbeit. »Endlich!« Ein neues Buch: der Bericht eines Technikers durch und durch. »Das bestimmt seine Optik, sein Vokabular, seine Erlebnis-Sektoren.« Ein technisches Buch also. Viele Fakten, sehr knapp, karg »und alles, was uns mehr als die Story-Fakten interessiert, hat sich durch die Montage herzustellen. Titel: ICH PREISE DAS LEBEN, Bericht eines sterbenden Technikers«. Anderthalb Jahre später wird das Buch erscheinen. Es heißt »Homo faber. Ein Bericht«. Es ist ein enthusiastischer Arbeitsbrief, den er an Suhrkamp schreibt. Er kündigt Recherchereisen an. Es geht nach Amerika, nach Aspen, wo er einen Vortrag zum Thema »Why do we not have the cities we need« halten soll. Zwanzig Minuten. Sein Thema. Kein Problem. Er wird mit dem Schiff über den Atlantik fahren. Er wird Material sammeln. »Nicht Eindrücke, sondern Sachverhalte, um die Weltlosigkeit des Technikers eben dadurch zu geben, dass er eine Menge von Sachlichkeiten berichtet, die real und doch weltlos sind.« Und auch die Gegenwelt der Technik, die Gegenwelt Amerikas wird er wieder bereisen: Mexiko, das im Roman, das weiß er schon, als Guatemala eine entscheidende Rolle spielen wird: »als Gegenwelt; die Indios als Atechniker, die unterentwickelten Völker als dämonische Bedrohung, dass wir der ›condition humaine‹ nicht gewachsen sind, wenn wir uns nicht in die Narkose der Zivilisation flüchten können usw.« Im Juni 1956 reist er ab, reist auf den Spuren eines Romans, den es bisher nur in seinem Kopf gibt: »Ich preise das Leben« – ein sonderbarer Titel. Er reist und schreibt und kehrt zurück, hat alles gesehen, was er sehen musste für das Buch. Ein Jahr nach der ersten Ankündigung an Suhrkamp ist schon alles geschrieben, aber auch schon wieder alles vorbei. Das Buch heißt jetzt »Homo faber«, er hat das fertige Manuskript schon an Suhrkamp geschickt, der hatte Bedenken geäußert. Jetzt, am 21. April 1957, erklärt Frisch: »Ich ziehe den Homo faber zurück ohne verzweifelt zu sein deswegen. Es geht so nicht.« Er wird das ganze Buch noch einmal neu schreiben. Aber er ist zuversichtlich wie nie:»Ich sehe die Möglichkeiten meines besten Buches, darüber hinaus: es ist mein Stoff wie kein anderer.«

Wieder ist es sein Verleger, der ihn erstens ermahnt, es sich zu leicht gemacht zu haben, und der zweitens auch gleich den richtigen, den neuen Weg aufzeigt. Max Frisch gibt das einen Brief später, er hat inzwischen ein neues Konzept erarbeitet, freudig offen zu:»Sie werden lächeln, wenn ich Ihnen sage, was Sie mir schon gesagt haben: Die Zweiteilung drängt sich nicht nur auf, sondern ist die einzige Möglichkeit, der Geschichte beizukommen. Ich lege Ihnen meine Kompositionsskizze bei.«

Ein ganzes Buch stellt sich in der Konstruktion als misslungen, als nicht tragfähig heraus, und der Autor gibt das geradezu glücklich und schwungvoll zu. Er freue sich auf die Arbeit, schreibt er, er werde das ganze Buch noch einmal neu und im Ganzen durchschreiben. Aber erst einmal wird er jetzt nach Griechenland fahren, für fast einen Monat, mit seiner aktuellen Freundin, Madeleine Seigner heißt sie. Und er wird auch dort, in Griechenland, noch weiter Stoff suchen und finden, für sein Buch, seinen Bericht. Und im Juli will er schon fertig sein, in Windeseile. Zum Schluss schreibt er:»Ich sehe Ihr Lachen und Kopfschütteln –«

Er reist nach Griechenland, ist enttäuscht von Athen, von der Akropolis, er notiert tagebuchartig, kommentiert darin schon den entstehenden Roman. Dass Athen ihm so hässlich erscheint, lässt ihn Mitleid mit der Romanfigur haben, die er hier leben lässt (»HANNA tut mir leid«), er fährt die Strecken des Romans ab:»Die FABER-Fahrt über Daphni, Eleusis, Megara, Bucht von Megara, großer Schwung.« Auch alte Dramen lebt er nach, in Mykonos muss er an den gewalttätigen Staatsanwalt denken:»Es ist genau so, wie Graf ÖDERLAND sich Santorin vorstellt … ein keuscher Jubel ohne Jenseits, Gnade im Dasein.« Und auch die Mondfinsternis am 13. Mai 1957, die im Roman in entscheidender Nacht eintreten wird, die erlebt er hier, in Griechenland, und beschreibt sie schon einmal probeweise beinahe wörtlich wie später im Roman. Es ist sonderbar, in einem entstehenden Roman mitzureisen. Aus dem Leben ins Buch:»Der Mond als Kugel, Ball, nicht Scheibe, ganz körperlich, eine ungeheuerliche Masse schwebend blass-orange.« Das ist der Mond am 13. Mai 1957 in der Wirklichkeit. Im Roman, derselbe Tag, aber in Avignon:»Nicht als leuchtende Scheibe wie sonst, sondern deutlich als Kugel, als Ball, als Körper, als Gestirn, als eine ungeheure Masse im leeren All, orange.«

Am 18. Mai verlässt er Griechenland. Am 20. Juni meldet Frisch seinem Verleger die Fertigstellung des Manuskripts. Im Herbst desselben Jahres erscheint das Buch. Es wurde bis heute in vierzig Sprachen übersetzt und über drei Millionen Mal verkauft. Als der Norddeutsche Rundfunk im Herbst 2009 seine Zuschauer fragte, welches Buch sie verändert habe, gaben die meisten Menschen dieses Buch an:»Homo faber. Ein Bericht«.

Ein Buch, das die Menschen verändert – mehr als jedes andere. Was ist das für ein Buch?

»Ich kann nicht die ganze Zeit Gefühle haben«
Faber

Es ist das Buch einer Erschütterung, ein Buch, in dessen Verlauf das Leben eines Menschen, das Leben des Erzählers, eines Technikers aus Zürich um- und umgeworfen wird. Das Fundament seines Lebens erweist sich als brüchig, die Wahrheiten, auf die sein Leben gegründet wurde, erweisen sich als Lügen. Es ist – das Gegenbuch zum»Stiller«. Hatte sich dort die Welt ein Bild von einem Mann gemacht, aus dem sie ihn nicht mehr entließ, so hat sich hier ein Mann ein Bild von der Welt gemacht, an dem er starrsinnig so lange festhält, bis ihn diese Welt verschlingt.

Walter Faber, Ingenieur aus Zürich, ist auf dem Rückflug von New York in seine Heimat. Es wird eine Reise in den Untergang. Die Zeichen sind von Anfang an da. Kleine Zeichen zunächst. Im ersten Satz nur ein Schneesturm, der den Start um drei Stunden verzögert hat. Im vierten Satz ist der Held schon nervös, nicht wegen des größten Flugzeugunglücks der Welt, von dem die Zeitungen berichten, das kurz zuvor in Nevada sich ereignet hat, sondern mit den Triebwerken scheint etwas nicht in Ordnung zu sein. Er ist Ingenieur, Techniker, erfahrener Flieger. Ihm macht nichts Angst, aber »diese Vibration« ist nicht normal. Die Maschine startet trotzdem, im dichten Schneefall, man sieht nichts, Walter Faber kommt sich wie ein Blinder vor. Am Ende des Buchs sitzt dieser Mann im Speisewagen eines Zuges und denkt: »Warum nicht diese zwei Gabeln nehmen, sie aufrichten in meinen Fäusten und mein Gesicht fallen lassen, um die Augen loszuwerden?«

Es ist die Geschichte eines Mannes, der sich die Welt so eingerichtet hat, dass ihn eigentlich nichts aus der Bahn werfen kann. Seine Welt ist die Berechnung. Gefühle sind klebrige Störungen, die ihm Frauen einreden wollen. Überhaupt Frauen! Seine aktuelle Geliebte, von der er sich gerade mit Müh und Not zu trennen versucht, ist sechsundzwanzig Jahre alt, Katholikin, blond, Mannequin und wunderschön. Sie heißt Ivy – Efeu also, und Faber weiß: »So heißen für mich eigentlich alle Frauen.« Parasitäre Friedhofsranken, die ihre Fangarme an die Wirtspflanze andocken und dieser langsam alle Lebenskraft entziehen. Killerpflanzen, immergrün und widerständig. Der arme Mann.

Faber ist eine tragische Figur. Aber sein übertriebenes Männertum trägt beinahe parodistische Züge. Frisch gibt ihm zahlreiche großartige Machoweisheiten mit:

»Gefühle am Morgen, das erträgt kein Mann. Dann lieber Geschirr waschen!«

»Ich lebe, wie jeder wirkliche Mann, in meiner Arbeit.«

»Ich genieße es, allein zu erwachen, kein Wort sprechen zu müssen. Wo ist die Frau, die das begreift?«

»Doppelzimmer als Dauereinrichtung, das ist für mich so, daß ich an Fremdenlegion denke –«

»Ich kann nicht die ganze Zeit Gefühle haben.«

Seine beharrliche Selbstbestätigung entlarvt ihn schon bald als Lügner seines Lebens. Und endgültig der Satz: »Gefühle, so habe ich festgestellt, sind Ermüdungserscheinungen, nichts weiter, jedenfalls bei mir. Man macht schlapp!«

Das ist es. Walter Faber ist ein Mann, der sich mühsam wappnen muss, um nicht aus dem Leben zu kippen. Wenn er müde würde, eines Tages, das weiß er, kämen die Gespenster. Die Zweifel. Die Leere. Und die Angst. Er darf nicht müde werden. Darf nicht nachlassen in seiner Wachsamkeit. Augen auf, Augen auf, sonst kommen die Gefühle, die unberechenbaren.

Am liebsten ist er allein, da kann ihm nichts passieren. Ein Cowboy der Neuzeit, einsam und stark. Die schönsten Momente? »Zu den glücklichsten Minuten, die ich kenne, gehört die Minute, wenn ich eine Gesellschaft verlassen habe, wenn ich in meinem Wagen sitze, die Türe zuschlage und das Schlüsselchen stecke, Radio andrehe, meine Zigarette anzünde mit dem Glüher, dann schalte, Fuß auf Gas: Menschen sind eine Anstrengung für mich, auch Männer.«

Erbarmungslos setzt Max Frisch diesen Mann, der nur an den Zufall glaubt, an seine Turbinen und an sich selbst, einer solchen Kette von Unwahrscheinlichkeiten aus, dass auch der stabilste Lebenspanzer daran zerbrechen muss. Und er zerbricht.

Der Berichterstatter dieses Buchs ist Faber selbst. Die Sprache ist kühl, knapp, an Details interessiert, wie ein Insektenforscher, oder eben: ein Ingenieur zu Besuch in seinem Schraubenreich. Er beobachtet mit wachsendem Staunen, wie sich Schraube um Schraube löst und sein Leben aus den Fugen gerät. Er schreibt mit. Präzise. Verwundert. Mit wachsender Angst.

Das Ereignis dieses Romans ist zuallererst diese Sprache, die eine Sprache der Abwehr, der Verheimlichung, der Umkreisung ist. »Die Sprache ist hier der eigentliche Tatort«, hat Frisch selbst einmal gesagt und dass der Held sich in der Sprache selbst richtet. Es ist wahr. Und es ist bei jedem neuen Lesen immer wieder großartig, diese langsame Verschiebung hin zur Wahrheit zu verfolgen. Bis zum Bekenntnis ganz am Schluss, als Walter Faber schon ahnt, dass es zu Ende geht: »Verfügung für den Todesfall: alle Zeugnisse von mir wie Berichte, Briefe, Ringheftchen, sollen vernichtet werden, es stimmt nichts.« Es stimmt nichts. Das Leben war falsch. Die ganze Mitschrift war falsch. Jetzt kommt der Tod, und es bleibt – die Lüge. Oder nichts.

Ein Mann wird aus seiner Festung gerüttelt. Zunächst der Schneesturm. Das Flugzeug: eine Superconstellation. Sein Nachbar im Flugzeug: der Bruder seines besten Freundes von einst, Joachim, der inzwischen auf einer Tabakplantage in Guatemala lebt und arbeitet. Bei der Zwischenlandung in Texas eine erste Todesahnung. Faber sieht sich, bleich, im Spiegel als Leiche, wird bewusstlos. Eine »dicke Negerin«, die Toilettenfrau, findet ihn, betet für ihn, Faber erwacht und beschließt, nicht weiterzufliegen. Sein erster Kontakt mit dem, was sich bald als so etwas wie »Schicksal« erweisen soll. Er hat den Tod im Spiegel gesehen. Er will nicht fliegen. »Ich hatte einfach keine Lust weiterzufliegen«, lügt er. Die Wahrheit ist: Faber hat Angst. Ein Witz, natürlich. Ein Faber kennt keine Angst. Deshalb seine Worte im Bericht: »keine Lust«. Ja, ja. Eine Stewardess findet ihn. Er muss fliegen.

Die Angst wird größer. Von Seite zu Seite. Der Panzer wird schon löchrig. Ein Propeller fällt aus. Der zweite. Schließlich der dritte. Faber hat Angst um seine Zähne. Ob da nicht einer wackelt. Das könnte ein weiteres Signal sein, Todessignal. Faber redet und redet, er hält Vorträge über technische Fragen, Vorträge gegen die Angst, sein Nachbar hört kaum zu. Schließlich die Notladung in der Wüste. Faber filmt. Er sieht den Mond, nennt ihn eine errechenbare Masse, die um unseren Planeten kreist, und fragt sich, warum das jetzt wohl, also diese Mond-Sache, von komischen Menschen (Frauen!) schon ein Erlebnis genannt wird. »Ich kann mir keinen Unsinn einbilden, bloß um etwas zu erleben.« Schon diese Szene in der Wüste, Faber filmend neben dem abgestürzten Flugzeug, ist meisterhaft. Das Reden dieses Mannes, das Schwanken, die Angst, die Abwehr der Angst durch Berechnung der Situation, durch Beschwörung der nackten Sachlichkeiten, das ist absolut großartig. Beim ersten Lesen fällt das im Grunde kaum auf, da scheint hier tatsächlich ein genervter Ingenieur zu reden, ein eiskalter Weltberechner, durch nichts aus der Ruhe zu bringen. Doch schon beim zweiten Lesen wird klar: Walter Faber ist hier, in dieser Wüste, eigentlich schon verloren. Die Angst hat längst von ihm Besitz ergriffen, die Sprache ist hohl, beschwörendes Gerede, Selbstbeschwörung: »Ich sehe die gezackten Felsen, schwarz vor dem Schein des Mondes; sie sehen aus, mag sein, wie die gezackten Rücken von urweltlichen Tieren, aber ich weiß: Es sind Felsen, Gestein, wahrscheinlich vulkanisch, das müßte man nachsehen und feststellen. Wozu soll ich mich fürchten? Es gibt keine urweltlichen Tiere mehr.« So geht das weiter. Nein, es gibt keine Dämonen. Nein, Gespenster gibt es auch nicht. Nein, der lange Schatten dort, das bin ich selbst. Nein, ich erlebe nichts. Wozu hysterisch sein? Bin ich eine Frau? Kann sein, ich zittere, aber es ist die Kälte, sonst nichts. Und schließlich: »Ich weigere mich, Angst zu haben aus bloßer Fantasie, beziehungsweise fanatisch zu werden aus bloßer Angst, geradezu mystisch.«

Jeder Satz verrät ihn. Angst ist leider nichts, dem man sich verweigern kann. Faber weigert sich? Er kann sich lange weigern.

Der Sturz geht weiter. Er reist mit Herbert, dem Sitznachbarn, nach Guatemala, um den alten Freund Joachim zu finden. Er findet seine Leiche und schon vorher: Todesboten überall, Zopilote, Sümpfe, schleimige Fruchtbarkeit und Verwesung am Rande des Weges. Joachim hängt an einem Drahtseil, das Radio spielt. Schon jetzt eigentlich hat dieser

Faber mehr Zufälle erlebt, als er für sein ganzes Leben errechnet hatte. Aber es geht ja erst los. Auf dem Schiff, das er schließlich nach Europa nimmt, begegnet er – ihr. Sabeth: Cowboyhose, grüner Kamm, rötlicher Pferdeschwanz, pingpongspielend, wunderschön. Und: jung. »Ich habe nicht mehr gewußt, daß ein Mensch so jung sein kann.« Der Techniker verfällt ihr mit dem ersten Blick. Er filmt sie, spielt mit ihr Pingpong, schämt sich seines Alters, verbietet ihr, Stewardess zu werden, macht ihr in der Nacht seines fünfzigsten Geburtstags einen Heiratsantrag, den sie, zwanzig, nicht einmal ablehnen muss. Sabeth ist frei, Sabeth ist die Freiheit, die ein Leben vor sich hat, ein Leben ohne Berechnung, Zwänge und ohne Angst. Sie scheint wirklich ohne Angst. Ein Leben in Zuversicht und Freude auf all das Glück, das noch kommt.

Natürlich ist es das Schönste an diesem Buch: die Liebe, so wie Max Frisch sie beschreibt. Der alte Mann und das Mädchen: »Ich achtete drauf, was sich Sabeth eigentlich von der Zukunft versprach, und stellte fest: sie weiß es selbst nicht, aber sie freut sich einfach. Hatte ich von der Zukunft etwas zu erwarten, was ich nicht schon kenne? Für Sabeth war alles ganz anders. Sie freute sich auf Tivoli, auf Mama, auf das Frühstück, auf die Zukunft, wenn sie einmal Kinder haben wird, auf ihren Geburtstag, auf eine Schallplatte, auf Bestimmtes und vor allem Unbestimmtes: auf alles, was noch nicht ist.«

Irgendwann hat er begonnen, Ahnungen zu haben. Warum denkt er plötzlich so oft an Hanna, seine frühe Liebe, die einzige Liebe seines Lebens, die Jüdin, »Halbjüdin«, wie sie unter den Nazis hieß, die ein Kind von ihm erwartete, damals, vor einundzwanzig Jahren, das sie abtreiben ließ, weil er von »deinem Kind« gesprochen hatte, damals, und überhaupt ein unbrauchbarer Vater zu werden drohte. Und auch ein unbrauchbarer Ehemann. Er versprach, sie zu heiraten, um sie zu schützen, vor der Verfolgung durch die Nazis, sie wollte nicht aus Mitleid geheiratet werden, nicht als weibliches Indiz, mit dem Faber sich beweisen konnte, dass er kein Antisemit sei. So vieles erinnert bei dieser Geschichte an Max Frischs eigene frühe Liebe zu der Jüdin Käte Rubensohn, dass er sich – einmalig in seinem Werk – in Montauk zu einer Klarstellung genötigt sah: »Die jüdische Braut aus Berlin (zur Hitler-Zeit) heißt nicht HANNA, sondern Käte, und sie gleichen sich überhaupt nicht, das Mädchen in meiner Lebensgeschichte und die Figur in einem Roman, den er geschrieben hat.«

Also Hanna. Er denkt an sie, an seine Vergangenheit. Joachim, der Tote am Drahtseil, hatte sie geheiratet, nachdem Faber aus beruflichen Gründen nach Bagdad gegangen war. Die Kette an Zufällen reißt nicht ab. Wieso denkt er an Hanna, wenn er Sabeth sieht? Er ahnt es längst. Eine Hälfte der Wahrheit wenigstens. Er könnte es sogar wissen, aber er will nicht. In Avignon, wir wissen schon: Es ist der 13. Mai 1957, im Buch und in der Wirklichkeit verdunkelt sich der Himmel. Eine Mondfinsternis. Überhaupt: der Mond. Neben den Worten Männlichkeit und der Farbe Blau ist Mond das häufigste Wort, das häufigste Motiv in Max Frischs Büchern. Monde scheinen überall. Peter Bichsel hat einmal geschrieben, wie ihn als jungen Mann die Lektüre des »Bin« umgehauen hat, wie er sich befreit gefühlt hat durch dieses Buch und dass er beim Wiederlesen dann aber später doch »ein paar Monde zu viel« gefunden hat. Stimmt natürlich. Und im »Homo faber« treibt Max Frisch seine Mondbegeisterung wirklich auf die Spitze.

Und hier also, als der Mond plötzlich verschwindet, geschieht der Gipfel der Romantik. Beziehungsweise das absolute Tabu: »Zum ersten Mal hatte ich den verwirrenden Eindruck, dass das Mädchen, das ich bisher für ein Kind hielt, in mich verliebt war. Jedenfalls war es das Mädchen, das in jener Nacht, nachdem wir bis zum Schlottern draußen gestanden hatten, in mein Zimmer kam –«

Sie werden noch eine Weile im Citroën durch Frankreich fahren, dann durch Italien. Und auf der Via Appia erfährt er schließlich die Wahrheit.

Es gibt einen Film, schwarzweiß, eine Fahrt im Auto, die Via Appia hinauf. Ein Fernsehteam ist mit Max Frisch die Strecke noch einmal entlanggefahren. Oder sie sind die Strecke gefahren, und Max Frisch kommentiert den Film, ich weiß es nicht genau. Jedenfalls geht es die Straße hinauf, Bäume rechts und links, Sonne und Staub und die Stimme, Max Frischs Stimme, weich, mit leichtem Schweizer Akzent, sagt: »Jetzt kommen wir an einen Hügel, der für mich einen besonderen Reiz hat. Das ist der Hügel, wo er entdeckt, dass das Mädchen, das er liebt, seine eigene Tochter ist. Obschon das natürlich nie stattgefunden hat, kommt's mir so vor, als wenn das ein Denkmal wäre, also wenigstens für meine Arbeit.« Faber verliert die Stimme, als er es erfährt. Sabeth, die nur verstanden hat, dass sich die beiden, Hanna und Faber, kennen, hüpft herum und ist begeistert: »Sie fand es toll; nur toll.«

Sie müssen weiter nach Griechenland fahren, um die antike Tragödie zu vollenden – und Hanna zu treffen. Manchmal denkt man, die ganzen Signale, die literaturgeschichtlichen Bezüge, das Ödipus-Motiv, Todessymbolik, Liebessymbolik, das ist alles ein bisschen viel. Dass Sabeth durch den Biss einer Schlange ihre Sünde erkennt, vor Faber zurückweicht, dabei stürzt und stirbt. Ist das nicht alles ein bisschen zu viel, zu deutlich, zu konstruiert? Ist es nicht, ist es überhaupt nicht. Dafür ist es einfach zu gut geschrieben, dafür sind die Figuren zu lebendig, ist die Liebe zu wahrhaftig, die Geschichte zu schlüssig, in aller totalen Unwahrscheinlichkeit unbedingt möglich. Das Unwahrscheinliche ist der Grenzfall des Möglichen, hatte Faber am Anfang des Buchs erklärt. Frisch balanciert mit traumtänzerischer Sicherheit auf diesem Grenzstreifen des gerade noch Möglichen. Und die Überzeugungskraft der Sprache, der Geschichte, der Figuren ist immer wieder zwingend.

Fabers Trauer, Fabers Fassungslosigkeit, die Wiederbegegnung mit Hanna, der er all das angetan hat, ihr gemeinsames Zittern um das Leben ihres Kindes, wie sie gemeinsam ans

Meer fahren, an den Ort, an dem das Unglück geschah, vorher mit Sabeth, jetzt mit ihr, wie er denkt, die zwanzig Jahre Trennung waren wie nichts, waren wie nie getrennt, die Vertrautheit mit der einzigen Frau, die er geliebt hat, der Zusammenbruch des ganzen fest gefügten Lebensbaus. Die Erkenntnis, dass das Leben vergeht, das Alter kommt, dass nichts aufzuhalten ist, am wenigsten durch Heirat der eigenen Kinder. Die Erkenntnis, dass nichts stimmt an seinem Bericht, an dem Bild, das er sich vom Leben gemacht hat und von der Welt. Und dass der Tod kommen muss, sehr bald. Er war ihm begegnet, schon in Paris, er heißt Professor O., jedermann weiß, dass er Magenkrebs hat, er sieht aus wie der Tod, aber er lebt und lacht und ist zuversichtlich, dass sie sich bald wiedersehen, Faber und er. Faber schaudert. Er hat mit einer Leiche gesprochen. Er wird ihn wiedersehen, den Tod, in Zürich. Da lacht er immer noch. Doch danach sehen sie sich nicht mehr. Nicht in diesem Buch, nicht in dieser Welt. Faber selbst hat Magenkrebs. Der Zusammenbruch damals in Texas ist ja ein erstes, eigentlich unmissverständliches Signal. Faber hat es verdrängt, weggerechnet. Doch der Tod lässt sich nicht wegrechnen, nicht die Liebe, nicht das Alter, nicht die Angst. Faber liegt im Krankenhaus, sie haben ihm die Schreibmaschine genommen. Die Operation steht bevor. Er schreibt mit der Hand. Der letzte Satz: »08.05 Uhr. Sie kommen.«

Ein umstürzlerisches Buch. Weil es an den Kern des Lebens rührt. Weil es lebendig ist. Die meisten Kritiken zum Erscheinen des Buches waren positiv, fast alle Rezensenten lasen es als eine Kritik an der technischen Welt, Kritik an blindem Technikglauben. Es war das Jahr 1957 – die westliche Welt hatte der Sputnik-Schock erschüttert. Die Sowjetunion hatte im Oktober als erstes Land der Welt erfolgreich einen Satelliten ins All geschossen, der Versuch der Amerikaner zwei Monate später schlug spektakulär fehl. Ihr Satellit explodierte noch auf der Startrampe. Bereits im August konnten die Sowjets den ersten erfolgreichen Start einer Interkontinentalrakete verkünden, damit bedrohten ihre Atomwaffen nun auch Amerika. Der Fortbestand der Welt war zu einer technischen Frage geworden.

Und hier war das Buch, das den Mann, der sein Leben auf Technik, Berechnung und Wahrscheinlichkeit gegründet hatte, zu Fall brachte. Der Homo faber der Gegenwart – gefällt durch die mythischen Mächte der griechischen Tragödie. Es passte einfach gut in die Zeit. Und dass es aber ebenso gut in unsere Zeit noch passt, mehr als fünfzig Jahre danach, dass es in Umfragen für die meisten Menschen heute noch das Buch ist, das ihr Leben verändert hat – das ist doch vielleicht das Schönste, was man über einen Roman sagen kann.

»Babettchen, Babettchen!«
Leute lieben Lehren:
Biedermänner. Brandstifter

Es waren die goldenen Jahre für Max Frisch. Was er begann, wurde ein Erfolg, ja, ein Welterfolg. Auch auf der Theaterbühne, wo er mit seinen ersten Stücken wohl einige Anerkennung, aber keine wirklichen Triumphe gefeiert hatte, gelang ihm jetzt beinahe alles. Zu der Zeit, als »Homo faber« in die Buchläden kam, im Herbst 1957, saß er schon wieder an einem neuen Text. Gut, so ganz neu war er nicht, ein erster Entwurf war im ersten Tagebuch schon aufgetaucht, danach hatte er für den Bayerischen Rundfunk ein Hörspiel daraus gemacht, »eine richtige Geldverdienarbeit« hatte er es genannt und 3000 Mark dafür bekommen. Wenig später kam Friedrich Dürrenmatt zu ihm zu Besuch, in die einsame Mansarde mit Schreibmaschine in Männedorf, die beiden gingen spazieren, redeten über das Hörspiel und stellten sich vor, wie es wäre, wenn sie beide einmal den gleichen Stoff bearbeiteten, die gleichen Darsteller, Stück und Gegenstück. Vor allem Dürrenmatt sah sein Gegenstück bereits vor sich, und spazierend ließ er Frisch an den Pointen seines Kopftheaters schon einmal teilhaben. »Wir blieben auf den Wegen stehen und schüttelten uns vor Lachen über seine Einfälle«, erinnerte sich Frisch. Leider ist es zum Gegenstück nie wirklich gekommen. Es war das Gerücht der Saison, war schon angekündigt worden: Max Frisch und Friedrich Dürrenmatt bestreiten zusammen einen Abend im Schauspielhaus. Doch Dürrenmatt zog zurück, Frisch bestritt den Abend allein und fügte dem Stück »Biedermann und die Brandstifter« noch die Intellektuellen-Satire »Die große Wut des Philipp Hotz« hinzu, um den Abend zu retten. Es wurde ein überwältigender Erfolg. Zunächst in Zürich vom Chef des Schauspielhauses Oskar Wälterlin persönlich inszeniert, mit Gustav Knuth in der Hauptrolle, das war am 29. März 1958. Und kurz darauf eroberte es auch die Bühnen in Deutschland, wurde zu einem der meistgespielten Dramen der Nachkriegsgeschichte, und das Buch – Schullektüre bis heute – wurde mehr als zwei Millionen Mal verkauft.

Es ist die Geschichte des betrügerischen Haarwasserfabrikanten Biedermann, der am Stammtisch vor den Gefahren der Brandstiftung durch marodierende Obdachlose wütet, als Parolenhans »Wegsperren! Wegsperren!« brüllt. Doch als die Brandstifter in sein eigenes Haus kommen, fehlen ihm Mut und Entschlossenheit und Wahrheitsbereitschaft, um die gefährlichen Herren aus dem Haus zu weisen. Noch als sie Benzinfässer unter sein Dach tragen, lässt er sich beruhigen. Schließlich reicht er ihnen sogar das Streichholz zur eigenen Vernichtung. Da wundert sich seine Frau Babette dann aber doch ein wenig. Doch Biedermann weiß, was er tut, und belehrt die Gattin: »Wenn die wirkliche Brandstifter wären, du meinst, die hätten keine Streichhölzer? ... Babettchen, Babettchen!« Und das Haus geht in Flammen auf, die Gasometer der Stadt gehen in Flammen auf und schließlich die ganze Stadt. Der Chor singt:
»Was nämlich jeder voraussieht
Lange genug,

Dennoch geschieht es am End:
Blödsinn,
Der nimmerzulöschende jetzt,
Schicksal genannt.«
Die Zuschauer jubelten. Frisch wurde nicht sehr glücklich mit dem Triumph. Die Schweizer Zuschauer hatten seine Botschaft gut verstanden. Allzu gut. Ein Stück gegen den Kommunismus, ganz klar, eine Parabel gegen Appeasement und Zurückweichen vor dem Feind im Osten. Meisterhaft. Frisch war entsetzt. Das hatte er nicht gewollt. Zugegeben, die erste Idee, damals im Tagebuch, war tatsächlich eine Reaktion auf die Zwangsvereinigung der sozialdemokratischen und der kommunistischen Partei in der Tschechoslowakei 1948 gewesen, ein Protest gegen die gewaltsame Unterdrückung eines sozialistischen Demokratiemodells im Osten Europas. Aber jetzt, zwischen den Fronten des immer nervöser geführten Kalten Krieges, wollte Frisch alles andere als ein Partei-Stück schreiben, ein Kampf-Stück gegen den Kommunismus. Er fügte für die deutsche Erstaufführung ein Verdeutlichungsnachspiel hinzu, »Biedermann in der Hölle«, um die Überzeitlichkeit zu demonstrieren. Der Effekt war eine scheinbar neue Eindeutigkeit: Das deutsche Publikum sah in den Brandstiftern die Nazis der Vergangenheit und im Biedermann sich selbst, die Bürger, die die Nazis an die Macht brachten und zu spät bemerkten, dass sie Feuer legten an die Fundamente ihres Hauses, an die Fundamente der Republik. Es half alles nicht: Es war ein Botschaftsstück, da konnte Frisch noch so viele Nachspiele und Erklärungen hinzufügen. Die Menschen lernten daraus, was sie wollten. Dass er dem Stück von Anfang an den Untertitel »Lehrstück ohne Lehre« mitgegeben hatte, liest sich wie ein trauriger Witz. Wenn die Leute belehrt werden wollen, lassen sie sich das auch vom Lehrer selbst nicht ausreden. Schade nur, dass die Leute am liebsten das lernen, was sie ohnehin schon wissen.

»Biedermann und die Brandstifter« ist bis heute, neben dem »Besuch der alten Dame« von Friedrich Dürrenmatt, das erfolgreichste Stück der deutschen Nachkriegsliteratur. Frisch selbst war davon besonders überrascht: »Ich habe nicht damit gerechnet, dass ich von diesem Haarölschwindler leben werde«, hat er nach dem rauschhaften Erfolg einmal gesagt. Es wird bis heute an den großen Bühnen der ganzen Welt immer wieder neu inszeniert, mit neuen Ideen und in den gelungensten Inszenierungen bleibt die Botschaft der brandschatzenden Revolutionsbringer am Ende offen. Man muss nur die Lücken sehen, die Fragen, die in diesem Stück stecken. Und den Witz:

»Chorführer: Daß du sie duldest, die Fässer voll Brennstoff, Biedermann Gottlieb, wie hast du's gedeutet?

Biedermann: Gedeutet?

Chorführer: Wissend auch du, wie brennbar die Welt ist, Biedermann Gottlieb, was hast du gedacht?

Biedermann: Gedacht?

Er mustert den Chor

Meine Herren, ich bin ein freier Bürger. Ich kann denken, was ich will. Was sollen die Fragen? Ich habe das Recht, meine Herrn, überhaupt nichts zu denken –«

Der Mensch ist frei nicht zu denken. Der Mensch ist frei, den Lauf der Welt »Schicksal« zu nennen, um selbst nicht eingreifen zu müssen. Der Mensch ist frei zu lachen, bis die Welt verbrennt.

»Wir wollten eine andere Welt«
Wer ist Jude und warum?
»Andorra« und die Kritiker

Der Erfolg des »Biedermann« war groß, doch nicht groß genug, um nicht von seinem nächsten Stück noch erheblich übertroffen zu werden: »Andorra«, das Drama vom Juden Andri, der gar kein Jude ist, der – zunächst von seinem Vater, dann von der Gesellschaft – zum Juden gemacht wird, der von dem

Bild, das sich sein Land, das sich die Menschen in seinem Land von ihm gemacht haben, schließlich getötet wird. Auch dies, natürlich, ein früher Stoff aus dem Tagebuch. Ein Stoff, wie für Frisch gemacht, ein Identitätsstück mit tödlichem Ausgang, die Ausgangslage ein wenig wie im »Stiller«, ein Mensch im Gefängnis der gesellschaftlichen Zuschreibungen, aber hier mit der dramatischen Erweiterung des Jude-Seins. Eine falsche Identität, die in dieser Welt zum Tode führen muss. Frisch zögerte lange, diesen Stoff zu nutzen, nicht weil er ihm zu fremd, sondern weil er ihm zu ideal erschien, ideal für ihn: das Ich-Problem als Welt-Problem, Antisemitismus an einem einzigen, unglaublichen Fall exemplifiziert. Er sah, »dass dieser Stoff *mein* Stoff ist. Gerade darum zögerte ich lang, wissend, dass man nicht jedes Jahr seinen Stoff findet«. Es war der 2. November 1961, Curt Riess nennt ihn in seinem Geschichtsbuch des Schauspielhauses Zürich »fast ein historisches Datum in der Theatergeschichte«, es war die erste von offiziell drei »Uraufführungen«, die an aufeinanderfolgenden Tagen stattfanden. Im Grunde war es schon, bevor der Vorhang sich zum ersten Mal öffnete, ein Ereignis. Alle wollten dabei sein, Pressevertreter aus dem In- und Ausland, Theaterleute, Prominente, Politiker, ganz Zürich. Max Frisch war auf dem Gipfel seines Ruhms, die Stadt zitterte vor Erwartung – und wurde nicht enttäuscht. Zunächst Stille, dann Beifall, der nicht enden wollte, zwanzig Minuten lang Beifall, zweiundzwanzig Vorhänge, Begeisterung, Glück, man war dabei, als ein Stück Welttheater auf die Bühne kam. Man applaudierte auch sich selbst. Was für ein Wahnsinn in einer Stadt, in einem Land, das in jeder Szene angegriffen wurde. Andorra ist nur ein Modell, das hatte der Dramatiker warnend an den Anfang gestellt. Doch es war so klar, welches unschuldige Land da das Vorbild für das Modell gewesen war, so klar, welches Land, dessen Nachbarland von den Schwarzen, von Antisemiten regiert wird und das selbst jede Judenfeindschaft weit von sich weist. Ein Land, das einen Menschen zum Juden macht in einer Welt, in der das ein Todesurteil sein muss. Ein Land, dessen Bewohner nach jedem Akt ihre Unschuld beteuern. Schuldig sind nur die Schwarzen, da drüben, jenseits der Grenze. Den Mord selbst verüben die anderen, die Schwarzen, doch den Mord vorbereiten und von ihm profitieren: Das machen die Andorraner, bigott und skrupellos und gnadenlos, sich keiner Schuld bewusst. Ja, es ist ein Stück, das auch funktioniert, wenn man nicht die Schweiz und die Rolle der Schweiz während der Zeit der Nazi-Regentschaft im Nachbarland im Detail kennt. Aber in Zürich, an diesem Abend des 2. November 1961, war diese Parallele, die Vorbildfunktion des eigenen Landes, der eigenen Rolle in dieser Zeit jedem bewusst. Und Zürich jubelte.

Deutschland jubelte mit. Am 20. Januar 1962 fanden an drei Häusern gleichzeitig, in Frankfurt, München und Düsseldorf, die deutschen Erstaufführungen statt. Die überregionalen Zeitungen schickten Berichterstatter an alle Spielstätten. Kurz darauf kamen noch die Bühnen in Hamburg und Berlin hinzu. Alle Kritiker: fassungslos. Welttheater, historisches Ereignis, Stück des Jahres – was an Superlativen zur Verfügung stand, wurde bemüht. Der Kritiker der »Zeit«, Johannes Jacobi, schaute sich alle Inszenierungen selbst an, kehrte etwas atemlos von seiner Reise an die Theater des Landes zurück und schrieb glücklich: »Selten genug wird den deutschen Bühnen ein Stück von solchem Rang geschrieben.« Das deutsche Publikum allerdings war wohl etwas zurückhaltender als das Schweizer. Nur in Berlin hörte der Kritiker einen ähnlich langen Beifall wie in Zürich. An den anderen Bühnen kam es auch zu Buhrufen, in Düsseldorf schlugen verärgerte Zuschauer die Türen hinter sich zu, als sie die Vorstellung verließen. In München empfand Frisch selbst die Reaktionen des Publikums als »sehr gespalten«, und bei der abschließenden Feier erklärte ihm ein deutscher Zuschauer, das sei ja »eine typisch eidgenössische Überheblichkeit, so etwas aufzugreifen«.

Oh ja, es gab auch kritische Stimmen. Am meisten ärgerte Max Frisch eine bestimmte. Es war am Abend der ersten Uraufführung in der Kronenhalle. Es war sein Abend, Frisch ließ sich feiern, er trank und rauchte und feierte, die Menschen gratulierten ihm und waren wie berauscht von diesem Stück. Nur ein dicker Herr mit großer Brille ging von Tisch zu Tisch und klärte die Feiernden und vor allem die Kritiker aus aller Welt über die Schwächen des Stückes auf: Friedrich Dürrenmatt. Er hatte es schon früh gelesen, im Frühling des Jahres 1961, und vielleicht ahnte er da schon, dass sein Kombattant im Rennen um den ersten Rang der Schweizer Welttheatermänner mit »Andorra« ein gutes Stück vorauseilen würde. Er selbst schrieb gerade an »Die Physiker«, sein »Besuch der alten Dame« war 1956 uraufgeführt worden. Zu Frischs 50. Geburtstag am 15. Mai versuchte er einen Glückwunsch. Versuchte und versuchte – drei Entwürfe sind erhalten geblieben. Abgeschickt hat er keinen. Jeder der drei Entwürfe ist das geniale Denkmal einer Konkurrenzfreundschaft, die wohl zur Feindschaft werden musste. Jeden Brief leitet er mit dem Glückwunsch ein, der schon im zweiten Satz giftig wird, wenn er ihm den »Eintritt in den Olymp (Nobelpreis)« wünscht und hinzufügt, die Panik kaum unterdrückend, dass er »von Hirschi höre«, dass Frischs »Arbeitsglück« nicht nachlasse und er nun also »geradezu nervös« werde. Einmal kommt er sich vor »wie ein USA-Raketenbauer gegenüber Gagarin«, einmal »wie ein Berner beim Schneckenfang«, und einmal sieht er Frisch einfach nur »davonspurten«. Und dann behauptet er, Frisch zu »Andorra« zu beglückwünschen, fängt dreimal das Loben an, und jedes Mal gerät ihm das eigene Schreiben außer Kontrolle. Es ist ein Geburtstagsbrief, er muss loben, er muss ja loben, aber es gelingt ihm nicht. Jedes Mal setzt er preisend an und endet in einer totalen Abrechnung. Es ist herrlich, diese Hilflosigkeit gegenüber dem eigenen Ressentiment – gegen das Stück, gegen den Autor, gegen dessen Erfolg – zu lesen. Die Ehrlichkeit schlägt durch, ein Geburtstagsbrief kann das nicht werden.

Einer der Kritikpunkte, die sich da bei Dürrenmatt verselbstständigt hatten, war die Frage, warum Andri eigentlich kein Jude sei.»Ich halte das für eine Delikatesse«, schrieb Dürrenmatt und »eine Eselsbrücke, auf die ich verzichten kann«. Das war freundlich ausgedrückt im Vergleich zum Beispiel mit Paul Celan, dem jüdischen Dichter der »Todesfuge«, der in einer Notiz zu dem Stück entsetzt schrieb:»›Andorra‹ gelesen, ein platt allegorisches Stück schlechten Gewissens parareligiöser Ausrichtung. Das wird den Deutschen eine Freude sein, ihren stalinistisch-gomulkistischen Intellektuellen, den linken Katholiken und den pangermanischen Vereinigern.« Und weiter:»Die Hauptfigur hätte ein wirklicher Jude sein müssen, kein Nicht-Jude, der den Juden spielt.« Übrigens eine Kritik, mit der sich Frisch auch bei der amerikanischen Aufführung am Broadway im Februar 1963 konfrontiert sah, wo man ihn gar der antisemitischen Propaganda bezichtigte. Gerade Juden, die vor den Nazis nach Amerika geflüchtet oder deren Familien dem Holocaust zum Opfer gefallen waren, fanden die Nivellierung der Opferherkunft zynisch.»In Wahrheit ist es egal, ob man Jude ist oder nicht?« Man konnte Frischs gut gemeinte Parabel auch gespenstisch finden. Oder befremdlich. Oder etwas naiv.

Ihn selbst, Frisch, kann man Jahre später vor einem Bücherregal stehen sehen. Die Arme auseinander- und wieder zusammenschwingend erklärt er vor der Kamera das Stück, erklärt die Gesellschaft, die sich dieses Bild gemacht hat von Andri, das mörderische Bild, und sagt:»Es gibt nicht den Einzelnen, der der Mörder von diesem jungen Mann ist.« Und schließlich:»Das Stück beweist geradezu, dass es eine Kollektivschuld gibt.« Und er meinte damit auch: die der Schweizer. Auch: seine eigene.

Es gibt einen wunderbaren Brief von Frisch an den Suhrkamp Verlag, an den neuen Verleger Siegfried Unseld und die frühen Andorra-Leser und -Lektoren Hans Magnus Enzensberger und den Leiter des Theaterverlages, Karlheinz Braun. Der Brief ist vom 10. Januar 1961, die Herren hatten, jeder für sich, einige Kritik an dem Stück vorgetragen und Frisch

225

mitgeteilt. Doch dieser hat inzwischen ein ordentliches Selbstbewusstsein erworben und demonstriert das genüsslich auf fünf eng beschriebenen Seiten: »Liebe Doktoren! Ich danke Ihnen sehr herzlich. Wenn ich jetzt, nach Ihren drei Briefen, meine Pfeife stopfe – was ich sowieso tun würde, jetzt aber wie einer, der den Hirsch erlegt hat – und die Beine von mir strecke, im Augenblick gleichgültig vielleicht, denken Sie nicht, dass ich Ihre genauen Einwände, inbegriffen die verschwiegenen, die zu den schwersten gehören, nicht ernsthaft zur Kenntnis genommen habe.« Die meisten wehrt er souverän ab, einige erklärt er für bedenkenswert, aber insgesamt schreibt da einer, der sich seiner Sache ungeheuer sicher ist. Und gerade im zentralen Punkt der Schuld: »Das Stück handelt (soweit es nicht nur das Stück von Andri ist) nicht von den Eichmanns, sondern von uns und unsern Freunden, von lauter Nichtkriegsverbrechern, von Halbspassantisemiten, d. h. von den Millionen, die es möglich machten, dass Hitler (um schematisch zu reden) nicht hat Maler werden müssen.« Es ist das Jahr des Eichmann-Prozesses in Jerusalem, der Fall des Täters als Verwaltungs-Phänomen, des Schreibtischtäters, wie ihn Hannah Arendt nennen wird. Frisch polemisiert mit seinem Stück auch gegen die Aufmerksamkeit, die dieser Prozess vor allem in der deutschen Öffentlichkeit bekommt. Er sieht ihn auch als einen weiteren Entlastungsprozess für all die anderen Mittäter des Schreckens, die den Holocaust ermöglichten durch Schweigen, durch persönliche Vorteilsnahme, durch ihre Vorurteile und Urteile: »Das würde der FAZ so passen: Eichmann als der Schuldige. Drum ziehen sie die Eichmann-Sache doch so groß auf, diese FAZ-Andorraner.« Und er fügt hinzu: »Ich möchte die Schuld zeigen, wo ich sie sehe, unsere Schuld, denn wenn ich meinen Freund an den Henker ausliefere, übernimmt der Henker keine Oberschuld.« So sah Frisch sein Stück. Deshalb hat er es so geschrieben. Das alles demonstriert das Stück in der Tat fast perfekt.

Man kann heute über dieses Stück kaum noch etwas sagen. Es wäre interessant, wie es heute ein neuer Mensch, ein neuer Leser liest, zum ersten Mal. Für uns ist es umstellt von Wissen und Besserwissen und Interpretationen und Lehren, von Respekt und Langeweile. Wenn man es einmal gelesen, auf der Bühne gesehen und ausgiebig interpretiert hat, bleibt nicht mehr viel übrig, nichts Neues, nichts Widerständiges, keine Überraschung, kein Humor. Es ist ein gewaltiges Stück, aber keines, das man ein zweites Mal ansehen möchte. Am schönsten ist es vielleicht heute noch in zwei Passagen. Die eine, gegen Ende, da ist schon klar, dass Andri ein Jude sein will, anders sein will, sich endlich in den Rahmen fügt, den man für ihn aufgestellt hat, um nie mehr herauszukommen. Da erinnert er sich an das Glück vom Anfang des Stücks, als er verliebt war in seine Schwester und dachte, er könne Tischler werden, sein Traum: »Ich habe gejauchzt, die Sonne schien grün in den Bäumen, ich habe meinen Namen in die Lüfte geworfen wie eine Mütze, die niemand gehört wenn nicht mir, und herunter fällt ein Stein, der mich tötet.« Er weiß: »Ich brauche jetzt schon keine Feinde mehr, die Wahrheit reicht aus.«

Und dann, als er seine Mutter trifft, von der er nicht weiß, dass sie es ist, aber sie weiß es und darf es nicht sagen. Statt- dessen sagt sie: »Als ich in deinem Alter war: mein Vater, ein Offizier, war gefallen im Krieg, ich weiß, wie er dachte, und ich wollte nicht denken wie er. Wir wollten eine andere Welt. Wir waren jung wie du, und was man uns lehrte, war mörde- risch, das wussten wir. Und wir verachteten die Welt, wie sie ist, wir durchschauten sie und wollten eine andere wagen. Und wir wagten sie auch. Wir wollten keine Angst haben vor den Leuten. Um nichts in der Welt. Wir wollten nicht lügen. Als wir sahen, dass wir die Angst nur verschwiegen, haßten wir einander. Unsere andere Welt dauerte nicht lang. Wir kehrten über die Grenze zurück, wo wir herkamen, als wir jung waren wie du …« Und sie erhebt sich, fragt ihren Sohn, ob er versteht, was sie sagt, und er sagt »Nein«, dann küsst sie ihn und geht und wird von einem Stein erschlagen. Die

Leute sagen, Andri hat den Stein geworfen. Der nächste Stein trifft ihn.

Ja, Frisch selbst hat später auch mit diesem Stück gehadert. Die Fabel trage sich selbst nicht genug, schreibt er in einem Brief an den Literaturwissenschaftler Peter Pütz, den Lioba Waleczek in ihrem Buch über Frisch zitiert, und komme daher »nicht ohne penetrante ›Sinngebung‹ aus«, im Gegensatz zum »Biedermann«, dem der Autor selbst im Rückblick eine gewisse Offenheit zuschreibt. Frisch war nur ungern der Botschaftsautor, als der er mit diesen zwei Stücken spätestens galt. Im Gespräch mit Heinz Ludwig Arnold erklärt er in den siebziger Jahren, warum er sich nach »Andorra« von Parabeln überhaupt abgewendet habe: »Ich habe einfach festgestellt, dass ich durch die Form der Parabel mich nötigen lasse, eine Botschaft zu verabreichen, die ich eigentlich nicht habe.« Es ist schon lustig, dass Millionen von Schülern seit fünfzig Jahren dazu genötigt werden, Botschaften aus diesen beiden Stücken herauszulesen, die der Autor vorgab, gar nicht hineingelegt zu haben.

»Das ist unser Engagement«
Schamlosigkeit und Politik

Er hat sich früh, er hat sich eigentlich immer schon mit dieser Frage beschäftigt, der Frage des politischen Engagements, der Botschaften, der Meinungen zur Weltlage und was das mit dem Schreiben zu tun hat. Ob das das Schreiben verdirbt, ob es verantwortungslos ist, das zu verweigern. Die Meinungen, das Engagement, den Kampf. Er hat sich das schreibend erarbeitet, seine Position zu diesen Fragen. Es war im Herbst 1958, der Ruhm wuchs und wuchs, er war eine öffentliche Figur inzwischen, er bekam Preise, hielt Reden, er suchte seinen Standpunkt. Ende September hielt er eine Rede zur Eröffnung der Frankfurter Buchmesse, im November wurde ihm als erstem Ausländer der bedeutendste deutsche Literaturpreis, der Georg-Büchner-Preis, verliehen, und im Dezember desselben Jahres konnte auch seine Heimatstadt nicht mehr umhin, ihm zähneknirschend den Literaturpreis der Stadt Zürich zu verleihen. Max Frisch stand jedes Mal vor einem großen Publikum und gab vor, sich zu wundern, wunderte sich vielleicht wirklich darüber, was das Publikum wohl von ihm wolle, ihm, einem Schriftsteller, dem einfach nur das »Schreiben eher gelingt als Leben«, und nun stand er da, vor all den Leuten, sollte Reden halten, sollte sich zeigen: »Das wird verlangt. Und noch mehr: plötzlich soll man etwas zu sagen haben, bloß weil man Schriftsteller ist.« Hatte Frisch etwas zu sagen?

Ja, zur Schweiz zum Beispiel, zur politischen Situation in der Schweiz hatte er immer etwas zu sagen. Schon ein Jahr vorher, im August 1957, hatte er zum Nationalfeiertag der Schweiz eine Rede gehalten, hatte über seine Liebe zur Schweiz gesprochen, eine Liebe, die ihn zur Kritik geradezu nötige, zu einer Kritik am Land, das ein Land voller Angst sei, Angst vor Ideen, Angst vor der Zukunft, Angst vor allem Neuen. Und er hatte sogar in einem kurzen Satz das Nachbarland im Norden scharf angegriffen, hatte von den blühenden Geschäften der Schweizer gesprochen, die sie mit Adenauer-Deutschland machten, jenem Deutschland, »das sich demnächst, sobald genug deutsche Helme und deutsche Stiefel und Atomgeschosse fabriziert sind, als Gegenteil einer Demokratie entpuppen wird«.

Solche scharfen Attacken versagte er sich ein Jahr später in Deutschland. »Öffentlichkeit als Partner« hatte er die Rede überschrieben. Es ging darin um die Frage der Fragen: warum einer schreibt. Und wie einer sich fühlt, der jetzt plötzlich vor diesem festlichen Publikum steht und wieder einmal merkt, wie sehr er sich entblößt hat in seinen Büchern. Er fühlt es mit einem Schrecken: »Wie kommt es, dass der Schriftsteller, indem er schreibt, Schamhaftigkeit überwindet und Regungen preisgibt, die er unter vier Augen noch nie

229

ausgesprochen hat? Man ist immer bestürzt, wenn man Publikum sieht, und möchte vor Scham versinken. Wie kommen wir dazu, uns derart preiszugeben?« Es ist nicht Koketterie, auch nicht demonstrative Bescheidenheit, die ihn hier stehen und sprechen lässt über seine Verwunderung. Wenn er erzählt, dass er sich manchmal vorkommt wie einer, dessen Bild als Steckbrief an den Mauern klebt, wie er sich an Menschen vorbeidrückt, die ihn, als seine Leser, erkennen könnten. Diese Scham vor der Öffentlichkeit und die Verwunderung über die Rolle als öffentliche Person, die nicht gespielt ist. Warum er schreibt? Ganz einfach: um zu schreiben. Aus Spieltrieb zunächst, dann ist man verwundert, dass einem überhaupt etwas einfällt. Eine natürliche Machlust steht am Anfang, »naiv, rücksichtslos, verantwortungslos. So fängt es an. Genauer: Es hat schon angefangen«. Und wo er schon bei der Ehrlichkeit ist: Es hat auch mit Eitelkeit zu tun, das Schreiben. Es gibt auch diesen Willen zur Öffentlichkeit, ja, obwohl auch das andere Bild, das mit dem Steckbrief, stimmt. Es geht darum zu glänzen, bekannt zu sein – eigentlich lächerlich, wo heute jeder Rennfahrer bekannt ist. Lächerlich. Aber wichtig. Damit das Gespräch kein Selbstgespräch bleibt. Jeder Schriftsteller kenne diese Eitelkeit, jeder, so Frisch. Auch die engagierten, die politischen, die Einmischer. Er vermutet sogar – und das ist schon beinahe so etwas wie eine Kampfansage an die Engagierten –, dass es bei allem Kampf ihnen in Wahrheit vielleicht um dieses andere geht: »Sind nicht vielleicht manche Schriftsteller nur darum so kämpferisch gegen dies oder das, um es selber nicht als Eitelkeit zu erkennen, wenn sie immer und immer in die Arena springen? Im Grunde, wer weiß, haben sie gar nichts gegen den Stier.«

Für ihn, Frisch, ist es also Eitelkeit, Spieltrieb und – darauf kommt er zuletzt: Verzweiflung. Und: existenzielle Notwendigkeit. Und: Wissensdurst. Es geht darum, schreibend zu erfahren, wer man ist. Das ist das eine. »Bin ich ausgefallen, so wie ich meine Zeit erfahre, oder bin ich unter Geschwistern?«

Man schreibt, jenseits der Konventionen, um ein Echo zu hören, man bemüht sich um Wahrhaftigkeit im Schreiben, um zu erfahren, ob es auch andere gibt, die Gleiches erfahren, Gleiches empfinden, Gleiches denken. So vieles wird verschwiegen im Leben. Das Schweigen ist nicht auszuhalten. »Man schreibt, aus Angst, allein zu sein, im Dschungel der Unsagbarkeiten.« Und Frisch redet von den Dämonen, die ihn heimsuchen und die er zu bannen versucht mithilfe seines Schreibens. Er sagt, dass er keine Wahl habe, dass er schreiben müsse, »um schreibend der Welt standzuhalten«. Lächerlich, die Leute, die das reine L'art pour l'art missachten, denn sie haben nie erfahren, »was an Leben geleistet werden muss, um eine reine Figur der Kunst hervorzubringen«.

Frisch selbst nimmt in dieser Rede zurück, was er selbst noch vor kurzem – vor allem in seinen Äußerungen zur Schweiz – für sich angenommen hatte: die Rolle des verantwortungsbewussten Schriftstellers, des Schriftstellers mit einer Verantwortung gegenüber der Gesellschaft. Er habe diese Rolle nicht nur angenommen, sondern sich »sogar zu dem Irrtum verstiegen«, dass er »aus solcher Verantwortung heraus schreibe«. Jetzt steht er da, vor dem festlichen Messepublikum. Und leugnet das Engagement und die Verantwortung des Schriftstellers. Es ist ein öffentlicher Befreiungsschlag. Ein »Anfang der Befreiung, Befreiung zum Anfang: zum Spieltrieb, zur Machlust, zum Schreiben, um zu sein«.

Es wurde schon zwei Monate später etwas schwierig, diese Position des reinen Spieltriebs zu verteidigen, anlässlich der Rede zur Verleihung des Literaturpreises, dessen Namenspatron der Autor des »Hessischen Landboten« und von »Dantons Tod« war. Doch Frisch nutzte die Gelegenheit zu einer grundsätzlichen Klarstellung. Denn keineswegs gehe es ihm um ein reines Antiengagement, wie es die Jünger des Mode-Dramatikers Ionesco für sich reklamierten, um Jux und Unernsthaftigkeit, »Humor aus Ekel, Endspiel-Töne, Clownerie mit dem Nichts«. Nichts liege ihm ferner. Auch Frisch plädiert jetzt für Engagement, aber sein Engagement, das er durchaus auch bei Büchner findet. Am reinsten in den zwei Sätzen:»Geht einmal euren Phrasen nach bis zum Punkt, wo sie verkörpert werden. Blickt um euch, das alles habt ihr gesprochen.« Darum geht es Frisch, um das Zersetzen von Phrasen, von Ideologien, von unwahrem Sprechen in tödlichen Formeln in einer Welt, die erstarrt ist in waffenstarrenden Blöcken, erstarrt in Angst und Misstrauen:»Wir können das Arsenal der Waffen nicht aus der Welt schreiben. Aber wir können das Arsenal der Phrasen, die man hüben und drüben zur Kriegführung braucht, durcheinanderbringen, je klarer wir als Schriftsteller werden, je konkreter nämlich, je absichtsloser in jener bedingungslosen Aufrichtigkeit gegenüber dem Lebendigen, die aus dem Talent erst den Künstler macht. Alles Lebendige hat es in sich, Widerspruch zu sein, es zersetzt die Ideologie, und wir brauchen uns infolgedessen nicht zu schämen, wenn man uns vorwirft, unsere Schriftstellerei sei zersetzend. Wir brauchen's nicht an die große Glocke zu hängen; aber das ist unser Engagement!«

Das hat er von Georg Büchner gelernt, dem Revolutionär aus Darmstadt, der fliehen musste aus seinem Land, fliehen zunächst nach Straßburg, dann nach Zürich, wo er dreiundzwanzigjährig starb und wo er auch begraben liegt. Der kleine Max stand schon vor seinem Grab, den Fußball unterm Arm,»mit ungeduldiger Andacht«, zu der man ihn genötigt hatte. Jetzt steht er in Darmstadt und darf ihn preisen, darf sich seiner selbst versichern, seiner Rolle in der Welt, wie er sie spielen will, wie er sie spielen kann.»Emigranten« hat Frisch seine Rede überschrieben. Nach dem Emigranten Büchner, den Emigranten, die die Schweiz ins Land ließ, in der Nazizeit in Deutschland, nach Brecht vor allem, nach all den Emigranten, die die Schweiz nicht ins Land ließ in der Nazizeit, aus Feigheit, Fremdenfeindlichkeit und Angst, und die auch aus diesem Grund ums Leben kamen. Nach all jenen hat er seine Rede benannt. Und nach dem Emigrantischen in ihm und in all denen, denen er sich verbunden fühlt:»Das Emigrantische, das uns verbindet, äußert sich darin, dass wir nicht im Namen unserer Vaterländer sprechen können noch wollen.«Sondern im Gegenteil: sprechen gegen das Vaterländische, gegen die Formeln des Kalten Krieges, sprechen in Bildern, in Literatur: »Es ist eine Resignation, aber eine kombattante Resignation, was uns verbindet, ein individuelles Engagement an die Wahrhaftigkeit, der Versuch, Kunst zu machen, die nicht national und nicht international, sondern mehr ist, nämlich ein immer wieder zu leistender Bann gegen die Abstraktion, gegen die Ideologie und ihre tödlichen Fronten, die nicht bekämpft werden können mit dem Todesmut des einzelnen; sie können nur zersetzt werden durch die Arbeit jedes einzelnen an seinem Ort.«

Wir Emigranten – Frisch ist einen weiten Weg gegangen seit seiner Zeit als geistiger Landesverteidiger, seit er von dem »notwendigen Zurückdämmen der Juden« geschrieben hatte und dem Emigranten und Karikaturisten Gregor Rabinovitch jenen Brief geschickt hatte, in dem er ihm vorwarf, ihm sei »das Schweizerische sekundär«. Ein weiter Weg. Und er wird ihn weitergehen, den Weg der kombattanten Resignation, bis zum Ende seines Lebens. Zunächst wird das Pendel seines Engagements mehr zur Seite des Kombattantischen hinüberschwingen und mit den Jahren des Kampfes ein wenig mehr auf die Seite der Resignation. Aber ganz wird der Kampf nie aufhören, der Kampf für das Lebendige, gegen tödliche Phrasen. Den Weg ans Ende der Phrasen, bis zu dem Punkt, an dem sie lebendig werden, wird Frisch immer wieder gehen. Oder besser: Er ist wie der Igel, der immer schon da ist, wenn die Phrase sich langsam erst daran macht, Körper zu werden. Frisch sitzt schon da und kämpft. Er kennt den Gefahrenkörper schon, der aus der Phrase wächst, noch ehe er Zeit hat, zur gefährlichen, zur tödlichen Wirklichkeit zu werden.

Seine Lehrer
Brecht. Suhrkamp.
Hirschfeld. Zollinger

Wir haben gesehen, wer ihn auf diesen Weg gebracht hat, wer die Väter waren, denen Frisch folgte in seinem Leben. Die Lehrer seines Schreibens und Lebens. Max Frisch war ein großer Liebender und Bewunderer, ein Liebender nicht nur der Frauen, sondern vor allem auch der Männer. Max Frisch hat die Männer, die ihn auf den Weg gebracht haben, die ihn bereit gemacht haben, die ihn zu dem Mann und dem Schriftsteller gemacht haben, der er inzwischen geworden war, geliebt.

Sie sind alle gestorben in den Jahren, in denen er auf dem Gipfel seines Erfolges stand. Sie starben zwischen 1956 und 1964. Drei Männer. Und an einen vierten gleichfalls lebenswichtigen Dichter, der schon zwanzig Jahre vorher gestorben war, erinnert Frisch in jenen Jahren noch einmal in einem bewegenden Text: Es sterben Bertolt Brecht (1956), Peter Suhrkamp (1959) und Kurt Hirschfeld (1964). Und 1961 erinnert Frisch an den Dichter Albin Zollinger (gestorben 1941).

Es sind seine Lehrer. Ein stimmiges, festes Bild kann er von keinem von ihnen zeichnen. Natürlich nicht. Er hat sie ja geliebt. Der Beginn des Nachrufs auf seinen Verleger Peter Suhrkamp kann für alle der vier Verstorbenen gelten: »Dass ein Mensch, den wir überleben, unersetzbar bleibt, beruht weniger auf den nennbaren Leistungen, die er hinterlässt, als auf dem Geheimnis, das er mit sich nimmt, und das Geheimnis lässt sich nicht rühmen.«

Aber all das andere lässt sich rühmen. Dass Peter Suhrkamp ihn zu dem Schriftsteller gemacht hat, der er ist. Weil er ihn freundlich, aber unerbittlich immer wieder daran gemahnte, nicht vor dem Gipfel auszuruhen, nicht zufrieden zu sein mit sich selbst, wenn das Werk nur bis zu einem gerade so befriedigenden Grade fertig ist. »Seine Kritik, der es nicht am großen Maßstab fehlte, wurde nie lähmend, auch wenn sie zu einem Nein führte.« Er war ein Verleger, der auf wundersame Weise immer Zeit hatte, Zeit im Überfluss für seine Autoren. Einer, der sich nie mit Auflagenzahlen, Sensationen oder Skandalen beschäftigte. Der nur seinem eigenen Maßstab folgte. Er hasste die Eitelkeit. Ihm war alles Modische zuwider. Trotzdem war er nicht etwa konservativ und redete von Beckett, als sein Name noch in keiner deutschen Zeitung stand. Er war ein Entdecker. Er hatte Frisch entdeckt. Eine späte Entdeckung. Nach seinem dritten Roman. Frischs Abschiedstext ist von einer unglaublichen Zärtlichkeit. Noch am Todesbett bietet ihm der Verleger an, ihn beim Vornamen zu nennen, Beleg einer Freundschaft, den diese kaum braucht. Sie trinken Sherry zusammen. Frisch nennt ihn »auf eine männliche Weise zärtlich«, bewundert seinen Halt, einen Halt, dem Irrtümer nichts anhaben konnten, einen Halt jenseits der Thesen, einen unumstößlichen Halt. Jede Zeile ruft und klagt, wie sehr ihm dieser Halt fehlen wird. »Man gehörte zu ihm.« Dann verabschieden sie sich, sie machen es schnell, undramatisch, der Verleger nickt sein »jaja«, scheinbar eilig, Frisch noch an der Tür, Suhrkamp im Totenbett. »Er war sehr schön.« Dann geht die Fahrt nach Hause. Er weiß, er wird ihn nicht wiedersehen. Am nächsten Morgen die Todesnachricht. Der letzte Absatz: »Ich habe Peter Suhrkamp geliebt.«

Im selben Jahr, in dem er Suhrkamp begegnete, lernte Frisch auch Bertolt Brecht kennen. Wir haben ihn schon gesehen, bewundernd, fragend, auf der Baustelle des Frisch-Bades in Zürich, als Fragenden, als Debattierer, Dialektiker, der Frisch immer wieder verstummen oder abends auf dem Fahrrad wütend die richtigen Repliken vor sich hinsagen ließ. Jetzt, 1966, Jahre nach seinem Tod, schreibt Frisch den schönen Satz: »Mehr als dem Debatteur erlag man dem Zuhörer Brecht.« Die letzten Jahre nach Brechts Umzug nach Ost-Berlin waren schwer für die Freundschaft der beiden. Die Gespräche hatten nun etwas von Angriff und Verteidigung, man lebte jetzt in zwei Welten, feindlichen Welten, das ließ sich kaum noch überbrücken. Einmal kam Frisch gerade aus Polen, von jenem Friedenskongress, den er vorzeitig verlassen hatte, weil er ihm so einseitig erschienen war, weil es ein Sowjet-Kongress war, mit den brillanten Fadejews und Ehrenburgs manipulierend an der Spitze. Brecht, so erinnert sich Frisch, hörte sehr besorgt Frischs Bericht. »So geht das ja nicht«, habe er gesagt. Und: »Wenn es in Polen diese Zustände gibt, muss etwas unternommen werden.« Und: »Das muss geändert werden.« Doch dann kam Helene Weigel dazu, und der Wind drehte. Brecht war wie verwandelt. Als hätten sie sich die Stunde zuvor komplett missverstanden, war Brecht »plötzlich nicht ungehalten über Fadejew, sondern über mich. Ich saß in einer Prüfung, um durchzufallen. Unterrichtet darüber, was in Polen vorging, nahm ich mein Fahrrad«.

Die Frau. Sie erinnerte ihn an seine Pflicht. Seine Denkpflicht. Pflicht der Gewissheit. Und Frisch radelt davon.

Manchmal hatte er den Eindruck, im Gespräch und in den Schriften, dass Brecht sich etwas abverlange, was ihm nicht eigen sei. »Je rationaler er argumentierte, um so größer war seine Genugtuung; er überzeugte dann sich selbst.« Frisch nennt das die »Denk-Männlichkeit« eines Mannes, der eigentlich in hohem Grade »etwas Chaotisches, etwas Weibliches« besaß. Und gegen das dachte er mitunter an. Diszipliniert. Streng. Männlich. Frisch war ihm da oft das zweifelnde Gegenüber, an dem er seine Argumente ausprobieren konnte. Frisch selbst ahnte das wohl, wusste es aber nicht genau, dass das seine Rolle war. Er fragte sich vielmehr, was Brecht eigentlich von ihm gewollt habe, wieso er sich mit ihm, dem Zweifler, überhaupt befreundete und nicht mit Jüngern. Eben deshalb, ist natürlich die Antwort. Frisch hat wohl von keinem Menschen so viel gelernt wie von Bertolt Brecht. Das dramatische Schreiben, die Kühle des Stils, die Lust an der Veränderbarkeit der Welt, das Fragen, das Festbleiben, das Zuhören. Vielleicht hat ihn am meisten seine Fahrt mit Brecht über die deutsche Grenze beeindruckt, Brechts erster Besuch in

Deutschland nach den Jahren des Exils. Seine Liebe zum deutschen Bier, sein Hass auf die deutschen Zustände nach dem Krieg. Sein Zittern vor Wut über »ihre wohlgemute Ahnungslosigkeit, die Unverschämtheit, dass sie einfach weitermachten, als wären bloß ihre Häuser zerstört, ihre Kunstseligkeit, ihr voreiliger Friede mit dem eigenen Land«. Brechts Rede war ein großer Fluch. Und Frisch hörte zu. Entsetzen in einem Satz: »Hier muss man ja wieder ganz von vorne anfangen.« Alles, was er an Brecht liebte, schrieb er noch einmal auf. Seine Angst auf dem Zehn-Meter-Turm des Schwimmbades, sein Staunen – »Alle Achtung, Frisch, alle Achtung!« –, sein Humor, seine absolute Offenheit für Kritik: »– ›Nanu? Was finden Sie an Puntila ordinär?‹ – Nun wusste ich es nicht. ›Wir treffen uns nachher‹, sagte er, ›überlegen Sie es sich!‹«

Im Scherz, bei einem von Frischs ersten Besuchen bei ihm in der DDR, fragte der den Schweizer Freund: »Wann kommen Sie hierher?«

Jetzt, zehn Jahre nach Brechts Tod, gibt es keinen, von dem Frisch so oft träumt wie von ihm. Öfter als vom toten Vater, öfter als von jeder Frau. Für Frisch jedes Mal »ein ungeheures Glücksgefühl«, das Glück, ihm überhaupt noch einmal zu begegnen. Brecht ist milde im Traum. Er geht davon aus, sein Freund, sein Schüler, sein Schweizer Max Frisch sei »immer noch im Werden«. Im Werden hin zu ihm. Letzte Nacht hat er wieder von ihm geträumt. Hat ihn dringend gebeten, in ein Album hineinschauen zu dürfen, das Brecht bei sich trägt. Darin: ein Stück in bunten Kinderzeichnungen. Es soll aber unter ihnen bleiben. Die Liebe besteht fort, auch über den Tod hinaus. Frisch über Brecht: »Wir haben ihn nicht gekannt.«

Auch mit Kurt Hirschfeld verband ihn eine Art Liebe. Wenn er über ihn spricht, dann kommt meist das Wort Schicksal vor. Es stimmt schon: Wenn ihn dieser Mann nicht auf der Straße angesprochen hätte, wenn Kurt Hirschfeld nicht »Die Schwierigen« gelesen und darin das dramatische Potenzial des Autors erkannt hätte, vielleicht hätte Max Frisch dann gar nicht mehr zum Schreiben zurückgefunden, auf jeden Fall nicht zum dramatischen Schreiben. Ohne diese eine, ja, schicksalhafte Ermutigung noch während des Krieges, die eine wahre Schaffensexplosion zur Folge hatte. Ohne den Emigranten, den deutschen Juden Kurt Hirschfeld hätte es das Zürcher Schauspielhaus nicht gegeben, schreibt Frisch, und das geistige Antlitz der Stadt wäre ein gänzlich anderes. Ihm ist gelungen, was nur wenigen anderen gelang: »Lebendiges Theater.« Ein Theater, aus der Notwehr entstanden, Notwehr gegen Hitler. Das Schauspielhaus, so wie es geworden ist, »ist nicht zu denken, ohne die Nötigung, Kunst zu machen in der Konfrontation mit der Tageswirklichkeit; es ist ohne die Emigranten nicht zu denken«. 1964 stirbt Hirschfeld, und Frisch schreibt: »Eine Epoche ist zu Ende.«

Ja, und der Letzte in der Reihe, Albin Zollinger, war schon lange tot. 1941 ist er gestorben. Über keinen Autor hat Frisch so oft geschrieben wie über ihn. Peter Bichsel hat er sogar einmal gesagt, sein »Bin«, der sich mit der Rolle unterm Arm auf nach Peking macht, das sei in Wahrheit ein Kürzel für den bewunderten Albin, ein kleines Denkmal für einen großen Mann. Außerhalb der Schweiz war und ist er praktisch unbekannt, aber auch in der Schweiz selbst war sein Ruhm zu Lebzeiten klein und blieb es. Jetzt, zwanzig Jahre nach seinem Tod, muss auch der Trommler seines Angedenkens sich von dem Wunsch verabschieden, »dass sein Ruhm je kommen wird«. Albin Zollinger ist Frischs ganz persönlicher Vorbilddichter, ein Mann, dessen Büchern er viel verdankt. Im ersten Tagebuch hatte er eine beinah mystisch anmutende Szene beschrieben. Es war auf dem Pfannenstiel, im Herbst 1941. Max Frisch wanderte mit Freundin Constanze, seiner späteren Frau, den Höhenzug am rechten Ufer des Zürichsees empor. Es ist ein magischer Ort in Frischs Leben. Hier hat er Zürich geliebt, von hier oben herab, schauend, laufend, hier hat er viele seiner Geliebten mit heraufgenommen, oft ging er auch allein. Im Herbst vor allem war hier die Welt, wie er sie liebte: »Noch einmal ist alles da: der Most und die Wespen, die in der Flasche brummen, die Schatten im Kies, die goldene Stille der Vergängnis, die alles verzaubert, die gackernden Hühner in der Wiese, das Gewimmel der braunen Birnen, die auf der Landstraße liegen, die Astern, die über einen Eisenzaun hangen, Sterne eines blutigen Feuers, das ringsum verrinnt, die bläuliche Luft unter den Bäumen; es ist, als nehme alles Abschied von sich selbst.«

Sie kehren in ein Wirtshaus ein. Er ist mit Constanze zum ersten Mal hier. Es gibt viel zu sehen, viel zu zeigen, doch Frisch redet fast nur von seinem Lieblingsdichter Zollinger und dessen letztem Buch, das er gerade gelesen hat. Frisch hat ihn nie gesehen, er liebt seine Bücher, liebt alles, was er von ihm weiß. Jetzt sitzen sie da, bestellen Schinkenbrot, Frisch schaut immer wieder hinüber an den Tisch, an dem er sonst immer sitzt. Heut sitzt jemand anders daran, ein Mann, schon etwas älter, unscheinbar, mit seiner Frau. Auch sie essen Schinkenbrote. Frisch kann sich nicht losreißen von dem Anblick, sein Herz klopft, und schließlich erkennt er den bewunderten Dichter, der da sitzt, an seinem Tisch. Albin Zollinger hatte einen Roman unter dem Titel »Pfannenstiel« geschrieben, die Geschichte eines Bildhauers, der nach langer Zeit zurückkehrt in die Schweiz, voller Hoffnung auf sein Land als neues Land, und der ernüchtert von der Wirklichkeit sich zurückzieht in ein dörfliches Idyll, hier oben, auf dem Pfannenstiel. Frisch zögert lange, ihn anzusprechen, schließlich tut er es doch, ein kleines Gespräch beginnt, etwas linkisch, unbeholfen von beiden Seiten. Am Ende aber scheint Zollinger überaus froh, einen Bewunderer, einen Kenner seines Werkes getroffen zu haben, und die beiden verabreden sich für die nächsten Tage in Zürich zu einem echten, einem ausführlichen Gespräch zu zweit. Max Frisch ist voller Übermut und froh, dass er ihn angesprochen hat, freut sich auf das Gespräch. »Glücklich wie ein Verlobter, der einem sicheren Glück entgegenlebt.«

Das nächste, was er von Zollinger hört, ist sein Tod, er ist gestorben, wenige Tage nach ihrem Treffen, an Herzversagen, im Alter von sechsundvierzig Jahren.

Frisch schrieb einen bewegenden Nachruf, ein Jahr später noch einmal eine Erinnerung an ihn, und jetzt, weitere Jahre später, erinnert er erneut an Albin Zollinger, das Vorbild, den Vater im Buch. Es gibt vieles, was er an ihm liebt. Die Sprache zunächst, die, wie er schreibt, jedes Mal, »wenn man sie wiederhört, jene Art von Begeisterung auslöst, die Mut gibt in die Verzweigungen unseres eigenen Lebens hinein, Zuversicht und Freude an allem, was dem menschlichen Herzen begegnen kann«. Das ist das eine. Dann sind es aber auch die Inhalte seiner Bücher, die zu diesem Ton so gut passen. Natürlich ist der Bildhauer aus dem »Pfannenstiel« auch ein Vorbild für Anatol Ludwig Stiller. Und in dem Roman »Die große Unruhe«, 1939 erschienen, steht ein Architekt im Mittelpunkt, der das bürgerliche Leben flieht, den Beruf und die Ehe, der nach Paris flieht, dort den Ehering vom Finger streift und im Louvre eine junge Malerin kennenlernt, die Amerikanerin Dolores. Der Architekt ist in die Liebe verliebt und in die Freiheit. Es ist ein echter früher Frisch-Held, Vorgänger des Bin, mit der Rolle unterm Arm: »Was er suchte, war nicht der belastete Flug zu Boden, sondern die Verzückung des immer wiederholten Aufschwungs. Wenn es Menschenart war, sich festzuwachsen, dann würde er vorziehen, ruhelos seinen Ort auf der Erde zu wechseln, um seine Herzenskräfte zu üben und der Verwandlung offenzubleiben.« Dass dieser Architekt am Ende trotz alledem ein Loblied auf die Ehe und die Selbstüberwindung des Träumers hin zur fest gefügten Bürgerlichkeit singt, auch das ist wie für den frühen Frisch geschrieben: »Verwirklichung ist Verzicht auf den Traum.«

Max Frisch blieb Albin Zollinger treu. Auch wenn er selbst den lyrischen Ton, das Aufbruchspathos, Künstlerpathos, Bürgerlichkeitspathos längst überwunden hatte. Die Welt der Bücher Albin Zollingers bleibt dem heutigen Leser weitgehend verschlossen. Zu hoch der Ton, zu klein die Welt. Frisch hielt an seiner frühen Liebe fest. Es war auch noch mehr als die Sprache und die Sehnsucht und die Welt, die er beschrieb. Es war auch Zollingers Hadern mit der Schweiz, sein Kampf gegen das Establishment. Einer, der die Schweiz liebte, liebte als sein Land, und der doch verstoßen wurde, aus politischen Gründen, weil er früh schon sich empörte, als die »freisinnige Presse« der Schweiz 1938 die Leute, die gegen den Faschismus in Spanien kämpften, als Banditen bezeichnete. Weil er versuchte, seinen bürgerlichen Beruf des Lehrers mit seinen Künstlerträumen zu verbinden. Weil er um die Gunst des Schweizer Zentralblatts, der NZZ, ein Leben lang vergeblich rang, weil ihm »die Gabe der Erfindung fehlte«, wie Frisch. Ja, »vielleicht lieben wir ihn nicht zuletzt darum«, schreibt er jetzt, »weil wir seinen Mangel als familiär empfinden«. Vor allem aber war es die Einsamkeit in seinem Land, die Frisch so familiär empfinden ließ: »Albin Zollinger war in der Lage eines Emigranten, ohne aber einer zu sein; die Emigranten hatten ein andres Hinterland, wenn auch zur Zeit ein verlorenes, Berlin, Wien oder Prag, die Schweiz war für sie nur eine Station, nicht ein Maßstab. Albin Zollinger hatte kein anderes Hinterland als das Land, wo er lebte, und dieses erwies sich als zu klein, um ein produktiver Raum zu sein in sich selbst, zu lange schon geschichtslos, um ein wirkliches Abbild der Welt zu liefern.«

Emigrant im eigenen Land. Auch Frisch hat sich so gesehen. Sie kommt auch daher, seine Bewunderung für die deutschen Emigranten, für Brecht, für Hirschfeld, für Büchner, für den inneren Emigranten Peter Suhrkamp, er hat sie geliebt und bewundert auch für ihre Widerständigkeit, für ihre Fluchtbereitschaft, politische Kampfbereitschaft. Auch Frisch war jetzt bereit zu kämpfen, sich zu engagieren und längst auch wieder bereit zu fliehen, für eine Weile, aus seinem Land. – Bewundernd. Schauend. Vorankommend. Schreibend. Hörend. Liebend.

9. Geschichten von der Liebe

»Ich verfüge den Kauf von zwei Volkswagen«
Ingeborg Bachmann. Beginn einer Liebe

Es war in Hamburg, Juni 1958, in den Studios des Norddeutschen Rundfunks. Max Frisch lässt sich ein neues Hörspiel vorspielen. Er hört:»Ich glaube, dass die Liebe auf der Nachtseite der Welt ist, verderblicher als jedes Verbrechen, als alle Ketzereien.« Er hört:»Bei dir sein möchte ich bis ans Ende aller Tage und auf den Grund dieses Abgrundes kommen, in den ich stürze mit dir. Ich möchte ein Ende mit dir, ein Ende. Und eine Revolte gegen das Ende der Liebe in jedem Augenblick und bis zum Ende.« Und er hört:»Denn die hier lieben, müssen umkommen, weil sie sonst nie gewesen sind.« Max Frisch lässt sich das neue Hörspiel der Dichterin Ingeborg Bachmann vorspielen:»Der gute Gott von Manhattan«. Er kennt sie nicht, weiß kaum etwas von ihr, kennt nur ihren Mythos, ihren Ruhm. Auch ihre Adresse kennt er nicht. Er schreibt ihr einen Brief, über den Verlag. Er schreibt, so erinnert er sich später in»Montauk«, wie gut es sei, wie wichtig, dass die andere Seite, die Frau sich ausdrückt.»Die andere Seite« –»die Frau«. Und weiter:»Wir brauchen die Darstellung des Mannes durch die Frau, die Selbstdarstellung der Frau.«

Sie antwortet schnell: Sie fahre nach Paris, komme über Zürich, doch habe sie nur vier oder fünf Tage Zeit. Frisch wundert sich. Das hatte er nicht erwartet. Oder doch? Sie kommt nach Zürich, nimmt ein Doppelzimmer. Sie lernen sich kennen.

Ingeborg Bachmann fährt weiter nach Paris. Kurz danach kommt auch Max Frisch. Seine Reise hat einen Grund: Das Schauspielhaus Zürich ist zu einem Gastspiel eingeladen, führt»Biedermann und die Brandstifter« auf. Frischs erste Premiere in Paris. Aus der Zeitung hat die Dichterin erfahren, in welchem Hotel er wohnt. »Hôtel du Louvre«, sie lässt sich melden, sie gehen ins Café, trinken Pernod, reden, er hat zwei Karten für den Abend, für sein Stück in Paris, sagt, sie bräuchten sich das Stück nicht anzuschauen, sie überhört es, kramt in ihrer Tasche, es wird jetzt wirklich Zeit, er wiederholt seine Bemerkung, diesmal hört sie es, sie gehen essen, erzählen sich ihr Leben, sie freut sich, dass er so gar nichts über sie weiß, dass sie sich neu erzählen kann, dann die Küsse auf einer Bank, der Kaffee im Morgengrauen in den Hallen von Paris. Später erinnert sich Frisch an die Metzger am Nebentisch mit ihren blutigen Schürzen am Morgen.

Es ist die Nacht vom 3. auf den 4. Juli 1958. Eine Liebe beginnt.

Ingeborg Bachmann, geboren in Klagenfurt, ist zweiunddreißig Jahre alt, schon damals ein Mythos, hat erst zwei Gedichtbände veröffentlicht, 1953 nach einem legendären Auftritt den Preis der Gruppe 47 gewonnen, ein Jahr später macht der »Spiegel« eine Titelgeschichte über sie. Eine Aura umgibt sie, die Aura der sphärischen, weltfernen Dichterin, eine Dame mit Kurzhaarfrisur im Pelz, lebt in Rom, später München. Ihr erster Gedichtband von 1953 heißt »Die gestundete Zeit«, darin das Paris-Gedicht mit den Versen:
»Wir haben die Arme voll Blumen,
Mimosen aus vielen Jahren;
Goldnes fällt von Brücke zu Brücke
atemlos in den Fluß.«
Es endet:
»Auf den Wagen des Lichts gehoben,
wachend auch, sind wir verloren,
auf den Straßen der Genien oben,
doch wo wir nicht sind, ist Nacht.«
Man wusste von einer Liebesgeschichte mit dem Dichter Paul Celan, wusste von einer engen Zusammenarbeit, vielleicht auch einer Liebe mit dem Komponisten Hans Werner Henze. Es heißt, kein Mitglied der Gruppe 47 sei nicht in sie verliebt

gewesen. Sie war tatkräftig und zart, blickte in die Welt mit verschleiertem Blick (was allerdings eher an ihrer extremen Sehschwäche von dreizehn Dioptrien lag, für eine Brille war sie zu eitel, Kontaktlinsen vertrug sie nicht), war in der Welt zu Hause, lebte die Dichtung, war selbstständig und frei, eine Provokation in der Männerwelt der Gruppe, der Männerwelt der deutschsprachigen Nachkriegsliteratur überhaupt. Ihre Liebesaffäre mit Paul Celan ging in diesem Sommer zu Ende. Celan war verheiratet, hatte mit seiner Frau Gisèle Lestrange ein kleines Kind, lebte mit seiner Familie in Paris. Die Affäre war intensiv gewesen, in Gedanken, Gedichten, Briefen und in der Wirklichkeit, jetzt, in diesem Sommer, ging es nicht mehr weiter, Ende Mai beendeten sie ihre Beziehung. Bachmann traf sich, als sie Ende Juni in Paris ankam, mit Celans Frau, die von der Affäre wusste, traf sich auch dreimal noch mit Paul Celan, doch es war vorbei. Am 2. Juli sahen sie sich in diesem Sommer zum letzten Mal. Am nächsten Tag ging sie zu Frisch.

Er fährt fort, zurück nach Zürich. Sie schreibt an Henze Anfang Juli, »etwas für mich sehr Wichtiges« werde sich entscheiden. Sie leben eine Woche als Liebespaar zusammen, dann fährt sie weg. Es muss herrlich und fürchterlich gewesen sein, Anziehung und Abstoßung waren bei diesem Paar gigantisch, von den ersten Tagen an. Beim Abschied staunt Frisch: »Das gibt es tatsächlich: dass Haare zu Berge stehen. Ich habe es bei ihr gesehen.« Und er fügt in »Montauk« hinzu, »die klare Erkenntnis: lebbar nicht länger als vier Wochen«. Das war schon nach der ersten Woche klar. Anfang September besucht er sie in Neapel, und auch da berichtet er von einer ersten nächtlichen Flucht, er will es beenden, es ist zu stark, zu mächtig für ihn. »In ihrer Nähe gibt es nur sie, in ihrer Nähe beginnt der Wahn.« Er glaubt noch, dass er eine Wahl hat, wirft eine Münze, ob er zurückkehren soll in dieser Nacht, zurück zu ihr oder fort von ihr. Aber er hat keine Wahl, es ist egal, was die Münze zeigt. Es gibt nur den Weg: zurück zu ihr. Ein Mann sieht sich ausgeliefert: »Alles Denken hilflos, ich weiß nicht, in welcher Richtung die Zukunft liegt.« Sie weiß es. Im November zieht sie zu ihm nach Zürich.

Im Oktober hat sie ihrem früheren Geliebten Paul Celan die neue Situation erklärt und wie es dazu kam, im Juli, als sie von ihm fortging: »Du erinnerst Dich, eines Nachmittags, als wir aus der Rue de Longchamp weggingen, einen Pernod tranken und Du machtest einen Scherz – ob ich mich verliebt hätte? Damals stimmte es nicht, und später ist es auf eine so merkwürdige Weise geschehen, nur so nennen darf ich es nicht.« So windet sich die frühere Geliebte und versucht es noch einmal: »Ich muß doch anders beginnen, es rasch sagen. In diesen letzten Tagen hier, den ersten in München, ist Max Frisch gekommen, um mich zu fragen, ob ich es könnte, mit ihm leben, und nun ist es entschieden.« Sie würde so gern mit ihm sprechen, es ihm selbst sagen, schreibt sie, über das Glück und die Zweifel in dieser neuen Liebe: »Ich bin sehr froh, sehr aufgehoben in Güte und Liebe und Verständnis, und ich bin nur manchmal traurig über mich selbst, weil eine Angst und ein Zweifel nicht ganz weggehen, der mich selbst betrifft, nicht ihn. Ich glaube, ich darf Dir das sagen, wir wissen es doch, – dass es für uns fast unmöglich ist, mit einem anderen Menschen zu leben.«

Celan schreibt tapfer zurück: »Ich sage meinem Herzen, dass es Dir Glück wünschen soll – es tut's, gerne, von selbst: es hört Dich hoffen und glauben. Paul« Sie antwortet: »Ich habe noch schwere Tage gehabt, mit vielen Zweifeln, Verzweiflungen, aber man kann die Ängste nur in die Wirklichkeit tragen und sie dort auflösen, nicht im Denken.«

Diese Wirklichkeit hat die Adresse Feldeggstraße 21 in Zürich. Max Frischs langjähriger Freund, der Maler Gottfried Honegger, stellt sie dem jungen Liebespaar zur Verfügung. Frisch galt schon damals in der Schweiz als überkritischer Geist, ein Mann, dem man misstraute. Vor allem aber war seine erste Ehe noch nicht geschieden. Das war schon der erste Skandal im Zürich jener Tage: seine Frau mit drei Kindern einfach sitzen zu lassen, noch dazu seine Frau aus der angesehenen Familie von Meyenburg. Aber noch vor der rechtskräftigen Scheidung mit einer anderen Frau zusammenzuleben in dieser Stadt, das ging nicht. Und dann auch noch mit dieser Frau, der starken Raucherin mit den kurzen Haaren und den lockeren Sitten. Honegger lebte damals in Paris und New York, dort erreichte ihn schon bald ein Notruf seiner Untermieterin: Honeggers Vater hatte sie auf die Straße gesetzt, hatte ihr den Wohnungsschlüssel abgenommen und sie der Wohnung verwiesen. »Ich dulde es nicht, dass eine Hure in der Wohnung meines Sohnes lebt«, hatte er Ingeborg Bachmann ins Gesicht gesagt. Nicht genug damit, dass die Dame von zweifelhaftem Ruf hier mit einem ungeschiedenen Familienvater unter einem Dach lebte, nein, Ingeborg Bachmann hatte es auch noch gewagt, am heiligen Sonntag im Innenhof des Mietshauses im Pyjama Teppiche auszuklopfen. Das war nun endgültig genug. Gottfried Honegger rief seinen Vater an, befahl ihm, der Dichterin den Schlüssel zurückzugeben, »sonst ist unsere Beziehung beendet«, habe er zu ihm gesagt, erinnert sich Honegger heute noch. Der Vater gab widerwillig nach und bat einen Freund, ihr den Schlüssel zurückzugeben. Er selbst wollte an dieser Ruchlosigkeit nicht beteiligt sein.

Frisch und Bachmann zogen bald darauf vor die Tore der Stadt, nach Uetikon am See, zogen ins älteste Haus des Dorfes, aber hier wurde das Paar natürlich noch misstrauischer beäugt als in der großen Stadt.

Ihr gemeinsamer Plan: Rom. Bachmanns Stadt. Hier hatte sie schon mehrere Jahre gelebt, sie hatte über Rom geschrieben, euphorisch, glücklich. Es sollte die Stadt ihrer Freiheit werden, ihrer gemeinsamen Freiheit, ihrer Liebe, ihres gemeinsamen Lebens und Schreibens. Doch als es losgehen soll, endlich, in Richtung Süden, erkrankt Max Frisch. Hepatitis. Er muss ins Krankenhaus, mit achtundvierzig Jahren zum ersten Mal in seinem Leben. Er hat Angst, sein Gedächtnis zu verlieren. Mehrere Monate ist er krank. Er kann nicht mit nach Rom. Er schickt sie weg, so hat er es zumindest selbst geschildert. Eine Art Trennung. Enzensberger begleitet sie. Frisch ist eifersüchtig, er glaubt sich stark, aber er ist es nicht. Sie in Rom mit Enzensberger, er im Krankenhaus. Dieser Weltmannssatz von ihm, auch in »Montauk«: »Ich bin gelber als ein echter Chinese und verfüge den Kauf von zwei Volkswagen, einen für sie, einen für mich, wenn ich aus diesem Spital komme.« Ein kranker Mann, ein stolzer Mann, ein reicher Mann, sehr, sehr verliebt.

Bachmanns Freunde in jener Zeit staunen, wie weit und wie schnell sie sich eingelassen hat auf den Schweizer Weltschriftsteller mit der großen Brille. Henze, ihr schwuler Lebensfreund, mit dem sie ungeachtet seiner sexuellen Orientierung die Ehe erwog, schrieb schon Ende November 1958 erschrocken: »Mir kommt es wie eine riesige Veränderung vor, die ganze Welt hat ein anderes Gesicht bekommen. Weniger romantisch, weniger phantastisch. Ich weiss nicht, wie ich es ausdrücken soll. Ich erinnere mich, wie bildschön und strahlend Du in London warst. Jetzt scheinst Du völlig aus meinem Leben verschwunden zu sein, wie ein Komet. Der vorbeizog. Ist das wahr? Ich dachte nicht, dass Deine Entscheidung, nach Z. zu gehen, so viel bedeuten könnte.«

Ja, es bedeutete viel für die große Unabhängige, nach Zürich zu gehen. Zu ihm. Sie war wohl auch selbst überrascht, wie sehr sie sich einlassen konnte und wollte auf einen Mann. Rom sollte eine Verschiebung des Schwerpunkts ergeben, des Beziehungsschwerpunkts, hinüber zu ihrer Seite.

Sie fährt, er wird gesund. Ist sie es, die ihn krank gemacht hat? Kurz ist er erleichtert, sehr kurz. Dann kommt die Eifersucht. Sie wird ihn bald schon ganz beherrschen. Eifersucht wird das bestimmende Gefühl für Max Frisch in dieser Beziehung werden. Eine Eifersucht, die bald schon alles Glück überstrahlt.

Er ruft an in Rom. Sie ist nicht zu Hause. Die ganze Nacht ruft er an. Sie ist nicht zu Hause. Er verzweifelt: »Hat sie meine Briefe nicht bekommen? Ich bin nicht mehr gelb; ich will sie.« Tage später erreicht er sie. Sie treffen sich an der Grenze. Beide in ihren neuen Volkswagen, gemeinsam fahren sie wieder in seine Stadt. Diese Liebe wogt von Anfang an hin und her. Sie trennen sich, wohnen zusammen, beschließen, jetzt in Zürich, getrennte Wohnungen, dabei sehnt sie sich eigentlich nach einem bürgerlichen Leben, einer Familie, jedenfalls für Momente. Er wohnt weiter in Uetikon, sie in Zürich, in dem blauen Haus in der Kirchgasse 33, wo einst der Schweizer Staatsdichter Gottfried Keller wohnte, Frischs früher Lebensautor.

Im Herbst fährt er allein durch Italien. In einem Brief macht er ihr einen Heiratsantrag. Sie soll ihm von unterwegs schreiben und antworten, mit »Ja«. Sie antwortet nicht. Schreibt nicht nach Assisi, nicht nach Florenz. Doch, doch, sein Brief sei angekommen, versichert sie ihm bei ihrem Wiedersehen in Zürich. Ihre Antwort? Keine Antwort. Ist auch eine Antwort. Sie heiraten nicht. Er hatte gehofft, es könnte ein Mittel sein gegen seine Eifersucht, eine Sicherheit, amtlich beglaubigte Zweisamkeit. Es ist lächerlich, und er weiß es.

Die Beziehung dieser beiden Menschen zueinander war für beide ein fundamentales Unheil. Ja. Man kann es nur mit den Worten beschreiben, die Frisch schon für seine Freundschaft mit Werner Coninx gebrauchte. Es war ein Unheil, aus dem sie beide lange Zeit keinen Weg hinaus fanden. Vier Jahre waren sie ein Paar, doch die Auseinandersetzung, der Kampf, ja, der Krieg zwischen den beiden, den sie bald vor allem in ihren Büchern weiterführten, der dauerte bis zu Ingeborg Bachmanns rätselhaftem Tod.

»Ich bin ein Narr und weiß es«
Verkleidet in Rom

Jetzt ziehen sie nach Rom. Ende 1960 beziehen sie eine gemeinsame Wohnung in der Via Giulia, bald wird sie ihnen zu klein und zu eng, und sie ziehen hinaus auf die Hügel, gegenüber der Villa Borghese, in ein zweigeschossiges Luxusapartment mit livriertem Portier und Hausmädchen mit Spitzenhaube und zwei Terrassen mit Blick über die Stadt. Die Wohnung ist eingerichtet in protzigem Glanz, überhaupt nicht Frischs Stil. Ingeborg Bachmann gefällt es. »Wie eine möblierte Wohnung für durchreisende Movie-Stars«, hat Marianne Frisch einmal gesagt. Falsche Spiegel, falscher Prunk, sogar die Baudelaire-Bände in den Regalen sind nur Attrappen. Es gibt ein Bild von ihm aus dieser Zeit, das sagt mehr als jede Lebensbeschreibung jener Jahre. Max Frisch als schleimig-weiße Witzfigur. Was ist mit diesem Mann passiert? Er lehnt am schwarz lackierten Treppengeländer seiner Wohnung, weißes Hemd, weiße Hose, nach hinten gegelte Haare, weiß-schwarze Strizzi-Lederschuhe, im Halbprofil, die Augen hinter den spiegelnden Gläsern nicht zu sehen, unangezündete Zigarre als Weltmanns-Accessoire in der Hand, Beine scheinlässig übereinandergeschlagen und doch komplett verkrampft. An diesem Bild stimmt nichts. Ein Hochstaplerbild, ohne irgendeine Ähnlichkeit mit dem Max Frisch aus der Zeit davor und danach. Er spielte eine Rolle, die nichts mit ihm zu tun hatte.

Er litt vor allem während der Beziehung, sie all die Jahre danach. Sie bestand auf ihrer Freiheit. Er liebte sie dafür. Doch ihr Freiheits- und Unabhängigkeitsanspruch war absolut. Ja, bei ihrer ersten, von großer öffentlicher Aufmerksamkeit begleiteten Frankfurter Poetikvorlesung durfte er noch dabei sein, in der ersten Reihe sitzend, ihren Mantel auf den Knien halten. Ab der zweiten verbot sie ihm mitzukommen. Bei den Tagungen der Gruppe 47 wollte sie ihn auch nicht dabeihaben, das sei ihre Domäne. Häufig war sie wochenlang weg, ohne ihm zu sagen, wohin sie fuhr und mit wem. »Ich wartete in ihrem Rom.« Max Frisch war oft einsam in ihrem Rom, in diesen Jahren. Er sprach kein Italienisch, kannte fast niemanden, nur die wechselnden deutschen Stipendiaten in der Villa Massimo. Sie wollte sich nicht mit ihm in der Öffentlichkeit zeigen. Sie war frei, immer frei, jeder sollte wissen, wie frei sie war. Es gibt kein Foto von Max Frisch und Ingeborg Bachmann. Vier Jahre ein Paar – und kein einziges gemeinsames Bild!

Es gibt wenige Beschreibungen von Glück aus jener Zeit. Dabei muss es das ja gegeben haben. Was sie an ihm liebte, er an ihr. Zu seinem fünfzigsten Geburtstag lädt sie ihn nach Griechenland ein. Überhaupt ihr Verhältnis zum Geld, das ihn immer wieder zum Staunen brachte. Ihre Großzügigkeit, ihm gegenüber, sich selbst gegenüber. »Sie kauft sich Schuhe wie für einen Tausendfüßler.« Wenn Geld da ist, kauft sie und kauft, schenkt und verschenkt. »Ihre Herkunft kleinbürgerlich wie die meine; nur ist sie frei davon.« Wenn kein Geld da ist, ist eben keins da. Wenn ihr zu wenig bezahlt wird, fällt es ihr nicht auf. Wer sie betrügt, ist selbst schuld. »Wenn sie rechnet, dann rechnet sie mit Wundern.«

Die Einblicke, die Max Frisch in »Montauk« in die Welt seiner Eifersucht gewährt, sind legendär. Er hielt es nicht aus ohne sie. Einmal, als er weiß, dass sie auf dem Rückweg ist, fährt er ihr entgegen in seinem VW, wartet an einer Stelle, an der sie vorbeikommen muss, doch sie kommt und kommt nicht, er wartet startbereit. Endlich ihr Wagen, er folgt ihr, hupt, winkt, gibt Zeichen, sie sieht ihn nicht oder will ihn nicht sehen, er überholt und stoppt sie im Stile einer Polizeikontrolle. Ein Albtraum für eine Frau mit ihrem Freiheitsdrang natürlich. Frisch: »Ich bin ein Narr und weiß es.« Ein anderes Mal, er hält es nicht mehr aus, fährt er über Nacht von Rom nach Zürich, vierzehn Stunden, allein, unendlich müde, Nebel, Regen, ein Scheinwerfer fällt aus, er kommt von der Straße ab, hängt über dem Abgrund in den Alpen, kann sich retten, fährt und fährt zu seiner Liebe ohne Stopp. Und als er endlich ankommt, nach seiner Todesfahrt, erschöpft und überglücklich in Uetikon am See, fragt sie ihn leicht verärgert, warum er nicht wenigstens angerufen habe. Eine Beziehung in maximaler Offenheit mit einem Minimum an gegenseitigem Vertrauen. Er liest heimlich Briefe eines ihrer Geliebten, der ihr die Ehe anträgt. Sie bricht eine Schublade auf, um an sein Tagebuch zu kommen. Sie liest es und verbrennt es.

Seine Stärke in dieser Zeit: das Schreiben. Es fällt ihm leicht, es macht ihm Freude. Morgens nähert er sich pfeifend der Maschine im Obergeschoss der gemeinsamen Wohnung und schreibt, was er sich für den Tag vorgenommen hat. Langsam und stetig, tack, tack, tack. Sie sitzt unten in ihrem Zimmer – und quält sich. Es geht nicht gut voran. 1961 erscheint ihr erster Prosaband, »Das dreißigste Jahr«, er kommt bei der Kritik, die sie für ihre Gedichte zuvor auf Händen trug, nicht sehr gut an. Sie hält sein Dauerschreiben nicht aus. Geht ins Café oder zum Friseur, stundenlang, liest Illustrierte, nur um nicht an diesem Schreibtisch sitzen zu müssen und sein Geklapper zu hören. Sein Schreiben. Sein neuer Roman: »Mein Name sei Gantenbein«. Er erscheint erst nach ihrer Trennung. Sie wird sich durch dieses Buch geradezu vernichtet fühlen. Sie sieht sich beschrieben, ausgeweidet. Er hatte ihr das Manuskript geschickt, von einigen Passagen konnte sie ihn abbringen. Aber das Buch blieb – so sah sie das – ein fundamentaler Angriff auf ihre Person. Er hatte sie entblößt, in der Figur der »Lila«, der krankhaft untreuen, sich selbst überschätzenden, sich selbst liebenden, nur auf Inszenierung bedachten, herrlich schönen Schauspielerin hatte er sie in die Öffentlichkeit gezerrt. Sie, die ihr Leben lang um ihr Bild, ihr perfektes Bild in der Öffentlichkeit rang, sie war zur lächerlichen Person geworden. Es war seine Rache für die Demütigungen in den Jahren ihres Zusammenseins. So sah sie das. So hat sie das Buch gelesen. Auf ein Versöhnungsangebot Frischs im Jahr 1964 reagierte sie abwehrend, empört,»denn das Buch, der Missbrauch eines Menschen, mit dem man fast fünf Jahre gelebt hat, als Studienobjekt, sind nicht ungeschehen zu machen«, zitiert Joachim Hoell in seiner Bachmann-Biografie ihr Schreiben aus dieser Zeit. Und in ihrem unvollendeten und zu Lebzeiten unveröffentlichten »Requiem für Fanny Goldmann« aus dem Todesarten-Zyklus lässt sie die Titelfigur, eine Schauspielerin, das Buch ihres ehemaligen Geliebten, eines Schriftstellers, so beklagen:»Das Buch handelte von ihr ... und sie war beraubt, ausgeraubt, ... weil er ihre 700 Nächte und auch Tage und Weinstunden aufgeschrieben und ›ausgeweidet‹ hatte, ... er hatte sie ausgeweidet, hatte aus ihr Blutwurst und Braten gemacht, er hatte sie geschlachtet auf 386 Seiten in einem Buch.«

Und an diesem Buch sitzt Frisch im Obergeschoss ihrer gemeinsamen Wohnung 1962 und pfeift. In Notizen Ingeborg Bachmanns aus den Jahren 1962 bis 1964, die im Jahr 2000 unter dem Titel »Ich weiß keine bessere Welt« erschienen, heißt es an einer Stelle:

»Ich leb von keinem Wort, da reicht man keine Hand
Der schreibt kein Wort mehr in sein Blutbuch«

Und:

»Daß keiner meiner Schmerzen ihn bewegt,
kein Schweiß ihn feuchtet, nicht der Todesschweiß
nicht gelbes Fieber, nicht der Scharlachbrand
ihn brennt, ihn brennen macht,
und keine Litanei, und Rufe, Briefe,
Schreie wie nie
gewesen sind, was soll noch mehr sein,
Mehr kann nicht mehr sein.«

»Der schreibt kein Wort mehr in sein Blutbuch«
Trennung. Krieg in Büchern

Das Ende dieser Liebe kam plötzlich und für Ingeborg Bachmann gänzlich unerwartet. Sie hatten sich zum ersten Mal hier oben, im zweigeschossigen Luxusapartment in Rom, gesehen. Marianne und Max. Und das kam so: Ingeborg Bachmann und Max Frisch hatten den Dramatiker Tankred Dorst, der als Stipendiat der Villa Massimo in Rom weilte, zusammen mit seiner Freundin zum Abendessen eingeladen. Sie kamen pünktlich und wurden zunächst nur von Ingeborg Bachmann begrüßt. Max Frisch war noch nicht fertig, beeilte sich und kam schließlich die Treppe herunter, mit zwei Krawatten um den Hals. Eine gelbe und eine blaue. Die Gäste wunderten sich: War das die neueste Mode? Nein, es war nur eine Peinlichkeit. Max Frisch hatte in der Eile offenbar vergessen, dass er schon eine Krawatte umgebunden hatte, und band eine zweite noch darüber. Ein komischer, bunter Beginn.

Der Abend wurde schön. Tankred Dorsts Freundin gefiel beiden Gastgebern sehr: hochgesteckte, dunkle Haare, dunkle Augen, mädchenhaft, Romanistikstudentin, dreiundzwanzig Jahre alt, lebenslustig, geistreich, temperamentvoll, begeistert von Rom, der Villa, dem Leben hier im Süden. Sie haben beide um Marianne Oellers geworben, so hat sie es selbst erlebt. Und Tankred Dorst hat es ihr später stolz bestätigt: »Sie sind beide von dir begeistert.« Und die Bachmann meinte einmal zu Marianne: »Der Dorst ist doch nichts für dich.«

Frisch und Bachmann haben die beiden dann öfter in der Villa Massimo besucht, sie haben Boccia gespielt, Wein getrunken, viel gelacht. Oft kam auch Frisch allein. Tankred Dorst war arglos, und auch Ingeborg Bachmann hat die junge Studentin nicht als Gefahr gesehen. Max Frisch fuhr

mit seinem weißen Fiat-Sportwagen vor. Es war ein Zweisitzer, er konnte nichts dafür, dass für Tankred Dorst kein Platz
war. Sie wollten nach Tarquinia, zu den Etruskergräbern.
Max Frisch versprach:»Spätestens um sieben bringe ich sie
zurück.« Das war im Sommer 1962. Irgendwann hat er sie
nicht mehr zurückgebracht.

Später fuhr sie zurück nach Deutschland, mit Tankred
Dorst in seinem Goggomobil. In Venedig hatten sie einen
großen Streit. Streit wegen Max Frisch – was sonst?
Frisch meldete sich schnell bei ihr, er sehnte sich, schickte
ihr ein Flugticket nach Hause, für eine Reise nach Rom. Marianne Oellers war Studentin und hatte kein Geld. Ihr wurde
es etwas unheimlich. Sie kannte ja auch Ingeborg Bachmann
ganz gut, hatte sie in Rom öfter getroffen, sie bewunderte
ihre Gedichte, sie rief sie an. Ob sie sich treffen könnten.
Bachmann sagte ja, sie trafen sich in München, im Carlton.
Marianne Oellers schilderte ihr ihre Lage. Sie wollte Klarheit
haben, keine Heimlichkeiten.»Ich wollte wissen, ob sie den
Max liebt«, erinnert sie sich heute.»Ich wollte es genau wissen und habe sie gefragt: ›Warum sind Sie nicht in Rom?‹ und
ob ich fahren soll, zu Max, nach Rom.« Ingeborg Bachmann
lächelte und sagte:»Bitte, fahren Sie!« So erinnert sich Marianne Oellers, geschiedene Frisch, noch heute.

Sie war überrascht. Sie sah: Sie wird nicht ernst genommen. Überhaupt nicht. Ingeborg Bachmann wusste: Die
nimmt mir den Max nicht weg. Nicht dieses Mädchen. Und
das Mädchen flog.

Im September trennt sich Max Frisch von Ingeborg Bachmann. Sie glaubt nicht daran, glaubt nach wie vor an seine
Hörigkeit. Doch er bleibt hart. Anfang Dezember erleidet sie
einen Zusammenbruch, lässt sich in die Bircher-Benner-Kli-
nik in Zürich einliefern. Max Frisch sucht sie im Januar in
der Klinik auf, kurz bevor er zusammen mit Marianne Oellers nach Amerika aufbricht, zur Premiere von»Andorra«
am Broadway. Auch diesen Besuch hat er in»Montauk« beschrieben:»Sie kennt Marianne und hat mit ihr gesprochen

wie eine große Frau. Er ist gekommen, um Adieu zu sagen im fünften Jahr. Er glaubt nicht ganz an ihre Krankheit.« Ja, Max Frisch schildert den Zusammenbruch Ingeborg Bachmanns als einen Trick, einen weiteren Trick, um ihn an sich zu binden. Doch er will nicht mehr:»Sie hofft noch, dass er, wenn er in Amerika ist, eine Einsicht habe und sie nach Amerika ruft; das wäre die Genesung. So wird es seine Schuld sein, wenn sie krank bleibt.« Zur Premiere lässt sie ihm über ihre Agentin ein goldenes Dunhill-Feuerzeug nach Amerika schicken. Doch Frisch verlängert seinen Liebesurlaub sogar noch und fährt mit Marianne weiter nach Mexiko.

Ein Fremder, so hatte sie in der Klinik noch gesagt, ein Verehrer schicke ihr 35 Rosen, jeden Tag. Er sah die stehen und glaubte es gern. Als sie sich ein halbes Jahr später, ein letztes Mal, in Rom treffen, sagt sie:»Du hast nicht einmal verstanden, dass ich mir die Blumen selber geschickt habe, damit Du mich rufst.«

Sie bleibt allein zurück. An Hans Werner Henze schreibt sie am 4. Januar 1963 einen herzzerreißenden Brief:»Ich musste vor zwei Monaten in die Klinik, weil ich versucht habe, mich umzubringen, aber das werde ich nie wieder tun, es war eine Verrücktheit, und ich schwöre Dir, dass ich das nie wieder tun werde. (…)

Du denkst vielleicht, es sei meine Schuld, dieses Ende, aber das stimmt nicht. Wenn man überhaupt von Schuld sprechen kann, dann ist es die Schuld von Max, sonst wäre es mit mir nicht so weit gekommen. Aber ich will *nicht* von Schuld sprechen, und ich werfe ihm auch nichts vor, manchmal schon, aber nur Kleinigkeiten, nebensächliche Dinge. (…)

Aber ich hätte nie geglaubt, dass alles so schlecht für mich ausgehen würde. Dass es einen Schmerz geben würde, ja – aber nicht so einen totalen und fast tödlichen Zusammenbruch. Das ganze war wie eine lange, lange Agonie, Woche für Woche, und ich weiss wirklich nicht warum, es ist nicht Eifersucht, sondern etwas völlig anderes; vielleicht weil ich, vor vielen Jahren, wirklich etwas Dauerhaftes, ›Normales‹,

258

begründen wollte, bisweilen gegen meine Lebensmöglichkeiten, immer wieder habe ich darauf bestanden, auch wenn ich von Zeit zu Zeit gespürt habe, dass die notwendige Transformation mein Gesetz verletzt oder mein Schicksal – ich weiss nicht, wie ich es ausdrücken soll. Vielleicht sind auch diese Erklärungen falsch – doch Tatsache ist, dass ich tödlich verletzt bin und dass diese Trennung die grösste Niederlage meines Lebens bedeutet. Ich kann mir nichts Schrecklicheres vorstellen, als das, was ich durchgemacht habe und was mich bis heute verfolgt, auch wenn ich heute anfange mir zu sagen, dass ich weitermachen muss, dass ich an eine Zukunft denken muss, an ein neues Leben.«

Es folgen keine guten Jahre im Leben Ingeborg Bachmanns, gekennzeichnet von Tablettensucht, Alkohol, Wut und Hass und Unproduktivität.»Das Ende haben wir nicht gut bestanden, beide nicht«, schreibt Frisch in»Montauk«. Für ihn, so scheint es, gilt das weit weniger als für sie. Es gibt Menschen, Bachmann-Leser, Familienmitglieder, die Max Frisch bis heute ihren Mörder nennen. Den Zerstörer ihres Lebens.

Als Max Frisch im Oktober 1973 von ihrem Tod erfährt, soll er beinahe erleichtert gewesen sein. Als würde ein Fluch von seinem Leben genommen. Erst am nächsten Morgen begann die tiefe Trauer. Eine Trauer, die dauerte, sein Leben lang. Kurz vor seinem Tod erzählte er einmal dem Freund Peter von Matt, er bemühe sich, jede Nacht von ihr zu träumen, von Ingeborg. Deshalb denke er jeden Abend vor dem Einschlafen intensiv an sie.»Und?«, fragte von Matt,»gelingt es dir?« Frisch schüttelte den Kopf. Der Traum blieb ungeträumt.

»Sie wollten, was nur einmal möglich ist: das Jetzt ...«

Gantenbein

»Ein Mann hat eine Erfahrung gemacht, jetzt sucht er die Geschichte dazu«, drei Jahre lang hat Max Frisch an diesem Roman gearbeitet: »Mein Name sei Gantenbein« erscheint im Jahr 1964. Max Frisch ist dreiundfünfzig Jahre alt. Es ist sein letzter Roman.

Die Erfahrung: eine große Liebe, ein großer Wahn, Einsamkeit, Eifersucht, eine unabhängige, eine strahlende, eine berühmte Frau. Inmitten der Erfahrung sitzt ein Mann mittleren Alters an seinem Schreibtisch über Rom und tippt. Die Geschichte zu dieser Erfahrung und Erfahrungen aus dem Leben davor. Die Wahrheit? Die Wahrheit nicht: »Man kann die Wahrheit nicht erzählen. Das ist's. Die Wahrheit ist keine Geschichte, sie hat nicht Anfang und Ende, sie ist einfach da oder nicht, sie ist ein Riß durch die Welt unseres Wahns, eine Erfahrung, aber keine Geschichte.« Das hat er 1960 geschrieben, als er anfing mit dem Gantenbein, in Rom.

Am Anfang der Geschichte stand ein Bild, hat Max Frisch später erzählt. Immer ist es ein Bild, das am Anfang seines Schreibens steht: Es war in einem Herbst oder Winter, oft hatte er es sich vorgestellt, dass es passieren könnte, diesmal passiert es: ein Unfall in der Kurve auf eisglatter Fahrbahn. Die Welt dreht sich, ein Aufprall, Angst vor dem, was passiert sein mag. Griff an die Stirn, ob da Blut ist, Blut von den Scherben. Doch da ist kein Blut, überhaupt keine Verletzung. Aber der Wagen ist kaputt, er muss warten, bis er abgeschleppt wird, dann wird er abgeschleppt, er sitzt im Wagen, Scheibenwischer an, nichts zu lenken, nichts zu beachten, er langweilt sich und stellt sich vor, die Scherben hätten die Augen verletzt. Er stellt sich vor: Er kommt ins Krankenhaus, ein Verband vor den Augen, nach Tagen wird der Verband abgenommen, er sieht wieder so gut wie vor dem Unfall. Aber er sagt: Ich sehe nichts, und spielt von diesem Moment an den Blinden vor aller Welt, vor seiner Frau, den besten Freunden. Und sieht die Welt mit neuem Blick, hinter einer Blindenbrille, dunkel, violett. Sein Name könnte zum Beispiel Gantenbein sein. Also gut: »Mein Name sei Gantenbein«. Das ist das erste Bild, die erste Idee zu diesem Roman. Ein Roman, der nicht eine Geschichte erzählt, sondern eine Erfahrung mit Geschichten wie mit Spiegeln umstellt und sie von allen Seiten betrachtet. »Es ist wie ein Sturz durch den Spiegel, mehr weiß einer nicht, wenn er wieder erwacht, ein Sturz wie durch alle Spiegel, und nachher, kurz darauf, setzt die Welt sich wieder zusammen, als wäre nichts geschehen.« Im Zentrum steht Lila, eine glanzvolle, eine unabhängige Frau, nur das ist sicher. Wahrscheinlich ist sie Schauspielerin. Vielleicht auch etwas anderes. Der Ich-Erzähler, ein blasser Mann im Hintergrund, beginnt jeweils neue Episoden, neue Möglichkeiten, Variationen des Lebens mit dem leitmotivisch wiederholten Satz: »Ich stelle mir vor ...« Er stellt sich also die umschwärmte Lila vor, in verschiedenen Leben, mit Kind, ohne Kind, in verschiedenen Berufen, im Pelz oder nackt. Um sie herum, als Magneten, Fliegen, Liebhaber, Betrogene und Betrüger: die Männer. Svoboda, der Architekt, männlicher Mann, ihr geschiedener Ehemann, dann Enderlin, ihr Geliebter, ein Intellektueller, Kunsthistoriker mit Ruf nach Harvard, dem er nicht folgt, aus Hörigkeit oder Angst vor dem nahen Tod, an den er glaubt, aufgrund eines Missverständnisses, außerdem ein geliebter Nils aus Dänemark, den wir nur aus seinen Briefen kennen. Und natürlich er: Gantenbein, der scheinbar Blinde. Seine angebliche Behinderung ist sein Trick, um mit dieser Frau zu leben, leben zu können. So erträgt er ihren Glanz. So erträgt er seine Abhängigkeit und ihre Lügen. Denn er sieht sie ja alle, ihre Lügen, sieht ihre Affären, sieht alles, was sie vor ihm verbergen will, was sie vor ihm verborgen glaubt.

Er sieht sie durch das lilafarbene Glas seiner Brille. Er sieht sie als »Lila«. Sie ist seine Erfindung, seine Manie, gesehen durch seine Blindenbrille hindurch.

Sein Wissen gibt ihm das Gefühl der Überlegenheit oder zumindest eines Gleichgewichts zwischen den Geschlechtern, zwischen ihm und ihr, Mann und Frau, Lila und Gantenbein. Dabei ist das ganze Buch ein Kampf, ein Kampf um Lila, Kampf um die Liebe, Kampf gegen den Untergang, die Niederlage oder die Gleichgültigkeit. Einerseits vergeht die Liebe, vergeht die Anziehungskraft der Körper, sehen sich die einstmals Liebenden am Ende in ihrer »musealen Nacktheit« gemeinsam am Abend im Badezimmer, Zahnbürste mit Schaum im Mund. Und sie klammern sich an ein Gefühl von früher, eine Gegenwärtigkeit aus der Vergangenheit. Sie wollten keine Geschichte, keine Wiederholung: »Sie wollten, was nur einmal möglich ist: das Jetzt …«, und sie denken und hoffen und planen gegen die Zukunft, die ja kommen muss, und er weiß es ja auch nicht, »was machen gegen die Zukunft: − denn die Zukunft, das wusste er, das bin ich, ihr Gatte, ich bin die Wiederholung, die Geschichte, die Endlichkeit und der Fluch in allem, ich bin das Altern von Minute zu Minute …«.

Es ist ein großartiger Roman, beklemmend, intensiv, geschichtenreich, perspektivenreich, vertrackt und rätselhaft. Max Frisch ist auf dem Höhepunkt seiner Kunst. Dem Gantenbein liegt, im Gegensatz zum »Homo faber« und zum »Stiller«, keine philosophische Idee zugrunde, wie schon Marcel Reich-Ranicki anlässlich des ersten Erscheinens des Romans festgestellt hatte. Sondern hier hat Frisch »zum ersten Mal die Problematik eindeutig ins Individuelle und Private verschoben«.

Seine zeilenkurze Charakterisierungskunst ist meisterhaft: »Es ist keine Absicht von Lila, Menschen warten zu lassen, sondern eine Gabe.« Die Liebe, wenn sie beginnt: »Gehen wir! sagte auch er, und sie löschte das Licht, und es wurde kein Licht mehr, bis das Morgengrauen durch die Fenster kam. Sie stand noch immer im Mantel, als alle Kleidung, von

Küssen vernichtet, lang schon lächerlich war, eine Lüge aus Pelz und aus Wolle und aus Seide, die abzustreifen nicht so leicht war, aber ein Gebot leidenschaftlichen Anstandes.« Dann, wie ein Scheinblinder die Welt sieht, wie die Menschen sich nicht verstellen müssen vor ihm, wie die Hure endlich eine anständige Dame sein kann vor Gantenbein, ihre Hurenwohnung das Apartment einer anständigen Maniküre, und er sieht das alles und hört sie das Gegenteil reden, und es ist, als spielten die Menschen einen Roman für ihn, ein anderes Leben gegen die Langeweile. Das ist so herrlich: wie Geschichten entstehen aus der Möglichkeit, sich neu zu erfinden vor diesem Mann, der nicht sieht. Er ist ja blind aus Protest und Liebe zur Fantasie und aus Glauben an die Möglichkeitswelt, eine andere als die, die ist: »Ich kann nicht glauben, dass das, was ich sehe, schon der Lauf der Welt ist.« Also erfindet er sich. Also stellt er sich blind.

Am Anfang des Buchs, im Krankenhaus, ist das blasse »Ich« nackt, es flieht aus der Klinik, erschreckt die Leute mit seiner Nacktheit und muss von der Polizei gestellt werden. Das »Ich«, inzwischen heißt es »Er«: »Er ist nackt, bleich mit schwarzem Schamhaar und Glied, Brille, Armbanduhr.« Warum er das getan habe, nackt auf den Straßen von Zürich? »Er habe einen Schrei ausstoßen wollen. Man nahm es zur Kennntnis. Einen Schrei? Er nickte, ja, mit der Dringlichkeit eines Stummen, der sich verstanden wähnt. Wieso einen Schrei? Das wusste er nicht.«

Der Erzähler ist nackt? Im Theater, in das er sich flüchtet, ziehen sie ihm einen Königsmantel an. Im Roman, den er eröffnet, trägt er Geschichten. Der berühmte Satz: »Ich probiere Geschichten wie Kleider!«

Das Leben – ein Spiel. Ein anderes Leben. »Ich stelle mir vor.«

Man kann es sich vorstellen, wie einer immer wieder pfeift, wenn er sich befreit aus einer bedrängenden Wirklichkeit, an der Schreibmaschine, hinüber in diese Welt der Möglichkeiten.

»Alltag ist nur durch Wunder erträglich.« Am Ende sind die Wunder aufgebraucht. Die Enge wird unerträglich. Die Eifersucht, der Hass: »Er hasst sie. Dazu hat sie ihn gebracht.« Er hat ja Grund für seine Eifersucht, und er hat auch keine. Ja, sie betrügt ihn, Gantenbein. Aber er sie auch, um die Eifersucht zu ertragen, erklärt er sich selbst. Doch die hört nicht auf. Er bricht, während sie schläft, die Schublade ihres Nachttischchens auf, worin sie, er weiß es, die Briefe ihres Dänen aufbewahrt. Er liest und liest und verachtet den Schreiber und dessen läppische Liebesformeln und merkt erst spät, dass es ja seine eigenen Briefe sind, die er da liest. Zeugnisse seiner frühen Liebe zu Lila, in Worten, die er kaum mehr kennt. Einer schlafenden Frau wollte er auf die Schliche kommen und kommt doch nur sich selbst auf die Schliche. Ein deprimierender Einblick in ein verkommenes Ich, das sich selbst vergessen hat.

Er wurde längst verschluckt von seiner Eifersucht: »Eifersucht als wirklicher Schmerz darüber, dass ein Wesen, das uns ausfüllt, zugleich außen ist. Ein Traumschreck bei helllichtem Tag. Eifersucht hat mit der Liebe der Geschlechter weniger zu tun, als es scheint; es ist die Kluft zwischen der Welt und dem Wahn, die Eifersucht im engern Sinn nur eine Fußnote dazu, Schock: die Welt deckt sich mit dem Partner, nicht mit mir, die Liebe hat mich nur mit meinem Wahn vereint.«

Sie wird seine Eifersucht nicht mehr lange ertragen, er engt sie ein mit seiner Not, sie terrorisiert ihn mit ihrer Freiheit, ihrer Großmut, die ihn an seine Begrenztheit erinnert. In der Fantasie erschießt er die Einrichtung ihrer gemeinsamen Wohnung, die nun seine Wohnung geworden ist, allein, mit einer Flasche Wein und sehend, die leere Welt um ihn herum, das abgelebte Leben.

Erst auf der letzten halben Seite öffnet sich das Ventil. Ein Tag im September, ein Albtraum geht vorüber, »aus den finstern und gar nicht kühlen Gräbern« kommt er wieder ans Licht. Ein Grab im heißen Rom, eine Gefangenschaft in den

Schlingen der Eifersucht geht zu Ende, es ist Mittag, es beginnt eine neue Geschichte: »Leben gefällt mir«.

Der Sturz durch alle Spiegel endet in einer Art Idylle, in einer neuen Gegenwart, einem Jetzt aus Glück. Als wäre das ganze Buch von seinem Autor vergessen worden auf der letzten halben Seite: »Alles ist jetzt«, hatte es geheißen, als die Liebe zu Lila begann, am Anfang des Romans. Und nun, nach der Befreiung aus Rom, der Befreiung aus dem Roman, heißt es, wie über ein nie gesehenes Ereignis: »Alles ist Gegenwart.« Kein Zweifel: Der Erzähler ist blind. Er sieht nicht das Offensichtliche: die Wiederholung, die ewige Wiederholung, am banalsten gerade in den Momenten, in denen alles neu erscheint. Der Erzähler – liebt.

Das Buch endet eigentlich vorher schon. Seitenlang haben wir eine verweste Leiche die Limmat hinab durch Zürich und aus der Stadt hinaus treiben sehen. Der Tote ist unbekannt, niemand kennt seinen Namen, seine Herkunft, die Ursache seines Todes. Er treibt davon, und es scheint, als könne kein Mensch den Leichnam bergen. Doch schließlich bleibt er doch noch hängen, am Draht-Schmiedli, bei einem Wehr. Enttäuscht sagt das »Ich«: »Dabei hätte er's beinah erreicht.« –»Was erreicht?«, fragt ein Passant. – »Abzuschwimmen ohne Geschichte.«

Resignation, Auflösung, Ende der Geschichten – so scheint es zu enden, in der Strömung der Limmat. Doch ein Untergetauchter taucht wieder auf, gegen alle Wahrscheinlichkeit, und es war wie ein Traum, der endet nun: »Alles ist wie nicht geschehen ...«

Das Manuskript dieses Romans wird im Sommer 1963 ins Reine getippt. Abgetippt von einer Frau, in Italien, am Meer. »Den ganzen Tag am Strand sitzen, das war ohnehin nichts für mich«, sagt sie. Es ist die Frau im Zweisitzer. Die Frau, die eine andre fragte, im Carlton in München, was sie tun solle, mit einem Flugticket von ihm, und die andre sagt nur: »Bitte, fahren Sie!« Marianne Oellers tippt den Gantenbein ins Reine. Eine neue Liebe – ein neues Buch.

»Besessen von Zuneigung«
Kollegen. Sehnsucht nach Freundschaft.
Alkohol

Sie erleben gemeinsam das »Andorra«-Desaster in New York, aufwändig am Broadway inszeniert, mit Horst Buchholz in der Hauptrolle, sehen sich dann auch noch den erfolgreicheren »Biedermann« an, in einer Inszenierung an einer Off-Broadway-Bühne, dann geht es weiter nach Mexiko, Frisch ist schon zum dritten Mal in diesem Land, das er liebt. So gelöst und glücklich schauend war er noch auf keiner Reise zuvor. Nach ihrer gemeinsamen Rückkehr nach Rom trifft sich Max Frisch noch einmal mit Ingeborg Bachmann in einem Café, doch es gibt keine Verständigung mehr. Ihre Liebe ist vorüber. Als sie das Manuskript des »Gantenbein« liest, wird aus früherer Liebe Hass. Ein Mann hat eine Erfahrung gemacht, und die Geschichten, die er dazu suchte, sie waren ihr zu nah am Leben, zu nah an ihrem Leben.

An den Gegenleser Martin Walser schrieb Max Frisch, seine einzige Angst sei, »dass Lila-Gantenbein als Bachmann-Frisch gelesen werden. Das wäre schrecklich«. Martin Walser teilte diese Sorgen nicht, beschwerte sich aber bei ihrem gemeinsamen Verleger Siegfried Unseld über etwas anderes. Walser hat im Roman eine Schweizer Frechheit gegenüber den Deutschen ausgemacht. »Ich habe noch keinen Deutschen gesehen, der mir nicht in die Augen blicken konnte; nur ich schlage manchmal die Augen nieder«, so der Schweizer des Romans, der sich an einen Deutschen während des Zweiten Weltkriegs in der Schweiz erinnert. Walser war empört: »Warum dann eigentlich Andorra, wenn so viel Selbstgerechtigkeit möglich ist? Ich halte diesen Satz für einen richtigen Irrtum Frischs. Er bleibt in diesen Äußerungen einfach hinter sich selbst zurück. Er irritiert jeden deutschen Leser mit dieser Kollektiv-Schuld-Bemerkung. So was soll doch ein Romanschriftsteller nicht machen. Er hat doch 500 Seiten

zur Verfügung und kann sich ausdrücken. Also wenn Du ihm
das entziehen könntest, würdest Du ihm einen wirklichen
Dienst erweisen.« Die Deutschen kennen keine Scham? Das
ging Martin Walser doch zu weit. Passagen aus Frischs nächs-
tem großen Buch, dem zweiten Tagebuch, werden Martin
Walser politisch so sehr erzürnen, dass er Frisch 1972 recht
unverhüllt in seinem Roman »Die Gallistl'sche Krankheit«
kritisiert und verspottet. Da geht es dann allerdings nicht
mehr um die deutsche Kollektivschuld, sondern um Frischs –
nach Walsers Ansicht – allzu kritische Schilderung der politischen Verhältnisse in der Sowjetunion.

Es war nie ganz leicht, es Martin Walser politisch recht zu
machen. In diesen Tagen allerdings, im Frühjahr 1964, kam
es beinahe zu so etwas wie einer Liebesgeschichte zwischen
den beiden. Es war im April. Max Frisch war in Frankfurt bei
seinem Verlag, Siegfried Unseld hatte sich in seinem Brief
nicht gerade begeistert gezeigt von dem neuen Roman, war
aber natürlich bereit, ihn so zu drucken. Hans Magnus
Enzensberger hatte ihn im Auftrag des Verlags gelesen und
schrieb schon nach der Hälfte an Frisch, das Buch sei »tollkühn« und »bewundernswert«, ohne genauer zu schreiben,
warum. Jetzt trafen sich alle zu einem freundschaftlichen
Kollegenabend in Frankfurt: Unseld, Enzensberger, Walser
und Uwe Johnson, Frischs späterer Freund und strenger Lek-
tor. Es wurde viel geredet und vor allem viel getrunken,
Frisch fühlte sich wohl im Kreise der Kollegen, die er nicht
allzu häufig sah und mit denen ihn auch nicht wirklich eine
Freundschaft verband. Aber eine Vertrautheit, der Wille zur
Vertrautheit, der sich vor allem im betrunkenen Zustand äußerte. So vertraut war es geworden, dass Frisch sich genötigt
fühlte, sich danach schriftlich bei jedem der Mittrinker ein-
zeln zu entschuldigen. An Enzensberger: »Natürlich hatte ich
im Lauf der Nacht zu viel getrunken, was keine Entschuldigung ist, sondern der Fehler selbst, und ich war selbst
bestürzt, als ich mich hörte. Das Bedürfnis aus den Verhoh-
lenheiten herauszukommen wenigstens gegenüber Menschen,

die mir wichtig sind, die ich verehre und in diesem Sinn liebe, ist einfach da, das Problem, wie man unter Menschen leben soll mit solchem Fanatismus. Da ist etwas, was produktiv sein könnte, krank geworden, überschärft.« Es ist beinahe ein Schrei, dieser Brief, aus einer Einsamkeit hinaus. Er ist es nicht gewohnt, das wohldosierte Spiel des Angreifens und Lobens, wie es unter selbstsüchtigen, strategieschlauen, lobesabhängigen Schriftstellerprofis der Gruppe 47 üblich ist. Dafür hat er jetzt schon zu lange in der Einsamkeit von Rom gelebt, fernab vom deutschen Literaturbetrieb. Er sei wirklich frei nur, wenn er allein sei, schreibt er an Enzensberger, »dann aber die Angst zu vereinsamen, der Wahn, es werde ein Spiel getrieben. Es wurde getrieben; indem ich mich bemühte, es mitzuspielen, habe ich mich offenbar übernommen«. Es ist eine Kapitulation und ein Bekenntnis. Dass dieser Abend so misslang, dass er so unsicher wurde und verletzlich, das hatte auch mit Ingeborg Bachmann zu tun. Es ging damals ein Riss durch die Welt der deutschen Literatur. Die Freunde von Frisch und die von Bachmann. Es schien, als müsse man sich entscheiden. Vor allem Ingeborg Bachmann vermittelte ihren Freunden diesen Eindruck. Und Enzensberger, auch Walser und selbst Unseld standen der Dichterin aus der Gruppe 47 sehr nah. Frisch wusste einfach nicht, woran er war. Es muss ein unheimlicher Abend gewesen sein, ein unheimliches Erwachen am nächsten Morgen.

In seinem Brief an Unseld hatte er sich besser gepanzert gezeigt als in den Schreiben an die Kollegen: »Meine Gefühle gegenüber Walser, Johnson, Enzensberger sind eine bewegliche Mischung von Zärtlichkeit und Verehrung, und was immer ich gesprochen haben mag, nehmt alles nur in allem: Sympathie.«

An Walser schreibt er am herzlichsten, wärmsten: »Im Augenblick besessen von Zuneigung, die es nicht gestatten will, dass ich dem Anwesenden verhehle, was ich in seiner Abwesenheit wohl schon gesagt habe, also getragen von der zärtlichen Zuversicht, es könne sich dabei nur offenbaren, dass meine Verehrung größer ist als alles, was das Einvernehmen stören könnte; also heraus damit. Wozu?« Einblicke in ein gequältes, ein immer noch unsicheres Ich.

Alle diese Männer sind jünger als er, können alle von den Erfolgen, die er hat, nur träumen, und er bekennt seine kindliche Freude,»in euren vollen Kreis versetzt so freundlich aufgenommen« worden zu sein. Er schreibt wie ein blutjunger Anfänger, der glücklich seinen ersten Abend unter bewunderten Wölfen verbringen durfte und danach befürchtet, alles falsch gemacht zu haben. Offen sagen, so fürchtet er, werden ihm das die Profis sicherlich nicht:»Ich komme mir oft so geschont vor. Das kommt natürlicherweise bei Naturen vor, denen es nicht gelingt, dass sie viel von sich selbst halten, und hat sich in den letzten Jahren verschärft, Sie erraten warum, so ein unlauteres Gefühl von Komplizen umgeben zu sein.«

Dieser schreibt ihm, beinahe wölfisch, beinahe belustigt, beinahe verletzend, aber schlau zurück:»Ich hoffe, es enttäuscht Sie nicht, wenn ich sage, dass Sie mich fast überhaupt nicht verletzen können, weil ich mich naseweis in Sie hineinwage und feststelle, Sie schonen sich selber noch weniger, noch viel weniger.« Und ist das frech oder genial, anmaßend oder ernsthaft bewundernd, wenn er anfügt:»Wenn ich 10 Jahre jünger wäre, würde ich mich gern bewerben, Ihr Sekretär zu werden, um aus der Nähe zu beobachten, wie Sie jeden Tag überleben. Daraus könnte ich ein Buch machen, weil mich Ihre Krankheit zur Genauigkeit als die Lebens-Hauptsache interessiert. Verhaltens-Forschung mit Hilfe von Sprache ist eben doch das Schönste, was übrig bleibt.« Der Kollege als Fall, als Krankheitsgeschichte. Die Diagnose: übergenaue Selbstbeobachtung. Dadurch: Registrierung aller eigenen Fehler, auch der kleinsten, Beobachtung derselben unter gigantischen Vergrößerungsgläsern. Dadurch wiederum: schwankendes Selbstbewusstsein. Das alles hatte Walser sehr klug und gut gesehen. Übersehen hatte er: Das Buch darüber, das schrieb der Kranke selber schon. Seit vielen Jahren. Der Sekretär seiner Krankheit hieß: Max Frisch.

10. Weltruhm

»Was hat mich politisiert?«
Marianne und die Radikalisierung.
Tagebuch 2

Ich-Geschichten. So hat er sie selbst genannt. Aus dem Leben
Literatur machen. Das war, das ist die große Kunst Max
Frischs. Zweifel daran gab es immer. Zweifel daran, ob das
genügt. Er hatte es im Gantenbein in Klammern gesetzt, seine
Frage an sich selbst, die grundsätzliche Frage an seine Kunst:
»(Manchmal scheint auch mir, dass jedes Buch, so es sich
nicht befasst mit der Verhinderung des Kriegs, mit der Schaf-
fung einer besseren Gesellschaft und so weiter, sinnlos ist,
müßig, unstatthaft. Es ist nicht die Zeit für Ich-Geschichten.
Und doch vollzieht sich das menschliche Leben oder verfehlt
sich am einzelnen Ich, nirgends sonst.)«

Das war sein Programm, das war aber auch sein wachsen-
des schlechtes Gewissen. Max Frisch ist der seltene Fall eines
Schriftstellers, der sich im Lauf seines Lebens politisch zuneh-
mend radikalisierte. Vom konservativen Beharrungsschwei-
zer über den unpolitischen Bürger zum sozialdemokratischen
Kämpfer mit großen Sympathien für einen demokratischen
Sozialismus. Und vom treuen Soldaten, über den Armee-
Kritiker bis hin zum Propagandisten der Abschaffung der
Schweizer Armee. »Nur jetzt nicht die Wut verlieren!«, lässt
Frisch den Dr. phil. Philipp Hotz in der Farce, die dem »Biedermann« folgte, rufen. Es war eine Parole, die den engagierten Intellektuellen, der seinen Kampfgeist nicht durchhalten
konnte, im Stück lächerlich machte. Später wurde sie als
Frisch-Parole ernst genommen. Doch der Autor selbst stand
nie in dieser Gefahr. Die Wut wuchs mit den Jahren anschei-
nend ganz von selbst.

»Was hat mich politisiert?«, hat er einmal in einem Gespräch mit Heinz Ludwig Arnold in den siebziger Jahren sich

selbst gefragt. Und sich gleich geantwortet: die Architektur. Er erinnert noch einmal an seine Fahrten in die Welt, seine Begeisterung für die Möglichkeiten eines völlig neuen Bauens, zunächst in Warschau, dann in Mexiko, Marseille und den USA und den Ärger darüber, dass so etwas in der Schweiz nie möglich sein wird.»So war dann der Punkt erreicht, das entweder als Traum weiterzumachen – das wollte ich nicht – oder sich zu politisieren und zu versuchen, das zu ändern.« Dass er nicht allzu lange versuchte, das zu ändern, lässt er hier unerwähnt, und es spielt auch letztlich keine so große Rolle. Wir haben es ja gesehen. Es waren auch keineswegs nur die Bodenbesitzverhältnisse, die der Stadtplaner Frisch da beklagt hatte. Sondern die ganze Reformunwilligkeit, Unbeweglichkeit, Museumshaftigkeit seines Heimatlandes. Die Schweiz als Aufgabe – das hatte er sich gewünscht. Der Wunsch wirkte lange nach. Und die Tatsache, dass alles Wünschen gar nichts half – das ließ die Wut mit den Jahren wachsen.

Und jetzt kam auch noch Marianne dazu. Eine junge, wutbereite, politisch wache, linke Frau. Ein politisch mäßig interessierter Bürger mit kleinem Bauchansatz, das war der einundfünfzigjährige Max Frisch, den sie kennenlernte. Dazu kam natürlich seine Isolation in Rom. Die Schweiz war fern, aus dem politischen Geschehen hielt er sich weitgehend heraus und war froh darum. Die beiden blieben vorerst in Rom. Die pompöse Wohnung auf dem Hügel wurde aufgegeben, sie zogen in eine große, einfache Einzimmerwohnung in der Altstadt. Auf den Bildern wirkt die Atelierwohnung mit den unendlich hohen Decken wie um Max Frisch herumgebaut. Schreibtisch mit Architektenlampe, Flokati, riesige Fenster, Frisch sortiert Papiere, mit dem Rücken zum Betrachter.

Doch die Rom-Zeit ging vorbei, sie zogen in die Schweiz. Bei einem Besuch beim Schriftsteller Alfred Andersch und seiner Frau im Tessiner Onsernone-Tal hatte er das Paar auf ein altes, verfallendes Steinhaus am Ortseingang hingewiesen, ein sogenanntes Rustico. Es schien zunächst eine absurde Idee, von Rom in die Abgeschiedenheit dieses grünen Tales zu ziehen. Auch war der Preis höher, als Frisch gedacht hatte. Auch hatte er noch nie zuvor überhaupt daran gedacht (und ja – es widersprach auch seinen frühen Überzeugungen), Grundbesitz zu erwerben. Er zögerte, fürchtete die mögliche Einsamkeit hier oben in der Stille, sah schon bei der ersten Besichtigung den Balken, an dem er baumeln würde, nach einer möglichen akuten Verzweiflung in der Zukunft. Einmal fuhr Frisch einen Wintertag lang hinauf, um zu sehen, ob es auch im Winter Sonne gebe. Das Ergebnis seines Besuchs: sechs Stunden Sonne, noch in der dunkelsten Jahreszeit. Und so entschlossen sie sich zum Kauf. Zunächst nur als Sommerhaus geplant, wurde es schon bald zum Lebensmittelpunkt des Paares, wenn sie nicht gerade auf Reisen waren. Und auf Reisen waren sie oft. Zunächst in Israel, wo Frisch 1965 mit dem »Man's Freedom Prize« ausgezeichnet wurde und wo er aus Anlass der Verleihung die erste offizielle deutschsprachige Rede hielt, die überhaupt in Israel gehalten wurde. Dann in die Sowjetunion, nach Polen, in die Tschechoslowakei, nach Berlin und immer wieder in die USA und nach Italien.

Doch all die Reisen halfen nichts: Die Schweiz hatte ihn wieder. Und er die Schweiz. Es dauerte nicht lange, bis er notierte, ob die Rückkehr nicht vielleicht doch verfrüht gewesen sei. Und es dauerte auch nicht lange, bis er den ersten scharfen öffentlichen Streit austrug. Die Jahre des explosionsartigen wirtschaftlichen Wachstums hatten zu einem massenhaften Zuzug von Menschen aus anderen Ländern geführt und dies wiederum zu aggressiven Abwehrreaktionen weiter Teile der heimischen Bevölkerung und der politischen Rechten. Frisch nahm entschlossen Partei. Der erste Satz seines mit »Überfremdung 1« überschriebenen Textes wurde legendär: »Ein kleines Herrenvolk sieht sich in Gefahr: Man hat Arbeitskräfte gerufen, und es kommen Menschen.« Frischs Plädoyer dafür, die neuen Menschen aus anderen Ländern als Bereicherung und Chance für die Öffnung des sich hermetisch abriegelnden kleinen Landes zu begreifen, wurde vom politischen

Gegner scharf zurückgewiesen. Da half es auch nicht, dass er sich selbst ein Jahr später in der Rede »Überfremdung II« als unechten Schweizer und Kind eines assimilierten Fremdpaares aus Württemberg und Österreich beschrieb: »Dies zum Problem der Assimilation; vielleicht finden Sie, dass der Sprecher, den Sie in diesen Großratssaal eingeladen haben, noch nicht so richtig dazugehört. Selber weiß ich nur, dass ich nicht anderswo dazugehöre.«

Hier klingt wieder an, was sich in den nächsten Jahren weiter und weiter steigern wird: das Schweiz-Dilemma. Vielleicht würde er in diesen Tagen nicht mehr sagen, dass er sein Land liebt, wie er das noch in den »Blättern aus dem Brotsack« getan hat, aber dass er sich der Schweiz »enorm zugehörig« fühlt, hat er immer wieder in Gesprächen und Reden und Texten betont. Zumindest bis kurz vor seinem Tod, als in der sogenannten Fichen-Affäre herauskam, dass sein Heimatland ihn vierzig Jahre lang observiert hatte wie einen Staatsfeind. Doch bis dahin litt er an der Schweiz und strebte im Grunde immer danach, der Repräsentationsdichter dieses Landes zu sein, die kritische Instanz, die Autorität, auf die es eben ankommt. Und dabei war er sich seines eigenen Schweizertums tatsächlich nie so sicher, wie es der Ur-Berner Friedrich Dürrenmatt zum Beispiel sein konnte und war. Was in der »Überfremdungs-Rede« wie eine lustige kleine Pointe klingt, war ihm immer zutiefst bewusst. Er war ein Zuwanderer, wenn auch schon in der dritten beziehungsweise vierten Generation. Der Vater seines Vaters, Franz Frisch, der 1892 starb, war als junger Sattler aus Österreich nach Zürich hinübergekommen. Und der Großvater seiner Mutter, Gottlieb Wildermuth, wurde 1836, aus Württemberg kommend, in Zürich eingebürgert. In einem alten, traditionsversessenen Land galt einer wie Max Frisch da fast noch als Neu-Bürger. Die Zugehörigkeit zum Land war ihm keine Ur-Selbstverständlichkeit. Vielleicht rang er auch darum so verbissen um die Schweiz und die Zukunft der Schweiz und seine Rolle darin.

Aber jetzt, 1966, fasst er zunächst einmal einen Vorsatz, der nicht lange halten wird, gar nicht lange: den Vorsatz, »über die Schweiz mindestens öffentlich keine Äußerungen mehr zu machen«. Doch vierzehn Zeilen später ist es schon soweit: »Das Versprechen ist leider schon gebrochen.« Das ging schnell. Wo findet sich solche Rasanz in politischen Tagesdingen? In seinem Tagebuch, dem zweiten veröffentlichten Tagebuch, das die Jahre 1966–1971 umfasst und das 1972 erscheint. Hier hat Max Frisch den Privatschriftsteller und den engagierten Politschriftsteller in Perfektion miteinander verbunden. Die Synthese der beiden Max Frischs in einem Buch, immer wieder auf ein und derselben Seite und manchmal sogar: in einem Satz. Im ersten Satz zum Beispiel, der ersten Frage, die dieses Programm genial demonstriert: »Sind Sie sicher, dass Sie die Erhaltung des Menschengeschlechts, wenn Sie und alle Ihre Bekannten nicht mehr sind, wirklich interessiert?« Es ist nicht mehr die Zeit für Ich-Geschichten? Aber ja: wenn man die Welt-Geschichte als Ich-Geschichte zu lesen versteht. Und wenn die Welt von der Vernichtung bedroht ist, die Nachrichtensendungen jeden Abend die mögliche Ausweitung des Vietnamkrieges zu einem Weltkrieg beschwören, fragt Max Frisch seine Leser, ob ihr großer Weltschrecken nicht vielleicht nur ein kleiner Privatschrecken sei. »Die Erhaltung des Menschengeschlechts«? Was mag dieser große Satz wirklich bedeuten? Nächste Frage: »Warum? Stichworte genügen.« Immer wieder unterbricht er das Tagebuch für seine »Fragebögen«. Und der Mann will Antworten von seinen Lesern. Manchmal ist es ein bisschen wie in der Schule, lehrerhaft, meist jedoch sind es sehr private Fragen, überraschende Fragen, die einen neuen Blick auf die Welt ermöglichen, einen neuen Blick auf das eigene Leben. Man kann sie so für sich beantworten, im Gespräch mit dem Autor, oder man kann die Fragen hinaustragen ins wirkliche Leben, hinüber zu Freunden, Frauen, Männern, auf der Suche nach Antworten.
– »Möchten Sie Ihre Frau sein?«

- »Wie alt möchten Sie werden?«
- »Was fehlt Ihnen zum Glück?«
- »Was hat Sie zum Eheversprechen bewogen?« Antwortmöglichkeit unter »i«: »Hoffnung auf Wunder?«
- »Gesetzt den Fall, Sie haben nie einen Menschen umgebracht: wie erklären Sie es sich, dass es nie dazu gekommen ist?«

Fragen Max Frischs an seine Leser. Aber vor allem und zuerst: an sich selbst. Es sind die Probleme seines Lebens und Schreibens, die er hier als Fragebogen vor den Lesern aufstellt. Vielleicht werden sie ja leichter, die Fragen, wenn sie sich viele stellen.

Fragen waren es auch zumeist, die das Paar hinaus auf Reisen trieben. Interesse war es, was Max Frisch zusammen mit Marianne zu ihrer Reise in die Sowjetunion trieb. Vor allem politisches Interesse, Interesse am Leben im sozialistischen Riesenreich. Sie fuhren nach Odessa, Leningrad und Moskau. Das war 1966. 1968 fuhren sie wieder, diesmal auf Einladung des sowjetischen Schriftstellerverbandes. Mit dem Schiff die Wolga hinab, nach Gorki und bis nach Sibirien. Frisch beschreibt, je weiter die Reise geht, ohne Sympathien, kritisch, schonungslos den Alltag in einem totalitären Land, den kindlichen Stolz auf die eigenen Leistungen, das Tabu der Kritik am eigenen Land. Kritik immer nur am Westen möglich. Frisch spottet und lobt überschwänglich die sowjetischen Gurken. Das Beste an der Reise: Er lernt Christa Wolf kennen. Nach erstem Misstrauen beginnt langsam und vorsichtig eine neue Freundschaft. »Labsal: dass man Widerspruch gelten lassen kann.« Über das Gespräch, das sie bis morgens um vier an Bord führten, ist am nächsten Morgen schon der Geheimdienst informiert. Ein sowjetischer Genosse, der der Unterhaltung stumm und interessiert gefolgt war, hatte den für Frisch zuständigen Funktionär unterrichtet: »Das soll ja ein interessantes Gespräch gewesen sein, das Sie da geführt haben.« Ein Land voller Ohren. Auch auf den Wellen der Wolga in der Nacht.

Doch die Freundschaft bleibt. Für Christa Wolf wird Max Frisch einer ihrer liebsten und besten Freunde im Westen, und auch umgekehrt ist sie, die Autorin von »Der geteilte Himmel« und »Nachdenken über Christa T.«, für Frisch eine gute Freundin, an der er mit dem Herzen hängt. Die erste Probe dieser Freundschaft war das Erscheinen des zweiten Tagebuchs mit dem kurzen Text über sie. Wider Frischs Erwarten war Christa Wolf voller Lob für das Buch, und auch gegen ihr Bild darin hatte sie nichts einzuwenden. Frisch war erleichtert und erklärte, er selbst finde den kurzen Text über sie inzwischen »schrecklich, beschämend«, das Misstrauen, das er damals empfand, sei eine Unterstellung gewesen, ein »Reflex auf ein eigenes Vorurteil«. Die Freundschaft hielt das locker aus.

Ihr mitunter mutiges Lavieren zwischen Staatsmacht und Dissidenten verfolgte Frisch mit großem Interesse, fast immer auch mit Verständnis für die Kompromisse, die sie als Autorin in der DDR eingehen musste. Nur einmal war er außer sich: Das war nach dem erzwungenen Rücktritt Willy Brandts wegen der Enttarnung des Spions im Kanzleramt, Günter Guillaume. Es war mitten in der Nacht, als Max Frisch, offenbar angetrunken, aufgebracht in Ost-Berlin anrief und die Freundin beschimpfte und rief: »Was habt ihr da wieder gemacht!« Wolf, die zu dem Zeitpunkt noch gar nichts vom Rücktritt des Kanzlers gehört hatte, hatte große Mühe, Frisch von ihrer persönlichen Unschuld an dieser Sache zu überzeugen.

Sie haben sich oft getroffen. Mal kam sie nach Zürich, mal Frisch nach Ost-Berlin. Einmal, als sie wegen ihres Romans »Kindheitsmuster« unter schweren Druck der Partei geraten war, stand Frisch mit Blumen vor der Tür. Christa Wolf nahm sie eher skeptisch entgegen, erinnert sie sich gegenüber ihrem Biografen Jörg Magenau, und bat ihn ansonsten vor allem um eins: sich rauszuhalten. »Mach jetzt bloß keinen Wirbel im Westen, das hätte gerade noch gefehlt.« Und Frisch hielt sich raus.

Christa Wolf hat einmal über ihn geschrieben: »Ein Autor, der das Glück hat, einen grundlegenden Zeit-Widerspruch an sich selbst zu erleben und ihn ausdrücken, zugleich erhöhen und fassbar machen zu können. Dies ist die Erklärung für seine Wirkung. Seine Leser glauben sich in seinen Büchern zu finden. Ich zweifle. Frischs Prosa hat eine Dimension außerhalb, jenseits der Fabeln, die sie auch erzählt. Er selbst, um sich zu finden und zu verbergen, geht von zwei Seiten her gegen sich vor, die Sprache immer rücksichtsloser als Präzisionsinstrument handhabend: In ›erfundenen‹ Geschichten, die immer seltener durchgeführt, immer häufiger nur angerissen werden, versteckt er Persönlichstes. In den Tagebüchern bringt er Sachlich-Politisches, ›die Welt‹ zur Sprache.«

Wie hier, auf dem Schriftsteller-Dampfer, auf der Wolga. Frisch ist nicht einverstanden mit allem und findet nun in der Sowjetunion selbst das schlecht, was er sich früher einmal als Ideal vorgestellt hat: die Satellitenstadt zum Beispiel. Er ist mit dem Oberbaumeister Gorkis durch die Stadt und ihre Außenbezirke unterwegs. Fragt ihn nach den Konsequenzen für die alten Innenstädte, die nun ohne Leben sind: »Ich frage. Keine Diskussion. Hier gibt es nur Lösungen; was einmal ausgeführt wird, ist die Lösung.« Eine Hoffnung blitzt am 23. Juni 1968 plötzlich auf. Zunächst ist es noch ein Gerücht: Ein bedeutender sowjetischer Physiker habe an den Kreml geschrieben, den Wahnsinn der Aufrüstung beklagt, eine Kooperation mit dem Westen angeregt, vor Neo-Stalinismus gewarnt. Zunächst ist es nur ein Gerücht. Der Physiker noch ohne Namen. Später ist er eine Hoffnung. Mit Namen: Andrej Sacharow.

Als die Notizen von Frischs Reise in die Sowjetunion gesondert als Vorabdruck des Tagebuchs erschienen, konnte er sich des Entsetzens seiner linken Freunde sicher sein. Martin Walser, sein Wunschsekretär von einst, schrieb ihm jetzt, dass ihn »die Veröffentlichungen einfach umwarfen«, er monierte

»einen UdSSR-Effekt wie bei Hagelstange« (der für seinen 1963 erschienenen Reisebericht aus der Sowjetunion, den westdeutschen Bestseller »Die Puppen in der Puppe«, von sowjetischen Stellen massiv kritisiert worden war) und bekannte, dass er Frisch ohne dessen letzten Brief überhaupt nicht mehr geschrieben hätte. »Ich wäre nicht mehr fähig gewesen, Dir zu schreiben.« Kalter Krieg zwischen Schriftstellern – das Jahr 1972. Jahre der Entschiedenheiten, der klaren Positionen.

Es liest sich heute ein wenig peinlich, wie sich Frisch bei dem DKP-sympathisierenden Kämpfer Walser windend für seine sowjetkritischen Berichte zu rechtfertigen versucht: Im »Tagebuch« stehe der Reisebericht »nach Notaten (wenn auch sehr ungenügenden) über Vietnam, über Diktatur in Griechenland usw., und es folgt direkt, dem Kalender der Realität entsprechend, der ausführliche Hinweis auf faschistische Polizeilichkeit in Zürich, Notaten also, die bei Hagelstange kaum zu finden sein werden.«

»Die Macht als dezentes Wesen«
Der Kriegserklärer: Henry Kissinger

Er hat natürlich recht. Die Wut des zweiten Tagebuchs trifft nicht den Ostblock allein. Wahrlich nicht. Im Zentrum seiner politischen Beobachtungen steht der Vietnam-Krieg, stehen die Studentenproteste in Zürich und der Welt, steht der Mord an Martin Luther King, der Faschismus in Griechenland, der Prager Frühling und dessen Niederschlagung. Mal ist er selbst dabei, mal nur als Fernsehzuschauer, Zeitungsleser, Kommentator aus der Ferne. Am eindrucksvollsten sind seine Berichte aus Washington vom Mai 1970. Er ist, zusammen mit seinem Verleger Siegfried Unseld, von Henry Kissinger, dem Sicherheitsberater Präsident Nixons, ins Weiße Haus eingeladen worden. Es ist der 2. Mai, zwei Tage vorher sind USamerikanische Truppen in Kambodscha einmarschiert. Er beschreibt das Haus der Macht und den Mann, der Nixon zu diesem Angriff riet und der nun vor ihm steht, die Hände in den Taschen, und ihnen das Restaurant des Hauses zeigt, den Schreibtisch des Präsidenten, der über Frischs aktuelle Arbeiten informiert sein möchte (»Roman oder Drama?«), der Siegfried Unseld immer wieder als »my friend and leftwing publisher« vorstellt und Intellektuelle, die keine Verantwortung übernehmen, Zyniker nennt: »Cynics have never built a cathedral.« Hier ist einer mit Verantwortung. Unseld kennt ihn von seinem ersten USA-Aufenthalt 1955 anlässlich der International Summer School der Harvard University, die Kissinger leitete. Da noch mit weniger Verantwortung. Jetzt: mit Verantwortung für Weltgeschichte. Für Kambodscha. »Was die Invasion von Kambodscha betrifft, sind wir nicht nur Laien, sondern uns dessen auch bewußt; Henry A. Kissinger hat seit Jahrzehnten theoretisch auf dem Gebiet gearbeitet, das der Laie schlichthin als Krieg bezeichnet, daher seine Gelassenheit zwei Tage nach der Invasion von Kambodscha. Das Essen: familiär-ordentlich, es lenkt also nicht ab.«

Später sehen sie einen kleinen Ruheraum des Präsidenten, mit Schminktisch, hier ruht er zwischen seinen Auftritten, heißt es. Das Schminkzimmer eines Schauspielers. Sie sind in einem Kulissenhaus. »Die Macht gibt sich als dezentes Wesen, das niemand erschrecken möchte; kolossal ist nur die Realität, aber nicht die Villa, wo dieses Wesen wohnt und empfängt.«

Die Beschreibung des Weißen Hauses in Zeiten des Krieges ist ein Meisterstück politischer Prosa. Frisch urteilt nicht. Frisch schaut und schaut und staunt und schreibt. Nur selten gerät er beinahe aus der Fassung. »Henry A. Kissinger sagt, daß ihnen der Kambodscha-Entscheid natürlich keine Freude macht. Man hat das kleinere Übel zu wählen (kleiner für wen?), und offenbar habe ich nicht richtig gehört: das kleinere Übel wird höchstens sechs Wochen dauern. Henry A. Kissinger, der seine Diät hält, spricht ohne Eifer und nicht viel.«Zum Abschied murmelt er beim Durchlaufen der Pendeltür noch zeitlos schöne Todes-Sätze wie:»Wenn man auf einem Seil steht, gibt es kein Zurück.«Und nach der Pendeltür:»Keine Politik ohne das Risiko einer Tragödie.«

Der Bericht ist darum so erschütternd, weil er die maskenhafte Ungerührtheit des Kriegserklärers, der sie durch dieses Kulissenhaus führt, mit einer ebensolchen Ungerührtheit zu schildern versucht. Unter der Maske des bloß Schauenden. Er kann diesen Henry A. Kissinger nicht fassen:»Ich verstehe immer mehr, daß Henry A. Kissinger, so oft es nur geht, seine Hände in die Hosentaschen steckt; seine Verantwortung steht in keinem Verhältnis mehr zur Person, die einen Anzug trägt wie wir.«

Henry A. Kissinger fand sich offenbar ganz gut porträtiert in diesem Text. Achtunddreißig Jahre später war er für ein Filmporträt über Max Frisch zu einem Interview bereit. Er habe seine Bücher gelesen und geschätzt, sagt er mit unbeweglichem Gesicht. Und dass die meisten Intellektuellen Zyniker seien. Und»cynics have never built a cathedral«. Der Satz sitzt. Auch noch fast vierzig Jahre später.

»Endlich darf man es wieder sagen«
Von entarteter Literatur und der Kontinuität der Geschichte

Max Frisch war kein Zyniker. Alles andere als das. Sicher war er kein großer Analytiker, kein Theoretiker. Er schaute, lernte, beurteilte die Lage, konnte dann aber auch mit einer ebenso freundlichen wie verbindlichen und unzweideutigen Entschlossenheit eingreifen.

Am entschlossensten griff er in den Jahren vor den Studentenprotesten gegen einen väterlichen Freund aus frühen Studientagen ein: Emil Staiger, Ordinarius für Deutsche Literatur an der Universität Zürich, eine unumstößliche Autorität

283

in der Schweizer Germanistik der Kriegs- und Nachkriegszeit. Eine Autorität, die auch bis nach Westdeutschland hinüberstrahlte, ja, einer der führenden Germanisten überhaupt. Hier saßen all die Nazi-Germanisten noch auf ihren Lehrstühlen, die sich nach der Bücherverbrennung im Mai 1933 nach den neuen Lehrplänen richteten, die geleerten Bibliotheken klaglos hingenommen hatten, die die emigrierten Autoren links liegen ließen und die deutsche Literaturgeschichte als ein bruchloses Kontinuum lehrten. Denen war eine Schweizer Autorität, die die rein textimmanente Werkinterpretation – jenseits aller politischen Konnotationen der Autoren – zur absoluten Lehre erklärte, wie Emil Staiger das tat, natürlich ein höchst willkommener Star aus dem neutralen Ausland. Hans Mayer hat ihn einmal einen Mann genannt, »der auch Hitlers ›Mein Kampf‹ für ein großes Buch hielt«.

Ja, dieser Emil Staiger war auch eine Instanz für Frisch gewesen, hatte ihm zu seinen frühen Büchern bis zum »Stiller« enthusiastisch gratuliert. Dass Staiger dem jungen Autor einmal das »Du« anbot, hatte Frisch stolz als Ritterschlag empfunden. Doch mit den Jahren war diese Beziehung abgekühlt. Jetzt, 1966, erhielt Staiger den Literaturpreis der Stadt Zürich, und er hielt eine Rede – Frisch hat sie im »Tagebuch« in Auszügen nachgedruckt –, die aus heutiger Sicht wie aus einem Schreckensstaat zu Schreckenszeiten zu stammen scheint. Es war aber Zürich. Es war aber das Jahr 1966. Und es war im Schauspielhaus, der legendären Heimstätte so vieler deutscher und jüdischer Emigranten. Staiger griff die Literatur der Gegenwart frontal an. Die neuen Romane und Bühnenstücke »wimmeln von Psychopathen, von gemeingefährlichen Existenzen, von Scheußlichkeiten großen Stils und ausgeklügelten Perfidien. Sie spielen in lichtscheuen Räumen und beweisen in allem, was niederträchtig ist, blühende Einbildungskraft«. So ging das weiter und weiter. Am empörtesten weist er zurück: die engagierte Literatur jener Tage. Engagierte Literatur, über die auch Max Frisch, sein Schüler, acht Jahre zuvor auf der Frankfurter Buchmesse geredet hatte. Frisch überschrieb seine Rede damals »Öffentlichkeit als Partner«. Staiger nannte seine Rede nun »Literatur und Öffentlichkeit«. Die Literatur verliere ihre Freiheit, wenn sie engagiert werde, sagt Staiger nun, »sie verliert die echte, überzeugende, den Wandel der Zeit überdauernde Sprache«. Und fügt hinzu: »So sehen wir denn in der Littérature engagée nur eine Entartung jenes Willens zur Gemeinschaft, der Dichter vergangener Tage beseelte.« »Entartete Literatur« versus »Dichter mit dem Willen zur Gemeinschaft« – nein, da hatten die Männer, die die Bücher der jüdischen, der kommunistischen, der pazifistischen Autoren im Mai 1933 ins Feuer geworfen hatten, nicht anders geredet. Und Zürich – klatschte und jubelte dem Preisträger zu. Vielleicht hat er sich selbst ein wenig darüber gewundert, vielleicht hatte er auch provozieren wollen. Wenn ja, war es dem Publikum nicht aufgefallen. Die meisten dachten wohl: »Endlich darf man es wieder sagen« – unter dieser Überschrift erschien die Antwort Max Frischs auf Staigers Rede wenige Tage später in der »Weltwoche«. Er schreibt persönlich: »Lieber Emil Staiger«, fängt er an, bleibt beim »Du«, erklärt, er sei ins Schauspielhaus gekommen, um ihn zu feiern, wie er es verdient habe, und so weiter. Man sieht schon gleich: Mehr noch als die Rede Staigers hat Frisch die Reaktion des Publikums getroffen, eines Publikums, das sich zu wundern schien, dass die Leute, die heute noch Schriftstellerei betreiben, nicht vor Scham im Boden versanken unter dem Jubel der Menschen oder wenigstens schamhaft den Saal durch die Seitentür verließen: »Zürich wird Dich nicht verbrennen, Emil Staiger, weil Du es der heutigen Literatur endlich einmal gesagt hast. Endlich!« Es ist eine erschütterte Replik, klar, entschlossen, kämpferisch, persönlich, ohne verletzend zu sein. Aber erschüttert bis ins Mark und staunend und mit echter Angst. Er hatte das Publikum nackt gesehen. Die Menschen seiner Heimatstadt: »Was werden die Zürcher, endlich aufgerüttelt aus ihrer Unzucht mit der heutigen Literatur, jetzt tun? Sie werden Dich, wie gesagt, nicht verbrennen; Deine Rede, meisterlich in übernommener Sprache, wirkte befreiend: Endlich kann man wieder von Entarteter Literatur sprechen.« Frischs Replik löste ein ungeheures Echo in der Schweizer Öffentlichkeit aus. Emil Staiger war eine unantastbare Autorität der Zürcher Gesellschaft. Ein solch fundamentaler Angriff war eine Sensation und ein Angriff auch auf das Zürcher Kultur-Establishment. Doch in Zürich, wie auch in Westdeutschland und anderen Teilen der westlichen Welt, hatte dieses alte Establishment an den Universitäten und in den Kulturinstitutionen doch mit den Jahren und beinahe unbemerkt an Kraft und Macht verloren. Die Gegenkräfte, vor allem unter den Studenten und in anderen, langsam an Einfluss gewinnenden Teilen der Gesellschaft, waren gewachsen. Max Frisch ging als klarer Sieger aus diesem Kampf hervor. Ruhm und Autorität Emil Staigers waren nach diesem Streit stark angegriffen. Er spielte in den folgenden Jahren in der Öffentlichkeit keine Rolle mehr. Seine Zeit war vorbei.

»Die Kunst der feinen Lüge«
Studentenproteste. Heirat. Meinungsmacht

Aber es war ein Riss in der Schweizer Gesellschaft offenbar geworden, ein tiefer Riss, der sich in den kommenden Jahren in Straßenschlachten zwischen Polizei und Studenten und massiven Konflikten zwischen rechts und links entladen wird. Der »Zürcher Literaturstreit«, wie er seitdem heißt, war ein erstes Vorbeben, das erste Offenbarwerden einer tiefen Spaltung. Max Frisch hat die Studentenproteste protokolliert. Dabei vermeidet er zwar Begriffe wie »faschistoide Polizeilichkeit«, wie er sie in dem Beschwichtigungsbrief an Walser gebraucht hatte. Aber die Gewalt, die die Polizei auch noch gegenüber wehrlos am Boden liegenden Opfern anwandte, wurde sehr genau registriert – wie auch die verharmlosende Berichterstattung der NZZ. Akribisch analysiert er die Artikel, bis in die Bildunterschriften hinein, vergleicht sie mit der von ihm beobachteten Wirklichkeit und findet nur Lügen. Der Ton, den Frisch in diesen Jahren gegenüber der konservativen Groß-Zeitung des Landes anschlägt, wird zunehmend unversöhnlich. Es erfordert schon einigen Mut, als Schweizer Schriftsteller die wichtigste Zeitung seines Landes anzugreifen. Sie wird zurückschlagen. Frisch hatte Erfahrung damit gemacht. Doch die NZZ ist für ihn das Zentralorgan der Beharrungskräfte, die er verachtet und bekämpft. Im Juni 1969 ist er zur Kur in Tarasp-Vulpera und macht eine verrückte Erfahrung: »Was man so in einer Kur alles tut! – seit einer Woche täglich die NZZ gelesen ... Kann man sagen, dass diese Zeitung lügt?«

Und er beschreibt die Methoden der scheinneutralen Berichterstattung zwecks Bewahrung des Status quo, Einschläfern der Mehrheit, Beförderung des Duckmäusertums und dadurch schließlich Zerstörung der wahren Demokratie: »Ab und zu ein kleiner Rufmord, humorig oder gediegen durch Herablassung; nur wer den Fall genauer kennt, sieht die Gemeinheit.«

»Die Kunst der feinen Lüge besteht lediglich darin, dass die Meinung, die dreimal täglich die Macht der Inhaber sanktioniert, nicht eine Klassen-Meinung sei, sondern Ethos schlechthin und somit im Interesse der Mehrheit.«

Diese Mehrheit schrieb zurück. Hatte schon früher zurückgeschrieben, an den Kommunistenfreund Frisch, den Zersetzer, Zerdenker, Madigmacher. Einige Leserzuschriften veröffentlicht er im »Tagebuch«: »Mit Ihrem Schwanz soll man beim Globus die Möwen füttern! Sie ekelhafter Idiot!, aber Ihre Hütte wird bald in Flammen stehen! Sauhund!« Oder, kurz gefragt: »Sind Sie denn überhaupt ein Schweizer?«

Kritik ist unvaterländisch. Frisch bekam das mehr und mehr zu spüren. Gerade noch hatte er »Belletristik« so definiert: »Wenn es möglich ist, dass Leute, deren gesellschaftlicher Gegner man ist, sich unumwunden als Verehrer vorstellen.« Das hatte sich nach den Studentenunruhen und vor allem nach Veröffentlichung des zweiten Tagebuchs dann doch weitgehend erledigt. Die Gegner blieben unter sich. Ein Frisch-Buch war ein Buch des Feindes. Als Verehrer stellte sich da keiner mehr vor.

»Ich werde ein Schicksal draus machen«
Biografie: ein Spiel

Wer ist dieser Frisch? Woran können sie sich halten – seine Verehrer und seine Feinde? Ist er jetzt dieser Kämpfer, Straßenkämpfer auf der Seite der Studenten? Ist er der Ich-Betrachter, der selbstquälerisch Identitätsfragen wälzt, während draußen die Revolution erwartet wird? Es hat ihm viele Gegner eingebracht, viele Schwierigkeiten, dieses Lavieren zwischen den Welten. Wenn man heute sein Werk betrachtet und sein Leben, ist diese Verweigerung einer Festlegung genau das, was dieses Werk lebendig hält. Zum Beispiel hier: Februar 1968. Alle warten auf den großen Knall, Revolution, Umsturz, eine neue Welt – und auf der Bühne des Zürcher Schauspielhauses wird ein Stück uraufgeführt mit dem Titel: »Biografie: Ein Spiel«. Die Geschichte von Professor Kürmann, Verhaltensforscher, der, am Ende eines verpfuschten Lebens, am Ende einer unglücklichen Ehe, die Möglichkeit erhält, sein Leben noch einmal zu leben. Es anders zu leben. An den entscheidenden Stationen seiner Biografie einfach in eine andere Richtung abzubiegen, andere Entscheidungen zu treffen, das Unglück zu fliehen, das Glück zu finden. Echte Freiheit, ein neues Leben – Biografie: Ein Spiel. Das Stück ist genial: witzig, schnell, böse, den ebenso einfachen wie großartigen Grundeinfall virtuos weiterspielend. Das Stück, so wie es verläuft, hat den Autor selbst überrascht. Er, dessen Credo von Beginn an die Veränderungssehnsucht war, der

Am Vergeletto-Bach

1974.
Ausflug an den Müggelsee
in Ost-Berlin mit Marianne
und Uwe Johnson

1971. In New York

1971. Mit Marianne

1981 oder 1982. Mit Alice Carey

1981. Geburtstag bei Suhrkamp in Frankfurt. Im Uhrzeigersinn u. M.
Peter Bichsel, Jürg Laederach, Paul Nizon, Hans Mayer,
Elisabeth Borchers, Burgel Zeeh, Erika Pedretti (verdeckt),
Uwe Johnson, Rosemarie Primault, Alice Carey, Peter Weiss,
Otto F. Walter, Sigfried Unseld, Jürgen Becker, Rango Bohne,
Ute Grass, Günter Grass, Jurek Becker, Hannah Zinn

1989. Aufführung
»Jonas und sein
Veteran« am
Schauspielhaus
Zürich mit
Jean-Marc Stehlé,
Benno Besson,
Marcus Kaloff,
Jürgen Cziesla und
Peter Bollag

1985. In Berzona

1986. In Solothurn

1991. Jaguar-Übergabe an Volker Schlöndorff

1974. Alice Carey

2010. Alice Carey

Wille zu einer Biografie in Bewegung, zu neuen Anfängen, plötzlichen Lebensrevolutionen der Liebe schreibt ein Stück, das all dies dementiert: Kürmann kann nicht anders. An die entscheidenden Punkte seiner Biografie gestellt, entscheidet er sich immer, immer, immer wieder gleich. Seine Biografie erweist sich nicht als Spiel, sondern als Falle. Es ist eine Art frühe Urform der Filmkomödie »Und täglich grüßt das Murmeltier« von 1993, in der Bill Murray in der Rolle des Phil Connors den ewig gleichen Tag immer wieder aufs Neue erleben muss. Ein Leben im Gefängnis einer immer gleichen Gegenwart. Ein Horrortrip.

Für Kürmann in Frischs Stück ist die Sache eigentlich als Geschenk gedacht. Als eine Möglichkeit, sich neu zu erfinden. Der Registrator, der ihm auf der Bühne die neuen Möglichkeiten bietet, ist ein gütiger und hilfsbereiter Mann. »Wo wollen Sie nochmals anfangen?«, fragt er immer wieder freundlich. Meist ist es die Szene, in der er seine Frau kennenlernt, Antoinette, die schöne, starke, untreue Antoinette, mit der er eine siebenjährige unglückliche Ehe führen wird, bis zum Schluss, bis zur Diagnose einer tödlichen Krankheit.

Er darf den Abend des ersten Kennenlernens wieder und wieder neu durchspielen. Verzweifelt suchend nach einer neuen Variante seines Lebens: »Wenn wir jetzt nicht Schach spielen, so weiß ich, wie es weitergeht: Ich werde Sie verehren, daß die Welt sich wundert, ich werde Sie verwöhnen. Ich kann das. Ich werde Sie auf Händen tragen, Sie eignen sich dazu. Ich werde glauben, daß ich ohne Antoinette Stein nicht leben kann. Ich werde ein Schicksal draus machen. Sieben Jahre lang. Ich werde Sie auf Händen tragen, bis wir zwei Rechtsanwälte brauchen.«

So taumelt er durch sein Leben. Am Ende dieses Abends kommt es immer wieder zur gleichen Liebesszene. Nicht aus Leidenschaft. Aus Trägheit. Aus einer übereifrigen, schlappen Unterwerfungsbereitschaft unter das angebliche Gesetz des Lebens, des Schicksals. Der Registrator ist verzweifelt: »Warum machen Sie immer dasselbe?« Auch Antoinette wird der immergleichen Szene langsam müde: »Er hat vollkommen recht: Es mußte nicht sein. Auch ich war nicht verliebt. Überhaupt nicht. Auch am andern Morgen nicht. *Sie hat die Schuhe ausgezogen.* Was daraus entstanden ist – auch ich wäre froh, wenn es nicht stattfinden müßte ...« Aber es ist nicht an ihr, das zu ändern. Es ist Kürmanns Leben. Der Registrator blättert auf offener Bühne darin herum: »– das hier ist Ihr Leben. Bis Mitte vierzig. Ein Leben, das sich sehen lassen darf. Ich gebe zu: etwas durchschnittlich.« Kürmann ist zu schlapp. Selbstmitleidig konstatiert er: »Ich habe mich an meine Schuld gewöhnt.« Manchmal klingen seine gelangweilten Sorgen wie die eines alternden Schriftstellers, der keine neuen Erfahrungen mehr macht und kaum noch weiß, was er Neues schreiben soll. Der Registrator redet wie sein Arzt: »Kaum sehen Sie eine junge Frau in diesem Zimmer, eine Unbekannte, denken Sie an eine Geschichte, die Sie schon erfahren haben. Stimmt's? Drum sind Sie erschrocken, wissen nicht, was reden –«

Ja, stimmt. Ein Mann will ein neues Leben haben, aber das Leben weigert sich. Seine Versuche, es neu zu leben, seine Weigerung, die eigene Biografie als Schicksal anzunehmen, ergeben einen ebenso beklemmenden, verzweifelten wie großartig komischen Bühnenabend. Das Publikum sah das damals nicht ganz so. Gut, es wurde kein Misserfolg – aber kein Vergleich mit den früheren Triumphen. Auch die Kritiken waren mäßig. Vom »Rückzug ins Private« schrieb die »Weltwoche«. Es war das falsche Stück zur falschen Zeit. Lustigerweise ist genau dies das Stück von Frisch, das am wenigsten gealtert ist in all den Jahren. Frisch hatte sich von den Parabeln gelöst und auf die freie, botschaftsfreie Bühne begeben. Aber die Liebesgeschichte von Max Frisch und dem Theater endete absurderweise genau hier.

Zwei Botschaften hält das Stück übrigens doch bereit. Denn zwei Dinge hatte der arme Kürmann dann doch noch ändern können in seinem Leben. In der letzten Lebensvariante gibt er seiner Frau keine Ohrfeige mehr, und er tritt in die Kommunistische Partei ein, mit der er vorher nur sympathisiert hat. Das kostet ihn zwar die Professur, ändert am Lebensunglück allerdings leider nichts. Erste Botschaft: Politisches Engagement macht dein Leben auch nicht besser.

Die zweite Botschaft ist bitterer und steht plakativ am Ende des Stücks. Denn kurz bevor der Vorhang sich senkt und die Bühnenmenschen sich mit ihrer Gefängnisbiografie abgefunden haben, wechselt der Registrator schnell den Adressaten seiner Wunscherfüllungstexte. Er fragt Antoinette: »Bereuen Sie die Jahre mit ihm?« Sie starrt ihn an. Er: »Wenn ich Ihnen sage: Auch Sie haben die Wahl, auch Sie können noch einmal anfangen – wüßten Sie, was Sie anders machen würden in Ihrem Leben?« Antoinette: »Ja.« Registrator: »Ja?« Antoinette: »Ja.« Registrator: »Dann bitte ...«

Und Antoinette beginnt – ein neues Leben. Ohne Kürmann. Ohne Zwang. Die starke Frau ist frei. Kürmann steht zerschmettert vor sieben Jahren ohne Geschichte. Ohne seine Geschichte – bis zur Krebsdiagnose. Die ist nicht zu ändern. Der Registrator endet: »Sie sind frei – noch sieben Jahre ...«

Es ist so wie damals, im »Stiller«, als Sibylle zu dem Mann, der aus seinem früheren Leben geflohen ist, der ein neues Leben sucht, sagt: »›Es ist komisch‹, fügte sie hinzu, ›bei dir weiß man es so genau. Du wirst dich nie verändern, glaube ich, nicht einmal in deinem äußeren Leben.‹ Sie hatte es nicht böse gemeint, spürte aber die Lieblosigkeit ihrer Worte und wollte mildern: ›Oder glaubst du denn selber, daß du je ein andrer wirst?‹«

Das Werk Max Frischs ist voller starker Frauen, die den Mann seinen aussichtslosen, archaischen Männlichkeitstanz tanzen lassen. Das Leben wirklich ändern – das können nur sie. Doch so triumphal wie Antoinette lässt er sonst keine siegen.

Das Jahr 1968 – meist sind sie hier oben, in dem alten Steinhaus in Berzona im Tessin, das sie sich gekauft haben. Eigentlich ein Ort größtmöglicher Stille und Zurückgezogenheit.

Ja, sie haben auch eine Wohnung in Zürich, aber die meiste Zeit sind sie hier oben, am grünen Hang, unter den Kastanienbäumen. Doch dass es hier oben nicht zu einsam wird, dafür sorgt Marianne Oellers, die seit dem 28. Dezember 1968 Marianne Frisch heißt. Die beiden wollten in aller Stille in Berzona heiraten, doch ist die Vermählung zuvor im Amtsblatt angekündigt worden, woraufhin die Stille dahin ist. Sogar die Mutter Oellers wird von einer Schar Journalisten heimgesucht, als sie selbst noch gar nichts von der Hochzeit ihrer Tochter weiß. So kommen einige Gäste, an die man bei der Planung eher nicht gedacht hat. Auch Siegfried Unseld hat sich mit Ehefrau und Sohn Joachim schnell noch einladen können, erinnert sich Marianne Frisch. (Wie Unseld übrigens auch am Tage seiner eigenen Hochzeit mit Ulla Unseld-Berkéwicz im Jahr 1990 noch am selben Abend nach Zürich flog, um, zusammen mit seiner neuen Frau, mit Frisch zu feiern.) Im »Spiegel« ließ sich Frisch zitieren: »Da glaubt man nun, man hätte ein einziges Mal eine private Stube ganz für sich allein, und schon kommen die Leute in diese Stube. Sie laufen nicht nur herein, sondern fahren mit dem Autobus hindurch.« Uwe Johnson schrieb den beiden heiter: »Wir haben in der Presse gelesen von den Omnibussen, in denen Leute durch Ihr Wohnzimmer fahren, als ob da eine Eheschliessung zu besichtigen wäre. Wir kennen uns über den Sachverhalt nicht aus, halten dies aber für eine allgemeine Gelegenheit, Ihnen beiden Glück zu wünschen.«

Frischs Mutter konnte nicht mehr mitfeiern. Zwei Jahre zuvor war sie im Alter von neunzig Jahren gestorben. Noch als Achtundachtzigjährige hatte sie ihren Sohn in Rom besucht. Unermüdlich begleitete sie ihn durch die Stadt, wollte alles sehen, und am Ende schrieb sie alles auf, in ein kleines Heft, alles, was sie gesehen hat. Das Heft endet mit dem Satz: »Rom, es war eine gottvolle Zeit.« Das Sterben dann zieht sich lange hin. Sie liegt in einem Zürcher Pflegeheim, sie sagt, sie stirbt, da lebt sie noch ein halbes Jahr. Als Frisch aus Odessa zurückkehrt und ihr davon erzählt, glaubt sie, sie beide seien gemeinsam dort gewesen. Wo sie einst, 1901, als Kindermädchen gelebt und so eine wunderschöne Zeit gehabt hatte. Ihre Abenteuerzeit, Reisezeit, die nach der Eheschließung so jäh und endgültig zu Ende ging. Wie wehmütig hatte sie damals an ihren Sohn geschrieben, als der zum ersten Mal auf Reisen ging und ihr seine Reiseberichte schickt: »Ich fühle mich zurückversetzt in meine Jugend, als ich auch, wie du, den Drang in die Welt hatte und so viel Schönes, oftmals Gemeinsames mit Deinem Gesehenen, geniessen durfte u. auch wie du mit Selbsterworbenem.« Jetzt fragt sie ihn, ob sich in Odessa viel verändert hat seit 1901.

Als es ihr immer schlechter geht und ihr Sohn sie fragt, ob sie den Pfarrer sehen möchte, überlegt sie kurz, dann fragt sie ihn: »Wozu?« Es geht zu Ende, drei Tage und drei Nächte lang löst sich Max Frisch mit seinem Bruder und seiner Schwester am Sterbebett der Mutter ab. Dann geht er einen Abend ins »Zunfthaus zur Meisen«, muss eine Einführung für einen jungen Kollegen halten, er hat gezittert vor Lampenfieber, und die Nacht, so schildert er es in »Montauk«, »endete in einem kollegialen Besäufnis.« Am nächsten Morgen: das Telegramm. Da »erlaubt es mein Zustand nicht, mich einer Toten zu zeigen«.

Als er irgendwann im Jahr 1969 eine Liste seiner größten Dankbarkeiten von A–Z notiert, steht natürlich unter A: die Mutter. Dass er unter C den frühen Tod des Vaters notiert, liest sich – bei allem Wissen darum, wie wenig er ihm bedeutet hat – doch etwas unheimlich. Außerdem sei er dem Mann dankbar, der ihm einst das Studium der Architektur ermöglichte und ihm seine alten Anzüge und Mäntel vermachte. Auch hier fehlt nicht der Zusatz, sie seien ihm leider alle etwas zu groß gewesen, und auch hier fällt der Name Werner Coninx nicht. Dankbar ist er für die »Erfahrung der praktischen Armut«, für die Späte des Erfolgs, das Nachlassen des Ehrgeizes, »allerlei Glück mit dem Auto«, »Freundschaft mit Kollegen« und unter »I« zum Beispiel »alle Frauen, ja, eigentlich alle«.

Ja, eigentlich alle. Es ist natürlich nicht so, dass er dieses Thema vor lauter politischer Weltbeobachtung jetzt etwa vernachlässigt hätte, beim Schreiben. Die besten Passagen des Buches sind – neben dem Besuch im Weißen Haus und einem anderen in einem Bankerturm der Wallstreet, wo er mit seinen »Manchesterhosen ohne Bügelfalten« und als einziger Mann mit Bauch etwas aus dem Rahmen fällt – natürlich wieder die Paargeschichten. Seine Beobachtungen von Liebespaaren beim Boccia-Spiel im Garten des Berzona-Hauses. Die berühmte »Skizze eines Unglücks«, ein Mann, eine Frau auf Urlaubsfahrt im Auto, er alt, sie jung, er wird unsicherer mit jedem gefahrenen Kilometer, weil sie seiner Mannesautorität misstraut und er das Alter spürt und ihre Jugend. Ihre Frage immer wieder und bei allem: »Bist du sicher?«, bis er schließlich in einem Moment beschließt, unbedingt sicher zu sein, als er es besser nicht gewesen wäre. Ja, er war sicher, dass er Vorfahrt hatte. Und er wollte es beweisen. Aber der Lkw hat sie trotzdem nicht gesehen. Sie stirbt, er kommt mit leichten Verletzungen davon. Ja, er war sicher.

Oder die andere Geschichte von dem alternden Paar, wo er immer weniger zu sagen hat. Das geht schleichend von Tag zu Tag. Er bleibt vor lauten Baustellen stehen, wo er sein Schweigen nicht hört. Er hat keine Meinung, zu nichts. Er kann sich nicht mal mehr eine zurechtlegen. Er meint nichts. Das Leben ist egal. Sein Selbstmord scheitert daran, dass er nicht weiß, was er in den Abschiedsbrief für seine Frau, den er meint, ihr schuldig zu sein, hineinschreiben könnte. Der letzte Satz dieser genialen Skizze: »Schließlich tut er's ohne Brief.«

»Eminent schlau ist der Bursche, sonst nicht viel«
Gezeichnete und Erkannte

Viel ist in diesem Tagebuch vom Tod die Rede, vom Selbst-mord. Eine Vereinigung, die immer wieder vorkommt, ist die von Frisch erdachte »Vereinigung Freitod«, die sich zum Ziel gesetzt hat, der Vergreisung der Gesellschaft durch entschlos-sene und persönliche Tatkraft entgegenzutreten. Geniale, ironische und bittere Altersbeobachtungen werden von den Versammlungen der Mitglieder und aus ihren Handbüchern berichtet. Kriterien werden erarbeitet, die das einzelne Mit-glied als »Gezeichneten« und somit Todgeweihten auswei-sen. Doch die Mitglieder sind widerständig, sehen den Selbst-mordkandidaten in der Regel nur im Anderen.

Einer glaubte sich als »Gezeichneter« zu erkennen, einer, der in Berzona ebenfalls ein Haus besitzt, mit dem Max Frisch manchmal kleine Wanderungen mit einer Flasche Wein unter-nahm. Am Tag des Einmarschs der sowjetischen Truppen in Prag etwa waren die beiden einen heißen Augusttag lang ge-wandert, das Transistorradio unterm Arm, den kalten Weiß-wein im Rucksack. »Der Historiker vom Fach versagt sich Spekulationen«, schreibt Max Frisch. Es ist Golo Mann, der hier, in angemessenem Abstand zum Vaterhaus, immer wieder residiert. In seinem eigenen Tagebuch schreibt Mann über das »Tagebuch« des Nachbarn, nach dem Erscheinen: »Abschnitt über das, was er die ›Gezeichneten‹ nennt: die Alternden. Von Einigem, nicht allem, fühlte auch ich mich mit ärgerlichem Staunen gemeint. Eminent schlau ist der Bursche, sonst nicht viel.« Er trug es ihm lange nach. Und auch politisch schieden sich die Wege der beiden, spätestens nach Golo Manns Partei-nahme für Franz Josef Strauß im deutschen Bundeswahlkampf 1980. 1985 schrieb er an Hans Mayer: »Ich mag den Men-schen auf den Tod nicht leiden, welch irrationales Gefühl mich aber nicht in dem Masse verblendet, dass ich darüber die Leistung übersehen würde.« Das Tessiner Dörfchen Berzona mit seinen 85 Einwohnern konnte recht eng werden, wenn man sich hasste.

Dabei hatte Frisch doch mit den »Gezeichneten«, auch wenn er selbst noch keine Sechzig war, vor allem sich selbst gemeint und seine eigenen Ängste und Alterserscheinungen beschrieben. Dass die Frauen auf der Straße nicht mehr schauen, dass sie jetzt nicht mehr strategisch knapp an einem vorbeischauen, sondern den alternden Herrn mit Bauchansatz jetzt wirklich nicht mehr sehen. Die Angst vor dem Schwinden der Begierde. Die Angst vor dem Verlust des Gedächtnisses, die ihn begleitet seit jener Gelbsucht am Anfang der Liebe zu Ingeborg Bachmann. Angst vor Impotenz. Angst vor Gleichgültigkeit und nachlassender Produktivität. Gedanken an Selbstmord in jeder Lebensepoche. Das war ja alles er. Da brauchte sich Golo Mann eigentlich nicht unbedingt gemeint zu fühlen. Aber das ist vielleicht auch einfach nur Ausdruck literarischer Qualität – je mehr Menschen sich gemeint fühlen, umso besser ist das Frisch-Kunststück gelungen, das eigene Ich zum Fall zu machen, in dem die Welt sich selbst erkennt – aus dem Leben Literatur zu machen.

Andere Kollegen werden sicherheitshalber gleich namentlich porträtiert. So Günter Grass, der politische Schriftsteller als Institution, den Frisch einmal aus dem Haus wirft, als er im Trennungsstreit mit Ingeborg Bachmann allzu einseitig, wie Frisch findet, die Partei der Frau ergriffen hat. Grass bleibt sitzen: »Lassen Sie uns wenigstens diesen Grappa austrinken.« Das Porträt ist wie ein Fotoalbum angelegt. (»Hier hört er zu.«) Gang durch das Leben eines politischen Schriftstellers, der Frisch im Grunde immer fremd geblieben ist. Das alles steht in diesem Satz: »Was er nicht ganz versteht: die Situation des Privat-Schriftstellers.« Lustigerweise nennt Günter Grass im Filmporträt »Max Frisch, Citoyen«, achtzehn Jahre nach Frischs Tod, ausgerechnet ihn als Vorbild für sich selbst und andere junge Schriftsteller von damals, sich politisch zu engagieren. »Das haben wir von ihm gelernt.«

Auch Dürrenmatt wird porträtiert. Beinahe ein Freundschaftsporträt. Aber in Wahrheit natürlich eine Abrechnung voller Scheinfreundlichkeiten. Gespräche interessieren Dürrenmatt nur, wenn er belehren kann. Endlich hat er Frisch für die Astronomie so sehr begeistert, dass dieser sich ein empfohlenes Lehrbuch mit in die Ferien nimmt und drei Wochen lang studiert, um beim nächsten Gespräch gut vorbereitet zu sein, da sagt Dürrenmatt: »Was interessant ist, weißt du, das ist die Biochemie.« Frisch gibt seine Unterlegenheit halb belustigt zu: »Komme ich zur Super-Nova, so ist er längst bei den Pulsaren.« Am bösesten beschreibt Frisch Menschen, wenn er sie beim Spiel beobachtet. Von einem Gespräch trübsinnig geworden, habe Dürrenmatt eine Partie Boccia vorgeschlagen: »Er gewann über alle Maße. Am andern Tag, als er wieder ein Boccia vorgeschlagen hatte, schien er weniger Glück zu haben, und die Partie kam nicht zu Ende, er hatte jetzt Lust auf einen Apéritif, viel zu sagen über Dramaturgie.«

Max Frisch spielte für sein Leben gern. Es gibt wohl kein zweites Werk der Weltliteratur, in dem ähnlich viel Tischtennis – also »Pingpong« – gespielt wurde wie bei Frisch. Er selbst war ein recht guter Spieler. Außerdem spielte er Schach. Mit Siegfried Unseld konnte er stundenlang schweigend vor dem Schachbrett sitzen und unendlich lange über den nächsten Zug nachdenken. Seine Frau machte das wahnsinnig. Sie liebte das schnelle Spiel. Schnell gezogen, schnell gewonnen. Frisch wollte in Ruhe nachdenken und auch einmal schweigen. Mit dem Verlieren hatte er übrigens mindestens so viele Schwierigkeiten wie der von ihm beschriebene Dürrenmatt. Marianne Frisch erinnert sich noch heute, dass sie ihn öfter absichtlich gewinnen ließ, weil sie keinen verdorbenen Abend wollte, mit ausgiebigem, griesgrämigem Schweigen des Mannes hinterher. Am schönsten für Frisch: mit Freunden die ganze Nacht lang Boccia spielen, auf der Bahn neben dem Haus in Berzona, unter Flutlicht und Sternenhimmel, mit kaltem Wein im hellen Licht im Sommer.

»Das Geld ist nun einmal da«
Reichtum. Neid. Freigiebigkeit

Es sind die Jahre zwischen Lebensgenuss und Lebensüberdruss, zwischen dem Glück mit einer jungen, energischen, lebensfrohen Frau und der Angst vor dem Alter und dem Nachlassen der Kräfte, die Jahre zwischen Politik und wachsender Verzweiflung über die völlige Ohnmacht des Einzelnen angesichts der totalitären Bedrohung der Welt. Im Privaten half er, wo er konnte. Max Frisch war ein reicher Mann, und er war ungeheuer großzügig. Ein Zeichen genügte, und Frisch zahlte. Am liebsten auf kleinen Umwegen, um als Spender anonym zu bleiben, wie im Fall des Schriftstellers Günter Eich, dem er über Uwe Johnson 25 000 Schweizer Franken zukommen ließ. Johnson schrieb an Eich: »Sieh genauer hin, und du wirst zwanzigtausend Mark erkennen. Es hat sie jemand dort für dich hingelegt, halte ihn für Friedrich Schiller, ich bin es nicht. Ich bewache dir die Moneten zu treuen Händen, o nimm sie mir ab.« Für die Unterstützung Peter Huchels überlegte sich Johnson aufwändige Begründungen, die ihm die Annahme des anonym gespendeten Geldes erleichtern sollten. Dem todkranken Enrico Filippini überwies er 40 000 Mark für eine lebensrettende Operation, und für Uwe Johnson stellte er einen zinslosen Kredit für seine Übersiedlung in ein eigenes Haus nach Sheerness-on-Sea zur Verfügung, ohne dass dieser überhaupt fragen musste. »Das Geld ist nun einmal da, viel zu viel fuer mich und auch fuer Marianne, und es erheitert mich ja nicht, dass ich es Konzernen darlehe.«

Seine Großzügigkeit ist Max Frisch nicht immer gut bekommen. Es bringt Verhältnisse, vor allem Freundschaftsverhältnisse, in ein Ungleichgewicht, niemand wusste das ja so gut wie Frisch selbst. Der um zwanzig Jahre jüngere Paul Nizon etwa, den er immer wieder mit Geld unterstützt hat, den er zu Suhrkamp gebracht hat, mit dem er in seinem Fiat-

Sportwagen durch Rom gefahren ist, schreibt, kaum hat er sich von seinem Förderer durch kleine eigene Erfolge halbwegs emanzipiert, böse Texte über Frisch in sein Journal. Am bittersten an Jürg Federspiels vierzigsten Geburtstagsfest, im Juni 1971 in Zürich. Seinen eigenen vierzigsten Geburtstag hat Nizon sich anderthalb Jahre vorher von Frisch ausrichten lassen. »Mir wirft er in drohendem Anspielungston das ›enfant garé‹ vor, rechnet mir vor, was andere und er mir ›zahlten‹, die Caritas; er möchte mir immer gern politische Gesinnung bestreiten, solche hat er (gepachtet), ich bin oder habe zu sein: ein Poetenjüngling?« Bitter fügt er hinzu: »Nicht nur das Jüngersein, auch die Erfolglosigkeit neidet uns der Mann.« Und schließlich: »Ich kam mir irgendwie missbraucht und jedenfalls als Verräter (an meiner Welt und an den Werten, an die ich glaube) vor. Feig, weil ich nicht wagte, dem lieben Wohltäter aufzukündigen.« Diese Bitterkeit wird nicht enden. Selbst als Nizon zwanzig Jahre später die Todesnachricht seine Förderers erhält, bleibt er kalt und gleichgültig, beendet seine Erinnerungen mit einem knappen: »Ich schäme mich für den Mangel an Gefühlen, Zuneigung.«

11. Immer wieder Amerika

»Freundschaft ohne Hoffnung«
Geburtstag des Schreckens.
Der Verleger als Hund

Den Tod, den eigenen Tod, hat Frisch schon früh vorausgeahnt, sich unglaublich früh damit beschäftigt. Der letzte Fragebogen des Tagebuchs stellt ihm alle nötigen Fragen dazu:
»Haben Sie Angst vor dem Tod und seit welchem Lebensjahr?«
»Was stört Sie an Begräbnissen?«
»Haben Sie Freunde unter den Toten?«
»Wissen Sie, wo Sie begraben sein möchten?«
»Wieso weinen Sterbende nie?«
Dann folgt eine unheimliche Begebenheit, die ihm bei einem längeren Aufenthalt in New York im Mai 1971 zugestoßen ist. Ein Schweizer aus New York ruft ihn an und fragt immer wieder »Who are you?«, will schließlich mit Marianne sprechen, um das Unmögliche bestätigt zu haben. Er will nicht mit einem Toten telefonieren. Die Nachrichtenagentur UPI hatte Max Frischs Tod gemeldet. Als wäre das nicht so schon unheimlich genug, wiederholt hier die Wirklichkeit eine Romanepisode aus Frischs letztem Roman. Eine Geschichte, die Gantenbein der Hure Camilla erzählt hat. Ein Mann, immer wieder entschlossen, sein Leben zu ändern, aber ohne Erfolg, liest im Flugzeug die Nachricht seines Todes. Niemand weiß, dass er in Wahrheit noch am Leben ist, und er nutzt die geschenkte Gelegenheit zur Flucht aus seinem Leben. Er vermeidet jede Begegnung mit Bekannten, auch mit der eigenen Frau. Niemand wird ihn suchen. Ein sauberer Schnitt. Und er kann noch alles aufs Schönste regeln. »Sein Hausschlüssel lag im Briefkasten, was unerklärlich blieb ...« Frisch hat aus dieser Geschichte später ein Dreh-

buch für einen Film gemacht, dessen Verwirklichung zuletzt scheiterte. Er hat diesen Text dann selbstständig in einem Band der Edition Suhrkamp veröffentlicht, unter dem Titel »Zürich Transit«. Ein glänzender Text.

Jetzt also hier in New York dieses unheimliche Nachspiel der Literatur in der Wirklichkeit. »Who are you?« Es wäre eine Gelegenheit gewesen, auch für Frisch. Denn die Zeit, zu der die Todesnachricht um die Welt geht, ist ohnehin die Zeit einer schweren Krise. Mai 1971, das Tagebuch ist fertig, aber es bedeutet ihm nichts mehr, Uwe Johnson hatte drastische Änderungen angemahnt. Max Frisch ist des Schreibens überdrüssig, die dunklen Phasen mehren sich. Aber am schlimmsten in diesen Tagen: der sechzigste Geburtstag. Frisch ist gereizt wie nie. Zu Hause in Zürich bereitet sein Freund Gottfried Honegger zusammen mit seiner Frau ein formidables, repräsentatives Großfest für den Jubilar vor. Brieflich stellt er ihm stolz die Details der geplanten Feier vor. Frisch antwortet überhaupt nicht. Fünf Wochen lang. Schließlich wird es Honegger zu blöd, und er schreibt einen bitterbösen, maßlos enttäuschten Brief: »Ja, ich bin verletzt«, schreibt er und weiter: »Ich will deshalb auf die Durchführung des Festes verzichten, wissend, dass ich damit Euch und Eure Freundschaft verliere. Ein Verlust, den ich mir eigentlich nicht leisten kann.« Frisch telegrafiert sofort zurück: »Got your letter today. Deeply worried that you feel hurt. Letter follows. I believe in our friendship. Cordially yours Max.« Die Feier fand statt. Die Freundschaft war gerettet.

Eine andere Freundschaft wurde aus demselben Anlass auf eine ungleich härtere Probe gestellt. Die Freundschaft mit seinem Verleger Siegfried Unseld. Seine Aufzeichnungen jener Tage im Mai 1971, die er im Rahmen seiner Reiseberichte anfertigte, sind ein Paradestück in der großen Geschichte im Verhältnis der Verleger zu ihren Autoren. Auf dem immer schmalen Grat der extremen Empfindlichkeit der Diven-Schriftsteller – vor allem all der Stars im Hause Suhrkamp – ein Grat, auf dem Unseld meisterhaft zu tänzeln verstand, drohte er aus Anlass des sechzigsten Geburtstages seines Lieblingsautors abzustürzen. Lange schon hat er ihm seinen Besuch in New York, wo sich Frisch damals aufhält, zu dessen Feiertag zugesagt. Doch schon zur Abreise ist er gehetzt und gestresst, notiert, dass er es sich eigentlich gerade gar nicht leisten kann, in die Welt zu fliegen, nur um einen Geburtstag zu feiern. Helene Weigel, die Witwe Brechts, war kurz zuvor gestorben, und die Staatsbehörden der DDR drohten nun, die Rechte an seinem Werk zu verstaatlichen und zu monopolisieren. Alle Rechte. Auch die fürs westliche Ausland, das heißt: die Rechte, die bei Suhrkamp lagen und dem Verlag Jahr für Jahr Millionen eintrugen. Es waren dramatische Tage für den Verlag. Unseld war kurz zuvor auf der Beerdigung Helene Weigels gewesen, hatte auf spektakulärem Wege einen spektakulären Kranz niederlegen lassen und war nun voller Stolz auf den Kranz und voller Sorge um die Millionen. Damit fing das Unglück schon mal an. Uwe Johnson hatte Frisch übrigens schon vorher voller Hohn über Unselds Stolz auf den Kranz und die aus dem Westen eingeflogenen Blumen unterrichtet. Frisch wusste also, was er zu erwarten hatte, aber offenbar hat ihn die grenzenlose Aufregung seines Verlegers, die ganz und gar nicht ihm, dem Gefeierten, galt, dann doch überrascht. Es begann nicht gut und wurde immer schlimmer. Unseld ahnte nicht, woran es liegen könnte, er bemerkte nur eine zunehmende Gereiztheit des Gefeierten, während und nach den Feierlichkeiten. Am Geburtstag selbst hatte Unseld das Ehepaar Frisch zunächst zum Mittagessen in ein Restaurant eingeladen, am Abend feierten die Frischs in ihrer Wohnung, fünf Tage später, am 20. Mai, gab es noch einen Empfang des Suhrkamp Verlages mit etwa hundert Gästen aus der Buch- und Filmbranche. Unseld war zufrieden. Frisch kochte. Und schwieg. Bis Marianne schließlich sagte: »Wollt ihr eigentlich nicht miteinander reden?« Da kam es zur Explosion. Frisch wütete und schimpfte und überschüttete seinen Verleger mit einer wahren Suada an Vorwürfen. Alles, alles, alles war ihm

305

nicht recht. Das Mittagessen zu formlos! Kein Geschenk! Lächerliches Benehmen! Keine Form der Ehrung von Seiten des Verlags. Er sei nicht gefeiert worden. Überhaupt nicht. Unseld hätte sich etwas einfallen lassen müssen, das habe er nicht getan. Vor allem aber habe er kein Interesse an seiner Person, an ihm, Max Frisch, gezeigt, gar nichts. Unseld notiert konsterniert: »Seine Konsequenz wäre, dass er mich in Zukunft nur noch als Vertreter des Verlages ansehen und nur noch Verlagsdinge mit mir besprechen würde. Dinge, die ihn im Inneren berührten, würde er in Zukunft nicht mit mir besprechen, sondern mit Leuten, die an ihm interessiert sind.« Das traf Unseld wie ein Schlag. Hatte er nicht alles getan, um seinen Autor zu feiern? Hatte er ihm nicht eine Werkausgabe, eine Festschrift, alles, was ein Verlag zum Feiern seines Autors tun kann, angeboten, und hatte Frisch nicht all das abgelehnt? Ja, schon, gibt Frisch zu, aber er hätte sich eben etwas anderes einfallen lassen müssen. »Und was?«, fragt Unseld. Frisch entgegnet, das sei nicht seine Sache. In einem Brief an Johnson konkretisiert er seine Vorwürfe gegen den Verleger. Der Hauptanklagepunkt auch hier: kein Interesse an seiner Person. (»Um nicht ungerecht zu sein, muss ich beifügen, dass die Frage, wie es mir gehe, beim Mittagessen gestellt worden ist; ich sagte: Gut! Damit wir im Restaurant, wo es endlich ruhig war, zur Sache kommen konnten: zum Verlag.«) Und er fügt noch eine groteske Episode hinzu. Bei der Geburtstagsfeier am Abend habe Unseld einer jungen Übersetzerin sowjetischer Lyrik den Antrag gemacht, ihn doch 48 Stunden nach Florida zu begleiten. Diese jedoch sei »ohne Sinn für unseren Verleger« gewesen. Die Gastgeberin, die den Antrag mitgehört hatte, fragte ironisch nach: »Nur 48 Stunden?« Darauf der Verleger: »You can't imagine what time is for a man like me.«

Marianne Frisch erinnert sich noch heute an den Besuch des Verlegers, erinnert sich daran, wie unmöglich er sich in ihren Augen benommen hat: »Er hat sich selbst als Geschenk betrachtet«, sagt sie. Schon bei der ersten Rundfahrt durch New

York habe er ausschließlich von sich, vom Verlag, seinen Sorgen mit den Brecht-Erben gesprochen. Auf der großen Geburtstagsfeier habe er eine grauenvolle Rede auf Deutsch gehalten, jeden Satz um das Wörtchen »möge« herum. »Möge der Jubilar...«, möge, möge. »Lauter Blödsinn auf deutsch«, Frisch habe sich vor seinen amerikanischen Freunden geschämt für seinen deutschen Verleger, und seine amerikanische Verlegerin Helen Wolff »war unter dem Tisch vor Scham«.

In seinem Reisebericht schreibt Unseld, er sei in diesen New Yorker Tagen »einsam wie ein Hund!« gewesen und habe auch deshalb seine Reise vorzeitig abgebrochen. Für ihn war diese Begegnung mit Max Frisch vielleicht die tiefste Enttäuschung in seinem Verlegerleben. Er war völlig konsterniert: »Für mich wird dieser Mittwoch, der 19. Mai 1971, nicht nur unvergesslich, sondern ein Datum sein.« Er habe bis zu diesem Zeitpunkt immer darauf gebaut, dass es auch Freundschaft in der Beziehung zwischen Autor und Verleger geben könne, »aber seit diesem Datum weiß ich, dass das vielleicht nicht oder nicht mehr möglich sein kann und dass ich mich darauf einstellen muß, das Rettungsmittel kann nicht Liebe sein, sondern nur Arbeit«. Und er erinnert sich an eine Kette von Unheilsgeschichten, die er mit seinem Autor schon erleben musste. Der Abend in der Klettenbergstraße mit Enzensberger, Johnson und Walser, als er so ausfallend geworden war. Ein Anruf »1967 oder 1968« aus Rom, in dem er seinen Abschied aus dem Verlag androhte, weil er mit einigen anderen Autoren (die Edition des Reiseberichts spart leider die Namen der Kollegen aus) nicht im selben Verlag sein könne, ein anderes Mal nach einem wüsten Streit in Küsnacht hatte er seinem Verleger ein Porträt von sich geschenkt und darunter geschrieben: »Freundschaft ohne Hoffnung«.

Und ein Jahr vor der Eskalation in New York war es in Berzona zu einer dramatischen Szene zwischen Autor und Verleger gekommen. Anlass war der bei Suhrkamp erschienene Materialienband »Über Max Frisch«, den Frisch erbärmlich fand, »schluderhaft« und »unter jeglichem Niveau«.

Auch damals hatte der plötzliche Ausbruch seines Autors den Verleger wie ein Blitz aus heiterem Himmel getroffen. Konsterniert schreibt er in seine Verlagschronik: »Was er hier äußerte, kann kaum aufgezeichnet werden.« Frisch erklärte, dass er einem Verlag, der so schlampig arbeite, seine Bücher eigentlich nicht mehr anvertrauen könne. Suhrkamp gebe ihm »nicht mehr die Garantie, seine Arbeiten wirklich noch betreuen zu können.« Unseld notiert: »Ein solcher Vorgang zerstört nicht nur das, was in Jahren der Zusammenarbeit an Vertrauen gebildet wurde, sondern belastet natürlich auch jegliche weitere Zusammenarbeit.«

Das alles hatte Unseld mit Duldermiene ertragen. Diese Begegnung in New York jedoch stellte alles in den Schatten. »Er traf mich so, dass ich zum ersten Mal in meinem Leben Resignation empfand. Den Gedanken dachte, das Handtuch zu werfen. Auch ich habe ein Recht, nicht gedemütigt werden zu wollen.«

Die Beziehung der beiden stand nunmehr auf wackligen Beinen. Es dauerte nicht lange, bis es über die Schweizer Dependance des Suhrkamp Verlages, die, kaum gegründet, im Streit über das Programm schon wieder geschlossen wurde, zum ersten öffentlichen Zerwürfnis zwischen den beiden kam.

Hier in New York, im Mai, war einfach alles zusammengekommen. Zwei Alpha-Männlein, die ihre Bedeutung wie einen Schutzschild um sich herum tragen, ein gehetzter Verleger, der vor lauter Geschäftssorgen nur mit halbem Herzen am Ort ist und der vor allem die Bedeutung und Gefahr, die in diesem Feiertage liegt, gnadenlos unterschätzt.

Manchmal scheint es aber so, als habe es Max Frisch auch etwas Vergnügen gemacht, seinen von ihm und seinen Büchern natürlich abhängigen Verleger zu quälen. Der Sohn Siegfried Unselds, Joachim, hat das einmal schön zusammengefasst, als ich ihm im Gespräch kurz andeutete, dass ich an einer Biografie über Max Frisch arbeite. »Schreiben Sie da auch, dass er ein Ekel war?«, fragte er nur knapp und schilderte einige weitere Episoden, wie der berühmte, erfolgreiche Autor seinen Vater spüren ließ, dass er nicht viel von ihm hielt. Oft nur Kleinigkeiten. Einmal sagte er kurzfristig einen lange vereinbarten, wichtigen Termin mit seinem Verleger ab. Daraufhin Unseld: »Na gut, dann schau ich eben im Hotel Fußball.« Da entgegnete Frisch fröhlich: »Ach, Fußball kannst du auch bei mir gucken. Aber nicht reden!« Meist funktionierte das Spiel zwischen Genie und Diener, zwischen Welt-Schriftsteller und seinem Dienstleister. Aber an diesem sechzigsten Geburtstag wäre das System beinahe kollabiert.

Explosionszeit. Für Max Frisch waren runde und halbrunde Geburtstage immer bedeutende Zäsuren gewesen. Der dreißigste, der fünfunddreißigste, der vierzigste Geburtstag, immer wieder hatte er panisch seine Lebensepoche verglichen mit dem, was man als bedeutender Mann zu diesem und jenem Zeitpunkt geleistet haben müsste. Und – zumindest bis zu seinem vierzigsten Lebensjahr – war er mit seinem Leben immer erschreckend weit hinter seinen Vorstellungen zurückgeblieben. Aber der sechzigste Geburtstag ist eine ganz andere Zäsur. Er war natürlich stolz auf das Erreichte, wollte es, um sich der eigenen Erfolge zu versichern, unbedingt entsprechend gewürdigt sehen. In der »Frankfurter Allgemeinen Zeitung« hatte Karl Heinz Bohrer unter der Überschrift »Max Frisch und wir« konstatiert, dass das Werk Frischs in seinen letzten Büchern in die Banalität abgleite. Ein Mann wie Frisch, mit dem immer erschütterungsbereiten Selbstbewusstsein, musste dadurch tief getroffen werden. Dazu kam die panische Angst vor dem Alter, das mit der Zahl Sechzig zu einer Lebenstatsache wurde, und dann auch noch die Nachricht von seinem Tod – nein, es waren keine guten Tage für Max Frisch.

Hinzu kam seine ohnehin beachtliche Reizbarkeit und Empfindlichkeit, die an schlechten Tagen schon mal in Jähzorn und Beleidigungslust übergehen konnte. Man muss sich nur einmal den ersten Brief anschauen, den er 1964 an Uwe Johnson schrieb. Man muss sich wundern, dass auf einen solchen Brief noch ein so umfangreicher Briefwechsel, eine so große Freundschaft folgte. Er schrieb darin, Johnson habe sich bei einem Treffen in Berlin nicht gut benommen, habe ihn nicht anständig begrüßt, sei rot geworden, als er nicht rot werden sollte, und überhaupt sei er, Frisch, nicht bereit, eine solche Begegnung »noch einmal hinzunehmen«. Johnson reagierte konsterniert, erklärte mühsam seine Scham, Unsicherheit im Small Talk und bat, sein Bedauern über das Missverständnis zu akzeptieren. Später bat ihn wiederum Frisch schamvoll darum, ihm jenen ersten beleidigten und beleidigenden Brief bitte zurückzusenden. Doch Johnson schickte nur eine Kopie.

Zum Sechzigsten gratulierte er angemessen und rechtzeitig, wünschte brieflich »many happy returns of the day« nach New York, Frisch freute sich, beschwerte sich über ihren gemeinsamen Verleger und dankte.

»Lebensschule der Ohnmacht«
Berlin. Johnson. Ziellosigkeit

Die beiden, Johnson und Frisch, hatten jetzt viel zusammen zu arbeiten, Johnson hatte ein überaus gründliches Lektorat mit einer großen Zahl an Kürzungsvorschlägen vorgenommen. Etwas ängstlich hatte er sie unterbreitet, doch Frisch war froh darüber, wenn er auch vieles davon nicht umsetzte. Mal trafen sie sich in Berzona, mal in Berlin, einmal schickte Frisch Johnson auch ein Flugticket nach New York, das dieser aber – es war ein Jahr lang gültig – für Recherchen für den neuen Band der »Jahrestage« verwenden sollte.

Und dann, im Frühjahr 1972, ist es endlich so weit. Das Tagebuch, zweiter Band, erscheint. Das erste Exemplar geht an den Autor. Und in einem Brief an Gottfried Honegger sind wir live dabei, wie ein sechzigjähriger Welt-Schriftsteller ein neues Buch empfängt: »Heute kam das erste Exemplar meines Tagebuchs; es, nämlich ein Buch, greifbar mit der Hand und nicht mehr zu ändern, betrifft mich noch immer. Es ist so viel weniger, als ich sechs Jahre lang (über Verzweiflungen hinweg) doch erhofft habe; trotzdem 12 Tulpen gekauft, die in der Stubenwärme platzen, und es ist einer der wenigen Abende, wo ich niemanden einlade, also unfestlich.« – Ein stolzer, hadernder, staunender Mann.

Die Aufnahme des Buches in der Tageskritik war freundlich bis sehr freundlich. Nicht gerade enthusiastisch, aber wohlwollend. Die Wut, die politische Kampfansage, die Empörungskraft des Buches wurde unaufgeregt quittiert. Aufregen wollte sich niemand. Ausgerechnet die FAZ bescheinigte dem Autor, er führe den Abstieg der Literatur ins Feuilleton für ältere Herrschaften vor.

Einen Teil des Tagebuchs hatte sich Frisch vorher schon entschlossen herauszutrennen, da er den Rahmen des Buchs gesprengt hätte: Endlich, mehr als zwanzig Jahre nachdem ihm Brecht den dringenden Rat dazu gegeben hatte, hatte sich Frisch mit dem Tell-Stoff beschäftigt und ihn für die Gegenwart adaptiert. Nicht als Theaterstück, sondern als Bericht aus der Jetzt-Zeit, mit Fußnoten aus der Vergangenheit, ein Bericht voller Anklänge an und Anklagen gegen die Schweiz der Gegenwart, ihre Fremdenfeindlichkeit, ihre Zukunftsscheu, ihre Dickköpfigkeit. Der Mythos als Geschichte einer Folge von Missverständnissen: »Wilhelm Tell für die Schule«, so der Titel des bis heute eine Million Mal verkauften Buches. Hier immerhin war das Echo, zumindest unter den Konservativen in Frischs Heimatland, wie erwartet: Empörung über die Verspottung des heiligen Schweizer Gründungsmythos und scharfe Angriffe gegen den Autor in der NZZ und anderswo. Satire? Ironie? Nichts davon vermag der Kritiker der NZZ zu erkennen. »Nur das Kichern eines Banausen.« Das war die eine Hälfte der Reaktionen. Peter von Matt erinnert sich heute, dass »sich damals ebenso viele über das Buch gefreut wie geärgert haben«. Frisch hatte zu der Zeit in der Schweiz eine gewaltige Anhängerschaft. Er war eine der wichtigsten öffentlichen Identifikationsfiguren. Aber auch von Matt, einer der besten Kenner und großer Freund von Frischs Werk, fand damals schon Empörung wie Freude gleichermaßen verwunderlich: »Der Gründungsmythos der Schweiz war ja längst dekonstruiert. Ich erinnere mich, wie ich beim Erscheinen des Büchleins gedacht habe: Wieso kommt der jetzt mit diesem alten Hut?«

Besonders gut ist Frischs Tell auch aus heutiger Sicht wirklich nicht. Die Gegenwartsadaption liest sich sehr verkrampft in ihrem Bemühen um Kritik an der Schweiz, so wie sie ist. Ein Privatbuch in dem Kampf: Frisch und sein Bild der idealen Schweiz gegen die Schweiz der Wirklichkeit. Das ist ein bisschen langweilig, kleinkariert, lokalpolitisch – wahrscheinlich nicht ganz das, was Bertolt Brecht im Sinn gehabt hatte, damals, als er Frisch den Tell empfahl.

Aber die Reaktionen trugen auch dazu bei, dass es mal wieder an der Zeit für einen größeren räumlichen Wechsel war, Zeit für eine erneute Verschiebung des Lebensmittelpunktes – fort von Zürich, hinüber in seine Stadt, die er so oft so glücklich und begeistert beschrieben hatte: nach Berlin.

Und das kam so: Sie waren wieder einmal zu Besuch in der Stadt, besuchten die Johnsons, auch die Familie Grass. Die wohnten alle eng beisammen in dem beschaulichen Westberliner Bezirk Friedenau. Wenn er nicht schon so hieße, müsste man ihm diesen Namen geben. Hier ist es grün und ruhig und beinahe dörflich. Familie Grass bewohnte ein kleines rotes Backsteinhaus in der Niedstraße 13. Max Frisch war gerade unterwegs in der Welt, seine Frau saß oft bei Anna Grass am Tisch, und bei ihnen saß immer mal wieder ein etwas mürrischer Herr, der Literaturkritiker Wolfgang Werth. Er hatte sich kurz zuvor eine Wohnung gekauft, gleich um die Ecke, in der Sarrazinstraße. Jetzt erschien sie ihm zu teuer, die Provision zu hoch, und außerdem hatte er eine Festanstellung als Literaturredakteur der »Süddeutschen Zeitung« in Aussicht. Arbeitsort: München. Was sollte er jetzt mit dieser Wohnung? Marianne hörte seine Klagen, schaute mit ihm die Unglückswohnung an, einfach so, erzählte ihrem Mann am Telefon davon, nur um sich über Wolfgang Werth ein wenig lustig zu machen. Dann musste sie nach Frankfurt, Max kam nach Berlin, und als sie das nächste Mal telefonierten, hatte er die Wohnung schon gekauft. (»Es ist schön, Millionär zu sein«, würde es an dieser Stelle in der Werbung wohl heißen.) Uwe Johnson half ihm bei Notarfragen und beim Grundbuchamt, Wolfgang Werth nahm er die Sorge, dass er die hohe Maklerprovision verlieren könnte, und schon bald, Ende 1972, zog das Ehepaar Frisch ein. Es war eine Wohnung, wie sie sie in Zürich lange vergeblich gesucht hatten: hohe Decken, heller, großer Altbau, nicht zu weit vom Stadtzentrum entfernt, Freunde in unmittelbarer Nachbarschaft.

Doch die Ehe zeigte erste Risse. In Briefen an den Freund Gottfried Honegger deutet er es immer mal wieder an. Das Einrichten einer neuen gemeinsamen Wohnung macht Differenzen deutlich, die sonst im Verborgenen bleiben: »Ich werde 62, sie 34, was bekannt ist«, schreibt er an den Malerfreund. »Nur bringt das Einrichten einer Wohnung es mit sich, dass man sich einer Situation bewusster wird. Ohne die Lösung zu sehen.« Und zweifelnd fügt er hinzu: »Ob dieser Berlin-Versuch sinnvoll ist, wird sich zeigen.« Immerhin, die Luft sei ein Segen, sein Kopfweh sei hier verschwunden, er ist weniger müde. Und auch die Sorge (er nennt es schamhaft auch gerne eine Hoffnung), dass ihn hier, in West-Berlin niemand kennen würde, erweist sich als unbegründet. Der Tapezierer fragt, ob er gerade an einem neuen Stück arbeite, die Bank vertraut ihm »ohne Telex-Rückfrage«, und »im Lampengeschäft bedienen mich Leser«. Max Frisch mag Berlin – und Berlin mag ihn. Auch wenn ihm nach einer Weile die Erkenntnis dämmert: »Wahrscheinlich ist Berlin auch Provinz, aber anders.«

Sie blieben weiterhin sehr flexibel, reisten viel, den Sommer verbrachten sie wieder zum großen Teil in Berzona. Sie haben viel gemeinsam gearbeitet, Marianne war für ihn eine wichtige Ratgeberin beim Schreiben. Er hat ihrem Urteil vertraut. Marianne Frisch arbeitete als Lektorin und Übersetzerin, schrieb Gutachten über französischsprachige, englische, spanische und italienische Dramen für deutsche Verlage und übersetzte vor allem Theaterstücke aus dem Englischen, Stücke von Harold Pinter, Virginia Woolf und Edward Bond. Sie hatte auch ihre eigene Welt, jenseits des Planeten Max.

Im Juli meldete er Uwe Johnson aus dem Tessin: »Wir fahren nächste Woche in die Bretagne, ohne genauen Plan, die Gunst des Zufalls herausfordernd, bittend um Schutzengel auf den Strassen; um sie nicht zu strapazieren, verladen wir den kleinen Wagen auf die Bahn von Mailand nach Paris.«

Das klingt schön und entspannt, darf aber nicht darüber hinwegtäuschen, dass ihm das Schreiben immer schwerer fiel. Das Tagebuch war ein Berserkerbuch gewesen und hatte ihm alles abverlangt. Nun droht ihn mitunter sogar die schöne Wut zu verlassen. »Die Gelassenheit«, schreibt er an Enzensberger, »macht mir zu schaffen.« Der tröstet zurück: »Für mich ist die Gelassenheit ein anderer Aggregatzustand von Zorn.« Frisch ist mehr denn je mit der Welt beschäftigt, mit dem Weltgeschehen und dabei immer verzweifelter über die eigene Machtlosigkeit. Seine Hoffnungsträger im Osten Europas wie Sacharow und Dubček waren inhaftiert oder kaltgestellt, und als im September 1973 Salvador Allende in Chile durch einen Militärputsch gestürzt wird, schreibt er an Johnson: »Chile. Wieder einmal so, dass ich nicht mehr weiss, was ich denn nun endlich glaube von Reform ohne Diktatur. Und die Ohnmacht, diese Lebensschule der Ohnmacht; da helfen alle Vorkurse nicht, man lernt's nie.«

Literarisch wird es langsam Zeit für eine erste Bilanz. Das Wort, das ihn mehrere Jahre furchtbar erschreckt hatte, heißt: Werkausgabe. Sein Verleger hatte ihm eine solche 1969 zum ersten Mal vorgeschlagen. Frisch wehrte ab, hatte Angst vor der Musealisierung zu Lebzeiten. Doch Ende 1972, anlässlich eines Treffens von Martin Walser, Uwe Johnson und dem Verleger bei den Miteigentümern des Verlages, der Familie Reinhart in Winterthur, gab er seinen Widerstand auf. Es sollte eine Werkausgabe geben, Hans Mayer, der Mann, dem seine politische Überzeugung damals, bei ihrem ersten Treffen in Breslau, nach zwei, drei Gläsern zu viel, wie eine Larve vor dem Gesicht verrutscht war und der seitdem Frischs Werk wohlwollend-kritisch begleitet hatte, sollte als Herausgeber fungieren. Ein paar Wochen später, in einer Kneipe in Berlin, entwarf er, zusammen mit Uwe Johnson, einen Plan, der das Gesamtwerk, inklusive später vernichteter beziehungsweise verleugneter Werke, wie etwa »Tagebuch 1950– 1965« sowie »Antwort aus der Stille«, beinhaltete. Johnson schickte ihm zur Sicherheit gleich den Kneipen-Editionsplan per Post nach Hause. Doch Frisch einigte sich nach langen Gesprächen in Berzona auf eine Werkausgabe, die einen großen Teil, aber nicht alle, vor allem bei Weitem nicht alle journalistischen Texte enthalten sollte.

Max Frisch war erleichtert, als die Grundzüge seines Lebens- und Schreibmuseums einigermaßen festgelegt waren. Aber wie es mit dem Schreiben weitergehen sollte, das erschien jetzt unklarer denn je.

»Ich war ziemlich feige«
Revisionen. Und der Versuch, ein Tal zu erzählen

Im Dezember 1973 schrieb er konsterniert an Honegger: »Ein Jahr lang miserabel gearbeitet. Die Sätze, die beim Wiederlesen nichts mehr heißen. Die alltäglich gewordene Verzweiflung. Da ich es ohne Schreibmaschine nicht aushalte, habe ich im Herbst etwas geschrieben, was nichts mit Literatur zu tun hat.«

Gemeint war das »Dienstbüchlein«, das wir schon im Kriegskapitel erwähnt hatten. Die Generalrevision der »Blätter aus dem Brotsack« und seines politischen Denkens und

Schreibens. »Wenn ich nicht will, so brauche ich mich nicht zu erinnern. Warum will ich? Zeugen sterben langsam aus. Warum erinnere ich mich ungern? Ich sehe: Ich war ziemlich feige; ich wollte nicht sehen, was Tag für Tag zu sehen war.« Hier ist der Ton wieder, anders als beim Tell, modern und leicht und gegenwärtig. Völlig unverstaubt, episodenhaft, schnell. Es ist eine Selbstanklage, aber auch ein Suchen nach den Gründen, wie es möglich ist, wie es möglich war – glauben zu wollen, statt zu sehen, was sichtbar war. Zu wissen, was man hätte wissen können. Akribisch zeichnet er nach, was er wusste, was er hätte wissen können.

Das Urteil heute fällt drastisch aus: »Was mir damals nicht auffiel: der dezente Geruch von Blut-und-Boden – helvetisch.« Aber auch die Gründe für das Nicht-sehen-Wollen werden nicht verschwiegen: »Man rechnete mit dem deutschen Überfall. Ich hatte Angst. Ich war dankbar für alles, was nach Waffe aussah. Ich verweigerte mich jedem Zweifel an unserer Armee.« Und es ist auch ein Buch über die Erinnerung, die merkwürdige: Die sechsstellige Nummer seines Karabiners weiß er auch nach dreißig Jahren noch auswendig – was hat er vergessen? Es gibt kein Zurück in die Erinnerung, kein Zurück in die andren Gefilde, die Nicht-Erinnerten, im Dunkeln. Die Erinnerung spricht: »Freundschaft mit Emigranten, drei fleischlose Tage in der Woche usw., man erinnert sich an Punkte: – keine Ahnung, wie sie sich damals zu einer Gegenwart zusammengesetzt haben.« Die Landschaft, in der er diente, damals, hat er wohl gemocht: »Fünfundzwanzig Jahre später kaufte ich in dieser Gegend ein altes Haus, Dach aus Granit – so sehr muß diese Gegend mir gefallen haben.«

Er schreibt das alles auf. Doch weiß er kaum, wozu. Max Frisch ist nur mit halbem Herzen dabei. Gleichzeitig schreibt er an einem anderen Text, einer Erzählung, die in einem Haus spielt, das jenem Granithausdach dort oben in Berzona bis ins Detail hinein gleicht. Es war sein Traum, zum ersten Mal im August 1972 aus Berzona an Johnson geschrieben: »Jetzt müsste es nur noch gelingen, nämlich: ein Tal zu erzählen.« Ein Jahr später droht der Traum schon langsam zu einer Qual zu werden:»Wir also sitzen in diesem Tal, das sich sonnig gibt, aber nicht erzählbar. Ich habe es nochmals versucht. Erzählerposition, Optik. Marianne ist noch gar nicht überzeugt und hat gute Gründe dafür, ich selbst bin noch ungeheilt und habe das Thema noch nicht ausgeschwitzt, morgens erwache ich dran.« Dann scheint es plötzlich ganz leicht zu gehen. Im Januar 1974 meldet er die Fertigstellung an Honegger. Die Erzählung soll den Titel »Klima« tragen und »handelt von der Angst, dass die Berge einstürzen, das Meer steigt, die Saurier in den Garten kommen, dabei ist dann nur eine Person, ihr Hirn, das verschüttet wird«. Das ist fast alles richtig. Der Suhrkamp-Katalog des Jahres kündigt die Erzählung »Klima« auch schon an. Doch wird sie nicht »Klima« heißen, und sie wird auch nicht 1974 erscheinen. Fünf weitere Jahre quält er sich noch mit diesem Buch, schreibt immer wieder neue Versionen, lässt sie immer wieder liegen, nimmt sie neu auf. 1979 schließlich wird das Buch veröffentlicht. Unter dem Titel: »Der Mensch erscheint im Holozän«.

Doch bis dahin ist es noch weit. Jetzt ist Frühling. Er wird nach Amerika eingeladen, um in New York zum Ehrenmitglied der Academy of Arts and Letters sowie des National Institute of Arts and Letters ernannt zu werden. Dort wird ihm diesmal eine junge Frau vom Verlag zur Seite gestellt, um ihn von Pressetermin zu Pressetermin zu begleiten und seine Reise vor Ort zu koordinieren. Sie heißt Alice Locke-Carey, sie ist dreißig Jahre alt, sie hat in diesem Mai eine Affäre mit Max Frisch, eigentlich nur ein Wochenende lang, und an diesem Wochenende fahren die beiden in einem gemieteten blauen Ford nach Long Island. Sie fahren nach: Montauk.

»Alice«
Reise in ein Buch, Winter 2009

Ein Schild, das Aussicht über die Insel verspricht: OVER-LOOK. Sie ist sich nicht sicher, ob es das richtige Schild ist. Wir parken das Auto auf dem großen, leeren Parkplatz, steigen aus. Sie geht an die hölzerne Absperrung, schaut. Ihre roten Haare im Wind. Man sieht das Meer in einiger Entfernung, die Dünen, militärisches Sperrgebiet hinter einem Zaun. Nein, es ist nicht der richtige Parkplatz. Hier hat sie nicht begonnen, ihre Geschichte, die Erzählung. Die Geschichte von Lynn und Max. Das Buch – »Montauk«. Wir sind auf einer sonderbaren Reise. Auf der Reise in ein Buch, in eine Vergangenheit, in ein anderes, ein früheres Leben hinein, eine Reise an den Ort einer Liebe, die vergangen ist. Sie heißt Alice Carey, im Buch heißt sie Lynn, ihr Geliebter hieß Max Frisch, im Buch und in der Wirklichkeit. »Montauk« ist eine der schönsten Erzählungen über die Liebe, die es gibt, die Geschichte eines Wochenendes im Mai 1974. Es ist ein Experiment, der Versuch, die Wahrheit zu erzählen, nichts hinzuzuerfinden, nichts wegzulassen: »Ich möchte diesen Tag beschreiben, nichts als diesen Tag, unser Wochenende und wie's dazu gekommen ist, wie es weiter verläuft. Ich möchte erzählen können, ohne irgendetwas dabei zu erfinden. Eine einfältige Erzähler-Position.« So Frischs Programm in »Montauk«.

Lynn war immer ein großes Geheimnis in der Gemeinde der Frisch-Freunde, diese Frau, die Liebe eines Wochenendes. Sie war damals dreißig Jahre alt, Max Frisch zweiundsechzig. Er war verheiratet, die Ehe war schwierig manchmal, er war nicht gerade für seine Treue bekannt, und auch die Liebe seiner Frau Marianne zu dem amerikanischen Schriftsteller Donald Barthelme beschreibt Frisch in diesem Buch; seine eigenen Fehler, seine Hysterie, seine ganze Unerträglichkeit nach jahrelanger Ehe auch. Und jetzt also Lynn.

Jetzt dieses Wochenende, ihr rotes Haar, ihr kleiner Po in der engen Jeans, ihre Leichtigkeit, ihre Naivität, ihr Insistieren auf unbekümmerten Fragen, seine Zweifel, seine Freude an diesem neuen Leben, seine Freude daran, ein neues Leben zu beginnen, eine neue Leichtigkeit in sich zu spüren, wenigstens für ein Wochenende. Eine kleine, plötzliche Liebe, eine große, letzte Liebe: »Eine wird die letzte Frau sein, und ich wünsche, es sei Lynn, wir werden einen leichten und guten Abschied haben.«

Wer war Lynn?

Wer ist Alice?

Sie lebt heute in einem kleinen Ort in den Bergen von North Carolina, in Hendersonville. Ihre Mailadresse habe ich vom Max-Frisch-Archiv in Zürich bekommen. Ich schrieb ihr, dass ich sie treffen möchte, dass ich mit ihr über Max Frisch reden möchte und das Wochenende vor sechsunddreißig Jahren. Lange bekam ich keine Antwort, wochenlang. Ich schrieb erneut, mit wenig Hoffnung. Entweder hatte sie die Mailadresse gewechselt, oder – noch wahrscheinlicher – sie wollte nicht mehr an eine kurze Liebe aus einem anderen Leben erinnert werden und auch noch mit einem deutschen Journalisten darüber reden. Doch diesmal antwortete sie sofort. Ob ich ihre erste Mail nicht bekommen hätte. Natürlich wolle sie mich treffen, natürlich erinnere sie sich gern an das Wochenende damals in Montauk. Irgendein Spam-Filter musste ihre erste Post abgefangen haben. Jetzt war sie da: Post von Lynn. Post aus einem Roman.

»O.K.O.K.«, begann sie, schon etwas ungehalten und dass sie mir das doch alles schon längst zugesagt hätte und ob ich nicht nach Western North Carolina kommen wolle, zu ihr nach Hause, sie habe Zeit und freue sich. Eine Reise nach New York könne sie sich leider nicht leisten. Es entwickelt sich ein Mailwechsel. Sie sagt, ich solle sie Alice nennen, und schon nach der dritten Mail schreibt sie, dass wir beinahe schon Freunde seien und ob ich sie einen Nachmittag lang sehen möchte oder zwei oder eine Woche oder vielleicht auch einen Monat. »Ein Wochenende«, schreibe ich zurück. Sie schreibt, sie könne jetzt vielleicht doch nach New York kommen, und wir verabreden uns also für ein Wochenende, wir wollen ein Auto mieten und rausfahren, 110 Meilen, an die Spitze von Long Island, nach Montauk.

Sie wohnt im Apartment einer Freundin in der 5th Avenue, Ecke 12. Straße, ein helles Marmor-Entrée, und da kommt sie schon herunter. Eilig, leichtfüßig, grüßt wie nebenbei, brauner Daunenmantel, langes, rotes Haar, fast mädchenhaft, blaue Augen, die sie eilig abwendet. Es ist Abend, und kurz darauf sitzen wir bei einem Italiener, beide etwas überrascht von der plötzlichen Wirklichkeit der Situation. Eine Romanfigur und ein Leser gehen etwas essen. Alice im grauen Pullover, ein Edelsteinherz in silberner Fassung um den Hals, hellrote Augenbrauen, manchmal wirkt sie fast durchsichtig, irgendwie sphärisch.

Sie erzählt von sich und von Max. »Es war sein Blick«, sagt sie. »Ich fühlte mich erkannt, bis in mein Innerstes hinein. Seine Augen, die tief hängenden Lider hinter der dicken Brille, er hatte so einen intensiven, großen Blick.« Und dass sie so wahnsinnig naiv war damals, so jung und innerlich so instabil und ganz ohne Richtung, ohne Lebensrichtung. Den Job beim Verlag hat sie kurz nach dem Wochenende wieder aufgegeben. Sie suchte lange ihren Weg, manchmal meint sie, sie suche heute noch. Max habe sie damals auf einen Sockel gestellt, wie ein Reiterstandbild. »Er war so groß, so selbstsicher, reich und erfolgreich.« Selbst als sie ihn eines Abends in New York zu einem Arbeitsessen vom Verlag ausführte, wollte er bezahlen. Er hatte das Geld. Er war der Mann. Er bestand darauf. Er fühlte sich für alles verantwortlich. Auch für das Wetter.

Sie isst Muscheln, trinkt Merlot, wir sitzen am Fenster, schauen hinaus. New York bei Nacht. Sie ist schon lange nicht mehr hier gewesen, in der Stadt. An den Straßenrändern liegen noch Schneereste.

Nein, er hatte ihr nicht gesagt, dass er ein Buch schreiben

320

würde über ihr Wochenende in Montauk. Irgendwann kam es mit der Post. »Ein kleines Buch. Ich hoffe, es gefällt Dir«, schrieb er. Tagelang saß sie da und hat es sich mit dem Wörterbuch mühsam übersetzt. »Ich war empört zunächst und voller Scham.« Sie konnte es nicht glauben, dass er einfach alles aufgeschrieben hatte. Ihre Nacktheit. Ihre Küsse. Ihre erste Nacht. Ihre Haare, die Sonnenstühle am Strand, der Aussichtspunkt am Rand der Straße. Ihre Sätze. Und doch empörte sie am meisten das, was nicht stimmte. »Er hatte Sätze aus dem Zusammenhang gerissen. Dieses ›Max you are a monster‹ zum Beispiel, es hatte gar nichts zu tun mit dem Moment, in dem es im Buch gebraucht wird. Er hat es für seine Zwecke benutzt. Aber nach einer Weile dachte ich: Tun wir das nicht alle? Setzen wir nicht alle unser Leben aus Unzusammenhängendem neu zusammen?«

Sie hat es ihm nicht lange übel genommen, das Buch, die Entblößungen. Auch ihre Nacktheit nicht? Das Ausplaudern ihrer Jungfräulichkeit vor ihrer ersten Ehe? »She too was a virgin.« Intimste Details? »Ja, es war ein Schock. Vor allem, weil er sich überhaupt keine Mühe gegeben hatte, meine wahre Identität zu verhüllen: Die dreißigjährige rothaarige Verlagsassistentin von Helen Wolff – wer es wissen wollte, wusste sofort, wer diese Lynn ist. Meine Chefin sagte boshaft: ›Oh, wir hatten gar nicht gedacht, dass Alice noch ein Leben außerhalb des Verlages hat.‹«

Alice Carey erzählt langsam und nachdenklich mit einer leisen Stimme. Immer wieder stockt das Gespräch kurz, und sie scheint sich zu fragen, wem sie das alles erzählt und warum. Sie wird sich das noch öfter fragen in den nächsten zwei Tagen. Was sie hier macht und wie lange das her ist. Das Damals. Wie viel Zeit vergangen ist und – was für eine Zeit.

»Lynn weiß, wo es schön wäre: Montauk.«

Für den nächsten Morgen hat sie einen Mietwagen reserviert. Keinen blauen Ford wie damals, einen silbernen Hyundai, ein Nicht-Auto eigentlich, auf der Straße beinahe unsichtbar. Wir grüßen uns, immer noch etwas unsicher über die bevorstehende Fahrt. Ob wir eine Versicherung wollen, fragt die graue Dame am Schalter. Alice schüttelt den Kopf und sagt: »Wir sind unverwundbar.« »Also nein?« »Ja. Nein.« Alice fährt. Wir haben nur eine unbrauchbar grobe Straßenkarte vom Autoverleih dabei. Sie meint, sie finde den Weg aus der Stadt. Als wir zum dritten Mal an derselben Kreuzung vorbeikommen, fragen wir einen Polizisten.

New York im Licht, es ist kalt, die Sonne scheint, es ist kaum Verkehr. Alice fährt etwas unsicher. Eine klassische Frisch-Szene. Autofahren zu zweit als Beleg eines Nicht-Vertrauens, einer Besserwisserei. Einer fährt, einer navigiert. Sie fährt schlecht, er führt sie falsch, zunehmende Gereiztheit. Die Szene im Tagebuch: »Bist du sicher?« Er war sicher – männlich sicher bis zum Tod.

Das war das unendlich Schöne an dem Wochenende in Montauk. So wie es Frisch beschreibt. Es braucht eine Ehe, um das Monster Max Frisch kennenzulernen. Ein Wochenende reicht nicht. An einem Wochenende sich zurücklehnen, der Fahrerin vertrauen, ohne Arg und ohne Angst und ohne Erinnerung an Fehler von einst. Ohne einen Berg altes Leben, von dem man herabschaut, immer tiefer herab.

Wir fahren. Ich frage. Sie erinnert sich an nichts. Sie ist seit damals nicht mehr hier gewesen, ist die Strecke nicht mehr gefahren. Sie erinnert sich nicht. Langsam gehen mir die Fragen aus. Gleichzeitig deuten wir auf ein Schild am Straßenrand: »Café Max« – wie schön. Dann ein »Memory Motel«. Dann wieder lange nichts. Nackte Bäume, etwas Schnee, leere Luft. Ob mich die Landschaft an etwas erinnert, fragt sie mich. Ich sage »nein« und frage mich, ob sie jetzt ihrerseits versucht, Teile des Buches nachzuspielen, und denke an die ersten Seiten, auf denen der Autor sich ärgert, dass jede neue Landschaft ihn immer schon an eine alte Erfahrung erinnert: »Trotzdem denkt er an Griechenland, dann wieder an Sylt. Es stört ihn, dass immer Erinnerungen da sind.« Das Programm, das literarische Programm jenes Wochenendes damals war das Gegenteil dieser Alles-Erinnerung: »Er möchte bloß Gegenwart.« Und: »Er möchte bloß sehen.« Wir sind heute auf einer Fahrt mit gegenteiligem Programm. Wir suchen die Erinnerung. Wir suchen Zitate in der Landschaft. Vergangenheit.

In Amagansett, nach etwa zwei Stunden Fahrt, hat Alice Hunger. »AMAGANSETT heißt also der Ort, wo er gestern beschlossen hat, dieses Wochenende zu erzählen: autobiographisch, ja, autobiographisch.« Es ist eigentlich kein Ort, war es damals schon nicht. Ein paar Häuser, keine Menschen, Stille. Ein chinesisches Restaurant in einem leuchtendgrünen Holzhaus, wir essen Glasnudeln, trinken Wasser. Ein schweigsamer Kellner, vierzig Tische, alle leer.

Es ist, als zögerten wir die Ankunft etwas hinaus. Es sind nur noch wenige Meilen bis Montauk, bis zum Motel Gurney's Inn, wo sie damals wohnten, das gibt es immer noch. Ein großer, breiter Bau am Strand aus dunklem Holz. Jetzt sind wir da. Alice erinnert sich nicht. »Hat der Besitzer gewechselt in den letzten fünfunddreißig Jahren«, fragt sie die Frau an der Rezeption. »Oh ja«, sagt sie. Und welches Gebäude hier überhaupt älter sei als dreißig Jahre. Es sehe alles so anders aus. Ein Querbau, vorne am Strand, ist noch aus der damaligen Zeit. Wir nehmen zwei Zimmer. Mit Balkons nebeneinander, Blick aufs leere Meer. Sie geht auf ihren Balkon, ich auf meinen, ihre roten Haare im Wind, sie schaut. »Es könnte sein«, ruft sie in die Luft. Es könnte sein.

Wir gehen hinunter ans Meer. Keine Menschen, kalte Luft, in der Ferne, am Ende des Strandes, ein weißes Haus. Wir gehen und schauen. Erinnern uns an die zwei Liegesessel mit verblichenen Kissen, die damals hier gestanden haben, »Abstand etwas mehr als eine Armlänge«. Wo sind sie heute, frage ich vor mich hin. »I know«, sagt Alice. »Gone.«

Sie erzählt von der Zeit danach. Nach dem Wochenende. Sie hatten ausgemacht, einander nicht wiederzusehen, nicht zu schreiben. Nichts. Sie haben sich aber doch geschrieben. Erst selten, später, nach dem Schock des Buches, auch öfter.

Ihre Briefe liegen in einem Safe in Zürich. Seine Briefe hat sie alle noch. Sie wird sie eines Tages ans Frisch-Archiv geben. »Um sie loszuwerden.« Im Mai 1980, es war sein Geburtstag, war Max Frisch in New York. Alice lebte in Boston und schickte ihm Blumen ins Hotel. »Er rief mich an. Ich kam zu ihm. Er hat mich zu sich gerufen.« Sie wurden ein Paar, für drei Jahre. Lebten mal in seinem Haus in Berzona, mal in dem Loft in der Prince Street in New York, das er für sie beide gekauft hatte.

In Montauk sind sie nie mehr gewesen.

Manchmal denke ich, ihre Erinnerung an das Wochenende von damals ist kleiner, ist weniger intensiv als meine. Ich war nicht dabei. Nur im Buch, nur als Leser. Das ist die große Frisch-Kunst. In »Montauk« schreibt er: »Literatur hebt den Augenblick auf, dazu gibt es sie. Die Literatur hat die andere Zeit, ferner ein Thema, das alle angeht oder viele.« Und er endet: »Was man von ihren zwei Schuhen im Sand nicht sagen kann.« Zwei Schuhe im Sand. Heute sind es meine Schuhe dort. Sie sind nass geworden, von Wellen überspült. Barfuß durch den eiskalten Sand. »Leben im Zitat«, schreibt Frisch. Das macht dieses Wochenende so schwer und schön und leicht verwirrend. Laufen am Strand als Zitat, auch wenn man gar nicht daran denkt, gerade dann. Erst später denkt man: Die Schuhe, klar, das steht so im Buch. Ihre Schuhe.

Es sind Männer am Strand, in großen, schweren Pick-ups. Sie schleppen Baumstämme an Land. Oder sie fahren nur so hin und her, die Räder graben sich tief in den Sand, die Motoren heulen auf, Sand spritzt hoch, sie graben die Wagen wieder aus. Ein Männersport. Es geht ihnen nicht darum, die Baumstämme wirklich fortzuschaffen.

Wir gehen weiter. Sie erzählt, dass sie oft an Erzählungen von Henry James denken musste, wenn sie über ihr Verhältnis zu Max nachdachte. Die alten, lebenssatten Europäer, die in James' Erzählungen auf junge, naive, lebensfrohe Amerikaner treffen. »So war das auch mit uns.« Plötzlich, wie aus dem

Nichts, liegt ein totes Reh vor uns im Sand, halb eingegraben, noch kaum verwest. Unheimlich. Wie kommt das hierher? Der Strand ist scheinbar endlos, außer den Männern in den Pick-ups ist hier niemand. »Ein langer, leichter Nachmittag«, heißt es in »Montauk« immer wieder. Und dass es nur darum geht: die Schönheit zu beschreiben. Ein Glück. Die Wahrheit. Und dann in der Mitte das große »DAMN!«, das Fluchen darüber, dass es nicht geht. Dass die Welt eben anders ist. »Erstens ist das Meer nicht perlmuttgrau, die Möwen sind nicht weiß, der Sand weder gelb noch grau, nicht einmal das Gras ist grün oder gelb, das tiefe Gewölk nicht violett –.«

Später am Abend sitzen wir zusammen in ihrem Zimmer auf einem beigefarbenen Sofa und schauen uns Bilder an. Bilder von ihr und Max. Auf dem Piz Palü mit einer Flasche Wein, glücklich zu zweit, bei Bundeskanzler Schmidt im Wohnzimmer, Alice als scheues Reh mit langen Haaren, die ganz und gar nicht hineinpasst in dieses deutsche Zimmer, dann beide auf dem Dach ihres Lofts in New York, sie in Sandalen, den Arm lässig um seinen Hals geschlungen, mit Zigarette, lacht ihm ins Gesicht, er mit Pfeife, sieht nach unten, hat seine Hand zärtlich um ihre Hüfte gelegt.

Am nächsten Morgen, allein im großen Frühstückssaal vom Gurney's Inn, sagt sie, dass sie kaum geschlafen hat. Dass es sie doch sehr mitnimmt, die Situation, die Erinnerung. »Es ist alles wie damals. Der Strand ist der gleiche, das Meer ist das gleiche, die Sonne geht an der gleichen Stelle auf und unter. Und damals war hier ein alter Mann und eine junge Frau, die Fragen stellte. Heute ist es eine alte Frau und ein junger Mann. Ja. Aber es ist gut, ja, es ist gut. Es hat mich Max wieder näher gebracht. Ich verstehe ihn heute besser als damals. Es ist gut, dass wir hier waren.«

Wir fahren zurück. Den Montauk-Highway zurück, halten an einem anderen Parkplatz mit dem Schild »OVERLOOK«. Sie ist sich immer noch nicht sicher. Vielleicht, ja, vielleicht hat hier das Buch begonnen. Ich bin mir sicher, dass es hier war. Das Gestrüpp ist dasselbe, die kahlen Äste, durch die man sich hindurchschlängeln muss. Alice geht vor mir: »Es kommt ihm alles etwas unwahrscheinlich vor, aber nach einer Weile sieht er es als einfache Wirklichkeit: Rascheln in den Büschen, dann ihre Hosen (das verwaschene Hellblau natürlich) und ihre Füße auf dem Pfad, hinter viel Zweigen und Ästen ihr ziemlich rotes Haar.«

Auf der Rückfahrt nach New York schläft Alice auf dem Beifahrersitz. Vor dem Apartmenthaus in der 5th Avenue umarmen wir uns zum Abschied. In meiner »Montauk«-Ausgabe steht jetzt auf der ersten Seite: »Thank you for a long, easy afternoon. Your friend Alice/Lynn«.

So war das – im Mai 1974, so war das im März 2010. Das Buch, »Montauk«, spielte ja immer schon wieder mit hinein, in diese Lebensgeschichte. Es ist eben auch und vor allem die Geschichte seines Lebens, eine mögliche Geschichte seines Lebens, so wie Max Frisch es sah, im Rückblick, auf 63 Jahre Max Frisch. Es ist ja alles hier. Ein Steintisch im Tessin, ein früher Freund mit sehr viel Geld, eine Dichterin, mit der er in Rom gelebt hat, seine erste Liebe, seine erste Frau, der grüne Gas-Automat in der Wohnung seiner Kindheit, Frauen, Schönheit, gelingendes Leben, ein Leben im Glück oft, seine Autos, die Fahrfehler seiner Gefährtinnen, Pingpong, das schwankende Selbstbewusstsein, die Zweifel an sich, seine Rolle als Mann. Einmal, in jener Woche, kommt der junge amerikanische Schriftsteller Philip Roth in Frischs Hotel vorbei, um ihm sein neues Buch zu bringen. »My life as a man«, ein Buchtitel wie für Frisch gemacht. Er denkt nach, fragt sich, warum er sich vor dem deutschen Titel scheuen würde: »Mein Leben als Mann? Ich möchte wissen, was ich, schreibend unter Kunstzwang, erfahre über mein Leben als Mann.«

Schreibend unter Kunstzwang – das ist »Montauk«: Autobiografie und Augenblick, gleichberechtigt nebeneinander. Das macht dieses Buch so glaubhaft, so schön, so wahr, so schnell: »Er will keine Memoiren. Er will den Augenblick.

Die Landschaft, jetzt, in diesem Augenblick, ist ziemlich öde; er schaut trotzdem. Er sieht ihren Fuß auf dem Gaspedal, einen beschädigten Schuh, ihre rechte Hand am Steuer, eine schmale Hand, das Hin und Her der Scheibenwischer. Er vermisst nichts; er ist dankbar für dieses Wochenende, das noch nicht vergangen ist.«

Vor allem anderen aber ist »Montauk«, um es einmal altmodisch zu sagen, die Geschichte eines Ehebruchs. Ein verheirateter Mann fährt für eine Woche ohne seine Frau nach Amerika, hat dort eine Affäre mit einer zweiunddreißig Jahre jüngeren Frau, kehrt zurück und beschreibt nun in einem Buch sein großes, letztes Glück, inklusive Brüste, Geschlechtsverkehr, intime Gespräche. Und nebenbei, wie zur Selbstrechtfertigung, macht er auch noch den Ehebruch seiner Frau öffentlich und seine Raserei damals.

Das Schreiben an »Montauk« war Frisch leichtgefallen. Kein Vergleich zu der verkrampften Arbeit an dem »Klima«-Buch, kein Vergleich auch zu dem von ihm nicht recht ernst genommenen »Dienstbüchlein«. »Montauk« schrieb sich fast von selbst, noch einmal so etwas wie ein Schaffensrausch, ein bisschen wie in der letzten »Stiller«-Phase. Schreiben als Fluss, nicht als mühsames Hämmern im Bergwerk der Buchstaben. Im Mai erlebt – im November fertig geschrieben. Er ist in Zürich, geht mit Marianne auf den Pfannenstiel, die Sonne scheint, er schreibt an Uwe Johnson. »In dieser Woche bin ich mit meinem Buch fertig. Ich bin froh, dass ich es geschrieben habe; vorerst ohne an Veröffentlichung zu denken. Wenn Marianne das Manuskript gelesen hat, möchte ich es Ihnen gerne unterbreiten.« – Wenn es Marianne gelesen hat. Das allerdings war noch eine kleine Hürde.

»Ich habe nicht mit dir gelebt als literarisches Material, ich verbiete dir es, dass du über mich schreibst.« Das hatte sie zu ihm gesagt. Und er hatte sich nicht nur nicht daran gehalten, er hatte ihr Verbot auch noch hineingeschrieben, in sein Buch. Er denke vorerst nicht an Veröffentlichung? Oh, daran hat Max Frisch wohl selbst nicht geglaubt.

Literatur als Ehebruch
Wie privat dürfen Bücher sein?

Berlin-Friedenau, Mai 2010. Es ist hier immer noch so friedlich und grün und still wie damals. Ein weiß-graues, schön renoviertes, altes Haus. Unten am Klingelschild aus Messing steht »Frisch«. Marianne Frisch öffnet die Tür im zweiten Stock, hier ist die Wohnung, die sie in Zürich vergeblich suchten, die Wohnung, die Wolfgang Werth so schlechte Laune gemacht hat. Marianne Frisch ist heute siebzig Jahre alt, lange graue Haare mit Seitenscheitel, wacher, heller, neugieriger Blick. Der Flur ist klein, nach allen Seiten öffnet sich das Reich, die Wohnung, deren Einrichtung den Altersunterschied so offenbar gemacht hatte. Gleich vorne rechts: sein Arbeitszimmer. Das kleine Bett steht noch da, der Schreibtisch, eine einfache Tischplatte auf zwei Böcken, die ihm Johnson besorgt hatte. Bücher an den Wänden bis oben hin, klein und unscheinbar unter einem Regal ganz unten: seine Olivetti, unter einer Schutzhaube versteckt.

Wir setzen uns an einen kleinen Tisch im Wohnzimmer, schwarze Bücherregale, grünes Glaslampenlicht, Aprikosenkuchen, ein Balkon in ein großes Grün. Sie erzählt vom Leben mit Max in Rom, Berzona, Zürich und New York und von damals, als er ihr, an einem Morgen im November, ein neues Manuskript zu lesen gab. »Hier hab ich was geschrieben. Es ist nicht zur Veröffentlichung bestimmt. Aber lies doch mal. Ich geh so lange raus«, hat er gesagt und ging aus der Wohnung. Marianne Frisch war noch im Pyjama und begann zu lesen. Sie las und las, langsam und genau. Am Abend kam er wieder. Marianne saß vor dem Manuskript, noch immer im Pyjama, und weinte.

Sie haben dann lange darüber gesprochen, auf Einwände reagierte er empfindlich, und sie merkte gleich: An eine Veröffentlichung dachte er natürlich sehr wohl. Er brauchte nur ihr Einverständnis. Der Schock war dann aber doch zu groß für den Moment. Natürlich hatte sie vorher schon von dieser Alice gehört, sie hatte gedacht, das sei nur eine kleine, unwesentliche Sache gewesen, nichts Wichtiges, sicher nicht wichtig genug, um auf diesem Glück des Augenblicks ein ganzes Buch zu bauen. So hatte er es ihr gesagt: »Keine große Liebe. Überhaupt nicht.«

Und jetzt? Sie weinte, schluckte und ließ ihn zappeln. Aber Max Frisch war schlau. Und wofür hat man schließlich Freunde? Uwe Johnson und seine Frau Elisabeth waren mit dem Ehepaar Frisch eng befreundet, als Frisch im Mai 1974 nach New York flog und Marianne schon mit einem blöden Verlassenheitsgefühl zurückblieb. Sie schlief nachts bei den Johnsons, aus Ängstlichkeit und Einsamkeit. Doch die Bindung zwischen Max und Uwe war durch das gemeinsame, intensive Arbeiten ganz besonders eng. Wie eng? Am Beispiel »Montauk« sollte es sich zeigen. Max Frisch brachte seine Frau auf die Idee, sich einen neutralen Gutachter zu suchen, der zwischen literarischer Qualität und Verletzung des Persönlichkeitsrechtes abwägen und ein weises Urteil sprechen sollte. Er wusste natürlich, dass dafür eigentlich nur einer infrage kam – der Verleger Siegfried Unseld hätte sofort und unbesehen einen neuen Frisch veröffentlicht, der schied also aus. Also sollte Johnson entscheiden. Max Frisch hatte das gewusst und seinen Freund auf eine kommende Anfrage seiner Frau vorbereitet. Wie er ihn genau vorbereitet hat, wissen wir nicht. Wir wissen nur, dass Johnson am 10. Januar 1975 an Frisch schrieb: »Auch hat sie (Marianne), wie von Ihnen vorausgesagt, sich einen Brief über einen verhältnismässig kleinen Ort auf Long Island bestellt.«

Die Sache lief. Er sollte also ein Gutachten liefern. Und Johnson lieferte. Ein vierseitiges Mustergutachten, das keine Frage offenließ, vor allem nicht die Frage, ob dieses Buch, ohne Kürzungen, veröffentlicht werden sollte oder nicht. Es ist ein nüchternes Begeisterungsgutachten, detailgetreu wird nachgewiesen, warum so geschrieben werden musste und ein anderer Weg für den Autor nicht möglich war. »Das nenne ich Erzählen auf seine Natur zurückgeführt, garantiert durch Wirklichkeit«, heißt es da und dass, wer da von Indiskretion spreche, das Buch »falsch lese«, und wenn man Änderungen wünsche, laufe das »auf Zensur hinaus«. »Das aber kann ich mir von dir nun doch nicht vorstellen, wie ich noch rechtzeitig merke«, schreibt er an die Frau seines Freundes und dass er ungefähr weiß, was sie lieber gehört hätte, aber leider, leider ... »Ich hatte die Wahl, dir mein tatsächliches Verhalten zu dem Buch darzustellen, oder Dich mit Schweigen zu kränken. Mit herzlichen Grüßen, dein Uwe«. Eine Kopie dieses Gutachtens schickte Johnson direkt an Frisch.

Dieser schrieb, knapp für das Gutachten dankend, eiskalt an seinen Freund, er sei zur Publikation des Buches nunmehr entschlossen. »Marianne kann sich scheiden lassen; Literatur als Ehebruch.«

Ein Mann hatte sich entschieden, was ihm wichtiger war. Sein neues Buch oder seine Frau.

Der Entschluss wurde jetzt binnen kürzester Zeit geradezu zu einer Besessenheit. Zwei Tage später schrieb er eilig aus New York, vor seinem Rückflug nach Deutschland, er bestehe, auch im Falle eines Flugzeugabsturzes, auf Veröffentlichung dieses Buches. Sein letzter Wille für den Fall. Drei Sicherheitskopien hatte er gemacht. Eine ging an Jörg Steiner, eine an Adolf Muschg, eine blieb in seinem Schreibtisch in Zürich. Und schließlich, den Freundschaftsdienst jetzt erst richtig würdigend, fügte er hinzu: »Ihre Analyse (für Marianne verfasst) ist outstanding, Uwe.«

»Outstanding« – ja, das sah auch die Adressatin so. Die Antwort von Marianne Frisch an den Freund Uwe ist ein kleines Meisterwerk von ironisch-kühl-weiblicher Hellsichtigkeit angesichts einer schlauen Männerkumpanei, die nur eine Verliererin kennt. Sie bedankt sich zunächst für das Gutachten, sie erkenne darin »ein beträchtliches Mass an Freundschaft«, schreibt sie, und der Leser kann sich denken, welche Freundschaft sie meint. Und fährt im ironisch-kopierten, verdrechselten Johnson-Stil fort: »Du wirst Dich, denke ich, gewiss nicht gesorgt haben, es seien die literarischen Vorsätze oder die Struktur des Manuskripts, die mir lesend entgehen möchten, dieweil ich mich kleinmütig begnügt haben wollte, über meine private Unantastbarkeit zu wachen. Ich will jedoch erklären, dass ich mich in dem Manuskript in eine Vergangenheit gerückt sehe, in der ich mich zu dem gegenwärtigen Zeitpunkt, an der Seite von Max lebend, nicht wohl fühle. Ich fühle mich gegenwärtiger. Dass dieser Eindruck Emotionen ausgelöst hat, die ich vor Max zu verbergen nicht als notwendig empfand, ist das zu verstehen? Was immer aus diesem internen Prozess entsteht, angehen wird es zwei Personen. Dass ich je daran gedacht haben könnte, Max vor der Veröffentlichung dieses Manuskripts auch nur drei Silben abzuhandeln, hast Du selbst, wie Du sagst, Gottseidank doch noch rechtzeitig bezweifelt.« Souveräner konnte man auf dieses Buch, dieses Gutachten nicht reagieren.

Dass übrigens auch jener Uwe Johnson die Sache moralisch durchaus anders bewertete, als er sie in seinem Gutachten literarisch begründet hatte, das zeigte sich wenig später in einem Abschnitt, den er für seine »Jahrestage« verfasst hatte, der jedoch am Ende nicht ins Buch aufgenommen wurde. Darin heißt es: »Auf diesen Max Frisch hatte er einen Zorn. Denn der lässt in einem Roman eine Ich-Person, einen Ehebrecher, von der Frau sagen: es ist ihre Sache, wie sie es in ihre Ehe einbaut. Als ob es eine beiläufige, eine so unumgängliche Sache sei, das Zusammenleben zweier Menschen zu zerstören. Durch Einbau! eines Sprengsatzes!«

Moral und Literatur waren eben zweierlei. Und Freundschaft war ein drittes.

»Halt's-Maul-Stil«
Zu viel Glück. Reaktionen

Das Buch jedenfalls konnte erscheinen. Marianne Frisch sagt, sie habe ihren Mann lediglich um die Eliminierung einiger Bösartigkeiten im Abschnitt über die verstorbene Ingeborg Bachmann gebeten. Die Kürzungen habe Max Frisch bereitwillig vorgenommen. Ansonsten blieb das Buch, wie es war. Auch Alice Carey war einverstanden und ganz besonders einverstanden – war die Literaturkritik. Joachim Kaiser und Marcel Reich-Ranicki überboten sich in ihren Lobeshymnen, Reich-Ranicki jubelte, das Buch übertreffe »in mancherlei Hinsicht alles, was wir bisher von Frisch kannten. Es ist sein intimstes und zartestes, sein bescheidenstes und vielleicht deshalb sein originellstes Buch.« Das Buch wurde, auch im Ausland, ein gigantischer Erfolg, und die lieben Kollegen jammerten und konnten das Glück des ewigen Glückskindes nicht fassen: »Was Joachim Kaiser bei mir als Wiederholung durch Erschöpfung eines älteren Autors kritisiert, wird, wenn er über Max Frisch spricht, zur Treue zum Thema, zum Frisch-Thema«, schrieb Martin Walser fassungslos noch ein Jahr nach Erscheinen von »Montauk«. Und ein weiteres Jahr später restlos böse: »Der Autor fühlt sich immer gerechtfertigt. Auch wenn er eine Frau verlässt. Er hat einen lakonischen Konstatierstil entwickelt, der keine Empfindlichkeiten mehr zulässt. Einen So-ist-es-eben-auf-der-Welt-Stil. So einen Halt's-Maul-Stil. Einen Ich-nehm-die-Pfeife-nicht-mehr-aus-dem-Mund-Stil. Der ist oft schön. Wenn es um Harmloses geht. Am wenigsten schön ist er, wenn damit den Jüngeren Elogen gemacht werden sollen. Ich habe nach der Lektüre dieses Buches kein Bedürfnis, Max Frisch noch einmal zu sehen.«

Was Walser und viele seiner Kollegen an Frisch vor allem missfiel: sein Glück. Die scheinbare Leichtigkeit, mit der er aus seinem Leben Literatur machte, von der Kritik gefeierte

Literatur, von den Lesern geliebte Literatur. Dann seine jungen, schönen Frauen, die Ehefrau achtundzwanzig Jahre jünger, klug und schön, und dann fährt er nach Amerika, um sich ehren zu lassen, und verlebt ein Liebeswochenende mit einer Dreißigjährigen und teilt das aller Welt auch noch in einem Buch mit. Dazu ist dieser Mann auch mit Mitte sechzig noch »unheimlich gesund, wach, präsent, voller kleiner, immer gerade noch gebändigter Boshaftigkeiten. Er lässt das Böse nur aufblitzen, lässt es sofort wieder verschwinden. Der Riesenerfolg macht ihn so elastisch. Ich bin das Gegenteil«, weint Martin Walser in sein Tagebuch. Und treffen will er ihn vor allem deswegen nicht mehr, weil er sich »in Max Frischs Gegenwart andauernd bewusst werde, dass ich weniger glücklich bin«.

Doch die Wirklichkeit sah anders aus. Die Wirklichkeit des Glücks von Max Frisch. Natürlich genoss er den Erfolg von »Montauk«, ging mehr denn je auf Reisen, engagierte sich, trank viel, lud oft Freunde ein – doch auf der Beziehung zu seiner Frau lag nun ein großer Schatten, der kaum noch zu vertreiben war. Ja, sie hatten ihre Krise, die »Montauk«-Krise vorerst überwunden, Marianne, die große Angst vor dem Erscheinen des Buches gehabt hatte, war nach den ersten Rezensionen einigermaßen beruhigt, beruhigt darüber, dass ihre Rolle im Buch nicht durch die Ausbreitung in Zeitungen noch einmal öffentlich potenziert wurde. Sie stritt sich noch oft mit ihrem Mann über die Grenzen zwischen Privatem und Öffentlichem, mahnte immer wieder, dass es Bereiche geben müsse, die nur ihnen beiden gehörten. Intimitäten, für die der Partner die Sicherheit brauche, dass sie intim bleiben, für immer, und nicht die Möglichkeit der Veröffentlichung als Drohung über jedem Wort, jedem Streit, jedem Geheimnis hängt. Frisch sah das anders – oder vielleicht sah er es auch so, nur das Schreiben, die Möglichkeiten des Alles-schreiben-Könnens, war ihm wichtiger, war: sein Leben. So war »nach ›Montauk‹ echtes Vertrauen zwischen uns kaum noch möglich«, sagt Marianne Frisch heute.

12.   Die späten Jahre

»FUCK FRISCH!«
Feinde. Kanzler. Staatsbesuche

Dabei hatte das Zusammenleben mit Max Frisch schon vorher so seine mittelerfreulichen Überraschungen gehabt. Einige davon hat er ja auch selbst beschrieben. Seine Hysterie, seine krankhafte Verletzbarkeit, wenn er plötzlich, in einem Gespräch mit Freunden, glaubt, angegriffen worden zu sein, ein Wort, das ihn tödlich verletzt, gehört hat, aufspringt, zum Angriff bereit, und schließlich keiner sonst am Tisch das Wort gehört hat, das böse. Und der sich einen Mülleimer auf den Kopf setzt, wenn er glaubt, dass er wieder einmal »nicht überzeugt« hat mit dem, was er sagt. Wenn er seine Anklagemonologe hält, Hinrichtungsmonologe, wenn er Gläser an Wände wirft und wenn ihn die jungen Freunde, die seine Frau ins Haus bringt, immer wieder an sein Alter erinnern. »Es braucht eine Ehe, eine lange, um ein Monster zu werden«, ist einer dieser furchtbaren, selbstanklagenden Sätze in »Montauk«. Und auch an die Szene, als er nachts im Pyjama auf die Straße rennt, erinnert sich Marianne Frisch heute noch. »Ich bin ihm nachgerannt, um ihm seine Jacke zu bringen. Nicht damit er sich nicht blamiert, das sollte er ruhig. Nein, er sollte sich nur nicht erkälten, im Pyjama, da draußen auf der Straße.«

Die Reizbarkeit nahm mit den Jahren zu, seine »Anfälle«, wie er es nannte. Er trank viel, und seine Frau hatte oft auch Angst vor ihm. Obwohl er nicht gewalttätig wurde – nur gegen Geschirr, gegen Gläser, gegen Teller oder gegen sich selbst.

Vor allem quälte ihn: die Schreibmaschine als stummer Vorwurf. Die schnell geschriebene Liebesgeschichte von Long Island ließ die anderen Projekte jetzt nur noch mühseliger erscheinen. Das »Klima«-Buch schien endgültig misslungen, da begann er eine weitere Arbeit in Dialogen, die er, um sich selbst zu täuschen, nicht eine Theaterarbeit nannte, denn mit dem Theater war er eigentlich fertig. Wenn er es sich selbst gegenüber ein neues Drama nennen würde, könnte er gleich ganz aufhören, schrieb er Johnson. Die Selbsttäuschung gelang, trotzdem ging das Projekt schleppend voran. Das Thema der Dialoge: der Tod, unser Leben mit den Toten, das Leben im Totenreich. Arbeitstitel: »Ostern am Styx«. Auch kein Stimmungsaufheller.

Nur in der Politik lassen sein Engagement, sein Einsatz und seine Kampfbereitschaft nicht nach. Max Frisch schreibt offene Briefe an den Bundesrat, hält Parteitagsreden bei der Sozialdemokratischen Partei der Schweiz und bei der deutschen SPD. Tritt dort aber nicht als Mitglied oder Wahlkämpfer auf, sondern als engagierter Ausländer, als Kämpfer für mehr Demokratie, gegen die Hysterie der Zeit, gegen Feindbilder, Ideologien und rechte Hetze. Er trauert darum, dass der Aufbruchsgeist von '68 so schnell verpufft sei, dass eine neue Lethargie sich breitmache in Europa. Vieles in den Reden aus der damaligen Zeit liest sich heute formelhaft, gut gemeint, gut geträumt, politische Reden aus einer anderen Zeit, aus dem Kalten Krieg. Manchmal leuchtet der Feuerschein seiner Appelle noch hinüber. Seine Stimme, die Stimme eines Mannes, der sich die Utopien nicht verbieten lassen wollte, nicht das utopische Denken. In seiner Rede, die er aus Anlass der Verleihung des Friedenspreises des Deutschen Buchhandels in der Frankfurter Paulskirche hält, sagt er: »Es gibt Phasen, wo wir nicht ohne Auseinandersetzung auskommen, nicht ohne Zorn, aber ohne Hass, ohne Feindbild: wenn wir (einfach gesprochen) glücklich sind oder zumindest lebendig – zum Beispiel durch eine Art von Arbeit, die nicht nur Lohn einbringt, sondern Befriedigung (die nichtentfremdete Arbeit), und durch eine Art des Zusammenlebens von Menschen, das Selbstverwirklichung zulässt. Was meint Freiheit, ein so missbrauchtes Wort, im Grunde anderes? Freiheit nicht als Faustrecht für den Starken, Freiheit nicht durch Macht über andere. Selbstverwirklichung; sagen wir: wenn es möglich ist, kreativ zu leben.«

Auch wenn vieles von dem, was Frisch damals forderte, nicht verwirklicht ist bis heute, klingt einiges in seinen Reden doch sehr museal. Vielleicht muss es so sein mit politischen Reden, fünfunddreißig Jahre später, in einer anderen Welt. Damals jedenfalls hat er sich viele Feinde gemacht, in der aufgeheizten Stimmung in der Mitte der siebziger Jahre. Auch für seine harmlose Paulskirchenrede bekam er Briefe wie diesen: »Sie Arschloch aus der Schweiz, vom Kommunismus gevögelt.« Absender: »FUCK FRISCH«.

Doch in der Politik war seine Stimme gefragt, gerade auch in der deutschen Politik. Helmut Schmidt nahm ihn im Herbst 1975 mit auf einen Staatsbesuch nach China. Schmidt schätzte seine Bücher, schätzte seinen Widerspruch, sein freieres, romantisches politisches Denken und seinen Satz, dass die Kluft, die zwischen Ideal und Wirklichkeit klaffe, eine Kluft sei, die man aushalten müsse. Schmidt war Pragmatiker. Er mochte den Träumer Frisch.

In seinem Bericht vom Staatsbesuch ist Frisch wieder auf der Höhe seiner Kunst. Er sieht und beschreibt und fragt und fragt. (Und wundert sich, dass kein einziger Chinese je zurückfragt.) Er ist glücklich in China. »Wie kaum je auf Reisen in der roten Welt begleitet mich ein Glücksgefühl.« Ja, das klingt beinahe wie damals, als das Schreiben so richtig begann und der Krieg zu Ende ging. Damals, bei seiner ersten Reise nach Peking. Einer Reise im Kopf, mit einer Rolle unterm Arm, der Reise mit »Bin« in das Peking seiner Sehnsucht. Als er schrieb: »Ich ging. Ich ging in die Richtung einer Sehnsucht, die weiter nicht nennenswert ist.« Auch da begleitete ihn ein Glücksgefühl: »Ich sah es, das Unverhoffte, mit bestürzendem Glück: weit konnte es nach Peking nicht sein, eine Stunde vielleicht oder zwei oder drei ...« Jetzt, im Peking der Wirklichkeit, ist Frisch fern davon, etwa ein Mao-Jünger zu werden und das China der Kulturrevolution zu verherrlichen. Im Gegenteil. Er sieht alle Spuren der Inszenierung für den Staatsbesuch aus dem Westen. Aber die Menschen, die er sieht, wirken ungehetzt und angstfrei und offen. Das nur als Eindruck von Momenten. Aber er fühlt sich nicht eingeklemmt von Ideologie und Kritikverbot wie in den Ländern des Warschauer Paktes, in der Sowjetunion vor allem: »Natürlich weiß ich zu vieles nicht, was den Menschen hier schwerfällt und vielleicht täusche ich mich: es scheint keine Verzweiflung zu geben, nicht einmal Resignation; viel Geduld, aber nicht Apathie.« Es gibt einen Moment, in dem er bemerkt, dass er ja wirklich gar nichts weiß über dieses Land, über diese Menschen. Als er erfährt, dass die Chinesen erst im Alter von siebenundzwanzig Jahren heiraten dürfen und zugleich der voreheliche Geschlechtsverkehr verboten ist, schreibt er: »Was weiß ich von einem Land, wenn ich nicht weiß, was die jungen Leute machen mit ihrer Sexualität, bis sie siebenundzwanzig sind?« Er weiß es nicht. Er wird es nicht erfahren. Er sieht nur immer wieder ein Glück in den Gesichtern, fühlt ein Glück in sich. Ein bisschen wie damals auf seiner Reise nach Peking, ans Meer: »›Wie selig, wie herrlich, wie wunderlich das Leben sein kann, sehen Sie es denn nicht? Ein solcher Morgen ...‹ Er glotzte mich an. Sie wohnen in Peking, dachte ich, und wissen es nicht.« Schmidt übrigens, in einem Interview befragt, warum er denn ausgerechnet den Schweizer Max Frisch mit auf den Staatsbesuch nach China genommen habe, sagte, er habe sein Stück gesehen, »Die chinesische Mauer«, das habe ihm gefallen, aber er habe sich gedacht, »das wäre doch schön, wenn dieser Mann einmal, gemeinsam mit mir, die echte Chinesische Mauer sehen könne«.

Zwei Jahre später war Frisch, zusammen mit Heinrich Böll, Siegfried Lenz und Siegfried Unseld, auf Einladung von Helmut Schmidt zu Gast im Kanzlerbungalow in Bonn. Es ist der 17. Oktober 1977. Sie sprechen über Politik und Terrorismus, die Lage der Welt und die Lage im Land. Vier Tage zuvor ist die deutsche Lufthansa-Maschine Landshut auf ihrem Flug von Mallorca nach Frankfurt am Main von einem palästinensischen Terrorkommando entführt worden. Inzwischen war die Maschine im somalischen Mogadischu gelandet. Die Forderung der Entführer: Freilassung der inhaftierten Mitglieder der »Rote Armee Fraktion«. Das Ultimatum, mehrfach verlängert, lief in dieser Nacht ab. Max Frisch und die anderen Gäste wussten nicht, was in dieser Nacht in Mogadischu geschah. Um fünf Minuten nach Mitternacht begann eine Spezialeinheit der GSG 9 mit der gewaltsamen Befreiungsaktion der Geiseln. Drei Geiselnehmer starben, ein GSG-9-Mann und eine Stewardess wurden verletzt. Um 0:12 rief der mitgereiste Staatsminister Hans-Jürgen Wischnewski beim Bundeskanzler an und meldete die Befreiung der Geiseln. Für den Fall des Misslingens der Aktion hatte Helmut Schmidt seinen Rücktritt beschlossen, die Erklärung dazu hatte er schon schriftlich formuliert. Am nächsten Morgen begingen die RAF-Mitglieder Jan-Carl Raspe, Gudrun Ensslin und Andreas Baader in ihren Zellen im Hochsicherheitstrakt des Gefängnisses in Stuttgart-Stammheim Selbstmord. Der von RAF-Mitgliedern entführte Arbeitgeberpräsident Hanns Martin Schleyer wurde ermordet aufgefunden. Höhepunkt des Deutschen Herbstes. Ein Land in Panik.

Frisch selbst hat diese Nacht im Bungalow leider nie beschrieben. Er hat sich immer wieder zum Terrorismus geäußert, wurde nicht müde, die Frage nach den gesellschaftlichen Bedingungen, den Voraussetzungen des Terrorismus zu stellen. Ein halbes Jahr nach jener Nacht im Oktober schrieb er anlässlich der Entführung des italienischen Politikers Aldo Moro: »Wir hoffen, dass das Leben von Aldo Moro gerettet werden kann. Wir hoffen darüber hinaus, dass niemand meint, die Polizei könne den Terrorismus aus der Welt schaffen. Solange keine Hoffnung besteht, eine Gesellschaftsordnung zu verändern durch Mitbestimmung des Volkes, werden wir dem Terrorismus ausgesetzt sein, den wir verurteilen; er führt nicht zu einer Humanisierung unserer Gesellschaft, er ist ihr Krankheitssymptom.«

»Du hast nie jemand geliebt«
Todesmonologe. Triptychon

Der Zorn wächst. Und auch die Mutlosigkeit, die bekämpft werden muss. Manchmal geht es von selbst. Meist gelingt es in Berzona. Der Schriftsteller Lars Gustafsson kommt zu Besuch, mit dem deutschen Bundespräsidenten Walter Scheel, »der Frohnatur«, geht er mittags essen, mit Alfred Andersch unterhält er sich immer wieder »krampflos«, »Lachen nicht ausgeschlossen«, Berzona ernennt ihn zum Ehrenbürger, mit siebzehn zu null Stimmen, Frisch stiftet ein Fass Wein, im Pingpong, meldet er Johnson, sei er »auf Senioren-Höchstformat«, »nur im Kopf sind immer mehr Löcher, die nicht zu zeigen ich mich redlich bemühe«. Ein ruhiger Sommer. Noch einmal eine Art Glück. »Überhaupt ist das Alter anders als beschrieben.«

Zum Schreiben zieht er sich jetzt meist in das Atelier Gottfried Honeggers in Gockhausen am Rande von Zürich zurück. Er ist oft hier draußen gewesen, in den großen, weiten Räumen des Malerfreundes. In den dunklen Stunden, den dunklen Tagen, wenn er allein sein wollte. Wie lange sind sie jetzt schon befreundet, der Maler und der Schriftsteller. Honegger ist immer einer der ersten Leser von Frischs Manuskripten gewesen, mit ihm konnte er stundenlang über seine Arbeit reden.

»Ich bin ja kein Intellektueller«, sagt er, als ich ihn in seinen neuen Atelierräumen in Zürich treffe. Honegger ist neunzig Jahre alt, ungeheuer wach und begeistert von Frisch, seiner Freundschaft zu ihm, seiner Erinnerung. Gerade weil er kein Intellektueller war, war Frisch sein Urteil so wichtig, glaubt er. Keine Kopfurteile, Lesen mit dem Herzen, dem Gefühl des befreundeten Künstlers aus einem ganz anderen Bereich.

Sein Atelier in der Zürcher Innenstadt ist hell, an den Wänden hängen seine farbigen, abstrakten Bilder und Installationen. Er war zunächst lange Jahre Werbegrafiker, seit 1938 arbeitete er erfolgreich in dem Beruf. Erst 1958, nach einem dreijährigen Aufenthalt in New York, entschloss er sich, freier Künstler zu werden. Er lebte lange in Paris und Cannes. In den USA und in Frankreich war er früh schon erfolgreich, in der Schweiz stellt der große Ruhm sich erst in den letzten Jahren ein. Honegger ist ein Vertreter der konstruktiv-konkreten Kunst. Er schafft kühne, geometrische Skulpturen für den öffentlichen Raum. Seine Kunst schmückt etwa Hochwasserschutzmauern, Verkehrskreisel und Skulpturenparks. Er sagt, er suche in seiner Kunst die Symbiose aus dem Schönen und dem Bemühen, unseren Augen etwas zu bieten, was zum Denken anregt und uns zur Gemeinschaft verpflichtet.

Max Frisch hat einmal über ihn geschrieben: »Anfällig für Begeisterung, die ihn tätig macht und offen und menschengläubig, geht er ohne Deckung ins Gelände.« Ihm mangele die Gabe des Zynismus, und Ironie verstehe er nur mühsam, wie eine Fremdsprache. »Merkmal in allen Gemütslagen: Lebensbejahung, die sich gegen Kleinmut wehrt.« Und schließlich: »Er widerspricht jeder Resignation. / Seine Neugierde auf die Zukunft der Welt; er ist froh, daß er auf der Welt ist –«

Honegger hat Frisch oft gezeichnet – ruhige, intensive Porträts in Schwarzweiß: Max Frisch als geometrische Form mit Pfeife und Kastenbrille. Er hat auch über ihn geschrieben. Gottfried Honegger schenkt mir ein Buch, das er über seinen Freund geschrieben, in dem er ihn gemalt hat. Er unterschreibt vorne in sonderbaren roten, geometrischen Formen, die ein wenig aussehen wie Morsezeichen im Wind, und schreibt darunter in klarer Schrift: »Max Frisch – mein Chronist«.

Ein Text in dem Buch geht so:
»Max
Das Ping-Pong-Spiel
Der Swimming-Pool
Das Wandern
Das Kochen
Das Gespräch
Tage in Berzona

Du wolltest einsam sein
Und brauchtest Menschen
Nur in Rom
Nur in Berzona
Nur in New York
Nur in Berlin
Nur in Zürich
Konntest Du schreiben
Darum ist Deine Dichtung
Universell«

Und schreiben konnte er eben auch in Gockhausen. Manchmal war Honegger auch da, wenn Frisch dort arbeitete. Er schrieb unendlich langsam in diesen Tagen. »Klack, Klack.« Manchmal nur ein Satz an einem Vormittag. Manchmal fünf Minuten Pause zwischen zwei Klacks. »Da bin ich zu ihm rüber gegangen und hab ihn gefragt: ›Ja sag mal, bist du krank oder eingeschlafen?‹« Aber er dachte nur nach, über den nächsten Buchstaben. »Er hat nicht geschrieben, er hat gestaltet«, sagt Honegger. Und »er hatte einen ungeheuren Respekt vor dem Wort«.

Jetzt, in den Jahren 1976 und 1977, behängt er die Wände im Atelier mit seinen zahlreichen Manuskriptblättern. Die Todesdialoge beschäftigen ihn weiter, das verschwiegene Theaterstück, das später unter dem Titel »Triptychon« veröffentlicht und aufgeführt wird. In Gockhausen sieht es so aus: »Viel Platz, Werkstatt mit fremdem Gerät, eine lange, leere Wand, wo ich meine Blätter anheften kann, und das ist gut, sonst kommt in meinem schlechten Gedächtnis alles durcheinander; hier kann ich, Hände in den Hosentaschen, vor der Wand stehen (zum grossen Teil noch leer) und die Scenen-Skizzen in ihrer Reihenfolge umhängen, um ihren Stellenwert zu ändern, mit Reissnägeln; ich muss nur die Hände aus den Hosentaschen nehmen. Komposition als schlichte Handarbeit.« Er arbeitet langsam, aber gut, nur die Müdigkeit macht ihm zu schaffen. Der alte Suhrkamp hatte ihm das auch erzählt, die große Müdigkeit über Mittag. Die Stunden der Arbeitsfähigkeit werden weniger. »Plötzlich ist der Tag einfach zu lang.« Ist der Maler weg, ist er den ganzen Tag allein im Atelier. »Rumpelstilz mit Imbiss«, so beschreibt er sich selbst.

Das Stück, »Triptychon«, wird ein grandioser Misserfolg. Er hat das schon geahnt. Auch darum tat er sich so schwer. Immer wieder schickt er Versionen an Johnson, schickt wieder Briefe hinterher, bittet, die letzte Version nicht zu lesen, da komme eine neue bald, allein vom Mittelteil, dem Angeltag am Todesfluss, erstellt er wohl zwölf Versionen. Das ist nicht Zeichen großer Produktivität, sondern einer tiefen Verunsicherung. Zu Marianne, die sich nach der Lektüre enttäuscht vom Stück zeigte, sagte er resigniert: »Ja, besser kann ich es nicht.« Und gegenüber Honegger klagt er: »Ich kann mit dem Hirn nicht mehr kontrollieren, ob das, was ich schreibe, wichtig ist.«

Max Frisch zögerte lange, um das befürchtete Desaster aufzuschieben. Es erschien zunächst 1978 als Buchausgabe, dann als Hörspiel. Zum ersten Mal auf die Bühne kam es in einer übersetzten Fassung in französischer Sprache im Théâtre de Vidy in Lausanne. Dann meldete das Schauspielhaus Frankfurt Interesse an dem Stück, doch die Schauspieler lehnten es ab. Zu unpolitisch, meinten sie, das Stück sei allzu sehr auf eine private oder fast alltägliche Perspektive verengt. Was für ein Debakel für einen Dramatiker, der auf dem Höhepunkt seines Ruhms vier deutschsprachige Erstaufführungen zugleich bekam, um die sich die Bühnen Deutschlands und der Schweiz rissen. Frisch reagierte verletzt, empört. Er war konsterniert: »Ich denke nicht daran, vor den Frankfurter Schauspielern aufzutreten und ihnen zu erklären, warum ich mich nicht für einen Reaktionär halte.« So kam es, dass das Stück sogar schon in polnischer Sprache in Warschau aufgeführt wurde, bevor sich eine deutschsprachige Bühne fand, die es angemessen aufzuführen bereit war: Es war dann schließlich das Wiener Akademie-Theater, wo »Triptychon« am 1. Februar 1981 die deutschsprachige Erstaufführung erlebte. Doch die Reaktionen waren wie zu erwarten: Ratlos. Kritisch. Freundlich verwundert.

Was ist das für ein Stück? Ein Stück über die Ewigkeit, über unser Leben mit den Toten hier auf dieser Erde und das Leben der Toten dort unten, am Styx, am Todesfluss. Ein Stück in drei Bildern: Zunächst – schwarze Bühne, weißer Stuhl. Eine Trauergemeinde nimmt Abschied von einem Verstorbenen, von »unserem Proll«. Er hat einen schönen Tod gehabt, das sagen alle, und siebzig – das sei doch ein gutes Alter. Die Trauergäste faseln ihre Vorstellungen vom Leben nach dem Tod in leeren Formeln herunter. Gibt es, gibt es nicht – sie interessieren sich fürs Büffet, der Trauergast Roger sagt, er bezweifle ja nicht, dass es die Ewigkeit gebe. »Aber was verspreche ich mir davon? Es ist die Ewigkeit des Gewesenen.« Und die Witwe wirft ihrem verstorbenen Mann sein Schweigen vor. Wie im Leben, wenn er sie strafen wollte und schweigend seine Angelrute nahm und ging. So soll ihr Leben jetzt weitergehen? Mit diesem Schweigen für immer? Sie jedenfalls redet weiter auf ihn ein – nun von keiner Widerrede mehr gestört. Für die Trauergäste Roger und Francine scheint eine Art Liebe zu beginnen. Die Leiche steht auf und geht. Als die Witwe den leeren weißen Stuhl erblickt, steht sie und erstarrt. Die alten Frisch-Themen werden noch einmal heraufbeschworen: die Unveränderlichkeit des Geschehenen und das Totsein noch im Leben.

Zweites Bild: eine Welt im Licht. Weißer Stuhl, weiße Bühne, ein Toter steht mit Angelrute an einem unsichtbaren Fluss. Wir sind im Totenreich. Die Ewigkeit ist ewige Bewegungslosigkeit.

»Warum schweigst du?«

»Ich habe verstanden.«

»Was hast du verstanden?«

»Daß wir uns nur noch wiederholen.«

»Wir sind tot, Xaver.«

Es weht eine eiskalte Melancholie über diese weiße Bühne. Sie werden nicht älter. Sie schauen zurück. Wie war das Leben – damals, als es noch Leben war? Wie war das Sterben?

»Ich erzähle Ihnen, wie ich gestorben bin. Es dauerte dreißig Jahre. Man ist nicht plötzlich tot.«

Das Angeln am Styx, das erstarrte Warten im endlosen Weiß – das hat schon früher begonnen, viel früher. Und die Frage aller Fragen an die Zeit, die vorher war, lautet: »Haben Sie gelebt?«

Nein, es ist eigentlich kein wirkliches Stück, dieses «Triptychon». Es ist ein deprimierender Totengesang, aber nicht mit der Konsequenz, der Dramatik, der Konzentration eines Beckett-Stückes. Eine starre Verzweiflung auf der Bühne, mit einer kalten Wut, hinunter in den Zuschauersaal gerufen: »Warum leben die Leute nicht?« Ein Clochard berichtet von der Leiche in ihm, vom langsamen Sterben – und wie der Mann mit dem ungeschriebenen Abschiedsbrief aus dem zweiten Tagebuch sagt er: Ich führte meine Leiche »in Gesellschaften, wo man redete, wo man Meinungen hatte. Und man hörte mir zu, obschon meine Leiche sich langweilte über meine Meinungen. Sie stank noch nicht, und die Haare hatte ich und alles, was ein Mann haben soll, und die Frauen waren verliebt in meine Schwermut.«

Die Toten langweilen sich. Die Rolle ihres Lebens spielen jetzt andere. Sie machen weiter. Es ist die Ewigkeit, Baby:

»Väterchen!«

»Ich fische …«

»Die Ewigkeit ist banal.«

»Es ist schon wieder April.«

Das dritte Bild ist noch einmal die Geschichte einer Liebe. Francine und Roger. Francine – ja – ist vermutlich in Anlehnung an »Franza« gebildet. So nennt Ingeborg Bachmann die autobiografisch erkennbare Heldin im Fragment »Der Fall Franza«, in dem sie den wohl schärfsten und für Frisch auch folgenreichsten Angriff auf ihn führt. Von da an galt er als Bachmann-Mörder.

Francine ist gestorben. Roger bleibt zurück. Die Welt gibt Roger die Schuld an ihrem Tod. »Deine Familie betrachtet mich sozusagen als deinen Mörder.« Und alle, die Francine verehren, müssen ihn verdammen. Auch sie selbst hat ihn gehasst, in den letzten Jahren ihres Lebens: »Du sollst darum gebeten haben, dass mein Name in deiner Gegenwart nicht mehr erwähnt wird.« Jetzt ist sie tot. Und er kann endlich aufhören, sich zu rechtfertigen im Stillen, vor ihr. Beide haben ihre Geschichte. Es gibt keine Schuld. Gibt es eine Schuld? »Wahrscheinlich haben wir nach unserer Trennung dasselbe gedacht: Du hast dir recht gegeben, ich habe mir recht gegeben, der Rest ist Bitterkeit. Was die Erinnerung leichter macht als Reue. Deine Geschichte mit Roger, meine Geschichte mit Francine.«

In Paris lernten sie sich kennen. Als er jetzt noch einmal da war, fragte eine Freundin ihn, was er denn hier mache. »Als sei Paris für mich ein Sperrgebiet auf Ewigkeit!« Nur weil hier eine Liebe begann, die böse endete. Er sieht noch einmal, wie sie rauchte. Erinnert sich an ihre Worte, die sie an den Polizisten richtete, in Paris, in der Nacht, draußen auf der Bank, als sie sich gerade kennenlernten: »Nous attendons le matin, Monsieur.«

Sie sagt heute, er habe sie erpresst mit seinen Selbstmorddrohungen, drei Jahre lang. Dabei hat er nur unter ihrer Freiheit gelitten. Am schlimmsten aber, er hat gehört, sie sage über ihn, er habe nie jemanden geliebt und er werde auch niemals jemanden lieben. Das hat ihn erschüttert bis ins Mark.

»Manchmal träume ich von Francine. Ich will dir zeigen, dass ich, wenn ich meine Arme ausstrecke, über die Dächer fliegen kann. Was verboten ist.«

Die Erinnerung an diese Liebe bringt ihn fast um. Und ihre Liebesrede: »Wir haben auch eine gute Zeit gehabt, Roger, eine große. Ich habe geglaubt: wir zwei, du und ich, wir denken alles um. Alles. Und das muß es geben: ein Paar, das sich als das Erste Paar versteht, als die Erfindung des Paares. Wir! und die Welt kann sich stoßen an unserem Übermut, aber sie kann uns nicht verletzen. Wir haben die Gnade erfahren. So habe ich es geglaubt. Und wir haben gewußt, daß es da keinen Besitz gibt. Sonst hätten wir geheiratet.«

Das Stück nimmt in diesem dritten Bild plötzlich eine so dramatische Fahrt auf, dass man fast den Eindruck haben kann, es wurde nur wegen diesem geschrieben. Im Dialog dieser beiden Liebenden, dem Lebenden und der Toten, geht es um alles, um einen Traum der Vergangenheit, um eine Liebe, die nicht dauern konnte, um Vorwürfe, die inzwischen so groß geworden sind, dass sie das Leben des anderen unter sich begraben. Francine ist schon tot. Ihre Freunde halten ihn für ihren Mörder. Doch er ringt um Rechtfertigung, Freiheit auch von dieser Liebe, dieser Schuld. Der Tod, er schien zunächst eine Befreiung zu sein: »Wenn ein Gedächtnis plötzlich allein auf der Welt ist – das wird nochmals eine Geschichte, Francine, eine andere. Mein Bedürfnis, im Recht zu sein, ist weg, seit du gestorben bist, und plötzlich gibt das Gedächtnis ganz andere Dinge frei, wenn ich dich vor mir sehe.«

Doch es kommt anders. Ihre Vorwürfe, ihre Wahrheiten über ihn, beenden das Stück wie ein Trommelfeuer, das auf den früheren Geliebten abgefeuert wird. »Roger, du hast mir nie geholfen.« »Wir hätten nie zusammen wohnen sollen.« »Du willst, daß ich dich brauche. Das hältst du für Liebe.« »Roger, ich friere.« »Manchmal hasse ich dich.« Und schließlich der Todessatz: »Du hast nie jemand geliebt, dazu bist du nicht imstande, Roger, und du wirst auch nie jemand lieben.« Darauf Roger: »Das also bleibt.«

Sie schaut zu, wie er in aller Ruhe den entsicherten Revolver an die Schläfe hält, kein Knall, aber Finsternis, dann Helligkeit, eine leere Bank.

In einem Brief an Johnson, der ihn auf diesen Roger und dessen schwankendes Selbstbewusstsein angesprochen hatte, antwortete er: »Sie haben recht (in Bezug auf Roger), da hapert es mit dem Selbstbewusstsein; ob ein Mensch der Liebe fähig gewesen ist und sein wird, das muss er selber wissen. Ja. Nur gibt es auch Menschen, die da ihr intaktes Selbstbewusstsein haben und sich grässlich irren. Von einem toten Partner auf Umwegen zu hören, man sei der Liebe nicht fähig, ich meine, das kann schon irritieren, vielleicht sogar töten …«

Der zentrale Satz im Stück, schrieb er im selben Brief, sei der Satz: »Wir leben mit Toten, und denken nicht um.« Was für ein merkwürdiger Fehler. Oder hieß es in einer frühen Version des Stückes wirklich anders? Im gedruckten Text jedenfalls heißt es: »Wir leben mit Toten, und die denken nicht um.« Das sagt Francine, nachdem sie den einbalsamierten Lenin gesehen hat, mit dem klugen Kopf, der »seit fünfzig Jahren keine Erkenntnisse mehr hat«.

Wer denkt nicht mehr um? Der Lebende oder die Tote? Roger oder Francine? Welche Geschichte bleibt?

Max Frisch hat auf dem Totenbett gewünscht, dass bei der Gedenkfeier nach seinem Tod im Schauspielhaus Zürich dieser dritte Teil des Triptychons aufgeführt werde. Was auch geschah.

»Ich weiß nur: es ist abgelebt«
Abschied von Marianne

Eine andere Geschichte ist endgültig zu Ende gegangen. Sie sind viel schon allein unterwegs gewesen in den letzten Jahren, sind oft getrennt, aber immer doch ein Paar geblieben. Doch die Streitereien nehmen zu und seine Düsternis, und im Oktober 1978 schreibt Max an Marianne einen Brief. Er ist in Berlin, sie in Zürich, und er erwägt in diesem Brief, einem sieben Seiten langen, sehr liebevollen Brief, wie sich Marianne Frisch erinnert, die Scheidung. Nicht ganz ernst gemeint vielleicht, vielleicht will er nur einmal sehen, wie sie reagiert, hofft möglicherweise auf eine Gegenreaktion, ein Bekenntnis zu ihm, ein Bekenntnis von Marianne Frisch zu ihrer Ehe. Doch sie willigt ein, schreibt einen ausführlichen Brief zurück, in dem sie ihrerseits auf Scheidung drängt. Einen Heiratsantrag könne man wohl ablehnen, schrieb sie ihm, einen Scheidungsantrag aber nicht. Gut, also Scheidung, schreibt sie, und er kann es nicht glauben. Doch Marianne

Frisch blieb dabei, und es wurde ein Termin gemacht auf dem Amt in Locarno. Es dauerte fünf Minuten, »danach sind wir schön essen gegangen und fuhren dann hinauf in unser Haus in Berzona«. Sie versuchten, es erst mal nicht so ernst zu nehmen. Zu ihrem nächsten Geburtstag fuhren sie noch gemeinsam nach Paris. Doch es war vorbei. Nach Berzona, in ihr gemeinsames, altes Steinhaus, kam sie nur noch einmal, als im Februar 1980 der gemeinsame Freund Alfred Andersch beerdigt wurde. Doch diese Treffen gingen ihm zu nah. Er hatte Tränen in den Augen, wenn sie sich sahen. Er konnte das nicht, Treffen mit der Vergangenheit, mit einem einst überaus vertrauten Menschen, jetzt, einfach so. »Es hat ihn durcheinandergebracht.« Er hat über ihre gemeinsame Zeit ein Tagebuch geführt, das sogenannte »Berlin Journal«. Niemand hat es bis heute gelesen, außer Uwe Johnson. Es liegt im Tresor einer Schweizer Bank. Im Jahr 2011 läuft die von Frisch verfügte Sperrfrist ab. Es dürfte ein Dokument sein, das die zwischen den beiden so umstrittene Trennungslinie zwischen Privatem und Öffentlichem noch einmal in ganz andere Bereiche ausdehnt. Kein sehr angenehmes Gefühl für einen lebenden Menschen, ein solches Drohdokument in einem Tresor zu wissen. Aber Marianne Frisch lässt sich die Bedrohung nicht anmerken. Und sie kann die Veröffentlichung natürlich verhindern, solange sie lebt. An Johnson schrieb Frisch einmal über den Inhalt des Buches: »Ich weiss nicht mehr, was darin steht, viel Krudes, so vermute ich, viel Selbstgerechtigkeiten. Hoffentlich steht nichts darin, was sie verletzt. Die späteren Hefte befassen sich nur noch mit Marianne/bis zum Begräbnis meiner Hoffnung, dass eine nacheheliche Freundschaft möglich sei. Sicher ist manches anders gewesen, als der Schreiber dieses Journals es erlebt; ich weiss nur: es ist abgelebt. Und Sie wissen, was das heisst.«

Jetzt ist Herbst. Herbst 1979. Sie sind noch einmal vier Wochen zusammen mit Gästen in Berzona, dann fahren sie nach Küsnacht, sie über San Bernardino, er über Sankt Gotthard (gemeinsames Autofahren war ja schon zu Zeiten der

Ehe schwierig. Geschieden wollen die beiden das nicht unbedingt ausprobieren.) Dann fährt sie nach Berlin, fliegt dann nach New York. Er kehrt zurück ins graue Haus. Allein. »Ohne zu saufen«, wie er Johnson ankündigt. Im Frühjahr hat er das schon mal versucht. Allein im Tessin. Den Versuch hat er abbrechen müssen. So viel Einsamkeit und Stille war zu viel.

»Oder man hört ein Käuzchen«
Vom Verschwinden

Aber eine andere Qual ist immerhin vorübergegangen. Die »Klima«-Geschichte – endlich ist sie fertig. Endlich lässt er sie erscheinen. Sie ist »endgültig missraten«, findet er selbst. »Der Mensch erscheint im Holozän« heißt sie nun. Eine Geschichte aus den Bergen.

Was für ein Jammer, dass sie nicht den klaren, kurzen, idealen, zukunftsträchtigen Titel behielt. Es war Siegfried Unseld, der kurz vor Erscheinen zu seinem Autor sagte, es gebe zu viele Frisch-Titel, die nur aus einem Wort bestehen. Nach »Montauk« müsse nun etwas anderes her, etwas Längeres. So hat sich Frisch, in der Erinnerung Peter von Matts, kurzfristig und ziemlich Hals über Kopf zu »Der Mensch erscheint im Holozän« entschieden. Ein ebenso sperriger wie missverständlicher Titel. Wie sensationell richtig wäre aus heutiger Sicht der Titel »Klima« für dieses Weltuntergangsbuch aus den Schweizer Bergen gewesen!

Ein Mann, allein in seinem Haus im Tessin. Es ist Sommer, und es regnet beinahe ohne Unterlass. Herr Geiser, so heißt der Mann, fürchtet um seinen Verstand und fürchtet um die Welt. Wird es jemals aufhören zu regnen? Zeigen sich schon Risse? Risse im Haus, Risse im Berg? Risse in der Erde, auf der er geht? Herr Geiser löst sich langsam auf, sein Gedächtnis verschwimmt. Er behängt die Wände seines Hauses mit Zetteln lexikalischer Gewissheiten, mit erdgeschichtlichen

Erkenntnissen über das Tessin, Berichten über Saurier, ihr Leben und ihr Verschwinden, Zettel über das mutmaßliche Hirn der Neandertaler. Und selbst geschriebene Erkenntnisse – »Fische schlafen nie«, Fragen – »Seit wann gibt es Wörter?« und Staunen – »Das All weitet sich aus«. Dann die alarmierende Erkenntnis: »Offenbar fallen Hirnzellen aus.« Gefolgt von: »Man muss auf alles gefasst sein.« All die Zettel und Ausschnitte erscheinen in ihrer typografischen Sonderform genauso im Buch.

»Der Mensch erscheint im Holozän« ist ein kühler, knapper Bericht über das Verschwinden eines Menschen in der Einsamkeit, im Vergessen. Eine Auflösung. Und wie »Homo faber« das komplementäre Buch zum »Stiller« ist, so ist »Der Mensch erscheint im Holozän« das komplementäre Werk zu »Montauk«. Hier Euphorie des Augenblicks und Lebensrückschau, Emphase der Gegenwärtigkeit, Glück des Erlebens von Strand, Autofahrten, Himmel, Liebe, Meer, Overlook und roten Haaren und des Beteiligtseins an alldem. Und dort – im »Holozän« – wird in mitunter fast stakkatohaften Sätzen die Lebenskatastrophe eines fremden Mannes mit Hut stenografiert. »Schwachsinn!«, hat Frisch die Lesart genannt, die auch hierin wieder nur Autobiografie sehen wollte, nur weil Herr Geiser sein Alter hat und ein Haus im Tessin.

Zum Vorbild des Verschwinders mit dem Wissen an den Wänden hat sich Frisch einen anderen genommen. Das Wald-Genie Armand Schulthess, der im Jahr 1951 sein Leben radikal veränderte und in den Wald zog, bei Auressio ins Tessin, in ein altes Steinhaus. Im Wald ringsumher schuf er sich einen enzyklopädischen Wundergarten, mit Schildern aus Blech, auf die er Lexikonartikel schrieb oder Buchtitel, Diagramme der Körpertemperatur einer schwangeren Frau, chemische Formeln. Ein Wald des Wissens. Er lebte allein. Der Fotograf Theo Frey hat wunderbare Bilder von ihm gemacht, von dem sonderbaren Herrn mit Glatze zwischen den Schildern der Gewissheiten. Und immer wieder von diesem sonderbaren Wald, in den ein Mensch seine Wichtigkeiten hineingehängt hat.

Man sieht, wie sie aufgehen, im Wald, die Wichtigkeiten, wie sie sich einfügen in die Natur, von der sie handeln. Mal hängt auch eine Blechflasche im Baum, mal eine Liebeserklärung, mal die Namen von Liedern, die man sich an dieser Stelle vorstellen kann, dann klingt der Wald vielleicht so, wie die Schilder wollen. 1972 ist Schulthess in seinem enzyklopädischen Garten gestorben, den 1973 seine Erben weitgehend vernichteten.

Dieses Bild stand am Anfang. Wie damals, beim »Gantenbein«, der Unfall in der Kurve und die Vorstellung dann, zum Schein für alle Welt das Augenlicht zu verlieren. Hier sind es Schilder. Zettel. Geisers Lexikonwald ist eine Lexikonwand. Hier hält er sein Wissen fest. Aus Angst.

Am Anfang versucht er, eine Pagode zu bauen, aus Knäckebrot. Der Satz auf der nächsten Seite weist schon die Richtung des Buchs: »Es ist keine Pagode geworden, aber Mitternacht.« Die Zeit geht einfach voran. Kein Pagodensturz hält sie auf. »Die Zeit ist noch nie stehengeblieben, bloß weil ein Mensch sich langweilt und am Fenster steht und nicht weiß, was er denkt.«

Es regnet. Die Straße unten im Tal ist gesperrt. Der Strom fällt aus. Ein Feuersalamander kommt ins Haus. Zuerst nur einer im Keller. Schließlich auch einer im Wohnzimmer, auf dem Teppich, schleimig, starr. Herr Geiser wirft ihn ins Feuer im Kamin. Die Tiefkühltruhe fällt aus. Der Fernseher fällt aus. Die Nachrichtensendung hat ihn immer so beruhigt, den Herrn Geiser. »Sonne in London.« Er fühlte sich verbunden mit der Welt. Später wird er sogar seine Katze auf dem Feuer braten. Aber nicht essen. Nach dem ersten Schlaganfall sieht er, mit gelähmtem Augenlid, aus wie ein Lurch. Der Berichterstatter versichert uns: »Herr Geiser ist kein Lurch.« Jetzt sieht er den Balken, den schon Max Frisch im Tagebuch gesehen hatte, als er das Haus zum ersten Mal besichtigte und sich vorstellte, daran zu baumeln, falls man hier einmal allein leben müßte. »Daß einer auf einen Stuhl steigt und seine Hosenträger am Deckenbalken befestigt und sich aufhängt, um seine eignen Schritte nicht mehr zu hören, kann Herr Geiser sich vorstellen.«

Er sitzt im Haus wie in einer Falle. Schließlich macht er einen Ausbruchsversuch. Eine letzte Wanderung. Hinauf, auf die Passhöhe, 1076 Meter hinauf und hinüber ins benachbarte Maggia-Tal. Es ist neblig, es regnet, Herr Geiser ist alt. Vor einem Jahr sind hier in der Gegend zwei Menschen verschwunden. Wie verschluckt von der Natur. Man hat nie wieder von ihnen gehört. Auch Herr Geiser wird fast verschluckt. Der Nebel ist dick und undurchdringlich. Sein Mantra: »Ein Weg ist ein Weg auch im Nebel.« Das Haus, das er verlassen hat, gehört kaum noch zu seiner Gegenwart. Das Schönste am Gehen: Man muss nichts denken. Er geht und geht, erreicht sein Ziel und muss wieder zurück. Es ist eine Flucht: »Die Gewissheit, dass niemand wissen kann, wo Herr Geiser sich in diesem Augenblick befindet, hat Herr Geiser genossen.«

Der Rückweg ist kaum zu bewältigen. Er verläuft sich, ist schwach, erinnert sich kaum, es wird dunkel: »Ein Weg ist ein Weg auch in der Nacht.«

Er denkt: »Der Mensch erscheint im Holozän« – da denkt er falsch. Der zuvor ausgeschnittene Lexikonbeitrag erklärte ihm, dass der Mensch im Pleistozän erschienen ist, dass sich die erdgeschichtliche Gegenwart aber im Holozän abspielt. Wohlmeinende Interpreten haben aus dieser Verschiebung, dieser falschen Erinnerung, die Frisch bis in den Titel hinein fortsetzte, den Schluss gezogen, das Buch trage eine optimistische Botschaft, da der wirkliche, der neue Mensch erst jetzt, in unserer Gegenwart entstehe. Dass also die Falsch-Erinnerung Geisers die gute Botschaft des Autors trage, der sich deswegen auch für diesen Titel entschieden hat. Doch das erscheint etwas überinterpretiert.

Dieses Buch kennt keine große Gesellschaftshoffnung. Die Hoffnung dieses Buches ist das Verschwinden der Angst. Ist das Einswerden mit der Natur. Ist die Demut vor der Natur. Die Einsicht, dass die Erde uns nicht braucht.

»Was heißt Holozän! Die Natur braucht keine Namen. Das weiß Herr Geiser. Die Gesteine brauchen sein Gedächtnis nicht.«

Es ist wie eine Meditation des Abschiednehmens. Erst schwindet Herrn Geisers Erinnerung, dann verschwindet er selbst. Der Widerstand gegen den Tod ist lächerlich. Alles stirbt. Eines Tages wird auch dieses Tal sich verändern und ein anderes sein. Aber später, unendlich viel später als in der Zeit, die uns hier bleibt. Uns und Herrn Geiser in seinem Tal: »Alles in allem ein grünes Tal, waldig wie zur Steinzeit. Ein Stausee ist nicht vorgesehen. Im August und im September, nachts, sind die Sternschnuppen zu sehen oder man hört ein Käuzchen.«

Damit endet das Buch. Herr Geiser verschwindet. Zurück bleiben sein Haus, die Kastanienbäume, Feuersalamander, die Zettel an den Wänden und die Erinnerung einiger Freunde. Der Himmel ist blau.

»Undine und ein wenig nurse«
Rückkehr zu Alice

Vielleicht hat er sich wieder Tulpen gekauft, als er das Buch zum ersten Mal in der Hand hielt. Vielleicht war er wieder allein. Er hat darüber nichts geschrieben. Er hat sich später einmal gewünscht, dass dies sein letztes Buch geworden wäre. Sein Abschied vom Schreiben. Was danach noch kam, hat er nicht mehr richtig ernst genommen. Max Frisch hatte seine Erfahrungen gemacht und Geschichten dazu gesucht. Das waren sie jetzt. Seine Geschichten. Er hatte sie geschrieben.

Vor der Schreibmaschine empfand er jetzt einen regelrechten Ekel. Die Wörter bedeuten ihm nichts mehr. Die Tage, an denen er nicht schrieb, häuften sich. Das verdarb ihm die Laune. Aber wenn er schrieb und am nächsten Tag die Wörter las und feststellte, dass sie ihm nichts bedeuteten – dann war die Laune noch schlechter. Warum gab es nichts mehr zu schreiben? Im dritten Tagebuch, an dem er seit Anfang der achtziger Jahre arbeitete und das erst im Jahr 2010 aus dem Nachlass herausgegeben wurde, schreibt er einmal über seine Unlust an neuen Stoffen, seine Unfähigkeit zu schreiben: »Offenbar verdränge ich, was ich durch das Alter erfahre, und deswegen habe ich nichts zu sagen.«

Wahrscheinlich stimmt das. Der Meister der Selbstbeobachtung war zu diesen letzten Beobachtungen und dieser schonungslosen Analyse nicht wirklich bereit. Das Alter machte ihm Angst, immer noch. Er lebte aber auch nach wie vor ein Leben, in dem er sein Alter wie eine Behinderung täglich neu erfahren musste. Das bringt das Leben mit einem viel, viel jüngeren Menschen einfach mit sich:

Er war wieder einmal in New York, um sich feiern zu lassen. Eine neue Ehrendoktorwürde wurde verliehen und vor allem sein neues Buch, der »Holozän«, das in Deutschland und der Schweiz eher zurückhaltend, zumeist als etwas schlappes Alterswerk rezipiert worden war, war hier, in den USA, das Ereignis der Saison. Vorabdruck im »New Yorker«, begeisterte Rezensionen überall, ein »Klassiker« wurde es in der »New York Times« schon anlässlich des Erscheinens genannt, und die »New York Times Book Review« wählte den Text zur wichtigsten Erzählung des Jahres 1980. Also, er war in New York und glücklich. An Honegger schrieb er, seit er hier sei, seien seine Depressionen verschwunden. Sein Geburtstag kam, es kamen Blumen ins Hotel. Blumen von Alice. Und eine Liebe, die nur für ein Wochenende hatte bestehen sollen, begann aufs Neue. Der Kontakt war nie ganz abgerissen, sie hatten sich Briefe geschrieben, sich aber nur einmal kurz wiedergesehen. Jetzt also Blumen. Und eine Telefonnummer in Boston. Max Frisch war einsam, frisch geschieden. Und er rief an.

»Er hat mich zu sich gerufen«, erinnert sich Alice Carey heute. Und sie kam. Bevor sie kommt, teilt er noch schnell, voller Männerstolz, dem Malerfreund zu Hause mit, dass er vorher noch »drei Nächte mit einer andren Frau« verbracht habe. Dass nun Lynn aus Boston komme und er mit ihr ans Meer fahre, sei nicht schlimm für sie. »I AM VERY VERY HAPPY«, sagt sie oder er. Das lässt der Brief offen.

Die Geschichte mit Alice, mit Lynn beginnt erneut. Wieder geht es ans Meer, diesmal nach Cape Cod. Sie sind beide älter geworden, er 69, sie 37. Seine Gesundheit ist angeschlagen, »Undine und ein wenig nurse« hieß es über Lynn in »Montauk«. Jetzt muss er zugeben: »She is nursing.« Sie kümmert sich. Die Geliebte als Krankenschwester – kein ganz idealer Neuanfang. Auch ist den beiden nicht klar, was das für eine Geschichte werden soll. Sind sie ein Liebespaar, werden sie eins, bleiben sie eins, waren sie eins? Es ist vertrackt. Frisch berichtet recht ausgiebig in Briefen und im Tagebuch von seiner schwindenden Manneskraft. Auch diese schwankt: »Nicht mal auf Impotenz ist Verlass.«

Im Oktober beschließen sie, ihre Geschichte zu beenden. Doch sie beenden sie nicht. »Ich danke dieser Frau für einen Sommer«, schreibt er an Honegger. Und dass er sie wirklich liebt. Und dass der Einbruch in New York gekommen sei, als sie ihre Freunde wiedersieht. »Man kann ihr Erschrecken verstehen. Plötzlich sieht sie mich nur noch als einen alten Mann.« Er ist erstarrt, wird unsicher, öde und langweilig, macht Fehler »in der Sprache, in der Küche, am Steuer«. Die Verzweiflung wächst. Es ist furchtbar zu lesen: »Ich weiss natürlich, dass ich verschwinden muss, aber ich liebe sie und sie möchte mich nicht verlieren.« Was tun sie? Sie besichtigen Lofts. Gibt es doch eine gemeinsame Zukunft, wenn man eigene Wände um sie herum kauft? Ist das die Rettung? Max Frisch kauft ein Loft in der Prince Street. Ja, sie versuchen es. Ein gemeinsames Leben in New York. Er wundert sich: Ihre Freunde laden sie nie ein. Das sei in Amerika so üblich, meint sie. Er zweifelt, und er weiß, warum. Ihr Ex-Freund, der sie einmal mit nach Boston nimmt, darf nicht einmal heraufkommen, um ihr Gepäck zu tragen. Und Max Frisch darf nicht mit hinunter. Sie versteckt ihn, ihren Freund, den Greis. Das stellt er sich vor. Vielleicht stimmt es auch.

»Offenbar verdränge ich, was ich durch das Alter erfahre.« Bis zu einem beinahe selbsttötenden Grad verdrängt er es eben nicht, das Alter. Aber die Situation, in der er lebt, erlaubt ihm die schonungslose Selbstbetrachtung nur noch in engen Grenzen.

13. Es geht zu Ende

»Er entwarf und verwarf unablässig«
Ein Interview mit seiner Sekretärin.
Über das Schreiben I

Das Klack – Klack – Klack, wie Gottfried Honegger es beschreibt, ist legendär. Jeder, der Max Frisch besser kannte, kommt früher oder später auf dieses sorgsam, langsam hämmernde Geräusch zu sprechen. Max Frisch und die Buchstabensuche an seiner Maschine. Aber wie hat er genau gearbeitet? Wie hat er geschrieben? Die vielen Varianten seiner Werke, die man im Max-Frisch-Archiv einsehen kann, geben eine Ahnung von seiner Sorgfalt, seiner Qual, seiner Genauigkeit, von dem langen Prozess des Entstehens der meisten seiner Werke. Aber wie sah der Alltag aus? Der Schreiballtag? Das weiß niemand so genau wie seine langjährige Sekretärin Rosemarie Primault. Sein Freund Honegger, der sie bei einem Architekten, wo sie arbeitete, kennengelernt hatte, hatte sie ihm empfohlen. Das war 1971. Frisch arbeitete gerade an der Reinschrift für »Wilhelm Tell für die Schule« mit all den Fußnoten. Dafür brauchte er dringend eine Sekretärin. Sie war eigentlich ausgelastet, arbeitete nebenbei auch noch als Flugbegleiterin bei der »Swiss Air«, wollte schon ablehnen, als das Telefon klingelte: »Als Max Frisch persönlich anrief, wollte ich ihn gern kennenlernen, und wir vereinbarten einen Termin noch am gleichen Tag in Küsnacht«, schreibt sie auf meine Anfrage per Mail. Er überzeugt sie sofort – und noch am gleichen Tag vereinbaren sie einen Termin in Küsnacht. Jeden Abend kommt sie jetzt, nach ihrer Arbeit im Architekturbüro, noch bei ihm vorbei: »In Küsnacht gab es eine Art Arbeitsraum im Untergeschoss, und ich kaufte eine elektrische portable Schreibmaschine, um mit dem Arbeitsgerät unabhängig zu sein. Wir einigten uns auf ein Arbeitsverhältnis im Stundenlohn.« Sie wird seine Sekretärin bleiben bis zu seinem Tod, er diktiert ihr seine Korrespondenz, seine Texte und seine Bücher. Sie arbeitet mit ihm in Zürich, in Berzona, sogar in New York. Sie begleitet ihn manchmal auf seinen Flügen nach Amerika, »in meiner anderen Tätigkeit als Flight Attendant bei der Swiss Air. Es war damals noch möglich, dass gewisse Passagiere sich Flugbegleiter wünschen konnten.« Und Max Frisch wünschte sich Rosemarie Primault.

Aber wie sah die gemeinsame Arbeit aus? Hat er diktiert? Direkt oder in ein Diktafon? »Er hat diktiert, direkt und manchmal in ein Diktafon, das ich ihm schenkte, weil es uns beiden viel Zeit einsparte und uns unabhängiger machte. Seine literarischen Texte hat er nach Handnotizen in seine Maschine getippt, dann überarbeitet und dann ein erstes Mal diktiert.« Bezog er seine Sekretärin ein beim Diktieren? Fragte er nach? Ob ein Satz gut klingt oder anders vielleicht besser? »Wenn er diktierte, dann diktierte er, und ich nahm den Text auf – da wurde nicht darüber diskutiert. Wenn ich den Text auf einen von ihm erstellten Satzspiegel abgetippt zurückbrachte, sah er ihn mit neuem Blick und konnte distanzierter daran arbeiten, meistens Wörter und Sätze streichen, bis nur noch das Konzentrat vorlag. Bis zur Druckfahne gab es mindestens fünf Überarbeitungen.« Nein, sicher war er nie. »Sie wissen doch, dass er alles in Frage stellte, immer wieder. Auch jeden Satz.«

Je älter er wurde, desto langsamer ging es. »Er entwarf und verwarf unablässig und jeden Tag von neuem.« Vieles spielte sich mit den Jahren perfekt ein. Für Briefe benötigte sie oft nur noch Stichworte – »er wollte die zeitraubende Korrespondenz so schnell wie möglich hinter sich bringen« –, Briefpapier mit Briefkopf hatte sie drucken lassen; war er länger auf Reisen, ließ er ihr Briefpapier mit Blankounterschriften zurück. Die Post ließ er direkt an ihre Adresse umleiten, »und so konnte ich das meiste selbst oder nach telefonischer Absprache mit ihm erledigen«. Rosemarie Primault war das Büro Frisch.

Sie schreibt sehr liebevoll von ihm. Wie eigentlich alle, mit denen man über Max Frisch heute, fast zwanzig Jahre nach seinem Tod, spricht. Schöne Erinnerungen, eine schöne Zeit, gutes gemeinsames Arbeiten: »Er spielte nie den Chef und betonte immer wieder, dass eigentlich er der Arbeitnehmer sei, weil er ja meine Arbeit abnehme, und ich ihm die Arbeit gebe. Wir hatten weder einen Vertrag noch ein Abkommen und das Arbeitsverhältnis bestand aus Vertrauen und entstand immer wieder neu und auf Abruf.« War er auch ein Freund? Auf diese Frage antwortet sie eher ausweichend: »Max Frisch half allen, die ihn brauchten. Zumindest versuchte er es. Ich vermied es aber bis auf ein oder zwei Notfälle, seine Güte zu strapazieren, und verstand meine Aufgabe darin, ihm den benötigten Frei- und Spielraum zu verschaffen mit aller persönlichen Distanz, die dazu gehörte.«

Auch in seinen letzten Jahren, den Jahren der zunehmenden Verbitterung, zumindest in der Öffentlichkeit, war das Arbeiten oft gut. »Er konnte das Leben feiern, vor allem zusammen mit Freunden, und sich freuen an schönen Dingen, am guten Essen und einem Glas Wein.« Manchmal ist sie noch mit ihm gewandert, einmal über das Eis auf dem Sihlsee, er erzählte von seinen Plänen, einem letzten Stück. Manchmal holte sie ihn ab, in seinem Jaguar, wenn er mit Freunden über den Passo von Loco nach Aurigeno gewandert war oder ein paar Mal nach einer Kur in einer Fastenklinik am Bodensee.

Am schönsten sei für sie die Arbeit am »Holozän« gewesen, schreibt Rosemarie Primault, und dass sie ein Foto so gerne mag, »das ihn leichtfüssig zeigt, wie er tänzerisch von Stein zu Stein hüpft«.

Heute arbeitet Rosemarie Primault, die 1941 in Zürich geboren wurde, als alternative Therapeutin, sie besuchte Fortbildungen in Shiatsu in Turin und New York, erwarb im Wat Po Tempel in Bangkok ein Diplom für Traditionelle Thai-Massage und in Kalifornien das Diplom für therapeutische Esalen-Massagen. Max Frisch hat sie bis an sein Totenbett begleitet.

»Ich habe Chaos im Kopf«
Theoretiker ohne Theorie:
Über das Schreiben II

Im November 1981 hielt Frisch zwei Vorlesungen über die Grundlagen seines Schreibens am New Yorker City College vor 750 Zuhörern: »Wo unser Schreiben nicht zur Selbst-Erfahrung führt, entsteht keine Literatur, glaube ich, es entstehen Bücher.« Ein magischer Satz über sein eigenes Schreiben, das Geheimnis seines Schreibens und das Geheimnis seines nun einsetzenden, langsamen Verstummens. Radikal hatte er begonnen und den lauschenden Studenten, alle bereit, die theoretischen Grundlagen seiner Literatur eifrig zu notieren, den Frisch-Satz zugerufen: »Ich habe keine Theorie.« Und dass Schreiben immer mit Bildern beginne, dass er keinem Plan folge beim Schreiben, dass er mit dem »Homo faber« ganz anderes vorhatte als das, wohin sich die Geschichte schließlich entwickelte, dass man Pläne auch aufgeben muss, zugunsten eines Wagnisses, des Wagnisses der eigenen Schöpfung. »Ich weiss nicht, was ich schreiben werde«, bekennt er vor den Studenten. Und: »Ich habe Chaos im Kopf.« Was Schreiben wirklich heißt, wie Geschichten wirklich entstehen, muss immer ein Geheimnis bleiben. Und er erinnert an Ingeborg Bachmann, »obschon wir, als Mann und Frau, fünf Jahre lang zusammen gelebt haben«, wisse er nicht, wie sie gearbeitet habe. Schreiben sei eine »sehr intime Angelegenheit«.

Max Frisch geht in diesen Vorlesungen in bemerkenswerter Offenheit noch einmal durch sein Schreiben hindurch. Durch sein Schreiben und somit immer auch: durch sein Leben. Er erinnert an die Scham, die ihn überfiel, als er zum ersten Mal vor Publikum las und er nicht fassen konnte, was er ihm preisgab von sich selbst, dass er da preisgab, was er selbst guten Freunden gegenüber im Gespräch nicht offenbaren würde. Eine Art Wahrheit, die anders kaum auszusprechen ist. Was ist das –

wahres Schreiben? Er schildert den Studenten eine Wahrheits-
suche, und er sagt, ach, wenn sie ihm nichts aus ihrem Leben
erzählen würden, nichts von ihrer Not mit dem Vater, keine
Memoiren, keine Erinnerungen, nichts – wenn er aber stattdessen siebenundsiebzig Geschichten von ihnen höre, fanta-
sierte, ausgedachte, »lauter erfundenes Zeug«, so »haben Sie
von Ihrer wirklichen Person mehr verraten, als wenn Sie, und
sei es noch so ehrlich, Ihre Biographie erzählen«.

Man kann ihn lesen, aus seinen Büchern, das ist es, was
Max Frisch sagen will. Aus seinen Büchern, aus seinen Geschichten, mit denen er anfing wie ein Rufer in der Einsamkeit. Auch das zitiert er hier noch einmal, die Verzweiflung,
die am Anfang des Schreibens stand und immer wieder neu
am Anfang steht. Die Frage, ob man allein ist mit dem, was
man denkt, was man fühlt. »Man gibt Zeichen von sich, um
zu erfahren, ob wir einander verstehen. Man ruft aus Angst,
allein zu sein im Dschungel der Unsagbarkeit. Man hat Durst
nicht nach Ehre, aber nach Partnerschaft.« Und er fügt hinzu:
»Man gibt sich preis, um einen Anfang zu machen.«

Am Anfang stehen die Einsamkeit und die Angst, dann
folgt der Mut und dann der Ruf – hinaus – zum Leser als
Partner. »Kein Schriftsteller, glaube ich, schreibt für die
Sterne.« Und am wenigsten er, der Schriftsteller Max Frisch.
Er spricht auch über seine eigene Leseerfahrung. Spricht darüber, wie kalt ihn »Tonio Kröger« ließ, so kalt, dass er heute
kaum noch weiß, wovon die Novelle handelt. Wie sehr ihn
aber Kafkas »Verwandlung« und »Strafkolonie« umgeworfen
haben. Gute Kunst ist eine Irritation. »Sie revoltiert mich«,
ruft er aus. Und dass Literatur, gerade die private Literatur,
auch eine immense politische Bedeutung habe. Gerade die.
Dass eine direkt-politische Literatur, wie er sie nennt, durch
das Vokabular, die verengende Zielvorgabe und so weiter
eine unbedeutende, letztlich unwahre Literatur bleibe. Gute
Literatur eröffnet eine neue Welt und verändert das Leben jedes Einzelnen. Das kennzeichnet die Imagination, wie der
Leser Max Frisch sie erlebt:

»Dass sie uns nie wieder loslässt; was sie uns eröffnet hat, bestimmt unsere psychische Entwicklung, unser Verhältnis zur eigenen Existenz.«

Die Emphase, mit der er hier über das Schreiben und das Lesen sprach – hatte die auch damit zu tun, dass er wusste, dass er selbst mit seinem Schreiben sich einem Ende näherte? Dass eine Zeit denkbar war, in der es für ihn damit vorbei sein würde? Ganz vorbei? Es war sicher so. Er hatte viel auch von Utopien gesprochen und dass die Literatur die Utopie liefere, dass Menschsein anders sein könnte. Anders als es ist. Er hatte die Vorlesung an zwei Tagen gehalten. Am dritten sollte darüber diskutiert werden. Auf dem Podium saß unter anderem der amerikanische Schriftsteller Harold Brodkey. Der fragte einmal, der fragte zweimal, der fragte dreimal, was das denn bitte sein solle, diese Utopie, von der Frisch hier spreche. Frisch antwortete jedes Mal neu. Die Utopie, das sei eben etwas, was der Mensch noch nie erlebt habe, das er aber haben möchte. Und es sind wieder beinahe Sätze aus dem »Bin«, die er anführt für das, was er meint: »Die Sehnsucht gibt die Richtung an für das, was wir tun. Wenn unser Denken begrenzt würde durch ›Das schaffen wir, das schaffen wir nicht …‹, hätten wir keinen Hang zu etwas über uns Hinausreichendes.« Beim dritten Nachfragen Brodkeys ist er endlich bereit, ein Beispiel zu geben, und er nennt das Ziel »Befriedigung bei der Arbeit« für alle Menschen. Er wisse auch nicht, wie es zu erreichen sei, aber als ein Ziel in einer Ferne sei es ihm wichtig. Eine Richtung. Ein Traum. Und schließlich, ja, das gibt er zu: »Es ist nicht ganz weit weg vom religiösen Glauben.« Nicht weit weg vom religiösen Glauben? Das hatte man vom Agnostiker Frisch bislang auch noch nicht gehört. Eine Zeit der Bilanzen bricht an. Ein ruhiges Schauen auf das eigene Werk, das Leben, das Schreiben, hier im November in New York.

Im Wind
New York. Und noch einmal:
Geburtstag

Max Frisch in New York. Es gibt viele Bilder von ihm. Er passt gut hinein, in diese Bilder, in diese Stadt. Hier mit Alice Carey auf dem Dach ihres Lofts, sie hat ihren Arm um seinen Hals gelegt, lacht ihm ins Gesicht. Dort allein vor einer Backsteinmauer, schwarzweiß. Dann wieder umstellt von den hohen Wänden seines Lofts. Hier Max Frisch im Wind, die weißen Haare fliegen, er lacht. Er hat sich hier heimisch gefühlt und zugleich angenehm fremd. Der Versuch jetzt mit dem eigenen Loft, das war auch der Versuch eines Abschieds aus der Schweiz. »Sein erstes Exil«, nennt es Peter Bichsel. Raus aus den Kämpfen, raus aus der Enge, den Anfeindungen, hinaus auch aus dem eigenen Zwang zur Beschäftigung mit seinem Land. Peter Bichsel hat ihn oft besucht, in dieser Stadt. Frisch führte ihn, ohne viel zu erklären. Er zeigte nur sein Staunen und seine Liebe für diese Stadt, auf der Fähre, hinüber nach Staten Island, war er der Kapitän. »Er beschrieb die Stadt nicht, er machte sie mir vor.«

Doch das Glück hier, im eigenen Loft – auf Dauer wollte es nicht recht gelingen. Das Arbeiten gelang nicht, der eine große Raum – das ging eben nicht, zu zweit. Oben tapste ein Hund, unten übte eine Rockband, hinten sah Alice fern. Er nahm sich ein Arbeitszimmer in der Nachbarschaft. Die Lage blieb angespannt. Alice Careys junge Freunde, ihre Offenheit, auch in ihren Zweifeln über ihre Liebe zu diesem alten Herrn. Dazu kam: Sein Englisch war einfach nicht besonders gut. Er sprach es zwar, ja, aber mühsam und im Alter immer eher noch mühsamer. Das machte die Lage, auch die Gespräche mit Freunden, immer noch etwas angespannter. Er war nicht so schnell, nicht so mittendrin im Gespräch. Entspannter, so erinnert sich Alice Carey, war er in Berzona. Wo sie die Sommer verbrachten, zu zweit. Immer noch oft mit Gästen aus aller Welt.

Auch den siebzigsten Geburtstag hat er schließlich glücklich überstanden, ohne allzu große Spannungen. Diesmal haben seine Freunde – und vor allem sein Verleger – weit mehr vor diesem Datum gezittert als er selbst. Peter Bichsel warnte Unseld: »Frisch wirft es einem ja schon vor, wenn man sich nach dem Geburtstag nur erkundigt.« Oh, Unseld wusste, wovon Bichsel da sprach. Aber diesmal gelang es: In vorsichtiger Absprache mit dem Jubilar gab der Verleger eine Festschrift unter dem Titel »Begegnungen« heraus, an der nichts auszusetzen war. Hans Mayer hielt einen Festvortrag an der ETH Zürich, mit dem Frisch einverstanden war, wenn er nicht selbst kommen musste. Es gab ein Fest in Berzona, bei dem Alice Carey eine Balkonrede hielt, zusammengefügt aus den Stimmen der Figuren aus seinem Werk. Auch davor hatte sie gezittert, weil sie seinen Jähzorn bei einer möglichen Blamage fürchtete. Aber er war froh und zufrieden und blieb ganz ruhig. Es gab einen Suhrkamp-Empfang in Zürich im »Zunfthaus zur Meisen«, zu dem 200 Gäste kamen – darunter sogar Frisch selbst mit bester Laune. Und ein Treffen der Autoren in Frankfurt, in der Klettenbergstraße, bei Unselds. Das Foto, das dabei entstand, ist legendär: eine Ehrenformation um einen weißhaarigen Herrn mit großer Brille in der Mitte. Mit Alice Carey, Günter Grass mit Frau, Paul Nizon, Uwe Johnson, Jurek Becker, Peter Bichsel, Hans Mayer, Peter Weiss und natürlich Siegfried Unseld. Ein Familienfoto. Und ein in sich ruhender Jubilar.

Doch diese Momente waren kurz. Das Tagebuch jener Jahre – er schließt es im November 1983 ab – zeigt einen alten Mann, voller Traurigkeit und Zweifel, einen Mann, der sein Leben lang mit ungeheurem Fleiß gearbeitet hat und der nun immer wieder vor der Schreibmaschine sitzt und sich fragt, welchen Sinn er diesen Buchstaben noch abgewinnen könnte.

»Immer rätseln Sie an den Frauen herum«
Blaubart. Dürrenmatt.

Und das Frisch-Geheimnis

Dabei hatte er in der Zwischenzeit sogar noch ein Buch geschrieben. Sein letztes Buch. Geschrieben noch einmal beinahe wie im Rausch. In drei Monaten – zwischen Oktober und Dezember 1981. Er hatte zuvor wie im Fieber einen Mordprozess in Zürich verfolgt, saß in jeder Verhandlung, extrem aufgewühlt. Ein Goldschmied aus Winterthur war angeklagt, seine Frau ermordet zu haben. Alle Indizien deuteten auf ihn. Zuletzt wurde er freigesprochen, was niemand verstand, auch nicht die Juristen, mit denen Frisch darüber sprach. Eine Zeit lang hatte er gehofft und es auch Freunden so erzählt, dieser Prozess könnte den Stoff zu einem großen Gesellschaftsroman liefern. Doch dann verknappte sich ihm wieder alles unter den Händen.

»Blaubart« – benannt nach jenem Ritter aus dem Märchen, der all seine Frauen ermordet und die Leichen versteckt, in dem Zimmer seines Schlosses, das sich nur mit dem Goldnen Schlüssel öffnen lässt. Bis schließlich seine letzte Frau das Geheimnis seines Lebens – die Leichen ihrer Vorgängerinnen – entdeckt. Er selbst hatte ihr den Goldnen Schlüssel anvertraut, um sie zu prüfen. Er, der Mörder seiner Frauen, will wissen, ob er dieser einen endlich wird vertrauen können. Er kann es nicht, er tobt – und wird getötet.

Der Blaubart von Max Frisch ist ein liebender, ein eifersüchtiger, ein fliehender Mann der Gegenwart. Doktor Felix Schaad, Internist, sechsfach geschiedener Ehemann, steht vor Gericht. Er soll seine frühere Ehefrau, Rosalinde Zogg, die in den letzten Jahren ihr Geld als Prostituierte verdiente, mit seiner Krawatte erdrosselt haben. Er steht vor zweierlei Gericht: Erstens vor dem Gericht der Wirklichkeit, mit Staatsanwalt, Verteidiger, Geschworenen und fünf früheren Ehefrauen als Zeugen der Anklage – und er steht vor seinem in-

371

neren Gericht. Vor dem Gericht der Selbstvorwürfe, Selbstanklagen, vor den Zweifeln seines Lebens. Das eine Gericht spricht ihn mangels Beweisen frei. Doch er selbst spricht sich nicht frei. Sein Gewissen belagert ihn. Er versucht, es mit Billardspielen gegen sich selbst, mit Wandern, mit Alkohol zu beruhigen. Doch die Stimmen schweigen nicht. Das Gefühl der Schuld sitzt tief. »Seit meinem vierzehnten Lebensjahr habe ich nicht das Gefühl unschuldig zu sein«, bekennt er vor Gericht. Der Staatsanwalt im Kopf, die früheren Frauen im Kopf, die Schuld, die Selbstvorwürfe, das ewige Ungenügen – schließlich fährt er in den Ort seiner Kindheit, nach Ratzwil, er stellt sich der Polizei und legt ein umfassendes Geständnis ab. Er will frei sein, frei von den Stimmen, von der Schuld, frei von der unverdienten Freiheit, die ihn bedrängt. Doch der Internist Felix Schaad hat Pech. Die Handschellen, die er als leicht empfindet, werden ihm nach kurzer Zeit wieder abgenommen. Gefängnis kommt für ihn nicht infrage. Denn der wahre Täter sitzt inzwischen längst in Haft. Es ist ein griechischer Student. Nikos Grammaticos – es gibt Beweise gegen ihn. Schaad ist frei. Er nutzt die Freiheit, um mit dem Auto gegen einen Baum zu fahren. Doch er überlebt und muss nun leben lernen, mit seiner Schuld und den Anklägern in seinem Kopf.

Als das Buch schließlich fertig ist und gedruckt und schön in Blau gebunden vor ihm liegt, kommt beim Autor diesmal keine festliche Stimmung auf. Gar keine: »Was habe ich geschrieben? Eine Fratze, eine gekonnte Grimasse – als letztes Buch? Das vorletzte hätte verdient, das letzte zu sein.« Das schreibt er in sein Tagebuch. Er hätte sein Lebenswerk gern mit »Der Mensch erscheint im Holozän« beendet. So wie Thomas Mann das eigene Lebenswerk als unrund empfand, weil es nicht mit dem »Doktor Faustus« endete, sondern weil der »Felix Krull« am Ende stand. Doch während der »Krull« bei der Kritik und vor allem beim Publikum geradezu auf Begeisterung stieß, war Frisch mit seiner Skepsis gegenüber dem »Blaubart« nicht allein. Einige Kritiker wie Joachim

Kaiser zeigten sich zwar begeistert, dieser schrieb von einem vollkommen klaren, knappen Alterswerk, mit »Verzweiflung, völlig unsentimental, hinter lakonischen Dialogen und eleganten Blackouts versteckt«, aber die Mehrzahl der Kritiker war doch respektvoll enttäuscht. Und wenn man es heute wiederliest, muss man leider sagen: Nein, es reicht an seine besten Bücher bei weitem nicht mehr heran. Es ist ein unheimliches Kreisen um die Frage der Schuld. Ein gespenstisches, ein unheimliches Buch.

Der Held, Felix Schaad, ist von Anfang an eine Figur ohne Rätsel. Ein Mann ohne Entwicklung. Die Schuld ist da. Die Schuld bleibt. Der Prozess läuft an ihm vorbei. Aber auch aus diesem entwickelt sich keine Dramatik. Denn von einem Schuldspruch wäre er ja innerlich so wenig betroffen wie von einem Freispruch. Es ist das Gegenteil eines Kriminalstücks. Der Fall ist nicht interessant. Die Indizien spielen keine Rolle. Grammaticos, der wahre Täter, spielt keine Rolle. Bestenfalls sein Name: Die Sprache ist schuld, die Grammatik, die Stellung der Wörter in einer Geschichte, in einem Leben, in einem Werk. Grammaticos ist schuld. Wer hat die Wörter dieses Lebens in diese Reihenfolge gebracht? Welches Gesetz? Welche Regel?

Die Ankläger vor Gericht sind vor allem Schaads frühere Frauen. Ein wenig erinnert die Szene an Frischs eigenen Scheidungsprozess von seiner ersten Frau, wie ihn Peter Suhrkamp schilderte, als die Liste seiner Ehebrüche verlesen wurde, vor einem Richter, der schon das Wort Ehebruch kaum auszusprechen wagte und um die öffentliche Ordnung fürchtete. Die Frauen gegen Blaubart treten vor Gericht selbstbewusst auf. Allzu Schlechtes will keine über ihn sagen. Alle sind sich einig: Ein Mord, verübt von diesem Mann, ist ausgeschlossen. Aber beinahe alle sind sich auch einig, dass sie Angst hatten vor dem Angeklagten, als sie noch mit ihm zusammen waren. Angst vor seinen Ausbrüchen, seiner Eifersucht, Angst vor seinen Worten, wenn er außer sich war, den Verstand verlor, Dinge vor ihren Augen auf dem Boden zerschmetterte oder an Wände warf. Wenn er seine teuersten Pfeifen eine nach der anderen zerbrach, vor Wut, und das Hemd zerriss, das er gerade trägt, wie um sich die eigene Brust aufzureißen. Einmal warf er seine Uhr aus dem Fenster. Schaad will überzeugen, will seine Frauen überzeugen, von sich, von seinem Bild, das er sich von ihnen macht. Die Frauen fliehen aus diesem Bild, und Schaad flieht zu neuen Bildern, neuen Frauen, einer neuen Liebe. Der Staatsanwalt stellt ihm diese Frage: »Ich möchte den Angeklagten fragen, ob er der Meinung ist, dass er je eine Frau verstanden hat. Denn das scheint mir nicht der Fall zu sein, Herr Doktor, denn immer rätseln Sie an den Frauen herum, und wenn eine Frau sich nicht an Ihre männliche Deutung hält, was dann?«

Ja. Was dann. Scheidung. Abschied. Mord. Ein Buch.

In »Montauk« hatte Frisch seine Mutter mit den Worten zitiert, er solle nicht immer über Frauen schreiben, »denn du verstehst sie nicht«. Und über seinen Wahn hatte er auch geschrieben: den Wahn seiner Erfindungen zum Wesen der geliebten Frau. »Im Anfang gefällt ihnen meine Erfindung, mein Entwurf zu ihrem Wesen.« Eine Frau trifft einen Schriftsteller: »Das hat mir noch niemand gesagt«, sagen sie dann. Er hütet sich vor Wiederholungen: »Ich erfinde für jede Partnerin eine andere Not mit mir. Zum Beispiel, dass sie die Stärkere ist oder dass ich der Stärkere bin. Sie selber verhalten sich danach, jedenfalls in meiner Gegenwart.« Es ist eine gespenstische Szene. Es ist die Menagerie eines Schriftstellers: die Menagerie seines Lebens, seiner Frauen: »Alles, was in meinem Entwurf passt, bietet sich als Beobachtung an. Ich sehe es doch, ich höre es doch, und wenn ich nicht dabei bin, so kann ich es mir ungefähr vorstellen.«

Ein Mann macht sich ein Bild. Das Leben möge sich danach richten. Das Bild tötet die Liebe. Das fest gefügte Bild beendet die Freiheit, die notwendig ist, um die Liebe immer wieder zu erneuern. Das hat ein altes Buch einmal gewusst. Jetzt heißt es, in dieser Gespensterszene in »Montauk«: »Ob es mich peinigt oder beseligt, was ich um die geliebte Frau herum erfinde, ist gleichgültig; es muß mich nur überzeugen. Es sind nicht die Frauen, die mich hinters Licht führen; das tue ich selber.«

»Blaubart« ist die Beweisführung dieser These. Frauen in Freiheit treten auf vor Gericht, befreit aus einem Bild von einst und reden über eine Erfahrung, die sie gemacht haben, mit Felix Schaad. Er hört und staunt. Und erfährt: »Es gibt kein gemeinsames Gedächtnis.« Jeder erinnert sich für sich allein.

Doch die Dialoge bleiben meist leer. Es sind ja auch eher Monologe. Jeder redet so vor sich hin. Gespenstergespräche. Aber plötzlich: Ein alter Freund des Angeklagten tritt auf. Herr Neuenburger. Wir dürfen annehmen: Er trägt den Namen der Stadt, in der er lebt. Er redet wie ein alter Freund, ein alter Feind des Autors. Nein: Dieser Herr Neuenburger IST nicht Friedrich Dürrenmatt und Schaad natürlich NICHT der Autor, aber Frisch lässt diesen Rotwein liebenden, kichernden Freund und Zeugen einige der bösesten, lustigsten und treffendsten Sätze sagen, die sein Vorbild aus Neuchâtel über ihn, Frisch, im Leben so gesagt hat. Der vierseitige Auftritt Neuenburgers vor Gericht ist eine humorvolle, satirische Bilanz der schwierigen Lebensbeziehung zweier Schweizer Weltstars der Literatur.

Der Richter begrüßt ihn, er habe ja mit dem Angeklagten gern über Astronomie gesprochen und dabei einen alten Bordeaux mit ihm getrunken, auch wenn dieser gar nichts von Astronomie verstehe. Neuenburger: »Er kann halt nicht denken.« Das Verhör wird grotesk. Neuenburger ist verrückt, selbstverliebt, ein Einstein-Kenner und genial. Richter: »Sie wollen sagen: Schaad kam bei Ihnen nicht zu Wort?«

»Über Einstein zu reden, wenn der andere keine Ahnung von Mathematik hat, ist halt schwierig, aber zum Glück habe ich zwei Hunde, und da muß man nur auf den Schenkel klopfen, wenn man ein anderes Thema braucht, und schon sind sie da, Hundegeschichten sind immer lustig … Schaad hat einfach keinen Humor … Ich möchte auch nicht seine Frau sein … Schauen Sie, ich bin vierundzwanzig Jahre verheiratet, das ist eine Frage des Humors, das kann einer nicht, wenn er keinen Humor hat, meine Frau ist auch beinahe eine Schauspielerin geworden ...« Dann habe er versucht, mit Schaad über Biochemie zu sprechen. Natürlich auch erfolglos. Immerhin sei er ein flotter Kerl, dieser Schaad: »Schließlich sind wir seit dreißig Jahren befreundet, obschon wir einander nichts zu sagen haben. Aber ich trinke gerne meinen Wein mit ihm. Ich selber brauche keine Freunde. Ich denke ja selber.« Was ihn an Schaad störe, seien seine Unwahrheiten, schon deshalb müsse man über Einstein mit ihm sprechen, denn spreche man über ihn selber, stimme überhaupt nichts. Ja, auch der Herr Neuenburger tritt als Ankläger auf. Wenn auch milde, sehr milde: »Und dann ist Schaad ja so überempfindlich!« »Wenn er hört, was Sie hintenrum sagen ...« »Dann ruft er ein Jahr lang nicht mehr an.« »Und Sie rufen an?« »Darauf wartet er, glaube ich ... Und dann ist Schaad schon wieder verheiratet, ich habe nicht einmal gewusst, dass er sich von dieser Rosemarie hat scheiden lassen.« »Der Zeuge kichert in sich hinein.«

In diesen lächerlichen Anklagesätzen eines irren Genies kommt plötzlich eine Lebendigkeit, eine Ironie, eine Bewegung in das Buch hinein. Und auch der Internist Schaad scheint Konturen zu bekommen. Aber es bleibt ohne Folgen.

Letztlich ist es vermutlich sogar das, was Frisch zeigen wollte: diese Konturlosigkeit eines Menschen, der in die Verhörfalle seines Lebens gerät. Der nach und nach sich selbst nicht mehr erkennt, sich schuldig fühlen muss, für eine Tat, die er nicht begangen haben kann. Alle Menschen sind potenzielle Zeugen einer Anklage gegen ihn. Frisch selbst sagte über diesen Schaad in einem Interview: »Und so wird dieser Schaad ein leeres Gefäß, in das die andern hineinwerfen können, was sie wollen. Er sei nett, er sei grausam, er sei geil, er sei großzügig und so weiter. Er wird bestimmt durch eine Kollektion von fremden Meinungen und kann all dem nichts mehr entgegenhalten. Darum ist er wirklich zum Tod verurteilt, trotz seines Freispruchs. Er macht nichts mehr als eben solche Ausweichbewegungen – wandern, trinken, Billard spielen –, bis zu dem Wahnsinn, dass er endlich das Geständnis ablegt für eine Tat, die er nicht begangen hat. Um sich selber zu bestimmen.«

»Was geht mich Israel an?«
Alter als Freiheit

Ein Mensch – von Schuldzuschreibungen umstellt – ein Albtraum. Der schärfste Kritiker des Buches war wie immer Max Frisch selbst. Es hebt nicht gerade die Stimmung, so wie er sie im Tagebuch verzeichnet.

Die Langeweile nimmt zu. Der Überdruss. Manche Eintragungen in diesem Tagebuch, das er selbst nie zur Veröffentlichung freigab, sind kleine Meisterwerke. Manche Passagen sind nackte Enthüllungen, die man nicht unbedingt wissen muss: sein Bekenntnis, Alkoholiker zu sein, ja, das hatte er im zweiten Tagebuch schon angedeutet, jetzt gesteht er es sich in diesem Buch als Tatsache. Dann die Impotenz und der Unwille, sie sich selbst gegenüber einzugestehen. Sein Gang zur Apotheke, mit einem sieben Jahre alten Rezept. »Warum findet man sich nicht endlich ab und ein für allemal? Weil in Träumen die Sexualität nicht schwindet, im Gegenteil, und weil auch auf Impotenz kein Verlaß ist.« Das Typoskript trägt die Widmung »Für Alice« – das Buch ist auch noch einmal eine Liebeserklärung an sie. An ihre Offenheit vor allem. Sie sind noch viel auf Reisen. In Amerika streiten sie vor allem über Amerika. Schon auf der ersten Seite bekennt er, »wie dieses Amerika mich ankotzt!«. Seine Liebe zu diesem Land war ja immer schon schwankend gewesen. Aber jetzt – die Politik der Reagan-Jahre, die Selbstgewissheit dieses Landes, das jede Kritik als Antiamerikanismus zurückweist – er hielt das oft nicht mehr aus. »Max, you hate my country«, hat Alice Carey einmal entrüstet zu ihm gesagt.

Aber es gab auch Glück in diesen Tagen. Glück in Sils Maria. Glück in Venedig, Glück am Bach. Eben noch schreibt er, dass ihn jeder Satz langweile, den er geschrieben habe, dass er Wörter gegen Wörter tausche, manchmal tagelang, und dass es keinen Unterschied mache, und dann plötzlich: »Draussen ein blauer Tag.« Und zwei Seiten später – ein Schweizer Idyll: »Mittage am Bach, das Wasser ist kieselklar, aber kalt, die Felsen sind warm von der Sonne und die Luft riecht nach Wald, nach Pilzen, man hört nichts als das Wasser und es gibt nichts zu denken.«

Das Alter hat auch Vorteile. Zum Beispiel keine Meinungen mehr haben zu müssen zu allem und jedem: »Was geht mich Israel an?« »Ist es wichtig, was ich zur Falklandkrise denke?« Es ist nicht wichtig. Er mäht den Rasen. Schaut Arbeitern beim Bau einer Mauer zu, bewundert ihr handwerkliches Können, in Amerika betrachtet er Straßenarbeiter beim Teeren einer Straße. »Ich werde ein Greis«, schreibt er, und wenn ihn ein Schweizer Bürger, Vorsitzender des Hauseigentümerverbandes, der ihm einst die Anmietung einer Wohnung in Zürich verwehrte, in eine politische Diskussion verstricken will, denkt Frisch nur daran, wie er so schnell wie möglich die Fußballweltmeisterschaft im Fernsehen ansehen kann. Fußball beruhigt. An einem anderen Tag, in Berzona, schreibt er: »Es gibt einen Fernseher im Haus; ich schaue immer noch Sport, Fußball am liebsten, Tennis auch, Kunst kaum. Das kann Neid sein. Ich nehme es mir aber nicht übel. Überhaupt nehme ich mir weniger übel als früher. Das Alter, zum Beispiel, nehme ich mir nicht mehr übel. Das erweckt den Eindruck (nicht nur bei Gästen, auch bei mir selbst) von Religiosität.«

Die meisten Einträge im Tagebuch beschäftigen sich mit dem Tod. Sein Freund, der Professor für Strafrecht Peter Noll, ist an Krebs erkrankt. Sein Tod nur noch eine Frage der Zeit. Noll ist erst fünfundfünfzig Jahre alt. Frisch fragt ihn, ob er nicht ein Tagebuch seines Sterbens führen wolle, eine Selbstbeobachtung in schriftlicher Form. Noll antwortet, etwas beschämt, damit habe er bereits begonnen. Max Frisch will alles wissen: »Was er glaubt bis in die Schmerzen hinein oder nicht glaubt bis zur letzten Luzidität, bevor das Morphium nicht die Sensibilität ausschaltet, wohl aber die Sprache dafür.« Sie fahren noch einmal nach Ägypten zusammen. Peter Noll ist schwach, zu schwach für die Reise, er bricht zusammen, muss mit einem Jet ausgeflogen werden. Frisch beobachtet den Freund, sein Leiden, seine Veränderung: »Wenn ich frage, wie er sich fühle, seine einzige Antwort: Scheisse.« Dann die peinlichen Situationen. Noll ist zu Besuch in Berzona. Die Kühltruhe ist ausgefallen. Das Fleisch verdorben. Sie werfen es in den Wald. Der Verwesungsgestank ist penetrant. Hausherr und Hausherrin übergehen den Gestank nach Kräften. Peter Noll muss über ihr krampfhaftes Verschweigen lachen. Einmal erinnert sich Frisch an Ernst Bloch, der an seinem neunzigsten Geburtstag sagte, er sei neugierig aufs Sterben. »Sterben als die Erfahrung, die er noch machen wollte.«

Dann liegt der Freund wirklich im Sterben. Sie umarmen sich. Max Frisch fliegt am Abend noch nach New York zurück. Beide wissen: »Vielleicht sehen wir einander nochmals, wahrscheinlich nicht. DU WEISCH, sage ich, DASS ICH DICH GERN HAN, er sagt: ICH DANK DIR FÜR DIE ZYT.« Wenige Stunden später ist Peter Noll gestorben.

Max Frisch denkt viel an die Toten, denkt an ihr Alter, als sie starben, wie viel älter er jetzt schon ist als sein Vater, dessen Grab es schon nicht mehr gibt. Er denkt an Ingeborg Bachmann und dass er nie an ihrem Grab gewesen ist. Er geht nicht gern an Gräber. Ja, an Dichtergräbern ist er wohl schon mal gewesen. Aber die Toten, die wir kannten, die wir kennen? »Sicher sind die Toten nicht dort, wo ihr Name in Stein geschrieben ist.«

Er träumt von einem letzten Haus in Maine. Mit Pferden auf der Koppel und einer Veranda aus weißem Holz. Er sagt, er habe es im Vorbeifahren schon einmal gesehen. Es ist nur ein Traum. Aber er wiederholt sich. In Wirklichkeit ist es der

Traum vom eigenen Tod. Einmal sitzt er dort, auf der weißen Veranda, spricht mit dem jungen Tschechow über Tolstoi. Er weiß: »Morgen kommt Peter Noll.« Franz, Max Frischs älterer Bruder, fragt ihn, ob die Mutter auch schon da sei in dieser hölzernen Villa. Franz sorgt sich um ihn, wer ihm hier den Haushalt mache. Er freut sich, dass sein Bruder ihm die drei Bücher mitgebracht hat, die er nach seinem Tod noch geschrieben hat.

Nach dem Erwachen wieder die Frage nach dem eigenen Tod. »Im Gegensatz zu Peter kenne ich meine Todesursache noch nicht – was nicht heisst, dass ich mehr Zeit habe als er. Zeit wofür? Ich mähe den Rasen.« Manchmal glaubt er zu wissen, dass sich der Tod »für jeden etwas Besonderes« ausdenke. Was hat er sich für ihn ausgedacht? Und wann wird es so weit sein?

»Hänge ich am Leben?
Ich hänge an einer Frau.
Ist das genug?«

»Viel Quatsch ist erhalten.
Stört mich das?«
Vorbereitungen

Früh hat sich Max Frisch mit dem Tod beschäftigt. Sehr früh und sehr genau. Er wollte vorbereitet sein. Dabei ist er erst Anfang siebzig. Es könnte noch jede Menge Lebenszeit vor ihm liegen. Doch erstmals macht ihm die Gesundheit ernsthaft zu schaffen. Ein Lungenemphysem, als Folge des starken Rauchens, behindert ihn beim Atmen stark und mit den Jahren immer stärker. Lange Wanderungen fallen ihm schwer, werden bald ganz unmöglich. Auch äußere Umstände zwingen zum Bilanzieren. 1979 wird die Max-Frisch-Stiftung gegründet, die mit der Einrichtung eines Frisch-Archivs an der ETH Zürich beauftragt wird. 1983 wird es öffentlich zugänglich. Wenn er jetzt hineingeht – wie fühlt er sich da? Er fragt es sich selbst: »wichtig? ausgeliefert? beschützt? bestattet? dankbar? historisch?« Wohl von allem etwas. Er fragt sich nur, wen das Material, das da angehäuft wird, je interessieren könnte. Der junge Archivar, Walter Obschlager, jetzt der Herr über die Briefe, Entwürfe, Pläne des Autors, »weiss schon mehr über meine Siebzigjahre als ich, was Fakten betrifft«. Wenn er zu Hause alte Briefe findet und darin liest, dann denkt er gern an den Absender zurück, fragt sich, ob er noch lebt, was er macht. Ein ähnlicher Brief, gefunden im Archiv, geht ihn nichts mehr an. Eine Irritation ist schon da, wenn er durch das Manuskript-Museum seines Lebens geht. »Viel Quatsch ist erhalten. Stört mich das?« Es stört ihn nicht wirklich. Es geht ihn eigentlich schon nichts mehr an. Die Zettel, Briefe, Manuskripte seines Lebens – sie sind in kleine bunte Plastikschubladen sortiert. Dort liegen sie heute noch.

Und auch eine andere Frage findet eine endgültige Lösung: die Frage, wo er alt werden könne, seine letzte Wohnung. Im Mai 1983 schreibt er an Uwe Johnson in seinem letzten Brief, bevor der Freund stirbt, einsam und verlassen in seinem Haus in Sheerness-on-Sea: »Ich habe es gefunden, mein Altersheim, und eingerichtet.« Und er schreibt ihm die Adresse auf: »Stadelhoferstrasse 28«, ein neues Haus in rotem Backstein, mitten in Zürich. Die Wohnung ist zweistöckig. Peter Bichsel erinnert sich an seine Besuche dort: »Man kam unten rein, und eine Treppe führte in den oberen Stock. Dort erwartete er einen, die Hände aufgestützt auf dem Geländer wie ein Kapitän auf der Kommandobrücke, sagte sein ›Salü‹ und hob die rechte Hand zum angedeuteten Gruß gegen die Mütze, die er nicht trug.«

Die Trennung von Alice ist vollzogen, sie lebt vorerst noch in dem Loft in der Prince Street in New York, doch wird er es bald verkaufen. Auch New York ist für ihn vorbei. Nur für einen kurzen Besuch wird er zum letzten Mal hierherkommen, um seiner letzten Lebensgefährtin noch einmal seine

Stadt zu zeigen. Seit September 1982 ist die Lehrerin Karin Pilliod seine Begleiterin. Die beiden waren schon früher für kurze Zeit ein Paar gewesen. Jetzt und für die letzten Jahre ist sie fest an seiner Seite. Sie ist ein wenig älter als seine beiden letzten Gefährtinnen, selbstbewusst, mit eigenem Beruf und eigenem Geld, wirkt an seiner Seite immer wie eine gute, lebensfeste Partnerin. Bichsel nennt sie »eine kräftige Frau, die dafür verantwortlich war, dass er lebte, dachte, reagierte bis zum Schluss – sie schickte den Kapitän auf die Brücke«. Auch in Liebesfragen kehrte in den letzten Lebensjahren eine ruhige Stetigkeit ein. Alice Carey hat einmal gesagt: »Ich war die letzte schwierige Beziehung für ihn. Bei mir hat er sein Diplom gemacht.«

»Das Leben als Wunder«
Freiheit zum Tode.
Verschwundene Pfeife

Jetzt steht er da, auf seiner Brücke – schaut zurück und schaut voraus. Es sind ruhige Jahre, die nun noch auf ihn warten. Ruhige Jahre der Vorbereitung, der Abschiede, der letzten Kämpfe. Keine Jahre der Versöhnlichkeit, oh nein. Zunächst verschwindet die Pfeife auf den Bildern. Wo ist sie? Es gab ja vorher kaum mal eines, auf dem er sie nicht im Mund trug oder in der Hand. Die Krankheit, der knappe Atem haben sie ihm aus der Hand genommen. Max Frisch ohne Pfeife. Die Haare werden länger und weiß, die Brille scheinbar noch einmal größer, aber das kann auch täuschen.

Im Dezember 1984 spricht er vor angehenden Ärzten über den Tod. Ja, da wundern Sie sich, sagt er den jungen Medizinern, dass ich hier vor Ihnen über den Tod spreche statt über das Glück des Heilens und des Lebens, das Glück Ihres Berufes. Doch er spricht vom Tod, »weil nur aus unserem Todesbewusstsein sich das Leben als Wunder offenbart. Ich brauche kein anderes Wunder«. Und er spricht noch einmal über das Sterben Peter Nolls, über seinen Willen, als autonomer, selbstbestimmter Mensch zu sterben, seinen Verzicht auf Schmerzmittel bis zum Schluss, seine Ablehnung der Apparatemedizin und seinen Satz: »Da es den Tod gibt, soll man seinen Umgang pflegen und nicht meinen, das Leben könne ihn beseitigen.« Das Todesbewusstsein, so Frisch, sei aus der heutigen Gesellschaft weitgehend verdrängt, auch die Schreckensbilder, die jeden Abend das Fernsehen zeigt, tragen zur Verdrängung bei – der Tod als inszenierter Sonderfall. Und die medizinisch-technologische Lebensveränderung leiste ihren Beitrag zu dieser Tabuisierung.

Doch der Tod, so Frisch, sei von Beginn und ohne Ende da. Das Leben hat immerzu eine Todesrichtung. Das gelte es zu begreifen. Er erinnert sich an frühe Todesbilder, an die Großmutter im Sarg und dass er beinahe erleichtert war über ihren Tod, weil sie nun endlich nichts mehr an ihm auszusetzen hatte. Und der Schmerz zugleich über den Tod eines kleinen Haustiers der Nachbarn. »Der Tod ist das Schlechthin-Unbegreifliche.«

Max Frisch spricht über Sterbehilfe, fragt die jungen Ärztinnen und Ärzte, wie sie sich verhalten werden, wenn die Frage einmal an sie gestellt wird. Und er fügt hinzu: »Ich meine: Wir haben das Recht, über unser Ableben zu bestimmen, wann immer es unseren Nächsten gegenüber sich verantworten lässt, und somit haben wir das Recht, um Sterbehilfe zu ersuchen.« Frisch selbst sagt von sich, dass er natürlich nicht wisse, wie er sich entscheiden werde, falls die Frage einmal für ihn wichtig werden sollte, ob er die Ärzte-Informationen über den Stand seiner Krankheit verdrängen wird. Er weiß es nicht. Nur die Freiheit möchte er haben. Bis zum Schluss. Die Freiheit zum Tode.

Und auch über das Danach spricht er in diesem Winter vor den jungen Ärzten. Über das, was danach kommt, nach dem Sterben. Eine Hoffnung auf ein Leben danach kennt Max Frisch nicht. Er sei auf der Seite Epikurs, so wie Platon ihn schildert, es gebe kein Fortleben unserer Ich-Seelen, es bleibe nur eine Unsumme wieder verfügbarer Atome als Baustoff für immer andere Organismen. »Eine endliche Unsumme, irrelevant in der unendlichen Geist-Materie mit ihren Pulsaren und Schwarzen Löchern etc. ...« Dieses Aufgehen im All-Ganzen ist für den Vortragenden keine Schreckensvorstellung, sondern im Gegenteil: ein großes Glück. Genau dieses Glück, diese Art der Lebensfreude habe er gemeint, als er vor vielen Jahren im »Homo faber« das leuchtende Stenogramm des Lebens und des Todes geschrieben hatte: »Auf der Welt sein: Im Licht sein. Irgendwo (wie der Alte neulich in Korinth) Esel treiben, unser Beruf! – Aber vor allem: Standhalten der Zeit, der Ewigkeit im Augenblick. Ewig sein: Gewesen sein.«

So hatte es Max Frisch fast dreißig Jahre vorher geschrieben. Ewigkeit im Augenblick. Das Leben ist jetzt, und es ist einmalig. »Was ich Ihnen also wünsche: Leben!«, ruft er den jungen Ärzten zu. »Und da es ein einmaliges ist; dass es Ihr eigenes Leben werde. Dass Sie es wagen, Ihr eigenes Leben daraus zu machen. Das wünsche ich Ihnen von Herzen.«

Doch wer glauben wollte, Max Frisch ziehe sich mit solchen Reden endgültig aus den Kämpfen seiner Zeit zurück, der hatte sich getäuscht. Er konnte auch noch ganz andere Reden halten. Im nächsten Jahr zum Beispiel. Es war bei den Solothurner Literaturtagen, Schriftstellerkollegen hatten aus Anlass seines fünfundsiebzigsten Geburtstages Texte aus seinem Werk vorgetragen. Jetzt betritt er das Podium, eine Kanzel eigentlich, in blauem, hochgeschlossenem Hemd, die Hände in die Hüften gestützt – ja, fünfundsiebzig, »was soll ich selber dazu sagen«, und er fragt sich, angesichts der vorgetragenen Texte: »Wie steht ein Schriftsteller, wenn er sehr lange lebt, zu seinen veröffentlichten Hoffnungen?« Seine Bilanz ist bitter. In ruhigem Ton betrachtet er die Welt, so wie sie ist, und sieht nichts Gutes. Überall nur Geldinteressen, Sachzwänge statt Träume, Zerstörung der Sensibilität der Menschen,

Zerstörung der Umwelt, Zerstörung der Welt. Ja, Optimismus sei gefragt, »Leben wir denn nicht alle bestens – auf Kosten der Dritten Welt?«. Und Patriotismus käme im Lande nur als ein Patriotismus der verklärten Vergangenheit infrage, nicht als kritischer Patriotismus, der Fragen stellt. Die Aufklärung, so wie sie sich heute zeigt, ist gescheitert. Am Ende der Aufklärung stehe nichts anderes als Gewinnmaximierung, Geld, Reichtum, die Revolution der Reichen gegen die Armen. Also – wie steht er nun zu den Hoffnungen von einst? Hat kein Hoffen sich je gelohnt? Nein, sagt er: »Enttäuschung über den Lauf der Welt ist eins, Preisgabe oder Widerruf einer Hoffnung wäre schon etwas anderes.« Und er erinnert an Ezra Pound, der im hohen Alter, enttäuscht, verbittert über den Lauf der Welt, aus dem Fenster heraus sein lautes »Disorder« auf die Piazza brüllte. Frisch hofft, so weit werde es mit ihm nicht kommen. Die Hoffnung bleibt. »Bloß weil ich aufgehört habe zu schreiben. Müde, ja. Verbraucht. Was ich sonst tue? Was Voltaire prophezeit hat: ›Man endet notwendigerweise damit, seinen Garten zu bestellen; alles übrige, mit Ausnahme der Freundschaft, hat wenig Bedeutung…‹ Da habe ich vier Wörter unterstrichen: Mit-Ausnahme-der-Freundschaft. Ja. Mit Ausnahme der Freundschaft.«

Natürlich war da Resignation dabei. Auch wenn er immer wieder wütend reagierte, wenn er in späten Interviews so interpretiert wurde. Es war ja Resignation, wenn er das Ende der Aufklärung in der Welt, so wie sie sich zeigt, erfüllt sah. Und die Hoffnung? Und der Widerspruch, der Kampf trotz alledem? Ein heroischer, aufrechter, aber letztlich gleichgültiger Akt.

So war er, als sich Mitte der achtziger Jahre in der Schweiz ein Bündnis zur Abschaffung der Schweizer Armee gründete, nicht bereit, sich daran zu beteiligen. Obwohl das Ziel ihm wünschenswert erschien. Aber er glaubte nicht an einen Erfolg, an die Abschaffung der Armee schon gar nicht, er fürchtete sogar, dass ein Wahldesaster in dieser Frage das Ziel auf lange Jahre hinaus diskreditieren könnte. Doch die Bewegung wuchs und wuchs, und Max Frisch schrieb noch einmal ein Buch. Ein Gespräch zwischen Großvater und Enkel: »Schweiz ohne Armee? Ein Palaver« nannte er es.

Der Enkel Jonas besucht seinen Großvater in seinem alten Rustico im Tessin. Er sitzt am Kaminfeuer, gemächlich, der Enkel ist in Aufregung, berichtet von der bevorstehenden Volksabstimmung zur Abschaffung der Armee. Ja, ja. Der Großvater lächelt. Berichtet von seinen eigenen Erfahrungen in der Armee, im Krieg, berichtet von der Armee als Schutzmacht, die immer mehr nach innen wirken musste denn nach außen. Ein Stabilisierungsfaktor der Machthaber. In diesem Land, in dieser Welt. Nein, Junge, so weit sollte man nicht denken. Er zieht ein Buch aus dem Regal, das er einst selbst geschrieben hat, »Dienstbüchlein«, die Revision einer frühen Begeisterung. Jonas findet das Büchlein »lässig«, immerhin. Wundert sich, dass der Großvater zum letzten Schritt nicht bereit ist, und lässt den alten Mann allein. Der sitzt vor dem Feuer, liest noch einmal, was er einst geschrieben hat: »Ich wagte nicht zu denken, was denkbar ist«, liest er da. Und: »Gehorsam aus Stumpfsinn, aber auch Gehorsam aus Glauben an eine Eidgenossenschaft. Ich wollte ja als Kanonier, wenn's losgeht, nicht draufgehen ohne Glauben. Ich wollte nicht wissen, sondern glauben. So war das, glaube ich.« Dann wirft der alte Mann das Buch ins Feuer.

Das Echo auf das Buch war gewaltig, der Verkaufserfolg riesig, die Diskussionen erbittert. Politiker beschimpften Frisch als senilen Greis, als ahnungslosen alten Mann. Ein Altbundesrat namens Rudolf Friedrich erklärte in einer öffentlichen Diskussion: »Aus einem ehemals großen Geist ist ein kleiner geworden. Sein geistiger Niedergang wird vordemonstriert. Max Frisch ist nicht faktisch, aber er ist geistig erledigt.« – Nicht nur der Autor Frisch, auch seine Gegner wollten von einem Waffenstillstand aus Altersgründen nichts wissen. Die Bereitschaft zur Verwundung wuchs. Der Regisseur Benno Besson erstellte, gemeinsam mit Max Frisch, eilig eine Bühnenversion des Buches, die unter dem Titel »Jonas und sein Veteran« am 19. Oktober 1989 im Schauspielhaus Zürich uraufgeführt wurde. In einer kargen Inszenierung, allein auf die Kraft der Dialoge, die Kraft der Utopie vertrauend. Urs Bircher berichtet davon, dass er nie zuvor so viele junge, begeisterte und bewegte Menschen im Schauspielhaus gesehen habe wie an diesem Abend. Und es wurde ein Triumph. Noch einmal ein Triumph in seinem Haus. Der Applaus wollte nicht enden, Max Frisch kam, gemeinsam mit den Schauspielern, auf die Bühne und schaute noch einmal glücklich in sein Publikum.

Ein wunderschöner Moment. Und aus der Resignation, der nicht eingestandenen, wurde wirklich noch einmal eine Hoffnung, noch einmal der Glaube an eine Utopie. Max Frisch entschloss sich, die Initiative nun mit voller Kraft zu unterstützen, hielt am 20. November in Basel eine flammende Rede zur Abschaffung der Schweizer Armee und ließ seinen Freund Gottfried Honegger ein Plakat anfertigen. Ein Wahlplakat zur Volksabstimmung über die Frage: »Soll die Schweizer Armee abgeschafft werden?«, darauf ein großes Porträt Max Frischs und dazu ein kurzer Dialog zwischen Jonas und seinem Opa, der so nicht im Buch stand und nicht im Stück vorkam. Kleine Frage: »Wie wirst Du denn stimmen, Großvater?« Seine große Antwort: »Ja.« Die Abstimmung am 26. November 1989 brachte den Befürwortern der Abschaffung ein sensationelles Ergebnis: 35,6 Prozent stimmten mit »Ja«. Kein ganzer Sieg also, aber eine Ahnung der Möglichkeiten, die utopisches Denken zur Folge haben kann. Die Schweiz ohne Armee? Warum eigentlich nicht?

»Rutschbahn ins Nichts«
Abschied. Rauch über Berzona

Zur Zeit der Abstimmung, und auch schon, als er auf der Bühne des Schauspielhauses stand, wusste Max Frisch von seiner schweren Erkrankung. Er hatte Krebs, Darmkrebs, am 13. März 1989 hatte er die Diagnose erhalten. Metastasen in der Leber. Es wird nicht mehr sehr lange dauern, das Leben. Im Gespräch mit seinem Freund Michel Seigner kommentiert er die Nachricht am Abend so: »Das Todesurteil ist jetzt ausgesprochen; die entscheidenden Unterschiede werden nun in der Art der Hinrichtung liegen.« Alle, die ihn in diesen Tagen und Wochen treffen, berichten von einem ruhigen, gefassten Mann, der sachlich die verbleibende Lebensdauer abschätzt, sich um die Beschaffung von Medikamenten zur Sterbehilfe kümmert und der ruhig zurückblickt auf sein Leben, viel von den Anfängen erzählt, von den Anfängen des Schreibens, den Anfängen der Architektur. Abends trinkt er nach wie vor gerne Wein, Rotwein, trotz der sich rapide vergrößernden Leber. Er sitzt noch einmal in der Loggia im alten Steinhaus in Berzona, mit Michel Seigner und mit Karin Pilliod, er fragt sich, ob der Rotwein, den er in seinem Leben getrunken hat, ausreicht, um seinen Pool zu füllen. Und er lacht: Es könnte sein. Als er hört, dass der Freund gern einmal den Weg hinauf auf den Pass und hinüber ins Maggia-Tal gehen möchte, den »Holozän«-Weg, so wie er im Buch beschrieben ist, der Fluchtweg des Herrn Geiser, von dem er fast nicht wiederkommt, freut der Gastgeber sich. Stellt ihm die Ausrüstung zusammen: Weißwein, Brote, Pfeffer und Servietten. Er selbst kann den Weg nicht mehr gehen. Es ist zu weit.

Im Herbst 1990 fährt er ein letztes Mal hier hinauf. Im großen, alten Jaguar die Kurven im grünen Tal hinauf und hinauf. Wie er es im zweiten Tagebuch beschrieben hatte: »Daseinslust am Steuer. Das ist eine große Landschaft. Vor allem in den Kurven: der Körper erfasst Landschaft durch Fahrt, Einstimmung wie beim Tanzen.« Er nimmt Abschied. Abschied von seinem Haus, Abschied von der Landschaft, von dem Tal. Im Garten hatte er vor vielen Jahren eine Puppe aufgestellt, ein Klapperskelett in alten Kleidern, mit Strohhut auf dem Kopf, an einem Tisch, daneben lehnt eine Sense. Kein Todesmännlein, hat Peter Bichsel einmal klargestellt. Nein, die Sense stand nun einmal da. Einfach so. Auf dem Tisch eine Flasche und ein Glas, das immer gut mit Wein gefüllt war. Frisch hat ihn den »Toggel« genannt und ihn oft gefilmt, wie er so dasitzt, im Garten, den Wein vor sich, und in die Landschaft schaut. Bei seinem letzten Besuch hat Frisch den Toggel den Abhang hinuntergeworfen.

Als Karin Pilliod später im Herbst noch einmal hinauffahren will, nach Berzona, wehrt er ab. Nein, er habe sich davon schon verabschiedet. Er wolle das nicht wiederholen.

Ein Projekt gab es noch, das wollte er unbedingt vollendet sehen: Volker Schlöndorffs Verfilmung von »Homo faber«. Am 10. Januar 1988 hatte Schlöndorff seinen Antrittsbesuch bei Frisch gemacht. Die beiden verstanden sich auf Anhieb, Frisch erzählte von den Anfängen des Buches, wie er noch hoffte, dass es ein Buch mit gutem Ausgang würde, und wie er selbst überrascht wurde von der tragischen Entwicklung, die die Geschichte nahm. Sie trinken Wein, sie trinken Whisky, Frisch hat Schlöndorff sofort vertraut, und auch Schlöndorff, der ja einige Erfahrungen in der Zusammenarbeit mit Schriftstellern – vor allem Grass und Böll – gesammelt hatte, war begeistert von dem Projekt. Es wurde ein aufwändiger und teurer Film – die Schauplätze in aller Welt, das alte Flugzeug, die Drehs auf dem Schiff –, allein die Suche nach einer flugfähigen Super Constellation dauerte ein Jahr. Frisch war begeistert. Und dass der Film, aufgrund der hohen Kosten, ein internationaler Film werden musste, mit der Verwandlung des Schweizers Faber in einen Amerikaner, damit war er sofort einverstanden. Er hatte alles noch einmal und noch einmal durchgesprochen mit dem Regisseur. Sie hatten noch einmal über Ivy gesprochen und Fabers schlechtes Gewissen, dass er sie zunächst von sich abhängig machte, mit Geschenken und Anrufen aus der ganzen Welt, ohne sie wirklich zu lieben. Jetzt hängt sie an ihm durch seine Schuld, und er hasst sie und hasst sich selbst dafür. »Er will nicht mehr diese Paarschaft, wo mit dem nächsten Partner dieselben versteinerten Verhaltensformen wie mit der Vorhergehenden wiederkehren. Die Sehnsucht ist entfacht. Es könnte anders sein, es sollte anders sein. Das ist der Sinn der Elegie.«

Jedesmal, wenn die beiden über das Buch sprechen, ist Max Frisch stark involviert, in der Deutung des Buches, der Deutung der Personen. »Mit Sabeth schleicht sich der Traum ein, er könne noch einmal neu anfangen, ein anderes Leben.« Einmal gibt Frisch Schlöndorff einen Stapel Sekundärliteratur zum Buch mit. Der liest und referiert stolz seine neuen Erkenntnisse, über Persephone im Hades und den Granatapfel, doch Frisch wehrt lachend ab, warnt vor deutschem Bildungsüberdruck: »Faber ist ja nicht Kassandra und ich bin nicht Christa Wolf.«

Max Frisch hatte sich sehr gefreut auf die Dreharbeiten in Mexiko, auf dem Schiff im Mittelmeer und in München. Aber inzwischen hatte er seine Diagnose erhalten. Er konnte nicht mehr reisen, sagte alles ab. Schlöndorff kam immer wieder zum Berichten. Von den Widrigkeiten mit Sam Shepard, der nicht fliegen wollte, sich immer wieder weigerte zu spielen und die Nerven verlor, er zeigte Bilder vom archäologischen Institut in Athen, der Tabakplantage in Mexiko. Frisch ist mit allem einverstanden. Begeistert ist er von Sabeth: Julie Delpy wirft ihn um. Jeder, der den Film kennt, weiß: Sie ist wie geboren für diese Rolle. Ihr Pferdeschwanz, ihr Pingpong-Spiel, ihr Lachen, ihre Durchsichtigkeit – sie ist wie aus dem Buch geschwebt. Aus seinem Buch.

Er ist gespannt auf den Film. Vor allem darauf kommt es ihm jetzt an. Manchmal, wenn die Schmerzen groß sind, denkt er sich »Mach schneller, Krankheit!«, aber dann wieder fragt er den Arzt, ob er den Film noch werde sehen können, wenn im Sommer der Rohschnitt fertig sei. Der Arzt sagt Ja. Im Juni kommt Schlöndorff, noch ohne Rohschnitt, aber die Dreharbeiten sind beendet. Ob er irgendetwas aufschreibe, fragt der Regisseur den Autor. »Kein Bedürfnis zu schreiben«, antwortet der. Zugleich ist er empört, dass es nie jemand wirklich aufgeschrieben hat, dass Goethe vom Tod nichts wissen wollte, Adorno vom Tod nichts wusste. Doch er selber wolle eben auch nicht darüber schreiben – »vielleicht gehört auch das zum Sterben«.

Er hatte sich noch nicht in sein Schicksal ergeben, schreibt Schlöndorff in seinen Erinnerungen. »Er kämpfte.« Und er sagte, über das Sterben, das Rätsel des Sterbens: »Jeder tut es. Als ob alle wüssten, wie man das macht. Nur selbst weiß man es nicht. Man ist wie auf der Bühne und man kennt seine Rolle nicht.«

Als er endlich, Ende August, den Rohschnitt des Filmes sehen kann, ist er sehr mitgenommen. Den amerikanischen Akzent Shepards versteht er nur schlecht. Aber er ist sehr bewegt, sein Buch, seine Figuren dort zu sehen. Das verabredete Abendessen in der Kronenhalle sagt er ab. Er bittet um ein Foto von Julie Delpy.

Später im Jahr fahren sie mit dem Auto noch einmal auf den Pfannenstiel, gehen in das Gasthaus, wo er mit so vielen Frauen saß, wo er sein Vorbild Albin Zollinger einst getroffen hatte. Schlöndorff ist überrascht von der Feindseligkeit, mit der der alte Mann hier von den anderen Ausflugsgästen angesehen wird. Es ist kein Friede zwischen vielen Schweizern und Max Frisch. Bis zum Ende nicht.

Vor einiger Zeit hatte Frisch erfahren, dass er vierzig Jahre lang, wie 900 000 andere Schweizer auch, von der politischen Polizei des Landes bespitzelt worden war. Telefonate wurden abgehört, Reisen protokolliert, Gespräche aufgezeichnet. Frisch war noch einmal außer sich, bestand auf Einsicht der Akten, der sogenannten Fichen, und sagte die Teilnahme an der geplanten Siebenhundert-Jahr-Feier der Schweiz ab. Mit diesem Land, so bilanzierte er bitter, verbinde ihn nur noch der Reisepass, ein Dokument, das er im Leben nicht mehr brauchen werde.

Aber es gab jetzt auch Wichtigeres. Sie fuhren zurück, gingen die deutschen Dialoge durch, Frisch formulierte schnell und präzise, kontrollierte, ob das ein Faber sagt oder nicht. Dann tranken sie Champagner. Und am nächsten Morgen bat Max Frisch Volker Schlöndorff hinunter in die Garage, zeigte auf den glänzenden, grauen Jaguar und hielt dem Regisseur den Schlüssel hin und sagte: »Der gehört jetzt dir. Da, wo ich hingehe, brauche ich ihn nicht mehr. Er eignet sich besonders zum Vorfahren bei Hotels. Da gibt es immer noch ein Zimmer ...«

Schlöndorff dankte verdutzt, stieg ein und fuhr davon. »Wie ein Panzer«, schreibt er in seinem Buch. »Eher wie ein Lastwagen«, sagt er heute. Es gibt ihn noch, den Jaguar. Er steht in der Garage an Schlöndorffs Haus in Potsdam am Griebnitzsee. Er fährt immer noch damit. Ein herrlicher Wagen, ein Schiff. Alte, braune Ledersitze, das große Lenkrad, Baujahr 1967. Schwungvoll fährt Schlöndorff die Auffahrt zur Garage hinauf. Die Menschen, an denen wir vorbeifahren, winken ihm zu. 260 000 Kilometer ist der Wagen bis heute gefahren. Damals, als Frisch ihm ihn schenkte, war es nur die Hälfte. Golo Mann hat sich immer fürchterlich über den Wagen aufgeregt, wenn er in Berzona vor dem Haus stand. So viel Protz passte dem Nachbarn nicht.

Am Abend, nachdem Schlöndorff mit dem Jaguar davongefahren war, bat Frisch, ihn anzurufen, wie es gewesen sei, die erste Fahrt. »Es war schön, dich mit dem Jaguar abzockeln zu sehen«, sagte er zu Schlöndorff. Den fertigen Film haben sie sich dann im Januar gemeinsam angesehen. Freunde von Frisch waren dabei, auch seine erste Frau, seine Kinder. Nach der Vorführung wurde nicht gesprochen. Erst später, im kleinen Kreis, bei ihm zu Hause in der Stadelhoferstraße. Es gab Champagner. Frisch war vergnügt.

»Wieso ist so viel Leben versäumt worden?«, hatte er gefragt, als die beiden zum ersten Mal das Buch als Filmstoff durchgegangen waren. Und hatte sich gewundert, dass die Geschichte so schlecht ausging, die so positiv geplant worden war. Jetzt sagt er ausgelassen: »Wenn wir noch sechs Monate Zeit hätten, würden wir uns ein anderes Ende ausdenken.«

Ein anderes Ende – leider gab keine sechs Monate mehr.

Max Frisch wusste das. Im Wohnzimmer wurde ein Krankenhausbett aufgestellt. Gut gelaunt präsentierte er Gästen die elektrische Fernbedienung, mit der er das Kopfteil hochfahren konnte. Auf Bildern sieht man ihn in blauer Seidenbettwäsche versunken. Ein kleiner Mann in einem großen Bett mit einer großen Brille. Zwei Kartons stehen im Zimmer. Einer fürs Archiv und einer fürs Feuer. Frisch sortiert sein Leben.

Seit einer Weile nimmt er Schmerzmittel. Er hat große Angst davor gehabt, Angst, dass sie sein Denken und seine Wahrnehmung trüben würden. Er meint, das sei nicht der Fall. Nur die Träume veränderten sich. Er bestellt sich am Abend immer wieder Personal für die Träume der Nacht. Nicht nur Ingeborg. Auch M. und L., wie er zu Schlöndorff sagt. Marianne. Und Lynn. Doch die Träume träumen, was sie wollen. Er träumt von einer Menge Menschen, die alle in eine Richtung laufen. Er, der Träumer, weiß, es ist die falsche Richtung. Er ruft: »Wir müssen zurück an den Ursprung der Zeit!« So wie er als Bub einen Bach entlanglief, um an die Quelle zu gelangen. »Aber die Zeit hat nie angefangen, hört nie auf, wie der Tod.« Es ist der 23. März 1991, als er Schlöndorff seinen Traum erzählt.

Einige Monate vorher war der alte Freund, der alte Feind, der um zehn Jahre jüngere Friedrich Dürrenmatt in Neuchâtel gestorben. In seinem letzten Brief, im Mai 1986, hatte er in zittriger Schrift an Frisch geschrieben: »Unserer beider Rutschbahn, im Nichts endend, die wir noch hinunterzuschlittern haben, ist ungefähr gleich lang.« Und er fügte hinzu: »Wir haben uns beide wacker auseinander befreundet. Ich habe dich in Vielem bewundert, Du hast mich in Vielem verwundert und verwundet haben wir uns auch gegenseitig. Jedem seine Narben. Diese Zeilen schreibe ich nicht ohne Nostalgie. Ich habe mich nie sonderlich um die Schriftstellerei unserer Zeit gekümmert, du bist seiner Zeit einer der wenigen gewesen, die mich beschäftigt haben – ernsthaft beschäftigt wohl der Einzige. Als einer, der so entschlossen wie Du seinen Fall zur Welt gemacht hat, bist Du mir, der ebenso hartnäckig die Welt zu seinem Fall macht, stets als Korrektur meines Schreibens vorgekommen. Dass wir uns auseinanderbewegen mussten, war wohl vorgezeichnet.«

Frisch hat auf diesen Brief nie geantwortet. Als Dürrenmatt jetzt starb, war er tief bewegt. Ein Zettelchen findet sich heute in seinem Archiv. Oben steht groß eingekastelt: »FD.-T«, und dann schreibt Frisch, dass sie beide sich einst, nach der Totenfeier für Kurt Hirschfeld, hinter den Kulissen versprochen hätten, einander keine Totenreden zu halten. Sie seien fest davon ausgegangen, dass einer von beiden vor dem anderen stirbt. Nur für den Fall eines gemeinsamen Flugzeugabsturzes oder eines Unglücks bei einer ihrer Fahrten zusammen im Jaguar – »Du am Steuer oder ich am Steuer« – wäre eine solche Vereinbarung ja unnötig gewesen. Frisch fügt hinzu: »Das war noch zu Zeiten unserer Freundschaft, ich möchte mich an dieses Versprechen halten, zumal es meinem Bedürfnis entspricht. M.F.«

Also keine Rede am Grabe Friedrich Dürrenmatts. Er hatte alles gesagt. Auch zu ihm, dem Freund von einst, dem Partner im großen Schweizer Welttheater. Und Dürrenmatt hatte recht gehabt. Die Rutschbahnen ins Nichts, die die beiden noch hinunterzurutschen hatten, waren ungefähr gleich lang. Frisch wusste es nur zu genau.

Seine eigene Totenfeier hatte er genau geplant. »Mit der Professionalität des erfahrenen Planers«, hat Peter von Matt geschrieben. Nichts sollte dem Zufall überlassen bleiben. Er hatte sich für die Kirche St. Peter entschieden, ließ sich Pläne kommen, kennzeichnete den genauen Ablauf, den Ort, wo der Sarg stehen sollte, wo die Redner, wo die Musiker. »Er tut dies mit derselben Ernsthaftigkeit wie er früher, in Erwartung von Gästen, vor der gedeckten Tafel stand, um jene Sitzordnung zu bestimmen, von der er hofft, dass sie zum Gelingen des Abends beitrage«, berichtet Michel Seigner.

Und er erzählt auch von Frischs letztem Morgen, als er noch einmal kurz erwachte, zwischen Schmerz- und Dämmer- und Wachzustand und Michel Seigner von einem Plan berichtete: »Ich plane ein Schiff«, hat er gesagt. »Ein Kapitänsschiff.« Seigner fragte: »Und der Kapitän bist du?« »Nein, jetzt müssen die Leute für sich selber sorgen.«

Es ist der 4. April 1991. Wenige Stunden später ist Max Frisch gestorben.

Die Trauerfeier in der Kirche fand genau nach seinen Plänen statt. Viele Menschen wollten dabei sein, St. Peter fasste sie längst nicht alle, erinnert sich seine Sekretärin Rosemarie Primault. Wie viele andere fragte sie sich, warum Max Frisch sich diese Kirche, warum er sich überhaupt eine Kirche für seine Trauerfeier ausgesucht hatte: »Ich verstand nicht, weshalb er die Abdankung in dieser Kirche gewünscht hatte, und saß vor seinem Sarg, der dann von grauen Männern davongetragen wurde.«

Zwei Monate später machte sich eine kleine Gruppe seiner Freunde auf Einladung von Karin Pilliod auf den Weg nach Berzona. Um ein Abschiedsfest zu feiern. Abschied von Max Frisch in seinem Haus, in seinem Garten. Eigentlich sollte hier im Haus seine Urne eingemauert werden. Das war sein erster Plan. Doch irgendwann hat er sich umentschieden. Die Asche solle einfach verstreut werden, irgendwo in die Luft.

Die Gäste sitzen auf langen Bänken, bis die Nacht hereinbricht, es wird viel getrunken, sehr viel getrunken, es ist laut und fröhlich. Irgendwann haben einige der Freunde ein Feuer gemacht. Ein großes Feuer mit dem Brennholz, das Max Frisch für seinen Kamin gespalten und gestapelt hatte. Die Trinker verstummen, alle stehen um das große Feuer herum und wissen nicht, wie es weitergehen soll. »Es wirkte wie ein altes Ritual, aber es war ganz neu und hatte sich so ergeben, und da standen nun die Freunde und dachten, es müsse etwas geschehen, und wussten nicht, was«, erinnert sich der alte Freund Peter von Matt.

Bis schließlich einer herantritt, einer mit der Urne unter dem Arm, der großen Urne mit der Asche von Max Frisch. Er tritt ans Feuer, greift mit nacktem Arm in den roten Krug und wirft eine Aschefahne in die Flammen und noch eine und noch eine. Immer mehr Freunde treten heran und greifen in die Urne und werfen die Asche des toten Freundes feierlich und langsam in die Flammen. Bis schließlich nichts mehr zu verstreuen übrig ist. Bis die Urne leer ist. Die Urne von Max Frisch. Hier ist sein Grab. In den Bergen. Im Himmel über Berzona, über seinem Garten, den Kastanienbäumen, der Boccia-Bahn, dem Swimmingpool, dem Steintisch und dem alten Haus mit dem Dach aus Granit.

Nachwort

Der Weg von der Heliosstraße hinunter in die Stadelhoferstraße ist nicht sehr weit. Zehn Minuten ungefähr braucht man, um in Zürich vom Geburtshaus zum Sterbehaus Max Frischs zu gelangen. Es geht eine kleine Treppe hinunter, die Eidmattstraße, dann die Forchstraße und schließlich die Kreuzbühlstraße entlang, am Bahnhof Stadelhofen vorbei, dessen Bau und der Lärm, den er verursachte, Max Frisch mit seinem Alterswohnsitz hadern ließen. Der Hof vor dem roten Backsteinhaus ist abends menschenleer, das hohe Eisentor wird um zehn geschlossen. Fröhlicher Lärm aus einem australischen Bierhaus in der Nähe dringt herüber. Sonst ist es still. Hier ist er gestorben, mitten in Zürich. Die Schaufenster eines Buchladens neben dem Eisentor leuchten hell, daneben eine Apotheke. Nur wenige Meter weiter unten in der Stadt, am Ufer der Limmat, in der Filiale der UBS ist der Tresor, in dem heute noch der Briefwechsel mit Ingeborg Bachmann liegt und das Berliner Journal über seine Ehe mit Marianne und die Schriftstellerfreunde in Berlin. Geheimnisse seines Lebens. Letzte Geheimnisse? Sicher nicht.

Es liegen noch so viele Zettel, Briefe, Pläne, Fotos und Notizen in den kleinen Schubladen in seinem Archiv oben in dem großen hellen Gebäude der ETH über der Stadt. Und so viel mehr hat er verbrannt, der große Pyromane, verbrannt in seinem Kamin in Berzona, im Wald oder anderswo. Texte, Aufzeichnungen, Geheimnisse, die er für sich behalten oder die er nur teilen wollte mit den Menschen, die ihn kannten, mit denen er sein Leben gelebt hat.

Nur zehn Minuten sind es zu Fuß. Oder achtzig Jahre. Ein langer Weg auf der Suche nach dem gelingenden Leben. »Es könnte anders sein. Es sollte anders sein. Das ist der Sinn der Elegie.« Zwei Sonnenstühle an einem Strand auf Long Island, ein Fiat-Sportwagen mit zwei Sitzen in Rom, ein Land ohne Armee, ein Abend im Theater, ein Hügel, auf dem ein Plan Wirklichkeit werden soll, ein Plan für viele Sommer, ein Strauß Tulpen auf einem Tisch, ein Gasthof auf dem Pfannenstiel, eine neue Stadt, ein fertiges Buch, ein Mensch auf einer leeren Bühne, eine Pfeife, Schreiben gegen das Alleinsein, ein begonnenes Buch, eine andere Welt, ein blauer Tag, eine Biografie als Spiel.

Kurzvita

1911 Geburt am 15. Mai in Zürich

1924 Eintritt ins Kantonale Realgymnasium Zürichberg. Bekanntschaft mit Werner Coninx

1927 Entwurf für ein erstes Theaterstück *Stahl*

1930 Beginn des Germanistikstudiums an der Universität Zürich

1931 Rekrutenschule in Thun. Germanistikstudium an der Universität Zürich. Bekanntschaft mit Emil Staiger. Erste Veröffentlichung in der »Neuen Zürcher Zeitung« (NZZ)

1932 Tod des Vaters. Abbruch des Studiums. Anstellung als freier Mitarbeiter bei der NZZ

1933 Reise als Berichterstatter zur Eishockey-Weltmeisterschaft in Prag

1934 erster Roman *Jürg Reinhart. Eine sommerliche Schicksalsfahrt.* Bekanntschaft mit Käte Rubensohn

1935 erste Reise nach Deutschland. *Kleines Tagebuch einer deutschen Reise. Tagebuch eines Soldaten*

1936 Heirat mit Käte Rubensohn kommt nicht zustande. Architekturstudium an der ETH Zürich

1937 *Antwort aus der Stille. Eine Erzählung aus den Bergen*

1938   Verleihung des Conrad-Ferdinand-Meyer-Preises der Stadt Zürich. Trennung von Käte Rubensohn

1939   Militärdienst. Beginn des Tagebuchs, Veröffentlichung im Jahr darauf als *Blätter aus dem Brotsack*

1941   Anstellung als Architekt. Begegnung mit Albin Zollinger

1942   Heirat mit Gertrude Anna Constanze von Meyenburg

1943   *J'adore ce qui me brûle oder Die Schwierigen.* Geburt der Tochter Ursula. Erster Preis im Wettbewerb für den Bau der städtischen Badeanlage Letzigraben in Zürich

1944   Geburt des Sohnes Hans Peter

1945   Uraufführung von *Nun singen sie wieder. Versuch eines Requiems. Bin oder die Reise nach Peking*

1946   Uraufführung von *Santa Cruz* und *Die Chinesische Mauer. Eine Farce*

1947   *Tagebuch mit Marion.* Beginn der Bauarbeiten am Letzibad. Bekanntschaft mit Bertolt Brecht und Peter Suhrkamp

1948   Teilnahme am »Congrès mondial des intellectuels pour la paix« in Breslau

1949   Geburt der Tochter Charlotte. Eröffnung des Letzibads. Uraufführung von *Als der Krieg zu Ende war*

1950   *Tagebuch 1946–1949*

1951   Uraufführung von *Graf Öderland*

1953   parallele Uraufführung von *Don Juan* oder *Die Liebe zur Geometrie* in Zürich und Berlin

1954   *Stiller*. Trennung von der Familie

1955   Aufgabe des Architektenberufs. *achtung: die Schweiz. Ein Gespräch über unsere Lage und ein Vorschlag zur Tat*

1957   *Homo faber. Ein Bericht*

1958   Uraufführung von *Biedermann und die Brandstifter. Ein Lehrstück ohne Lehre*. Erstes Zusammentreffen mit Ingeborg Bachmann. Literaturpreis der Stadt Zürich. Georg-Büchner-Preis

1959   Scheidung von Constanze von Meyenburg. Prix Charles Veillon für *Homo faber*

1961   Uraufführung von *Andorra*

1962   Bekanntschaft mit Marianne Oellers

1964   *Mein Name sei Gantenbein*

1965   Man's Freedom Prize der Stadt Jerusalem. Erste offizielle deutschsprachige Rede in Israel

1966   Erste Reise nach Moskau. Tod der Mutter

1967   *Biografie: Ein Spiel*. Sammelband *Öffentlichkeit als Partner*

1968   Zweite Reise nach Russland. Bekanntschaft mit Christa Wolf. Heirat mit Marianne Oellers.

1970   Besuch bei Henry A. Kissinger im Weißen Haus mit Siegfried Unseld

1971   *Wilhelm Tell für die Schule*

1972   *Tagebuch 1966–1971*

1973   Tod Ingeborg Bachmanns

1974   Großer Schillerpreis der Schweizerischen Schillerstiftung. *Die Schweiz als Heimat. Dienstbüchlein.* Bekanntschaft mit Alice Carey (»Lynn«), gemeinsames Wochenende in Montauk

1975   *Montauk. Eine Erzählung.* Reise nach China mit Bundeskanzler Helmut Schmidt

1976   *Gesammelte Werke.* Friedenspreis des Deutschen Buchhandels

1978   *Triptychon. Drei szenische Bilder*

1979   *Der Mensch erscheint im Holozän.* Uraufführung von *Triptychon*

1981   Einrichtung des Max-Frisch-Archivs an der ETH Zürich

1982   *Blaubart. Eine Erzählung.* Beziehung mit Karin Pilliod

1984   Ernennung zum »Commandeur dans l'ordre des arts et des lettres«

1987 Einladung nach Moskau zum »Forum für eine atom-waffenfreie Welt und das Überleben der Mensch-heit«

1989 *Schweiz ohne Armee? Ein Palaver.* Verleihung des Heinrich-Heine-Preises

1991 Max Frisch stirbt am 4. April in Zürich, Stadel-hoferstrasse 28

Bibliografie

Arnold, Heinz Ludwig: »Gespräche mit Schriftstellern«. C.H. Beck. München. 1975

Bircher, Urs: Vom langsamen Wachsen eines Zorns. Max Frisch 1911–1955. Limmat Verlag. Zürich. 1997

Ders.: Mit Ausnahme der Freundschaft. Max Frisch 1956–1991. Limmat Verlag. Zürich. 2000

Hage, Volker: Max Frisch. Rowohlt. Reinbek bei Hamburg. Überarbeitete Neuauflage 1997.

Höller, Hans: Ingeborg Bachmann. Rororo Monographie. Reinbek bei Hamburg. 1999

Ders. (Hrsg.): Ingeborg Bachmann, Hans Werner Henze. Briefe einer Freundschaft. Piper. München/Zürich. 2004

Magenau, Jörg: Christa Wolf. Eine Biographie. Kindler. Berlin. 2002

Matt, Peter von: Die tintenblauen Eidgenossen. Über die literarische und politische Schweiz. Hanser. München. 2001

Ders.: Das Wilde und die Ordnung. Zur deutschen Literatur. Hanser. München. 2007

Mayer, Hans: Frisch und Dürrenmatt. Suhrkamp. Frankfurt. 1992

Meyer-Gosau, Frauke: Einmal muss das Fest ja kommen. Eine Reise zu Ingeborg Bachmann. C.H. Beck. München. 2008

Mittenzwei, Werner: Das Leben des Bertolt Brecht. Suhrkamp. Frankfurt. 1987

Niemann, Carsten (Hrsg.): Max Frisch. Journalistische Arbeiten 1931–1939. Niedersächsisches Staatstheater Hannover. Doppelheft 11. 2001

Reich-Ranicki, Marcel: Max Frisch. Aufsätze. Ammann. Zürich. 1991

Riess, Curt: Das Schauspielhaus Zürich. Sein oder Nichtsein eines ungewöhnlichen Theaters. Langen Müller. München/Wien. 1988

Rüedi, Peter (Hrsg.): »Max Frisch Friedrich Dürrenmatt Briefwechsel«. Diogenes. Zürich. 1998

Schlöndorff, Volker: Licht, Schatten und Bewegung. Mein Leben und meine Filme. Hanser. München. 2008

Stäuble, Eduard: Max Frisch. Gesamtdarstellung seines Werkes. Eker Verlag. St. Gallen. 1967

Waleczek, Lioba: Max Frisch. dtv portrait. München. 2001

Du. Die Zeitschrift der Kultur. Max Frisch, 1911–1991. Heft 12. Dezember 1991

Die Werke von Max Frisch sind im Suhrkamp Verlag erschienen.

Rechtenachweis

Danke:
Marianne Frisch. Peter von Matt. Alice Carey. Maria Becker.
Gottfried Honegger. Volker Schlöndorff. Walter Obschlager.
Margit Unser. Rosemarie Primault. Riewert Tode. Marcel
Reich-Ranicki. Joachim Unseld. Ulla Unseld-Berkéwicz.
Frank Schirrmacher. Nils Minkmar. Tobias Rüther. Marcus
Jauer. Barbara Liepert. Niklas Maak. Johanna Adorján. Julia
Encke. Helge Malchow. Olaf Petersenn. Caro von Brück.
Florentine Barckhausen. Uwe Böhm. Robert Wentrup.
Martina Nagel. Cornelia Beisser. Angelika, Stefan, Anika und
Georg Loef. Luise Schreiber. Horst und Renate Weidermann.
Und Freia, Mascha, Franz und Ida.